全国高等院校旅游专业规划教材

中国历史文化（第6版）

李文芬　蔡宗德　编著

旅游教育出版社
·北京·

出版说明

为适应旅游业的发展要求，满足旅游高等教育的需要，我们根据高等院校旅游专业的课程设置、教学目标，在国家旅游局人事劳动教育司的主持下，集合国内旅游高等院校的众多专家学者，自20世纪90年代起，先后出版了系列旅游高等院校教材。该套教材出版以来，得到了广大院校师生和业界的普遍好评，至今仍是众多院校的首选教材，一版再版。迄今为止，该套教材不仅为众多院校广泛使用，而且是规模最大、品种最多的一套高等院校旅游专业教材。

但是我们深知，教材出版本身是一个不断完善的动态过程，需要产业的推动、研究的深化、时间的积淀，更需要广大师生的参与。本着这一目的，根据21世纪旅游业的发展要求与广大师生的殷切希望，我们根据教育部与国家旅游局对旅游学科的规划与行业要求，对本套教材进行了必要的增补与修订，以确保该系列教材的科学性、权威性。

与原教材相比，本版教材注意了课程设置与教材编写的科学性、针对性、规范性，使整套教材更适合学科教学和行业发展要求。在此基础上，本版教材强调了教材的研究含量，旨在倡导教材编写的严肃性、高等教育的研究性，避免教材编写中存在的简单雷同现象，体现了国家骨干教材应有的规范性与原创性。可以说，本版教材更加贴近了我国高等院校旅游专业教学实际，严格按照课程设置和教学目标设计安排教材内容，使高等教育教材的先进性与研究性得到充分保证。

在此次增补与修订中，我们始终强调教材编写应有的学术规范，从框架的确定、内容的取舍，乃至思考复习题的设计、注释引文的处理，每一个细节都力求体现教材编写应有的学术规范。为了实现这样的目标，我们先后在全国广泛遴选作者，聘请在学科研究与教学领域有所建树的专家学者担任教材的编写工作。不少作者都有相关领域的专著成果作为教材写作的支撑，为本套教材的研究含量提供了必要保障。

作为国内唯一一家旅游教育专业出版社，我们始终得到广大旅游院校师生的关心与帮助，在新世纪，我们更期待着大家一如既往的呵护。我们希望将我们的教材建设成为一个开放式的园地，能始终站在学科研究与行业发展的前沿，随时反映旅游教育最新发展的动态。我们期待着教材使用者的意见和建议，更期待着潜在作者的新思路、新理念、新观点、新教学方式——我们定会"从善如流"，不断调整、完善现有教材，不断吸纳新的作者、新的观点。

旅游教育出版社

目 录

第一章 总论 · 1
- 第一节 中国历史文化 · 1
- 第二节 中国历史文化的创造者——中华民族 · 6
- 第三节 中国历史文化的自然环境 · 11
- 第四节 中国历史文化的社会经济环境 · 15
- 第五节 中国历史文化的社会制度环境 · 23
- 第六节 中国古代对外文化交流 · 28

第二章 中国历史文化传播的媒介 · 37
- 第一节 中国的各民族语言 · 37
- 第二节 中国的各民族文字 · 39
- 第三节 中国的文房四宝 · 41
- 第四节 中国的古代书籍 · 44
- 第五节 中国的古代史学 · 53
- 第六节 中国的古代教育 · 57

第三章 中国的民俗文化 · 64
- 第一节 民俗文化 · 64
- 第二节 衣食住行民俗 · 69
- 第三节 婚姻家庭 · 77
- 第四节 节日娱乐 · 85
- 第五节 禁忌习俗 · 93

第四章 中国的宗教文化 · 99
- 第一节 中国的宗教信仰 · 99
- 第二节 中国的道教 · 101
- 第三节 中国的佛教 · 107
- 第四节 中国的伊斯兰教 · 123
- 第五节 中国的基督教 · 129

第五章 中国的历史古迹 ········· 133
第一节 中国文物及保护 ········· 133
第二节 中国古代建筑概述 ········· 139
第三节 中国古代建筑城市规划与城防建筑 ········· 143
第四节 中国古代宫殿、坛庙、祠堂建筑 ········· 146
第五节 中国古代园林建筑 ········· 149
第六节 中国古代宗教建筑 ········· 153
第七节 中国古代桥梁及水利工程建筑 ········· 158
第八节 石窟寺摩崖造像石刻及其他 ········· 159
第九节 古墓葬 ········· 167
第十节 古遗址 ········· 171

第六章 中国的馆藏文物 ········· 176
第一节 古玉石器 ········· 176
第二节 古陶瓷器 ········· 180
第三节 古青铜器 ········· 185
第四节 古木竹漆器 ········· 194
第五节 古丝织刺绣品 ········· 196
第六节 古代绘画 ········· 200
第七节 古代书法篆刻 ········· 206

第七章 中国的烹饪文化 ········· 214
第一节 中国烹饪概述 ········· 214
第二节 中国的地方风味菜肴 ········· 220
第三节 中国的少数民族风味菜肴 ········· 223
第四节 中国的仿古风味菜肴 ········· 226
第五节 中国的特殊风味菜肴 ········· 232
第六节 中国的风味小吃、点心 ········· 234

第八章 中国的特产文化 ········· 239
第一节 中国特产概述 ········· 239
第二节 中国的名茶 ········· 241
第三节 中国的名酒 ········· 246
第四节 中国的中药 ········· 250
第五节 中国的工艺品 ········· 255
第六节 中国的花木盆景 ········· 259

参考文献 ········· 265

第6版后记 ········· 268

第一章

总 论

第一节 中国历史文化

中国历史文化是中国境内各民族的祖先所共同创造的有史以来的、以往一切文化的总称。

一、何谓中国和中华

(一)何谓中国

至今所发现的文献表明,"中国"一词最早出现在西周的武王或成王时代。1963年,陕西省宝鸡市贾村出土的青铜器何尊上的铭文有:"余其宅兹中国,自之乂(yì,治理)民"的记载。

"中国"一词在不同历史时期具有不同的含义:

西周时代的"中国"具有三个含义:第一,为天子所居之地,即京师,与四方诸侯相对而称;第二,指包括丰镐、雒邑为中心的黄河中下游地区,即后世所称的"中原";第三,指夏、商、周三个朝代融为一体的华夏民族,也包括华夏文化。

春秋战国时期是我国古代社会大变革时代,即从分裂割据向统一过渡的历史时期,"中国"的含义与范围都有了明显的发展变化:第一,春秋时期,齐、鲁、郑、陈等中原诸侯称为"中国"、"诸夏"、"诸华"或"华夏",秦、楚等仍是"夷狄";至战国时,七雄并称为"诸夏",同列"中国";第二,"中国"与"诸夏"、"华夏"同义,与"四夷"、"夷狄"相对而称,然而,春秋时所强调的"夏夷之防",至战国时已变成"中国"与"四夷"五方之民共"天下"的同居"四海"之内的整体观念,夏夷界限趋于淡化,"华夷一统"的观念在酝酿形成之中;第三,"春秋"的明"华夷之辨"已是族类与文化并重,"中国"已成为文化的概念,而且逐渐把文化标准放到了首要位置。

从秦统一到清代我国2 000多年的封建时代,在西方国家到来之前,我国境内各个朝代,连一些边远地区的民族政权,都无例外地以"中国"作为王朝和政权的通称,但是,各朝代和各政权又都无一例外地有表明其一家一姓"社稷"、"天下"的朝代国号,而没有用"中国"作为国号或朝代名称的。

在西方殖民者入侵中国以后,无论是在平等地位上或不平等地位上与西方打交道,"中国"都已是主权国家的名称。康熙二十八年(1689年)《中俄尼布楚条约》签订时,除俄文本外,其他文本均以"中国"为国名。这是在国际文书上第一次使用"中国"为国家名称。

新中国成立以后,"中国"一词的含义应包括三点:第一,中国是中华人民共和国的简称,中华人民共和国政府是中国唯一合法政府,对外代表中国;第二,中国拥有包含港、澳、台地区等在内的全部领土;第三,"中国"代表56个民族共十几亿人口的根本利益。

(二)何谓中华

"中华"一词,是中国华夏的简称。"中华"最早大约出现于东汉,魏晋南北朝时期已经被普遍使用。它的古代含义多与"中原"、"中国"等词相当,有居四方之中、文化发达、历史悠久的意思。所以,有人解释"中华"之"中",意居四方之中,又有"以己为中"、"以人为外"的意思;"中华"的"华",意有文化的民族。《唐律疏议释文》称:"中华者,中国也。亲被王教,自属中国,衣被威仪,习俗孝悌,居身礼义,故称之中华。"直至辛亥革命之后,章太炎仍持上述观点,他在《中华民国解》中称:"中国云者,以中外分地域之远近也;中华云者,以华夷别文化之高下也。"这里的"中华"仅仅是一个文化概念。

元末的朱元璋和清末的孙中山,曾将"中华"作为汉族的代名词,用于推翻以少数民族为首的全国封建政权的政治口号。

自西方殖民主义者东来侵华之后,尤其是1840年以后,"中华"跟"中国"一样,在共同反对外国侵略的斗争中,已经成为各民族共同的称号,也成了国家的名称。辛亥革命前夕,资产阶级民主革命家提出了建立"中华共和国"的设想(邹容)。辛亥革命后,孙中山在南京成立了汉、满、蒙、回、藏五族共和的"中华民国"政府。1913年,西部蒙古王公会议在归绥(现呼和浩特市)举行,会议通电全国称:"汉蒙久成一家","我蒙同系中华民族,自宜一体出力,维持民国。"这是少数民族上层人士代表第一次共同宣布中国少数民族是中华民族的一部分。1922年,梁启超在《历史上中国民族之研究》中指出,中华民族通常指汉族;"中华民族"包括中国各民族认同的特征:"凡遇一他族而立刻有'我中国人'之观念浮于其脑际者,此人即中华民族之一员","故凡满洲人今皆中华民族之一员。"

近代以来,中国共产党领导中国各族人民进行反帝反封建斗争,在第二次国内革命战争中曾在江西建立"中华苏维埃共和国";1949年10月1日在北京建立了中华人民共和国。

所以,近代以来,"中华"不仅是中国境内各民族的共同称号,也是中国作为主权国家的国名;"中国"和"中华",在今天基本上是相互通用的。

二、何谓历史和传统

(一)何谓历史

"历史"一词在中国古文献中最初见于《三国志·吴书·吴主传·裴注》的"博览书传历史"。这里,"历史"仅指历史记载,而不是现代意思上的历史。今天我们所常使用的"历史"一词源于古代希腊拉丁文 historia,原意为"征问",后来直译成西方多种文字。明清时,西学东渐,清末学者将西方的"历史"意译,使用中国古代汉语词汇,赋予它新的含义。

历史,有广义和狭义两种概念之分。广义的历史,是指一切事物的过去的运动发展的客观过程;狭义的历史,仅指人类社会以往的运动发展过程。研究人类社会以往的运动发展过程及其规律性的学科称为历史学。

历史文化则是以往的文化遗存。

(二)何谓传统

传统即一脉相传或世代相继不断的系统。"传",在古代被训为"驿也",指古代一站一站往下传的驿传;"统"字本意为蚕茧的头绪,引申为万有总束,为一个根本。所谓传统,是指历史传承下来的具有根本性模型、模式、准则的总和。它是社会的一种生存机制,是民族内聚力的源泉,是维系民族生命的抗体。借助它,方能将各代人相互联系起来并将前人的经验传递给后代。通过传统,社会的精神成就和物质成就才能得以保存和发展。所以,也可以说,所谓文化传统,是人们不断创造的不同形态的特质,经由历史凝聚而相传沿袭着、流变着的诸文化因素所构成的有机系统。

有人将文化传统和传统文化加以区别:

所谓文化传统是指历史上形成并为后人所承袭下来的思想意识中的东西,诸如精神、心态、道德、观念、思维方式、行为方式、抒情方式、价值观念等隐形的软文化。它是看不见、摸不着的,但又是时刻在起作用的隐形因素,它既可以发挥积极作用,也可以发挥消极作用。所以,我们对待文化传统应持"取其精华"、"去其糟粕"的扬弃态度。

所谓传统文化指的是历史上由人类创造的外在于人的客观存在的东西,诸如建筑、器物、典章制度、文学艺术、文物古迹和风味特产等显形的硬文化。凡是传统文化都是人类先祖的智慧和血汗的结晶。随着历史的前进,这些文化的物质形态,已经或最终将成为全民族乃至全人类所共有的财富,所以,它不仅是人民、国家乃至世界的骄傲和象征,也是研究历史和显示古老文明的宝贵财富。所以,我们对传统文化只能保护、珍爱、扬而不弃。

三、何谓文化

(一) 文化的定义

"文化"一词在中国古代文献中,最早见于《易·贲》中"观乎人文,以化成天下"的记载,西汉刘向的《说苑·指武》中出现了"文化"一词:"凡武之兴,为不服也,文化不改,然后加诛。"从此之后,"文化"一词的使用频率和范围渐增,大致都沿着"以文教化"的意思,相当于后来的狭义文化的概念。西方"文化"一词源于希腊拉丁文 cultura,原形为动词,含有耕种、居住、训练、留心、注意等多重意思,十六七世纪被译成英文和法文(culture)并引申为培育、化育的意思,侧重于物质生产,相当于广义文化的概念。西学东渐之后,将西方的 culture 译为"文化"。从词源学的角度看,文化一词具有双重意蕴,已孕育着最高层次的抽象完备的文化定义的胚胎和萌芽。

根据有关学者统计,就国外而言,从1871年以来,关于文化的定义,数以百计。在文化学的讨论中,对文化的定义,大体可以分狭义文化论和广义文化论两大类。毛泽东在《新民主主义论》中将社会意识形态界定为文化。随着讨论的深化,持广义文化论的人越来越多,但是在表述上也不尽相同:有人将文化定义为人类创造的不同形态的特质所构成的复合体;也有人将文化定义为精神文明和物质文明的总和,但文化与文明还是有区别的。

文化的实质性含义是"人类化",是人类价值观念在社会实践过程中经由符号这一介质在传播中的实现过程的对象化,这种实现过程不仅包括外在的文化产品的创造,也包括人身心智的塑造。所以,文化是人类本质的形成和体现,是"人化的自然"、"自然的人化"和对象化活动中介的有机统一体,是一个标志着人类在真善美诸方面的发展水平的哲学范畴。简言之,凡是超越本能的人类有意识地作用于自然界和社会的一切活动及其产品,都属于广义的文化。或者说,自然的人化即文化。

(二) 文化的类型结构分析

文化现象十分复杂,形态多种多样。但是,凡人类所创造的一切经验、感知、科学、技术、理论、谬论以及财产、制度、教育、语言、文字等,都表现为文化现象;大则宇宙观、时空观、人生观、价值观,小则衣食住行、婚丧嫁娶,一切生活方式、行为方式、思维方式、语言方式、等级观念、角色地位、道德规范、价值标准,等等,都属于文化的范畴。

对文化的诸现象,可以进行多种分类:

1. 按文化形态分类

按文化形态进行的分类,见表1-1。

表1-1　文化形态分类表

文化形态类别		文化范围
第一类文化	智能文化	科学、技术、知识等
	物质文化	房屋、器皿、机械等
第二类文化	规范文化	社会组织、制度、政治和法律形式、伦理道德、风俗、习俗、语言、教育等
	精神文化	宗教、信仰、审美意识、文学艺术等

2. 按文化结构分类

第一，物态文化，又称物质文化，是由人类加工自然创制各种器物，即"物化的知识力量"构成的物态文化层，它是人的物质生产活动方式和产品的总和，也称第二自然，是可以触知的具有物质实体的文化实物，构成整个文化创造的物质基础。物态文化包括饮食文化、服饰文化、居住园林文化、日用器物文化、舟车交通文化、劳动工具—工艺技术文化等。

第二，关系文化，包括制度文化和行为文化两个层面。

制度文化是由人类在社会实践中组建的各种社会规范构成的制度文化层。制度文化是人类处理个体与他人、个体与群体关系的文化产物，包括社会的经济制度、婚姻制度、家庭制度、政治制度、实行上述制度的各种具有物质载体的机构设施以及个体对社会事务的参与形式、反映在各种制度中的人的主观心态等。

行为文化是由人类在社会实践，尤其是人际交往中约定俗成的习惯性定式构成的行为文化层，它是一种以礼俗、民俗、风俗形态表现的、见之于动作行为的模式。一个时代的文化不仅集中体现在该时代的思想理论体系中，而且更广泛地活跃在各种社会风尚间。

第三，心态文化，也称精神文化或社会意识，是人类文化心态及其在观念形态上的对象化，包括人们的社会心理和社会意识形态，它是由人类在社会实践和意识活动中长期氤氲化育出来的价值观念、审美情趣、思维方式等主体因素构成的心态文化层，是文化的核心部分。

社会心理是指人们日常的精神状态和道德面貌，是尚未经过理论加工和艺术升华的流行的大众心态，如人们的要求、愿望、情绪、风尚等。社会心理直接地受到物质文化和制度文化的影响与制约并与行为文化交融互摄，互为表里。

社会意识形态则是指经过系统加工的社会意识。它们往往是由文化专家对社会心理这一中介进行理论的和艺术的处理，曲折的同时也更深刻地反映社会存在并以物化形态（如书籍、绘画、雕塑、乐章等）固定下来，播之四海，传于后世。此外，依照与社会存在关系的疏密程度，又可将社会意识形态区别为基层意识形态（如政治理论、法制观念等）和高层意识形态（如科学、哲学、艺术、宗教等）。作为基层意识形态的政治思想和法制观念，是经济基础的集中表现，与社会存在保持较密切的联系,但是,它的产生和发展仍然要经过社会心理这一中间环节起作用。作为高层意识形态的科学、哲学、文学、艺术、宗教,其终极根源当然也要追溯到社会存在,尤其是经济土壤之中,但它们是更高的,即更远离物质经济基础的意识形态,具有较强的独立性。在这里,观念同自己的物质存在条件的联系,越来越被一些中间环节弄模糊了。但是这一联系是存在着的。社会存在通过一系列介质作用于这类高层意识形态,而社会心理和基层意识形态便是其间的介质。文化的层次结构分析表明,文化是一个有机整体。只有对文化进行综合分析,才可以洞察悠久而博大的中国文化的生成机制、内在特质和发展趋势。

3. 主流文化和亚文化

主流文化或称经典文化,是在特定历史时期为占统治地位的生产方式所决定的作为社会的统治思想的文化,是在特定历史时期占统治地位的道德伦理、政治规范、审美情趣、宗教信仰的总和。例如,中国封建社会的儒学文化、当代的社会主义文化主旋律等,就属于主流文化。主流文化有下列四个特征:第一,它是在统治阶级文化中反映占统治地位的经济关系和政治关系的观念;第二,它是占统治地位的道德伦理规范;第三,它是占统治地位的审美情趣;第四,它是占统治地位的宗教信仰。

所谓亚文化是指具有与主流文化(或称经典文化)相区别的独特性的文化形态。亚文化总是或多或少地表现出与主流文化(或称经典文化)相背离的倾向。亚文化的类型多种多样,但大致可分为五大类:第一,以区域为特征的亚文化;第二,在同一文化系统中,以民族性为特征的亚文化;第三,以学派为特征或以宗教教派为特征的亚文化;第四,以阶级、阶层、职业、社会集团为特征的亚文化;第五,以"代沟"为特征的亚文化。

主流文化与亚文化之间的关系虽很复杂,但大致具有下列三种情况:第一,主流文化与亚文化协调并存,亚文化作为主流文化的必要补充而存在;第二,主流文化与亚文化激烈冲突;第三,主流文化与亚文化在一定历史条件下相互转化,即亚文化上升为主流文化,主流文化退居亚文化的地位,甚至归于消亡。

第二节 中国历史文化的创造者——中华民族

一、什么是民族

(一)民族的概念

1. 民族的定义

汉语中"民族"一词出现得较晚,大约在19世纪后半叶。进入20世纪以后,随着中国近代民族民主革命的发展和国外民族主义思潮的传入,"民族"一词便在国内开始普遍使用。"民族"一词的含义有两种，一种是广义的，认为"民族"是指处于不同社会发展阶段的各种人们的共同体，如古代民族、现代民族；还有人在习惯上把"民族"一词用以指一个国家或一个地区的各民族，如中华民族。另一种含义是狭义的民族概念，即指人们在一定的历史发展阶段形成的具有共同语言、共同地域、共同经济生活以及表现于共同的民族文化特点上的共同心理素质的稳定的共同体，如汉族。

2. 民族跟氏族、部落、种族、国家的区别

氏族、部落是以血缘关系为纽带的人们共同体，而民族则是以地缘关系为基础的人们共同体。民族是由不同部落的人们混合形成的，不是一个纯血统的共同体。

民族与种族不同。种族亦称人种，以人们体质形态上具有的某些共同遗传特征（肤色、眼色、发色等）为划分标志，属于体质人类学和生物学范畴。生理特征不能作为识别民族的科学依据。同一种族的人，通常形成许多不同的民族；而同一民族的人，有时也包括不同的种族成分。

民族也不同于国家。国家是阶级矛盾不可调和的产物，是阶级统治的工具。国家疆界和民族地域分布，有时是一致的，于是便形成了单一成分的民族国家；但在多数情况下是不一致的，在一个国家的地域内居住着众多民族的情况相当普遍，而同一民族的人们散布在几个国家里的现象也常见。

（二）民族的形成、发展和消亡

民族是在从原始社会进入阶级社会的时期形成的。在原始社会末期，随着社会生产力的发展，两次社会大分工的发生和私有财产的出现，使原始社会加速崩溃，从而也破坏了氏族部落的血缘关系，氏族部落逐渐瓦解，属于不同氏族部落的人们，打破狭小范围的局限性，在较大的范围内展开了氏族间的混合和融合，出现了一种新的人们共同体——民族。民族是一种社会历史现象，其形成、发展和消亡等受社会发展规律的制约。因为所有的民族都存在于一定的社会之中，而社会的人在一定的社会发展阶段又都属于一定的民族，民族的成员也是社会成员，所以，社会的发展决定了民族的发展。民族同其他社会历史现象一样，最终也是要消亡的。民族消亡，是指在世界范围内，各个民族在长期的历史发展中，互相交往、联系、学习，取长补短，共同的东西日益增多，原有的差别和特征越来越少，直到民族差异完全消失，即民族融合的实现。

全世界大约有2 000多个民族，汉族人口最多。

二、中华民族多元一体格局

（一）中华民族的形成过程表明统一是中国历史发展的大趋势

中国统一多民族国家形成和发展的历史过程也就是中华民族多元一体格局形成的过程。

170万年前至公元前221年,从文化的多元起源到秦朝的统一,为统一多民族国家的形成奠定了基础。此后,统一多民族国家形成和发展的历史过程,也就是中华民族多元一体格局的形成和发展的过程,大约经历了以下4个阶段:

第一阶段,公元前221年到公元196年,为统一多民族国家的形成时期。秦始皇统一中国,初步奠定了我国统一多民族国家的基础,秦的版图是"东至海……西至临洮、羌中,南至北向户,北据河为塞,并阴山至辽东"。在这样辽阔的国土上,除了居住着我国自春秋战国以来原有的众多民族,还吸收了不少新的民族参加进来,如百越。两汉除继承秦的版图外,东北则已达松花江、图们江流域;西抵葱岭,在西域设置都护府;西南的怒江、澜沧江流域也已广设郡县。在这样广大的地域上居住的民族比秦时更多,自秦至汉,是我国统一多民族国家形成的第一个时期。

第二阶段,公元196年至907年,是统一多民族国家进一步发展时期。这一时期,经过了三国、两晋、南北朝的分裂割据后,出现了隋唐的大统一,唐朝时的版图,北方已到大漠南北,回纥臣服,东北的奚、契丹也悉朝贡;西方则设安西都护府和北庭都护府,加强了对西域诸族的管辖;唐与南诏的臣属关系以及唐与吐蕃的"甥舅"关系,都表明了我国统一多民族国家的进一步发展。唐太宗被各族首领尊奉为"天可汗",反映了大唐一代的民族关系。

第三阶段,自五代到清代中期(907—1840年),是我国统一多民族国家的大发展时期。元、清两朝,对我国统一多民族国家的发展作出了重大贡献。蒙古族建立的元朝的疆域"北逾阴山,西极流沙,东尽辽左,南越海表",大大超过了汉唐盛世;清朝政权是由满族建立的,对我国统一多民族国家的发展也做出了贡献。当时清朝的疆域,除顺天府和盛京外,还包括称为本部的18省和称为藩部的内蒙古、青海蒙古、喀尔喀蒙古、唐努乌梁海、西藏、新疆等地,形成了一个幅员辽阔的统一多民族封建大国。"清朝以前,不管是明、宋、唐、汉各朝,都没有清朝那样统一。清朝起了统一的作用。"①

第四阶段,自近代到中华人民共和国成立,是统一多民族国家最后完成时期。此时,中国由于受外国侵略,进入了半殖民地半封建社会。外国帝国主义和中国分裂势力相结合,千方百计地想分裂中国的统一、破坏民族团结,多次策动少数民族反动上层进行叛乱,都没有得逞。经过各族人民的团结战斗,终于推翻了三座大山,建立了现在这样一个空前统一的多民族的社会主义中国。

几千年的历史表明,中国的统一是由各民族共同完成的。不仅汉族在统一大业中起了主导作用,而且各少数民族,尤其是蒙古族、满族也起了重要作用。其他少数民族的局部地区的小统一,为全国的大统一准备了必要条件。在中国历史上,

---

① 《周恩来选集》(下卷),人民出版社,1980年,第262页。

虽然出现过几次大的分裂,但每次分裂最后都被新的、更大的统一所代替。每一次新的统一都促进了各民族社会制度的进步,促进了各民族经济、文化的发展,促进了各民族的互相联系和往来。由此可见,今天我们伟大的祖国之所以拥有50多个民族,空前团结,空前统一,是我国历史长期发展的必然结果。统一始终是中国历史发展的大趋势。

(二)中国各民族共同创造中国的历史文化

几千年来,在共同创造光辉灿烂的中国历史文化的进程中,各民族都建立了不可磨灭的功绩。例如,元代回族天文学家札马鲁丁著《万年历》,制造浑天仪等7种科学仪器,在元大都(今北京)建立了观象台;元代维吾尔族农学家鲁明善著的《农桑衣食撮要》、清代蒙古族数学家明安图著的《割圜密率捷法》都具有相当高的科学水平。在医学方面,蒙古、藏、维吾尔、彝、白等民族创造了各自的民族医学。在文学艺术方面,满族曹雪芹的《红楼梦》、藏族的《格萨尔王传》、蒙古族的《江格尔》、柯尔克孜族的《玛纳斯》、维吾尔族的《十二木卡姆》(十二部大曲)、壮族的花山崖壁画、白族的剑川石钟山石窟等,在祖国的文化宝库中放射异彩。中国少数民族还以能歌善舞著称于世,如维吾尔族、哈萨克族、蒙古族、朝鲜族,他们的舞蹈极为丰富多彩。

三、中国民族概况

(一)民族识别

民族识别是民族研究的一项重要课题。新中国成立后,由于废除了民族压迫制度,实现了民族平等,许多过去在反动统治时期隐瞒民族身份的少数民族要求恢复自己的民族成分。到1954年普选时,自报的民族名称多达数百种。国家为了弄清这些族称是单一民族还是某一民族的分支,曾组织大批专家学者在全国范围内开展了大规模的民族识别工作。根据马克思主义的民族和民族问题理论,对各族单独的语言、地域分布、经济生活和文化传统以及各族人民的意愿,进行了深入的调查。1956年,国务院根据民族识别工作的成果,公布了51个少数民族的名单。此后,经过继续识别,至1979年经国务院正式确定基诺族为止,中国共有56个民族。但尚有70多万人的民族成分有待确认。

(二)族称

民族的名称,简称为族称。

56个民族的族称的确定,是在新中国成立以后的事情。

党和政府在族称的确定上一向遵循"名从主人"的民族自愿原则,经充分协商,最后由中央政府发文确认。

我国是一个多民族的国家。汉族是中华民族中人口最多的民族。我国其他55个民族,按照全国第四次人口普查汇总的统计资料,按人口多少依次排序为:壮族、满族、回族、苗族、维吾尔族、彝族、土家族、蒙古族、藏族、布依族、侗族、瑶族、朝鲜族、白族、哈尼族、哈萨克族、黎族、傣族、畲族、傈僳族、仡佬族、拉祜族、东乡族、佤族、水族、纳西族、羌族、土族、锡伯族、仫佬族、柯尔克孜族、达斡尔族、景颇族、撒拉族、布朗族、毛南族、塔吉克族、普米族、阿昌族、怒族、鄂温克族、京族、基诺族、德昂族、乌孜别克族、俄罗斯族、裕固族、保安族、门巴族、鄂伦春族、独龙族、塔塔尔族、赫哲族、高山族、珞巴族。他们因为人口少而被称为少数民族。

1. 汉族

汉族先民经夏、商、周三代,至春秋战国时已形成为以"华"、"夏"单称或"华夏"连称的族体,以与周边各族相区别。尤其是在战国,七雄兼并,共称"诸夏"。公元前221年,秦统一诸夏又出现了"秦人"的族称,直到汉代,匈奴、西域等处各族仍称中原人民为"秦人"。汉继秦兴,巩固并发展了秦开创的统一国家。汉以后,周边各族即以"汉人"称呼中原人。逐渐地,汉族成为中国主体民族百世不易的族称。汉族是因汉朝而得名,是以先秦华夏为核心,在秦汉时形成的统一的、稳定的民族;又经秦汉以来2 000余年的繁衍生息并不断吸收其他民族的血统与文化,进而发展成为拥有灿烂的古代文明和众多人口的民族。

2. 少数民族

我国共有55个少数民族,其族称来源主要有以下几种情况:以本民族自称为族称,如蒙古族、傣族皆以自称为本民族的族称;以他称作为民族称呼,如苗族等;以地名作为民族名称,如黎族、东乡族、独龙族;跟本民族经济生活有密切关系的民族名称,如畲族、达斡尔族等;跟族源传说有关的民族名称,如柯尔克孜族、哈萨克族等。

(三) 人口

据2010年第6次全国人口普查,全国总人口为1 370 536 875人。其中:普查登记的大陆人口共1 339 724 852人。香港特别行政区人口为7 097 600人。澳门特别行政区人口为552 300人。台湾地区人口为23 162 123人。大陆的人口中,汉族人口为1 225 932 641人,占91.51%;各少数民族人口为113 792 211人,占8.49%。

(四) 中国各民族的分布状况

中国人口的分布,一般以爱辉—兰州—腾冲线为界,呈东南密、西北疏的格局,与此相应,形成了中国汉族与少数民族的分布差异。汉族多聚居在人口稠密的东南部,少数民族多住在人口稀疏的边疆地区,但两者之间并无明显界线。在少数民族聚居区,一般都有一定数量的汉族居民;有的地区,汉族居民甚至还占多数。各少数民族除有或大或小的聚居区外,与汉族及其他少数民族交错杂居。此外,还有2 100多万的少数民族人口散居在全国各省市大小城镇和乡村。因而形成了以汉族为主体的大杂居、小聚居、交错居住的格局。这种居住格局是经过几千年民族人口的迁移、游徙、调动而逐渐形成的。我国少数民族人口所占的比例虽小,但分布地区很广,分布面积约占全国总面积的60%以上,少数民族人口居住地区地大物博,资源丰富并处于国防要冲,在祖国的社会主义现代化建设中占有极为重要的地位。这种格局决定了各民族之间,特别是汉族和少数民族之间,在政治、经济、文化等方面相互依存的密切联系。

第三节 中国历史文化的自然环境

所谓环境是指周围的境况。文化作为有理性的人类的创造,与人类主观精神的能动作用有着密切的关系。但是,文化是在特定时空发展起来的历史范畴,人类历史的创造和文化的构建,并非是由少数圣贤的智力活动所预先设计出来的,而是在特定的自然—社会环境提供的若干可能性中,由人们的实践将某种可能性转化为现实性。

不同民族在不同的生活环境中逐渐形成各具风格的生产方式与生活方式,孕育了各种不同的文化类型;同一民族的文化也因生活环境的变迁和文化自身的运动规律,在不同历史阶段,呈现出各异的形态。前者是文化的民族性(或曰地域性),后者是文化的时代性(或曰阶段性)。文化的民族特征和时代特征终究不是人的主观精神的随意品,而只能是各民族在不断适应和改造所处的自然—社会环境的过程中逐渐形成和发展起来的。

文化既然是人与环境不断发生交互关系的有生命的机体,那么对中国历史文化的研究必须从孕育、滋养文化的自然——社会条件的剖析入手,探明作为文化产生的基础的社会经济形态,进而探明这种社会经济形态所赖以发生、发展的自然前提以及在这种社会经济形态的地基上建造的社会组织结构。

一、自然环境及其与人类文化创造的关系

(一)什么是自然环境

自然环境,又称地理环境,是指为人类提供文化生活的物质资源和活动场所的自然系统。宇宙间的万物共同组成这个自然系统,它包括地球表面的岩石圈、水圈、大气圈、生物圈以及今日人类开始触及的外层空间和对人类生活起久远作用的宇宙因素等共同组成的整个系统。这个自然系统与人类的相互作用,构成了文化的地理环境。它既是人类生活的外在客体,又日渐渗入人类的主观因素,故可称为"人化的自然"或"第二自然"。

(二)自然环境与人类文化创造的关系

自然环境是人类生存的空间,是人类历史发生、发展的前提之一。文化创造是人类通过生产劳动及其他社会实践与自然环境相互作用的过程,是人类的主观能动性与客观环境的辩证统一体。因此,自然环境本身并不是文化,却是文化赖以产

生的基石,对文化的发生、发展具有物质的制约力。自然环境影响着社会生产力的分布状况和发展水平、国家政权形式和政权的职能。

自然环境对文化发生影响,是通过一定的中间环节实现的;没有一定的中间环节,地理环境的影响是怎么也无法起作用的。在人创造文化的活动中,人和自然是同时起作用的。自然环境只有通过人类活动这一中间环节,才能给予人类文化的发生以巨大的影响。没有人类的活动,没有人类应战、挑战的能动性,自然界是绝不能单独创造出文化来的。

但是,人类也反作用于自然环境。人类具有强大的选择能力,可以在同一自然环境内创造不同的文化事实。人类的文明程度愈高,对自然环境利用的范围愈益扩大和深入。人类在利用自然环境的过程中不断改变着自然环境并获得对自然环境的新认识。

二、中国自然环境的状况

中华大地是中国历史文化的载体,其自然环境状况如下:

(一)地理位置优越,幅员辽阔,地域广大

1. 中国的位置、面积和疆域

首先,中国位于亚洲大陆的东南部,背靠大陆,面向太平洋。中国领土的陆疆延绵长达22 800公里,与朝鲜、俄罗斯、蒙古、哈萨克斯坦、吉尔吉斯斯坦、塔吉克斯坦、阿富汗、巴基斯坦、印度、尼泊尔、不丹、缅甸、老挝、越南等国家接壤;大陆海岸线北起鸭绿江口,南至北仑河口,长18 000公里,与韩国、日本、菲律宾、马来西亚、文莱、印度尼西亚等国家隔海相望。

第二,中国的疆域四至为:东到黑龙江与乌苏里江交汇的黑瞎子岛;向西伸到亚洲大陆的中心帕米尔高原的东沿乌孜别里山口。东西跨经度约62度,距离5 200公里,东西两端时差约为4个小时。南端到南海的南缘南沙群岛的曾母暗沙,北至黑龙江漠河县北极村的黑龙江江心主航道,纵长5 500公里,纵跨纬度50度。中国是一个具有广阔海域的海陆兼备的国家,东南濒临浩瀚的太平洋,沿着中国大陆的海洋统称为"中国海"。自北往南分别为渤海、黄海、东海和南海,从渤海到琼州海峡间的领海范围,是中国内海。南海是中国南海的简称,南海诸岛自古以来就是中国的领土,南海地理位置重要,资源丰富。在一望无际的海域内分布着大大小小的岛屿5000多个。其中,台湾岛是全国第一大岛(35 788平方公里),海南岛次之(34 380平方公里),崇明岛第三(1 083平方公里);南沙群岛是我国最南的领土,由珊瑚礁构成的面积为1平方公里以下的若干岛屿所组成。

第三,中华民族先民们自古生活、繁衍、劳作在祖国这块沃土上。根据考古发掘证明,中国文化的起源是多元的,不只是黄河流域,而且长江流域、辽河流域及西南崇山峻岭间,都是中国文化的摇篮。秦汉以后,形成统一的大帝国,经唐、宋、元、明、清历代的发展,终于奠定了中国的广大领土,为中国文化的滋生繁衍提供了广阔的天地。西方殖民主义者东来侵华后,中国领土丧失1/4。至1949年中华人民共和国成立前夕,中国陆地领土面积为960万平方公里(或称1000余万平方公里),占世界陆地的1/15,大小相当于欧洲,是世界上领土面积最大的几个国家之一,仅次于俄罗斯、加拿大。中国还是一个濒临海洋的国家,拥有领海300万平方公里。

2. 中国行政区划的历史沿革及其现状

所谓行政区划,是指一个国家行政管理的区域组织系统。国家为了行政管理的方便和有效地控制各个地区,通常在其所辖的领土范围内按照地理条件、政治经济的状况、民族和人口的分布、历史的传统以及军事的需要,把全国划分为不同层次的若干行政区,这种划分叫作行政区划。

中国行政区划的历史十分悠久。且不说夏代分天下为"九州"的后人杜撰的传说及其对中国行政区划的影响,商周时代实行层层分封尚谈不上严格意义上的行政区划,单从春秋初期中国第一次设县开始,至今已有2500多年的历史。中国行政区划历史沿革,从春秋到清末,经历了五个阶段:

第一,萌芽时期,相当于春秋战国时期,公元前688年,中国历史上开始设置县,当时先有县,后有郡;第二,郡县制时期,相当于秦汉时期;第三,州制时期,相当于魏晋南北朝、隋朝;第四,道路制时期,相当于唐宋时期;第五,行省制时期,相当于元明清时期。

当代行政区划分为中央、省级、地市级、县市级及乡镇。它具有如下特点:第一,少数民族聚居区实行民族区域自治;第二,设立省级直辖市;第三,在进行行政区划改革中,普遍实行市管县的体制并在一些地方设立特区;第四,设立一国两制原则下的特别行政区。

(二)地形地貌复杂,气候类型完备

我国的地形大势,以青藏高原为起点,自西向东,逐级下降。山地、高原和丘陵约占全国土地面积的2/3,盆地和平原约占1/3。我国的山脉按一定方向有规律地组合在一起,构成我国地形轮廓的骨架。

受位置、纬度、经度、地形等多种因素影响,我国各地的热量、水分、光照条件有很大差异,从而产生多种多样的气候类型。从全国范围看,我国东西两部分的气候明显不同:东部受海洋影响,属季风气候;西部地区则具有典型的大陆性气候特点。中国大部分区域属温带,其次为亚热带,南北各有一小部分地区分别伸入热带和亚寒带。由于温带气温适中,提供了较好的生产、生活条件,从而成为文化的发祥地。

(三)自然资源丰富多样

辽阔的土地、复杂的地形、多样的气候致使中国的自然资源丰富。平原地区盛产小麦、水稻、玉米、高粱、粟等粮食作物和棉、麻、油料、糖料等经济作物。山区除生产粮食外,还出产茶叶、桐油和药材。大面积的草原,畜养着大量牛羊。森林地区林型复杂,树种繁多,有较高经济价值的用材树近1 000种。野生动物资源丰富,全国各地的野生动物有2 000多种。水利资源异常丰富,流域面积1 000平方公里以上的河流有1 000多条,1平方公里以上的湖泊有2 800多个,水力资源蕴藏量达6.76亿千瓦,居世界首位。我国还是世界上少有的矿产资源丰富、矿种齐全、资源配套程度较高的国家之一,全国已发现的矿点近29万处,已发现的矿藏有140多种,已探明储量的达132种,其中,钨、锑、锌、钛、锂、稀土、硫铁矿、菱镁矿、硼等矿产名列世界前茅。

三、大陆—海岸型半封闭式的自然环境的特点及其对中国历史文化的影响

(一)大陆—海岸型半封闭式的自然环境的特点

其具体特点可以概括为四点:

第一,四周有天然限隔,内部构成体系完整的地理单元。

中华大地的东西南北、四面八方,都有天然限隔,在古代社会限制了人们的活动,形成了内部完整的地理单元:西北是高寒、干旱、山路崎岖的世界屋脊帕米尔高原,是一个难以逾越的西北地理极限;西南有世界上最高的喜马拉雅山山脉,成为中国与南亚的天然分界;通往东南亚的中南半岛的道路被横断山脉和湍急的江河以及热带丛林瘴疠之区阻碍;北部地势起伏虽然不大,但有浩瀚无垠的戈壁并以萨彦岭、贝加尔湖和外兴安岭一线为限,所以跟北极苔原上生活的民族往来较少;东部自黑龙江直至北部湾,绵延2万多公里海岸线,面对的是波涛汹涌的太平洋。整个中国古代先民们,生活在上述地理环境之中。

第二,自西向东构成落差显著的三级阶梯式的地势,且山脉河流除少数之外也都由西往东走向,河流也多流入太平洋。

中国地势的三级阶梯是:第一阶梯,海拔4 000米以上的青藏高原;第二阶梯,海拔1 000米至2 000米,由蒙古高原、黄土高原、云贵高原及塔里木盆地、准噶尔盆地、柴达木盆地、四川盆地等高原、山脉和盆地相间分布构成;第三阶梯,北起大兴安岭,中经太行山,南至巫山一线以东的东部和南部,相当一部分为丘陵,东北大平原、华北平原、江淮平原等是最低的地带,在海拔500米以下,其中,仅少数山峰高达2 000米左右,在滨海地带更低于海拔50米。如此落差显著的三大阶梯,像一把巨大无比的躺椅,西北背靠亚欧大陆,东南面向太平洋,因此,山脉河流都发源于第一、第二阶梯,向东、东北、东南以及南北流淌。

第三，气温由南往北、降雨量由东南往西北递减的特点，决定了中国气候的多种类型，形成了中国经济布局中的水田农业与旱田农业、农业与牧业的明显分野，决定了中国人口分布的东南稠密、西北稀疏的格局。

第四，复杂多样的自然条件和丰富多样的自然资源为我国人民所利用，创造出丰富的财富，为中国文明奠定了基础。同时，人口与资源分布的不平衡性，也给中国社会带来了相互依存性。

（二）中国自然环境对中国历史文化的影响

中国自然环境对中国历史文化的影响表现为：

第一，在大陆海岸型半封闭式的自然环境里独立产生、发展起来的中国历史文化，具有数千年从未中断的延续性和以自我为中心的独特性。

第二，辽阔的疆域为中华文化发展和中国文化中心的转移提供了纵深腹地，使中国形成了七大古都。

第三，中国境内复杂的地理环境，是中华文化发展不平衡性和多样性的空间条件。

第四，对外文化交往受到了地理条件的阻抑。

第四节 中国历史文化的社会经济环境

一、经济环境及其与文化的关系

社会经济环境，是指人类加工利用自然、创造物质财富所形成的一套生产条件，包括工具、技术、生产方式等。

人与自然之间呈双向交流关系：一方面，人类的活动始终受周围自然环境的影响和制约；另一方面，人类在自身的发展中又不断顺应自然、利用自然。人与自然的这种双向同构关系统一于人类的社会实践，首先以生产实践，也即经济活动为基础。因此，当我们对中国历史文化的生态环境和生成机制进行考察时，需要探究依托这种自然条件、地理背景，中国境内各民族的祖先们发展了怎样的物质生产方式，从而为中国历史文化提供了怎样的经济土壤。

社会经济环境是人与自然发生直接关系的产物，人类一旦失掉经济组织及其工具，就将无以生存，更谈不上创造文化。而经济环境本身是广义文化的一个基本组成部分，又是狭义文化（观念形态）植根的土壤和赖以发展的物质前提。古人所说的"仓廪实则知礼节，衣食足则知荣辱"（《管子·牧民》），正是对观念形态文化与经济生活相互关系的朴素表述。

二、中国的经济环境

(一)发达的农业

农业是利用植物的自然再生产过程获得物质资料的生产门类。中国的农业生产,有着悠久的历史。在距今6 000年的新石器时代农耕已出现。到了商代,农具为铜石并用,种植业达到新的水平。战国时期,由于铁制农具的推广与使用,粮食产量增加,农业成为人们食物的基本来源。自秦以后,发展农业成为封建国家的基本国策,农耕区包括黄河流域、长江流域、珠江流域、云贵高原及长城内外。

(二)牧业

河套以西及漠北地区,是广阔的草原及荒漠地带,这里的人们以放牧为生。从先秦到两汉,戎、羌、匈奴出没于黄河河套以西的广大山地和荒原间。唐时的突厥,宋时的契丹、党项以及蒙古,逐水草而居,过着游牧生活。游牧人以畜产品同农耕人交换粮食、茶叶、布帛和铁器,遇到饥荒则南下劫掠。

(三)渔猎业

在东北地区,有一些民族,如赫哲族、鄂伦春族以渔猎为主要的生产活动。广西的京族也以渔业为生。

三、中华大地的农耕和游牧两种经济类型的对垒和互补以及万里长城的历史地位

(一)农耕和游牧两种经济类型的对垒

中华大地,由于年降雨量从东南向西北递减而形成了以400毫米年降水线为界的从自然景观到社会生产都大相径庭的经济区:从大兴安岭西坡,沿西辽河上游、燕山山脉,斜穿黄河河套,经黄河、长江上游,直抵雅鲁藏布江河谷,形成一条等降水线。这条线的东南部,因为受太平洋和印度洋季风的影响,年降水量超过400毫米,属宜于农耕的湿润地区;这条线的西北因为很少受到东南季风的影响,除部分地区有冰雪融化的地下水形成绿洲之外,多为年降水量400毫米以下的干旱地区,不宜农耕,只能从事游牧生产。也就是说,中华大地大体上形成了两种类型的经济区——农耕区和游牧区。

农耕经济跟游牧经济的对垒:农业是利用植物的自然再生产过程获得物质资料的生产门类,农耕者定居成村落,过着日出而作日落而归的稳定的静态生活,形成一种"固土重迁"和祈求风调雨顺、无天灾人祸的文化心态。与此相反,游牧者则是过着"逐水草而居"的动态生活。当草原遭受严重冰雪袭击,牲畜生命安全遭威胁时,牧民们就赶着牲畜南犯农耕经济区,给农业地区的农民们造成严重破坏。由于草原牧民惯于在马背上生活,长于骑射,来无影去无踪,使农业经济居民防不胜

防。由于农业经济区社会进步、经济繁荣、文化发达,而边境游牧经济区社会相对后进,经济政治文化相对落后,游牧者军事南犯常对高度发达的经济文化区带来严重破坏。在这种情况下,保护农业经济免受游牧经济破坏,是一种社会进步现象。

(二)万里长城的修筑及其历史地位

在农耕经济与游牧经济的对垒中,农耕地区在军事上处于被动的彼动我静的防守状态。于是,农耕地区的农民就在统治阶级的组织下,修筑长城,以形成军事上进可攻、退可守的态势。这就是春秋战国以来直到明代2 000多年中,屡次耗费巨大财力、物力和人力修筑长城的根本原因。于是,长城成了世界人类文明史上的一大奇迹。诚然,修筑长城来抵御干扰,保护自己,在世界上绝非中国一国,唯独中国万里长城,修筑历史最长,规模最大,保存到今天的遗存最壮观。

中国长城修筑于春秋战国时期,最早的是齐长城和楚长城。秦统一中国后,在大将蒙恬的主持下,将秦、赵、燕三国的长城连接成为秦代长城。秦代长城东起辽东,西迄临洮,长7 000公里,以阻遏匈奴南下,是中国修筑万里长城之始。今天只留下一些遗址。秦代之后,除唐、元、清三代外,各代都曾修筑过长城。汉长城东起辽东、西迄蒲昌海(亦名盐泽,即今罗布泊),长达10 000公里,是在汉武帝三次征服匈奴的基础上修筑而成的,规模最大,不仅抵御了匈奴南下,而且保护了通往西域的陆上交通——丝绸之路。从玉门关到蒲昌海和从五原到居延塞的两段,没有修筑长城,只修筑城堡和烽燧警报系统。明代以前各代所修筑长城多夯土结构。明长城,东起辽东九连城(又名镇江堡,今丹东市北鸭绿江边),西迄肃州卫(今甘肃省嘉峪关市),总长8 851.8公里。由于沙漠南移的自然原因和北方少数民族封建化后的强大,明长城较历代长城向南收缩约200公里。除东北辽东镇所管的部分已经圮毁外,现存明代长城东起山海关,沿燕山山脉,至四海冶分内外长城:外长城入山西省,经大同等地,进入陕西榆林、宁夏银川,沿贺兰山入甘肃省,过河西走廊直至嘉峪关为止;内长城沿太行山向南,至今河北、河南和山西三省的交界处。其中,东北长城系土石结构,山海关到山西黄河边为砖石结构,陕西、宁夏、甘肃为夯土结构。设九镇镇守(初设辽东、宣府、大同、延绥四镇,继设宁夏、甘肃、蓟州三镇,太原总兵驻偏关、三边制府驻固原,也称二镇,合称九镇)。明代长城主要用于防御蒙古族和女真族(满洲族)的干扰。明代外长城的走向,几乎跟现代的400毫米/年等降水量线相吻合。

中国在农耕区与游牧区分界线上修筑万里长城,是历史上以农耕经济为基础的封建王朝为保证税赋来源而采取的一种保护农耕经济的措施,是护卫发达的中原文化的防线。所以,与其说长城是中国历史上若干王朝的北方边防线,毋宁说是中华文化圈中农耕与游牧这两大部类文明形态的分界线,它使农业经济免受游牧经济的破坏,保护了高度发展的文明。因此,无论从人类社会发展史还是从中华文化史来看,长城在历史上发挥了进步作用。所以,孙中山先生曾说:"长城之有功于后世实与大禹之治水等。"①历史上唐、元、清三代强盛时期,疆域囊括了农耕与游牧经济区,所以也就没有必要修筑长城。近代西方殖民者东来侵华,国防前线主要在东南沿海和远离长城的中国西北、北方和东北边疆,面对敌人的船坚炮利,长城自然失去了防御作用,退而成为历史遗存的文物古迹,成为中华民族伟大智慧和坚强团结的象征。

农耕经济与游牧经济是人类社会发展到一定阶段后,根据自然环境所形成的经济分工。这种分工是以互相进行交换为前提而存在的。所以,长城两边的农民与牧民、农耕与游牧之间,并未因长城而割断或隔绝,他们始终保持着交往,进行接触,在接触中彼此交换信息,互相融通,实现互摄互补,历数千年,汇成今天中华民族的共同文化。所以说,居住在长城两边的民族都是中华民族的成员。农耕和游牧是中华大地上两种基本的经济类型,是中华文化的两个彼此不断交流的源泉。在这个意义上,可以说,中华文化是农耕人和游牧人共同创造的,是在他们长期既相冲突又相融会的过程中整合而成的。而长城正是实现这个整合过程的交汇线与见证者。

四、中国前资本主义生产方式的主要形态

(一)小农业与家庭手工业相结合的自给自足的自然经济

古代中国有农耕和游牧两大经济类型,而农耕又占据优势,它是中华文化赖以生存和发展的主要经济基础。所以,中国前资本主义生产方式的主要形态是小农业与家庭手工业相结合的自给自足的农业自然经济。以土地所有制为尺度,中国前资本主义生产方式的形态大体经历了三个阶段:第一阶段,殷商西周的土地国有及公社所有阶段,或称"三代井田"阶段;第二阶段,东周井田制瓦解至唐中叶均田制瓦解阶段,土地私有制确立,而专制国家对土地私有权保留种种干预;第三阶段,唐中叶均田制瓦解到鸦片战争,土地私有观念进一步深化,专制国家对土地私有权干预有所减弱。后两个阶段,也可划归为一个大段落,也即土地私有阶段。自秦汉以来的2 000年间,中国社会广阔而坚实的基础,正是小农业与家庭手工业相结合的自然经济,与此相辅相成的地主——自耕农土地占有制以及作为地方小市场的城镇普遍存在,地主、商人、高利贷者的三位一体,形成了中国前资本主义经济从生产、流通到分配的完整结构。这种经济结构形成完备的自给自足的封闭系统,拥有自发的调节能力,特别是因其大大缩短了原材料与生产过程的距离,也缩短了产品与消费过程的距离,从而使产品具有廉价性,对商品经济有着强劲的抗御力,因而显得十分坚韧、稳固。要把握中华文化的基本性格和发展大势,除必须注意文化的自身逻辑外,还应当把握文化得以运行的经济动力,起码应当对中国传统的农业型

---

① 《孙中山选集》(上卷),人民出版社,1956年,第134页。

自然经济的基本状态有一个明确的认识。

(二)城乡经济的同一性,城市对乡村的经济依赖

中国前资本主义生产方式的另一个特点是,城市不具备独立自主的经济,而与乡村在经济上是同一的。这种同一性的基础是,城市在政治上统治乡村的同时,在经济上却依赖乡村,没有发展成独立于乡村的经济中心。中国城市的出现虽然较早,但是中国古代的城乡关系,政治上城市是宗主,乡村是附庸;经济上乡村是财富的来源,城市则是财富的消耗处。这对中华文化特色的形成及其走向,影响十分深远。正因为如此,我们称中华文化的主体为"农业文化"。在中国历史上,社会一再反复交替出现"恢复—高涨—危机"三段周期循环而迟迟未迈入新的运行轨道,自然经济难以解体,资本主义生产方式萌芽发展迟缓,市民阶级晚成,市民文化单弱低俗等,均源于中国城乡关系的上述经济——政治特点。

(三)生产资料生产和直接生产者人口再生产比例周期性的协调或失调

作为历史决定性因素,同时也作为文化发展终极动力的生产活动,应包括两个相互关联着的两个方面:一是生产资料、生活资料的生产,包括衣食住行以及为生产这些东西所必需的原料和工具的生产;二是人类自身的生产,即人口数量和质量的再生产。人类自身的生产与物质资料的生产相适应,是文化健康发展的重要前提,这是一个不争的事实。而两种生产相适应则意味着:第一,作为消费者的人口总量要同消费资料的生产总量相适应,人口的增长速度不得超过消费资料生产的增长速度;第二,作为生产者劳动人口数量和构成,要与当时社会所拥有的劳动手段和劳动对象相适应,劳动人口的质量要同当时的生产技术水平相适应。人类自身生产与物质资料生产的比例,是社会生产过程中最基本的比例关系,这种比例的协调或失调,直接影响文化的发展。

中国历史上两种生产比例的协调或失调,跟王朝的盛衰兴替几乎成对应,二者互为因果,周期性出现。以自然经济为主体的前资本主义社会,扩大社会再生产的能力是有限的,经济发展规模经过几十年、百余年的"休养生息",便大体接近极限(这首先由耕地面积的有限性所决定)。然而地主——小农经济的一大特点是,个体小生产主要不是通过科学技术的提高来维持及增加生产量,而是依靠扩大劳动量的投入,农民不仅关心自己的劳动成果,同时也关心劳动力的再生产。所以,人们就用早婚、多育的方法来缩短人口再生产的周期,早婚多育特别是多生儿子便成为以农民为主体的中国人的传统心理。于是,随着人口增长率高于物质资料的增长率,两种生产比例失调,由此带来了一系列的社会问题,如土地问题、赋役问题、流民问题等,当这些问题的危机发展到极点时,便发生了诸如秦末、汉末、隋末、唐末、元末、明末的农民战争,或导致北方游牧民族的大规模南下,长达十几年、几十年乃至几百年的战乱时期,使人口锐减,从而自发地调节两种生产的比例关系,使中国人口在2 000万至6 000万之间周期性地徘徊。直到清朝康雍乾时代,中国人口

总数大幅度地突破上述数字,乾隆六十余年(1735—1796年)人口就增至3亿左右,中国两种生产的比例关系失调现象已明著天下。因而,从乾嘉时代起已经有学者注意并研究人口问题,如洪亮吉、恽敬等人。但是提不出比较好的解决对策、方法。总之,前资本主义时期,中国的两种生产都只是处于自发性的阶段,物质资料扩大生产的天地受到局限,而人口却无限制地增长,因此,两种生产的比例很容易失调,对这种失调的人为控制作用毕竟有限,历史上仅靠天灾人祸大量消灭人口,使两种生产关系的比例失调重新缓和。然而,这种解决形式,给经济文化和人民的生命财产的损失无疑是惨重的。也就是说,这对中国社会进程造成了周期性破坏,成为中华文化健康发展的严重障碍。

(四)中国前资本主义生产方式所达到的经济发展水平

科学技术水平是一个民族或国家的经济发展水平与文明程度的最基本的标志。如果我们按照这一基本标准来衡量,中国曾在16世纪以前的1 000年间一直居于世界领先地位。

中国古代科学技术发展的水平主要表现在:

第一,在中国古代的经济门类中,农业种植是基础性的行业。中国古代农业种植技术虽然不是世界上产生最早的,但它是世界上最先进的。农学成了中国科学技术中的首门学科。第二,中国的中医药自成体系,是中国传统文化中的三大国粹(京剧、国画、中医)之一,在国际上影响很大。第三,中国古代的天文学和数学等基础学科,自成理论体系,处于世界领先地位。第四,中国的物理学、化学等学科,长期停滞于实用阶段,虽未形成理论体系,但其成绩也很巨大。第五,中国的指南针、造纸、印刷术、火药四大发明,曾处于世界领先地位并对人类历史进程产生过革命性的作用。16世纪以前,中国古代科学技术一直处于世界领先地位。

中国古代科学技术具有如下特点:

第一,直观经验主义浓厚,只注重对现象的观察和描述,而极少进行科学理论的探讨,所以大多停留在直观和笼统的经验水平上,未能建立起科学的理论体系,缺乏分析和实证的精神;第二,中国古代科学技术大多有着自己独具一格的体系,每当独特体系建立并完善起来后,往往对科学技术的进步起着禁锢作用;第三,中国古代科学技术具有强烈的实用性,实用的价值取向限制了人们的思维的升华,所以在生产实践中重视精耕细作、工艺精巧、恪守成规,而科学技术上的新的成就不易被发现和推广;第四,官府对科学技术的发展起的消极作用大于积极作用;第五,中国传统思想将科技贬为奇技淫巧,科技工作者遭到统治阶级的冷漠和歧视,外来的科学技术遭到中国统治者的排斥,因而阻碍了中国科学技术的发展。

总之,中华文化的灿烂辉煌是建立在农耕经济充分发展的基础上的,中华文化近代的落伍又恰好是小农业与家庭手工业相结合的自然经济向工业文明——商品经济转型迟缓而造成的。中国经济到宋代以后大体上已达极限,中国的资本主义萌芽发展迟缓,使转型前的生产力水平不可能出现飞跃,整个文明只能在原有小农业自然经济的格局内缓慢发展;而此时的欧洲相继发生了文艺复兴、资产阶级革命和产业革命、科学技术、社会经济呈加速发展,于是中国相对落后了。

五、中国农业社会经济给中国历史文化带来的若干文化特征

古代中国虽有农耕、游牧两大主要经济类型,但农耕经济一向为中国立国之本,中国历史文化的若干特征都植根于农耕经济的土壤中。所以,人们常常将中国历史文化定位为以农耕经济为主体的文化。

中国古代农业经济给中国古代文化带来了下列特征:

(一)群体趋向的务实精神

中国各民族的民族性格是"重实际而黜玄想","大人不华,君子务实"。正是这种性格使中国人发展了实用—经验理性,而不太注重纯科学性的玄想。无论是先秦的两大显学儒和墨两派,还是贯穿整个封建时代的儒家、道家和法家三大学派,都从不同侧面发扬了经验理性的生命力。所以,中国民族心理的务实精神,实际上是中国农民的"一分耕耘,一分收获"的农耕生活的精神所导致的一种群体趋向。

(二)思维方式上的循环论、恒久意识、变易观念

思维方式上的循环论、恒久意识、变易观念与农业经济存在着深刻的内在的联系。中华民族受农业生产的播种、生长到收获的周期性往复和一年四季周而复始现象的启示,产生了一种循环论的思维方式。这种思维方式在中国历史上政治的周期性盛衰更迭、治乱分合的往复交替中得到了更进一步的强化。阴阳五行"金、木、水、土、火"相生相克的公式更是循环论自然观和社会观的哲学表征。西汉董仲舒将阴阳五行相生相克的这种循环论用来为大一统的农业社会政治服务。宋代理学家还对《大学》中的"知止而后有定,定而后能静,静而后能安,安而后能虑,虑而后能得"进行了循环论的解释。

农业社会中的人们满足于维持简单再生产,缺乏扩大社会再生产的动力,因而,社会运行缓慢迟滞,大体呈静态。在这样的生活环境中容易滋生永恒意识,认为世界是悠久的、静止的。董仲舒的"道之大原出于天,天不变,道亦不变",反映在民间心态中,便是对用具的追求"经久耐用",对统治方式希望"稳定守常",对家族祈求"延绵永远",这都是"恒久"意识的表现。

变易观念是农业经济养育的中华文化在古与今、常与变问题上的独特表现。农业生产向人们反复昭示着事物的变化和生生不息。因此,与恒久观念相辅相成的变易观念在中国也源远流长,影响深远。如《周易》所谓"富有之谓大业,日新之谓盛德,生生之谓易","刚柔相推而生变化。"老子称"有物混成,先天地生,寂兮寥兮,独立而不改,周行而不殆,可以为天下母,吾不知其名,字之曰道,强为之曰大,大曰逝,逝曰远,远曰反"。庄子认为"物之生也,若骤若驰,无动而不变,无时

而不移"。

这种恒久观与变易观在中华文化内部统一的主要形态是寓变易于保守之中，如汉武帝的"复古更化"、王安石变法、张居正改革、康有为变法、当代"新儒学"呼唤的"反本开新"都是某种程度上的"托古改制"。这种复古以变今的思路，正是农业经济养育的中华文化在古与今、常与变问题上的独特表现。

（三）中庸之道与注重自然节奏的少走极端的基本处事心态

中国的农业生产者崇尚中庸、少走极端，是安居一处、企求稳定和平的农业型自然经济造成的人群心态趋势，集中到政治家和思想家那里，中庸之道就成为一种调节社会矛盾，使之达到中和状态的高级哲理，所谓"极高明而道中庸"、舜"执其两端而用其中于民"。尚调和、主平衡的中庸精神也是一种顺从自然常规节律的精神。

（四）尚农重本和轻商抑末成为普遍的社会心理

"尚农"不仅是历代统治阶级的政策需要，而且也是农业社会的一种普遍心理。农民和儒生共同构成中国式农耕文明的"俗"与"雅"两个相互补充的层次。儒家"正其谊不谋其利，明其道不计其功"之类的伦理观念正是中国式的农业社会"农本商末"经济结构的衍生物。

（五）集权主义的大一统与民本主义的民重君轻相辅相成，共同构成中国农业社会的政治思想主体

中国农业社会需要并养育了一个君主集权政体，而且是一个将军事、政治、财政、文化、思想大权全部集中于朝廷的皇帝一人手中的大一统的政治思想体系。这种集权主义的大一统的君主专制主义集权政体以及专制主义思想，是以农业文明为根底的中国历史及中国政治文化的一大特点。与集权主义大一统思想强劲而悠久相伴生的中国农业社会所培育的另一影响深远的政治意识，便是重农主义的孪生兄弟"民本主义"。从孟轲到黄宗羲一脉相承，从而迫近民主主义的边缘，启迪了后辈的近代民主斗士。与来自西方的民主思想结合，迈向近代民主主义、民权主义。

（六）安土乐天、和平主义的生活情趣

在古代中国，历代政权以农业为统治基础，将农民固定在土地上，起居有定、耕作有时。所以，安宁和稳定的社会环境和统治秩序，是古圣先贤和庶民百姓的共同理想和企求。安土重迁，已成了古代中国人的固有观念。他们以"耕读传家"自豪，以"穷兵黩武"为戒。这种一往情深地追求和平、宁静的思想情感，在中国千古不衰，形成了直接从农业文明中产生出来的"安土乐天"与和平主义的生活情趣。

第五节　中国历史文化的社会制度环境

一、社会制度环境及其与文化的关系

任何民族的文化,其产生和发展都是在某种特定的地理环境—经济条件—社会结构三维空间中进行的。

社会政治结构是文化所依托的社会制度环境,它是指人类创造出来的并为其文化活动提供协作、秩序、目标的组织条件(包括各种社会组织、机构、制度等)结合而成的体系。人类区别并大大优胜于动物,正因为他们结成了社会性的群体。社会制度环境作为人际关系所形成的现实社会的基本态势,既是广义文化的组成部分,又是狭义文化(观念形态文化)赖以生长发育的社会组织前提。

二、中国古代历史文化所依托的社会结构是"家国同构"的宗法——专制社会政治体系

中国地域辽阔,社会发展极不平衡。在漫长的历史发展过程中,中国大部分地区处于封建社会形态,在边疆少数民族地区,还存在着封建农奴制、奴隶制、原始公社制等社会形态。与社会形态相适应,中国的政治制度也很复杂。中国大部分地区实行的是以宗法制度为基础的封建专制主义的中央集权制度,在边疆少数民族地区,还保存着盟旗制度、山官制度、千百户制度、头人制度、土司制度及原始民主制度。

在漫长的中国历史进程中,中国社会发生过种种变迁,然而,由血缘纽带维系的宗法制度及其遗存和变种却长期保留着。中国产生国家后,就国体而言,出现过奴隶主专政、地主阶级专政、地主买办阶级专政等几种形态,其间以地主阶级专政时间最长;就政体而言,出现过神权制、贵族制、君主制等几种形态,其间以君主制历时最久并与上述国体中的地主阶级专政大体相对应。就世界范围而言,这种地主阶级专政的专制主义的君主制国家制度在中国出现最早,发展最充分。所以,在中国延续时间甚长,获得完备形态的君主专制制度,与宗法制度的遗存互为表里,形成一种"家国同构"的宗法——专制社会系统。这种社会系统与中国的农耕型自然经济相适应,深刻影响着中国历史文化的外在风貌和内在品格。因此,在分析中国文化发生的环境时,必须对社会结构进行分析并进而直接逼近文化生成的机制内层。

(一)宗法制度

1. 宗法制度的由来和确立

所谓宗法制度,就是规定嫡庶系统的法则。以始祖的嫡长子递承而下的嫡长

子为大宗;其余次子、庶子为小宗,由此而形成系统。它是中国古代社会赖以保持等级制度的重要思想支柱。

宗法制度,是原始社会父系家长制家族公社成员间的牢固的亲族血缘联系与社会等级关系密切交融、渗透、固结的产物,确定于西周,并形成一个庞大复杂但却井然有序的血缘政治社会结构体系,是氏族社会血缘关系解体不充分的结果。

西周宗法制度的标志有三点:

(1)父系嫡长子继承制是宗法制度的核心

为防止诸子争位,于是规定了立子以嫡不以长、立嫡以长不以贤的王位继承制度。

(2)分封制度

嫡长子继承王位也就意味着继承了天下的全部土地、人口和财富。为了处理好与诸兄弟的关系,嫡长子又分别将若干土地连同居民分封给诸兄弟(庶出)并允许其对这一部分土地、居民享有统治的特权和宗主地位。这在政治上是"授土授民",在宗法上是"别子为祖",二者合一便是分封制度,其作用是"建母弟以屏藩周",处理好嫡长子与别子的关系,以巩固嫡长子的最高统治权力和天下宗主地位。所以,"宗法即兄弟之法",在分封制中表现得最为充分。宗法制直接导致分封制,封建制又直接与强化王权政治的努力相关。参见表1-2。

表1-2 西周宗法制度表

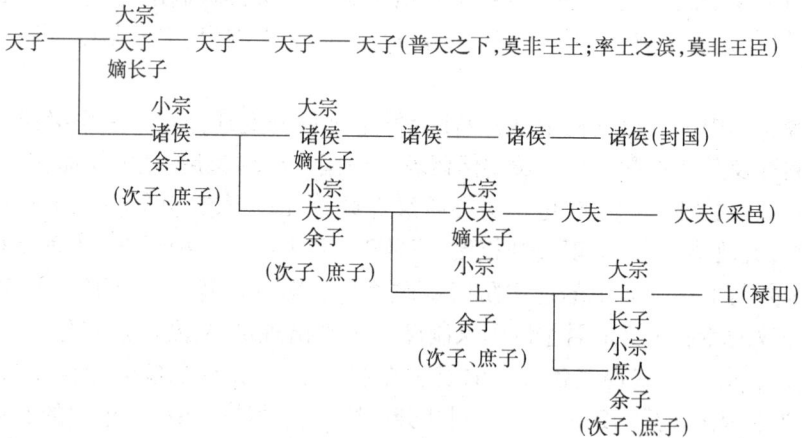

(3)严格的宗庙祭祀制度

宗法的"宗"指供奉神主之位的庙宇,其原始意为"尊祖庙也"。宗法制度以血缘的嫡庶亲疏来辨别同宗子孙尊卑关系,十分强调"尊祖敬宗",以维系宗族的团结。而实现这一目的的极好形式就是隆重庄严的宗庙祭祀制度。按西周宗法制度的规定,祭祖是大宗的特权,小宗则无此权力。大宗的尊贵地位以及重大责任,通过隆重庄严的宗庙祭祀制度鲜明地体现出来,这就是所谓"大宗者,尊之统也;大宗者,收族也"。"收族"就是"别亲疏,序昭穆",组织团结族人。周代严格的宗庙祭祀制度,对于维系以家族为中心的宗法制度和巩固政权,发挥过显著作用。这一传统为后代王朝所承袭,将祖庙跟社稷并重,共同作为国家权力的象征。

2. 中国古代社会结构定势

宗法制度在西周以降虽已瓦解,但是其影响却长期存在于中国古代社会。宗法制度兼备政治权力统治和血缘道德制约的双重功能,长期笼罩着中国社会,从此奠定了中国传统社会结构的定势。具体表现在下列三个方面:

(1) 父系单系世系原则的广泛实行

所谓父系单系世系,是指在血缘集团世系排列上完全排斥女性成员的地位。严格的父系单系世系原则,在西周以后的悠悠岁月中得到了广泛的实行。就政治权力继承而言,不仅绝不允许母系成员染指,而且绝不传给女性后裔。在家庭财产继承方面,也没有女性地位,女儿出嫁后连姓氏都得随夫,当然也无权继承父系遗产。甚至某些专业特技,在传授方面也有"传媳不传女"的家规。

(2) 家族制度的长盛不衰

家族是由一个男姓先祖的子孙团聚而成的,因其经济利益和文化心态的一致,形成稳固的、往往超越朝代的社会实体,成为社会机体生生不息的细胞。周代以后,中国社会历经动乱,社会经济形态、国家政权形式多有变迁,但是构成中国社会基石的始终是由血缘纽带维系着的宗法性组织——家族。

家族制度得以维系,往往仰赖于祠堂、家谱和族田三要素:第一,祠堂供奉祖先的神主牌位,是每逢春秋全族成员举行隆重祭祀祖先活动的场所和建筑物。祠堂之设,在强化家族意识、延续家族血脉、维系家族团结方面发挥着巨大作用。第二,族谱是详细记载全族的世系源流、子嗣系统、婚配关系、祖宗墓地、族产公田、族规家法的家族档案、经典、法规。家谱的作用首先是防止家族的瓦解,同时它还是解决族内纠纷、惩治不肖子孙的文字依据。第三,族田是家族制度的物质基础,是家族公共的田产,又可分为祭田、义田和学田几类。

中国家族制度长盛不衰的显著标志是族权在社会生活中的强大影响。族权是以血缘关系为纽带而形成的一种特殊的社会权力,它从氏族社会家庭公社的父权中引申出来,随着家族制度的完善而膨胀起来,终于成为与政权、神权、夫权并立的强劲的社会维系力量。特别是宋以后,族权的不断完善,使宗法思想朝着自觉巩固封建制度的方向发展:其一,族权有严密的、固定的组织形式;其二,族权与地方绅权结合;其三,族权与国家政权结合。

(3) "家国同构"

"家国同构"是宗法社会的最鲜明的结构特征。严格的宗法制度虽然在周代以后就不复存在了,但"家国同构"精神始终贯穿于数千年中国封建社会。"家国同构",即家庭——家族与国家在组织结构方面的共同性。无论家与国,其组织系统和权力配置都是严格的父系家长制。"国"与"家"一致,致使中国奴隶、封建社会政治等级制度始终未能独立于血亲宗法关系之外而存在,中国历史上的奴隶制国家和封建制国家,始终是父系家长制延伸、扩大的变体,这是中国社会区别于印度、欧洲的根本之点。从根本上讲还是源于氏族社会血缘纽带解体不充分而遗留下来的血亲关系对于人类社会关系的深刻影响。

(二)专制政体

1. 专制政体的概念和类型

所谓专制政体泛指在剥削阶级统治的国家中由个别独裁者独揽国家大权,实行专横统治的政治体制。在中国历史上,一人主治的君主政体或曰君主专制政体,沿袭甚久,发育最充分。世界上君主专制政体有两大类:一类是以英法德等国为代表的欧洲型(除西班牙外);另一类是东方或亚洲型的,如中国、土耳其以及欧洲的西班牙。前者是在封建社会后期资本主义经济、政治因素已萌芽发展,但封建势力尚不能消灭时,资产阶级向封建势力调和妥协的基础上出现的现象。而后者开始早,时间长,是在地主阶级的经济基础(自给自足小农经济的基础)上产生的,采取重农抑商政策,限制和阻抑了新兴资本主义生产关系的萌芽。

2. 中国君主专制政体的特点

第一,起始早,延续时间长。中国君主专制政体在春秋战国时已出现,秦汉时专制主义中央集权形成,三国两晋南北朝隋唐时明显加强,宋辽金元时进一步发展,明清时至于极端。

第二,经济基础深厚稳固。中国社会自给自足的农业与手工业结合的自然经济,含自耕型与佃耕型两类,跟君主专制政治相互利用,是两者长期共存的秘密所在。

第三,与宗法制度紧密结合。中国的君主专制与宗法制之间,存在着血肉相依的密切联系。最早的君主便由氏族家长演变而成。在宗族社会内,社会成员的政治关系与血缘关系混合,君权与父权合二为一,"家无二主,尊无二人"是同样绝对的原则。由于与宗法制度紧密结合,君统与宗统、血统直接相关,围绕着专制君权的"血脉"传承,中国封建社会发生过多次父子加害、母子相残、兄弟兼并的惨剧。也正是为了保证专制皇权血统的绝对"纯洁",中国封建专制制度派生出一种极不人道、极其腐败的宦官制度。中国君主专制政治滋生的两种特殊政治危机现象:宦官干政与外戚专政,是中国君主专制与宗法制结合的并蒂毒瘤,为祸千古,成为中国封建政治的顽症。

第四,君主专制中央集权至于极端。中国封建社会君主专制的集权程度,总趋势是愈益强化。从秦始皇开始直到清末,皇帝本人集立法、司法、行政、军事指挥大权于一身,将中央集权推至极端。"天下之事无大小皆决于上",口含天宪、言出法行。于是,一言兴邦,一言丧邦,全在帝王意志的须臾闪念之中。皇帝这种没有根据的、任性的"个人意志"以法律的严整形式表达出来,使法律失去了原来意义,成为帝王手中随意捏搓的面团。这种"人治"压倒"法治"、取代"法治"的行径,是中国君主专制政治的重要特征。历代帝王也注意选拔贤能,助天子日理万机,"建辅弼之臣",首推丞相。中国历史上削弱相权、强化皇权,是中国君主专制政治的另一重要特征。历代皇权的特征还表现为加强中央皇权、削弱地方权力的斗争。无论是中央官吏,还是边疆大吏或地方官吏,都不过是为皇帝管理其国家的家臣而已,充分表现出皇帝对自己的家产、土地和人口的严格控制。

三、中国古代的宗法——专制社会政治结构下的伦理——政治型的文化范式

所谓范式是一个学科所有成员所共有的东西。它包括规律、理论、应用和工具等。从范式中产生了学科研究的"特殊的连贯的传统"。文化范式是一个文化共同体成员所共有的东西,从范式中产生文化共同体发展的"特殊的连贯的"文化传统。文化范式并非"半神秘的东西或属性",它有着实实在在的可把握的社会存在的基础,这便是文化共同体成员置身其中的社会结构。宗法社会易于形成伦理型文化,而专制社会易于形成政治型文化,这正是社会存在决定社会意识的科学原理在文化学上的具体体现。

(一)社会结构的宗法特征,导致中国历史文化形成伦理型范式

在中国历史上,宗法社会结构不仅影响社会风俗、社会心理,而且作用于中国历史文化的意识形态领域,从而形成有别于世界其他民族文化的独特的"伦理型"范式。

在社会心理方面,表现为:对血缘关系的格外注意;具有浓烈的"孝亲情感";对传统的极端尊重(正统、道统、文统、家统、师统、祖传秘方);讲究人伦,效法自然和天人合一;重人事而忽视对自然规律的研究。所以,如果说西方文化是智性文化的话,那么中国历史文化就是德性文化。三纲五常是伦理观念的核心,它如同一具庞大严密的"思想滤清器",阻碍和淡化了宗教精神对国民意识的渗透,使中国文化系统在古代居主导地位的不是神学世界观而是伦理世界观。中国古代的德性文化具有积极和消极两个方面的影响:一方面,中国古代文化从积极方面讲是责任文化,鼓励人们自觉维护正义,忠于国家民族,抵御外来侵略,保持高风亮节。所以,千百年来,无数"杀身成仁"、"舍生取义"的民族英雄都从传统伦理思想中汲取积极的营养,立功、立德,彪炳千秋。无数"秉笔直书"的史学家、刺杀暴君的勇士、痛斥奸佞犯颜直谏的忠臣、绝不向侵略者屈服的民族志士、大义凛然不辱国命的外交使节、"鞠躬尽瘁、死而后已"的贤相,他们不愧为传统的伦理精华所铸造的"民族的脊梁"。另一方面,也有消极作用。它将伦理关系凝固化、绝

对化,以致在某种程度上成为人身压迫、精神虐杀的伦理之源,制约着全民族的思想方式和生活方式。

(二)社会结构的专制特征,导致中国历史文化形成政治型范式

在2 000余年专制社会结构中,中国历史文化始终受到强大的中央集权政治力量的控摄、支配,从而形成以求治为目标的鲜明的政治型范式。文化活动具有明显的政治功利目的;文化成就须仰仗政治力量的荫庇方能播扬;文化人——知识阶层怀抱异常强烈的"经世"意识;"穷则寓治于教,达则寓教于治","学"与"仕"互为表里,合二为一,"夫古人为学者以自治其身心而以应天下国家之事,故处则为大儒,出则为大臣,未有剖事与心为二,剖学与行为二者也"。

中国历史文化的文化政治型范式的体现有三:君主专制政治统摄之下的2 000年一贯制的"思想大统一";专制主义的政治论高度发达和早熟;知识阶层"入世"的人生态度、"经世"的社会抱负与君主专制政治对知识分子的笼络利用、恫吓镇压之间的统一。

(三)内圣外王是伦理—政治型文化范式的架构

中国历史文化早在先秦就已形成包括政治热情和高度重视道德伦理的两大内在联系的核心内容,自汉武帝独尊儒学后,汉宣帝乃称:"汉家自有制度,本以霸王道杂之,奈何纯任德教、用周政乎?"吸收了颇多法家的治国方略气息。汉代以来的封建政治学说可概括为以"阳儒阴法"为明显征象。阳儒阴法在儒学体系内部的理论体现,则是"内圣"与"外王"两种学理走向的并行不悖,互为应援,支撑着中国历史文化2 000年的伦理—政治型文化范式。儒学作为一种"伦理政治"型学说体系,包括内在圣人的主观伦理修养和外在客观政治论这两种彼此联系着的组成部分,前者即所谓的"仁"学,或"内圣"之学,后者即所谓"礼"学,或"外王"之学,随着历史的变迁,形成了两个儒学派别体系。位居2 000年中国历史文化主流地位的儒学,其"内圣"与"外王"之学对于伦理政治的高度重视,达到了排他性的程度,从而限制了自然哲学和科技的发展。孔子以后,两汉经学、魏晋玄学、隋唐儒学、宋明理学,虽各有变通,却大体上继承了这一传统。

第六节 中国古代对外文化交流

一、中国文化对外来文化的吸收

(一)对外来物质文化的吸收

随着中国丝绸、瓷器的西传,来自异域他邦的农作物、珍禽异兽、宝物等也传入中国。农作物包括葡萄、胡萝卜、胡椒和姜等。珍禽异兽包括封牛(瘤牛)、象、狮子、犀牛、大雀、鸵鸟等。宝物包括埃及的玻璃制品、印度的琉璃马鞍、大秦的夜光

璧、明月珠、珊瑚、琥珀等。其中,很多植物被引种,在汉朝都城长安的离宫别苑内,到处都能看到葡萄、石榴等植物。玻璃制造工艺也被中国工匠所吸收并制造出绚丽多彩的玻璃饰物。

人们的生活习俗也受到境外的影响。模仿外来服饰成为当时的社会风尚,波斯、吐火罗、突厥等服饰都成为模仿的对象。境外的饮食习俗与食品的制作方法也很流行,很多食品因受到人们的喜爱而成为家常便饭。葡萄酒在社会上也很受欢迎。

(二)对外来精神文化的吸收

1. 在宗教方面

随着中国文化与外国文化的不断接触,越来越多的外国文化,以越来越大的规模传入中国。佛教、祆教、摩尼教、景教、伊斯兰教等宗教先后传入中国。

祆教是波斯人琐罗亚斯德于公元前6世纪创立的。因为崇拜火,故被称为拜火教。北魏后期已经开始在中国传播,隋唐时期大规模涌进中原地区。唐时,长安、洛阳、凉州、沙州等都建有祆教寺庙。此后,祆教继续存在,特别是在西北地区聚集的信徒很多,高昌、于阗在10世纪还有祆教寺庙存在。

摩尼教是波斯人摩尼在3世纪创立的,它吸收了祆教、基督教和太阳神教等思想,其主旨为宣扬光明与黑暗斗争。7世纪末摩尼教传入中国。摩尼教在回纥聚居的地方颇为流行。长安、洛阳及太原皆设置摩尼寺。摩尼教对贫苦民众有着相当的吸引力,在中国封建社会后期,一些农民起义就是用摩尼教明暗相斗的学说来动员群众的。例如,宋朝时期的方腊起义,就是用该教号召民众的。

2. 在艺术方面

西方的音乐、舞蹈、绘画、雕塑等文化艺术也日益东渐并融进中国文化中。

在汉代,西方的乐器大量涌入中国,如琵琶、笛等外来乐器,加入了中国乐队。与此同时,西方的曲调也传入中国,汉代军中所用的短箫铙歌,都是来自西域的乐曲。唐代的十部乐,也是在广泛吸收融合西域音乐的基础上形成的。唐代流行的舞蹈有来自西域的胡旋舞、柘枝舞等,其舞姿刚健,旋转如星,盛行于长安,后风靡全国。

西方的雕塑、绘画艺术也流传到中国,给中国的绘画、雕塑及工艺美术带来了生机和活力。汉代的石雕像中,已出现希腊、罗马盛行的有翼的人物和动物,唐代浮雕也受到了萨珊波斯浮雕术的影响,特别是佛教建筑石窟中的雕塑和绘画,吸收了印度佛教艺术的特点,发展成为具有中国民族风格的造型艺术。敦煌、龙门、云冈等石窟荟萃了绘画、雕塑等艺术精品,成为举世闻名的艺术宝库。

3. 在科技方面

明末清初,西方传教士为传播宗教来到中国。他们向中国传播了大量的西方文化,特别是耶稣会士传入中国的西方科学技术,经过中国有识之士的不断吸收、融合,为中国文化注入了新的血液,这一时期,中国的天文历法、数学等方面出现了从未有过的新气象。

在天文学及数学方面,欧洲传教士们来到中国后,不仅翻译介绍了许多西方天文历法及数学方面的书籍,而且引进、制造了一批天文仪器,这些仪器被安置在北京观象台,曾发挥过重要的作用。在耶稣会士的参与下,中国学者编制了介绍西方天文、数学知识的著作《崇祯历书》和《数理精蕴》。《崇祯历书》,又称《西洋新法历书》,是一部比较系统地介绍欧洲天文学知识的卷帙浩繁的著作,对我国天文学的发展产生了较大的影响。《数理精蕴》是一部介绍西方数学知识的百科全书,其主要内容是介绍17世纪初以来传入的西方数学,包括几何学、三角学、代数以及算术的知识。此书出版后得到了广泛流传,成为人们学习和研究西方数学知识的重要书籍,对后一时期数学的发展产生了重大的影响。

清初一些学者接受了西方传来的科学知识,积极展开了天文学和数学的研究工作并取得了卓著的成绩。例如,王锡阐深入钻研西法并从实践和理论上证明西法并非是完善的。梅文鼎以毕生的精力从事天文学和数学的研究。他的天文学著作有40余种,对中西历法的融会贯通,做了大量的工作。他的数学著作也有10余种。王锡阐和梅文鼎的工作,使明代以来传统数学和天文学重获生机,使新移植过来的西方数学和天文学在中国这块土地上,结出新的果实。

在物理学方面,王徵根据西方物理学原理制作了各种式样的奇器,包括运重机器、龙尾车等。方以智著有《物理小识》一书,也采纳西方科学理论。黄履庄大胆应用西方的物理学、机械学的原理,发明、仿造新式机械达27种之多。

在地理学方面,由康熙皇帝主持,聘用西方传教士,对全国山川地理进行了大规模的测绘,从北京近郊开始,然后到河北、东北、内蒙古、新疆、陕西、山西、浙江、福建、广东、广西、四川、贵州等地,经过10余年的勘察测量,编成《皇舆全览图》,成为当时世界上工程最大、制图最精确的地图。

二、中国文化对外部世界的影响

(一)中国文化对东方国家的影响

在漫长的岁月中,中国文化曾给世界文化发展以重大的影响。中国文化对东方世界的影响,更为直接,更为全面,更为深入。在历史上相当一个时期内,中国文化与日本、朝鲜等国的文化关系,达到了十分密切的程度,极大地影响了这些国家的历史和文化。

1. 对东方世界物质文化的影响

最早受到中国文化影响的国家是朝鲜。据传说,周武王灭殷商后,殷王族箕子率领5 000族人避居朝鲜。战国时代,燕赵等国许多人为避战祸迁居朝鲜,他们把中国的金属器具和工具带到朝鲜。两汉时期,中国的丝绸、漆器和铜镜输入朝鲜。

魏晋南北朝时期,朝鲜半岛高句丽诸国居民的生活习俗,也明显受到中国历史文化的影响。隋唐以后,中朝物质文化交往的规模更大,也更为频繁。此外,中国的养蚕制丝技术、造纸术、印刷术、陶瓷及火药,皆传入朝鲜。

日本也是最早受中国文化影响的国家之一。秦代已有中国人越海到达日本,他们带去了先进的生产工具和技艺。秦汉以后,移居日本的人更多,日本的养蚕、丝绸等业开始发展起来。从秦汉到隋代,从中国移植到日本的原始工业有制陶、造船、冶炼、造纸等。在器物方面,中国的铜铁器、金银器和陶器大量涌入日本。隋唐时期,中国物质文化更大规模地传入日本,中国丝绸、瓷器、铜镜等大量输入日本,中国茶种、围棋也传入日本。在城市建筑中,日本飞鸟、奈良时代的都城,就是模仿唐长安城、洛阳城建造的。宋代以后,中国物质文化继续传入日本。日本人在消化中国文化的基础上,注意给予发展和创造。例如,13世纪,加藤四郎来中国学习制陶,回国后烧造了黑釉瓷器。

此外,越南、柬埔寨、缅甸、泰国、老挝、菲律宾、印度尼西亚、新加坡、马来西亚等国也不同程度地受到中国物质文化的影响。

2. 对东方世界制度文化的影响

古代中国在制度文化方面,也是先进的,是适应当时社会生产力的发展的。因此,中国封建社会的文化,特别是中国唐代所确立的制度文化,包括官制、学制、法制、礼制、田制和税制,为周边国家所学习、模仿。

日本是最早较为全面地学习和模仿唐代制度文化的国家。日本大化革新的内容,就是学习唐代的先进制度,确立适应当时日本封建社会发展所需要的各个方面的制度。例如,大化革新所确立的田制与税制,力求唐制,规定全国土地为天皇(国家)公地,实行班田收授法,受田者负担租庸调:租为田租,交纳稻米,庸为徭役,调为一种实物税,一般交纳绢布。

古代朝鲜的制度,也深受中国制度文化的影响。早在三国时期,朝鲜半岛上的高句丽、百济和新罗就开始学习中国的制度文化。10世纪,高丽统一朝鲜半岛以后,在各方面都积极吸收中国唐宋时代的制度。如在教育制度方面,在高丽王朝(915—1392年),儒学成为教育的基本内容,科举制度成为基本的选官制度。

越南中古时代的许多制度,也是在中国的影响下形成的,而且中国制度文化对中古时代越南的影响,在某些方面超过了对日本、朝鲜的影响。越南中古时代的官制、法律、兵制、田制皆直接受到中国的影响。

3. 对东方世界精神文化的贡献

中国文化中的精神文化对东方世界精神文化的发展做出了特别巨大的贡献。汉文字曾对朝鲜、日本和越南的文字以及文字表达的各种文学艺术形式,产生过深远的影响。日本人在使用汉字的过程中,不断改造和简化汉字,利用汉字的偏旁创造了日本楷书字母——片假名,又模仿汉字草体创造了草书字母——平假名。日本、朝鲜等国还出现了大量用汉字写作的文史著作。中国的小说《三国演义》、《水浒传》等在东方世界也有广泛影响。中国古代史学对朝鲜、日本也影响很大,司马迁的《史记》在600—604年间传入日本,在日本的影响尤为深广。

中国儒家思想和佛教对邻国也产生了很大的影响,儒家思想对古代朝鲜的影响尤为深远。1世纪时;就有朝鲜人能背诵《诗经》、《春秋》等,三国两晋时期,儒家经典在朝鲜广为流传。10世纪,朝鲜科举制度确立后,儒家经典成为考试的主要内容。佛教在4世纪传入朝鲜,6世纪时在朝鲜半岛已得到广泛传播。

3世纪,百济博士王仁至日本,已将中国儒学传到日本。5—6世纪,佛教也从中国传入日本。7世纪初,圣德太子派遣留学生入隋,直接引进儒、法、佛家思想。9世纪初,日本僧人最澄和空海到中国留学,回国后,分别创立了天台宗和真言宗。宋代禅宗僧人赴日本,对禅宗在日本的传播产生了影响。12世纪末到13世纪初,朱熹的理学传到了日本。理学和禅宗思想为镰仓时期的幕府和武士封建主接受,经融合和改造,形成日本中古后期独特的封建道德观念,参禅究道在武士中也蔚然成风。明代王阳明的心学,对日本学者也产生了深远的影响,后来形成了日本的阳明学派。

中国古代思想对东南亚国家也有广泛的影响。19世纪下半叶以后,大量中国古代通俗小说被译成当地语言,中国古代的一些思想文化著作和童蒙读物,也有不少被译成当地语言。

(二)中国文化对西方世界的影响

1. 交通路线的开辟

(1)陆上交通

①"西域"一词的含义

"西域"一词,最早见于西汉,其含义有广义、狭义之分。狭义的西域指玉门关(今敦煌西北)、阳关(今敦煌西南)以西,葱岭(今帕米尔高原)以东,即今天巴尔喀什湖东、南和新疆广大地区;广义的西域,包括葱岭以西的中亚、西亚和南亚的一部分,乃至东欧、北非地区,是中国当时对西方的统称。

②丝绸之路

丝绸之路是古代横贯亚洲的交通道路。约自公元前2世纪及以后的1 000余年间,大量的中国丝和丝制品皆经此路西运,故称丝绸之路。

③具体线路

在汉代,西出玉门关、阳关以后,通往西域有两条路线。北道自车师前王庭(今吐鲁番西)沿天山南路西行,经过危须(和硕)、焉耆、乌垒(今轮台东)、龟兹(今库车)、姑墨(今阿克苏)、尉头(今阿合奇)、疏勒(今喀什),越过葱岭,到达大宛(今费尔干纳一带);由此向西北行,可达康居(约在今巴尔喀什湖和咸海一带)、奄蔡(今咸海和里海之间),往西南则经大月氏、安息(今伊朗),可达犁靬(亚历山大港,一说在今叙利亚一带)。南道是沿昆仑山北麓西行,经鄯善(若羌)、且末(今且末西南)、拘弥(今于田东)、于阗(今和田)、皮山、莎车等地,越过葱岭,向西到大月支、安息、条支(伊拉克)、犁靬,向南到身毒(印度)。

在魏晋南北朝时期,丝绸之路发展为三条,原来的北道称中道,新增的北道,从玉门关西北绕过白龙堆沙漠,经高昌、龟兹、疏勒、大宛,抵达波斯、拂菻国(东罗马帝国),最后到达西海(地中海)。

唐代又开辟了两条新的路线,一路由龟兹经姑墨、温宿、勃达岭(今别迭里山口)、热海(伊塞克湖)南岸,到碎叶(今吉尔吉斯北部托克马克附近)和怛罗斯(哈萨克斯坦东部江布尔);另一路由庭州(吉木萨尔北),经青海军(沙湾东)、黑水守捉(乌苏)、弓月城(霍城)到碎叶和怛罗斯。两路汇聚怛罗斯后,向西达西海,向南经石国(塔什干)、康国(撒马尔罕),可到波斯和大食等地。

唐代还开辟了中印藏道,即由长安经青海、吐蕃、泥婆罗(尼泊尔)至印度。唐代以后,海路交通成为中西往来的主要途径。

(2)海上交通

早在公元前3—公元前2世纪,就有大批中国移民渡海去日本。汉武帝曾派人探查海上向南方和西方的通道。汉代使臣的航线,大致经今天越南、柬埔寨、泰国,进入暹罗湾,在缅甸靠岸登陆,走一段陆路以后,再乘船沿江而下,进入孟加拉湾;又向西行至印度次大陆东岸,最后到达斯里兰卡。

在唐代,中西海上丝绸之路繁荣起来。此航线从广州出发,越过南中国海,横穿马六甲海峡,到室利佛逝(今印度苏门答腊地区的古国),经马来半岛西岸,到达狮子国(今斯里兰卡)、印度。由印度再驶向阿曼湾,抵达波斯湾的巴士拉(今伊拉克境内),最终到达阿拉伯帝国首都报达(今巴格达)。这条航线把中国、东南亚、南亚和阿拉伯地区连接起来,成为沟通经济文化的又一重要通道。

宋元时期,国家重视发展海上丝绸之路。当时的华商足迹遍及东南亚、南亚、西亚、西非等国家和地区,来华经商的外国商人也很多。从波斯湾到泉州、广州的海路极为活跃,由波斯湾的忽鲁谟斯(今伊朗霍尔木兹)向西航行至波斯湾(今伊拉克巴士拉),向南航行至祖法儿(今阿曼佐法尔),再向西可至亚丁湾,入红海;由祖法儿向南则可经亚丁湾,前往东非沿岸的木骨都束(今索马里首都摩加迪沙)和层摇罗(今坦桑尼亚的桑给巴尔岛)。

明初时,中西海路交通曾大放异彩,主要表现在郑和1405—1433年的下西洋活动。郑和曾七次西航,遍访东南亚、南亚、西非和东非30多个国家和地区。《郑和航海图》记录了郑和经南海、印度洋,直到东非海岸的详细航线。

15世纪末16世纪初,西方殖民者绕过好望角来到亚洲,开辟了通往东方的新航线。随着西方殖民者的东来,中国直通印度洋的海道,逐渐被阻断。

2. 中国文化对西方世界的影响

(1) 对西方世界物质文化的影响

在物质文化方面,中国对西方世界影响比较大的是丝绸、瓷器和四大发明。

从西汉开始,中国的丝绸沿着丝绸古道,流向中亚、南亚、西亚和北非,直到地中海地区。中国丝绸运到地中海地区后,大受欢迎,很快成为那里各个民族、各个社会阶层的普遍追求,丝绸贸易成为古代世界最大宗的贸易。南北朝时期,中国的养蚕和丝织技术传入西域、波斯及东罗马帝国。由于长期受中国丝绸的影响,到4~5世纪,埃及人开始仿造中国丝绸。唐以后,中国丝绸文化西传,更多地表现为丝织技术的西传。在今天的叙利亚、伊拉克等地的许多城市,都办起了工艺高超的作坊,织造色泽鲜艳的锦缎、壁毯等,阿拉伯地区的丝织物几乎垄断了9世纪以后的欧洲市场。丝织技术还由阿拉伯人传入西班牙和西西里并从西西里岛向欧洲各地传播。元代,蒙古西征时,把中国织匠带到伊斯兰世界,中国丝织品的西传,再次掀起高潮。中国的图纹花样被引入到穆斯林的丝织花样之中。中国丝绸产品再次传到西欧。从13世纪末以后,中国的丝绸锦缎又成为意大利各地显贵及罗马教廷的时兴服饰。到了17世纪,丝绸才在欧洲得到普遍流传并为平民所拥有。仿制中国丝织品的生产规模日益扩大,在法国、荷兰等国都有制造各种绘花和印花丝织品的工厂。法国生产的丝织品完全按照中国的花色装潢,各种技术也都取法于中国。

从唐代开始,瓷器在中国对外输出品中,逐渐成为大宗货物并得到亚、非、欧广大地区人民的青睐。阿拉伯人十分喜爱中国瓷器,特别赞赏其制作工艺。丝绸古道的各国人民不仅喜爱中国瓷器,而且还纷纷仿制,如埃及人瓷器的形状、花纹都模仿中国。到11世纪,其仿制品已达到很高水平。以埃及为基地,华瓷和陶瓷技术又向欧洲流传,一路经马格里布传入西班牙,另一路经西西里传入意大利,传播到欧洲各地。在17世纪以前,瓷器在欧洲只是一种新奇的珍玩,到了18世纪初,瓷器开始走入千家万户并成为当时上层社会的收藏品及装饰品。欧洲各国出于对中国瓷器的羡慕,开始了仿制工作。欧洲最早仿制中国瓷器的是威尼斯人,他们在1540年制造出蓝色阿拉伯式的装饰品。18世纪初,仿制华瓷风靡欧洲,这些仿制品不但大量采用中国纹饰,而且还仿效中国的款式。欧洲人掌握了制瓷方法后,制瓷厂相继建立,德国、法国、英国都有制瓷厂。

中国的丝绸和瓷器不仅成为西方各族人民生活中不可缺少的物品,美化了人们的生活,而且在精神上大大拓宽了古代西方各族人民对追求美的视野。

(2) 对西方世界精神文化的影响

在思想方面,欧洲17~18世纪的"启蒙运动"受到了中国文化的影响。中国以儒家经典为核心的文化,经过传教士们的消化和吸收被介绍到欧洲,被欧洲各国的思想文化界根据自己的国情加以吸收,对欧洲17~18世纪的"启蒙运动"产生了一定的影响。儒家学说不仅成为启蒙运动的重要来源之一,而且成了反对宗教、主张哲学的武器。例如,德国启蒙运动的思想先驱莱布尼茨,较早认识到中国文化对于西方文化的发展具有重要意义,并倾注了毕生的精力,致力于中国文化,特别是中国哲学的研究。他努力贯彻中国的实践哲学,倡导成立了柏林、维也纳等科学院并将对中国的研究列入研究院的研究项目。法国的伏尔泰也热心研究中国文化,通过对中国思想和政治的赞美,反对神权的残暴统治,而把一个具有崇高理性、合于道德的、宽容而有节制的政治制度作为理想的目标。中国儒家的自然观、道德观和政治思想成为他的有力的武器。欧洲思想界受到中国文化影响的还有重农学派。重农学派以中国文明为欧洲思想界的旗帜,在政治经济领域加以推广。重农学派的创始人魁奈因在1767年发表《中国的专制制度》,被誉为"欧洲的孔子"。他认为自然秩序是人类理性的根源,而人类理性又是人的自然权利的依据。他提倡以农为本,认定只有农业能够增加财富,贬低货币和商业资本的作用。他非常赞赏中国的重农主义和历代君主重视农业的政策。中国古代思想和政治制度对于重农学派的政治思想和经济学说的形成,产生了重要的影响。

在艺术方面,在欧洲特别是在法国艺术发展中出现的"洛可可时代"或"洛可可风尚",明显地受到来自中国的影响。17~18世纪的法国流行"中国风格"、"中国趣味",以采用中国的物品、模仿中国式样为时尚。这一时尚也影响到欧洲其他国家,使当时的欧洲社会流行中国的茶、丝绸、绣品和漆器。连广告、书籍插图、舞台布景、演员化妆,也都追求中国风尚。洛可可艺术风格的特点是追求飘逸活泼,线条丰富,色调淡雅,重自然雅趣而不重人工雕琢。在洛可可时代,最明显受到中国影响的就是园林艺术。中国园林崇尚自然的造园风格,在欧洲引起人们极大的兴趣。从18世纪后期起,法国贵族开始模仿中国园林。英国、德国、荷兰、瑞士等国也竞相修筑中国式钟楼、石桥、假山、亭榭。例如,英国建筑师威廉·查布斯早年曾到过中国,1757年出版了一部《中国建筑、家具、衣饰、器物图案》,风行全欧。他还设计了中国式的庭园,即丘园。园内有湖,湖中有亭,湖旁有塔,塔旁更有孔子楼,图绘孔子事迹。

在科技方面,中国的四大发明对欧洲的影响最为突出。造纸术、印刷术、火药、指南针四大发明,不仅是中华民族智慧的结晶,而且是中华民族对世界文明做出的重大贡献。它在欧洲获得推广,并得以流传,从而产生了革命性的效应。

中国在西汉时期就出现了植物纤维纸。7世纪,造纸术从新疆传入中亚的撒马尔罕,大约在9世纪末传入埃及。12世纪时,造纸术由埃及传入摩洛哥并从那里传入西班牙、意大利等欧洲国家。中国在隋唐之际发明了雕版印刷术。北宋时,毕昇发明了活字印刷术。10世纪后,雕版印刷术传入埃及。雕版与活字这两种印刷术,先后经由波斯、阿拉伯传入欧洲,在14~15世纪,欧洲才出现雕版印刷和活字印刷。中国造纸术和印刷术的传入,打破了欧洲长期以来学术、教育皆被基督教修道院一手垄断的格局,刺激并推动了欧洲自由讨论风气的形成和文化知识的广泛普及,为欧洲的文艺复兴提供了强有力的武器。早在9世纪或10世纪,中国已开始将指南针用于航海。12世纪后,逐渐传入阿拉伯和欧洲。指南针传入欧洲后,在航海上加以使用,使海上探险成为可能并取得了举世瞩目的成功,开辟了新的航线。新航路的发现,对于欧洲社会的经济和政治生活都产生了巨大的影响,欧洲"商业上的革命",带来了世界市场的扩大、流通商品种类的增多、商路及贸易中心的转移和商业经营方式的改变。而由此带来的一切变化与革命,都在加速着欧洲封建制度的解体和资本主义生产关系的发展。中国在唐代就已发明了火药,宋时开始把火药广泛用于军事。13世纪,火药由被俘的蒙古军队传入埃及。13~14世纪,欧洲人从阿拉伯人那里学会使用火药,制造火器。火药传入欧洲后,成为摧毁封建堡垒的利器,加速了封建主义的解体。火药的采用不仅是简单或具体的作战方法的变革,而且对欧洲当时的统治与被统治的政治关系起了变革作用。火药还改变了欧洲的政治格局,在欧洲从封建社会过渡到资本主义社会方面具有划时代的意义。

四大发明具有世界公认的文化价值。马克思在概括其中的三大发明时指出:"火药、指南针、印刷术——这是预示资产阶级社会到来的三大发明。火药把骑士阶层炸得粉碎,指南针打开了世界市场并建立了殖民地,而印刷术则变成新教的工具。总的来说,变成科学复兴的手段,变成对精神发展创造必要前提的最强大的杠杆。"①

思考与练习

1. 中国君主专制政体有何特点?
2. 宗法制度对中国社会有何影响?
3. 中国各民族分布情况有何特点和影响?
4. 为什么说中国是一个统一多民族的国家?
5. 试分析中国历史上修筑长城的原因、概况及其伟大意义。
6. 概括分析农业自然经济给中国古代文明带来的若干文化特征。
7. 从物质文化、制度文化和精神文化三个方面说明中国历史文化对东方世界文化的影响。
8. 以丝绸、瓷器和四大发明为例说明中国古代物质文化和科技文化对西方社会的影响。
9. 试介绍中国古代文化对欧洲启蒙运动和重农学派的影响。
10. 明末清初西学东渐对中国历史文化有何影响?

---

① 马克思《经济学手稿》,《马克思恩格斯全集》第47卷第427页,人民出版社,1979年版。

第二章

中国历史文化传播的媒介

文化的传播包括纵向的传承和横向的传播。中国历史文化的传播、扩散、储存、积累和继承发扬的材料、工具和方法,主要有语言、文字、文房四宝、书籍、史学、教育等。

第一节 中国的各民族语言

语言是以语音为物质外壳、词汇为建筑材料、语法为结构规律的社会约定俗成的相对稳定的听觉符号体系。它起源于劳动,出现在人类摆脱动物界形成人类社会后,跟思维相联系,起着传递人们间的信息和支配着人类行为的作用,是人类特有的最重要的全局性的交际工具和社会现象。

一、中国各民族的语言

中国各民族的语言统称为中国民族语言。我国各民族共使用60多种语言(亦说85种),分属5大语系,10个语族,16个语支。此外,还有一小部分语言所属的语系或语族、语支未定。由于历史的原因,有的民族使用两种或两种以上语言,有的几个民族共同使用一种语言。

5大语系是:汉藏语系、阿尔泰语系、南亚语系、南岛语系(马来—波利尼西亚语系)、印欧语系。10大语族是:壮侗语族、藏缅语族、苗瑶语族、突厥语族、蒙古语族、通古斯—满族语族、孟—高棉语族、印尼语族、斯拉夫语族、伊朗语族。16个语支是:壮傣语支、侗水语支、黎语支、藏语支、彝语支、缅语支、景颇语支、苗语支、瑶语支、西匈语支、东匈语支、通古斯语支、满语支、佤德昂语支、东斯拉夫语支、东伊朗语支。

在5大语系中,主要是汉藏语系与阿尔泰语系。

(一) 汉藏语系及其特点

中国是汉藏语系的基地,世界上使用汉藏语系语言的人口绝大多数在中国。中国各民族中使用汉藏语系的人数最多,包括占全国总人口绝大多数的使用汉语的汉族以及藏缅、壮侗、苗瑶3个语族、9个语支、30个民族。回族、满族(极个别地区仍使用满语)和大部分畲族已使用汉语,其他各民族人民在交往中,也程度不同地使用汉语。汉语使用遍及全国各地。京语语系未定,暂列在汉藏语系。在世界上,使用汉藏语系语言的除我国外,还有分布在越南、老挝、泰国、缅甸、不丹、锡金、尼泊尔、印度等国家境内的民族。

这个语系现代语言具有下列特点:第一,除个别语言或方言外,每个音节都有固定的声调;第二,单音节词根占绝大多数,并且大都可以自由运用;第三,词序和虚词是表达语法意义的主要手段;第四,大多数语言有相当多的表示事物类别的量词。

汉藏语系的语言有的保留着丰富的书面文献,如汉语、藏语和傣语。

(二)阿尔泰语系及其特点

阿尔泰语系是中国第二大语系,它包括分布在我国东北、内蒙古、甘肃、青海和新疆等省区内的3个语族、4个语支、共17个民族、17种语言。朝鲜语的系属未定,暂时列入本语系。使用本语系语言的还有国外的土耳其、独联体、蒙古、阿富汗以及东欧的一些国家境内居住的民族。

阿尔泰语系的各民族语言都是黏着语(又称胶着语),具有以下主要特点:第一,各种语言均有元音和谐现象;第二,使用后加成分为词的派生和词形变化的主要手段,黏合多个附加成分以表示多重语法意义;第三,名词、代词有数、格,动词有时、态、式等语法范畴;第四,动词在宾语之后,定语在被修饰词之前。

但是,我国境内属于阿尔泰语系的语言都在不同程度上受到汉语的影响。这个语系也有较早的文献,如突厥语、满语、蒙古语等的古代文字碑文。

二、汉族的共同语言——汉语

汉语是世界上古老的语言之一。根据推测,它产生于1万年以前,经过漫长的发展阶段,最后形成了全国范围内的普通话与方言林立并存的现状。

普通话是以北京语音为标准音,北方方言为基础方言,典型的现代白话文著作为语法规范的现代汉民族的共同语言。汉语方言林立,可归纳为7大方言区:(1)北方方言区,也叫官话区,包括长江以北地区和长江南岸九江到镇江的沿江地带,以及湖北、四川、云南、贵州四省,又可分为北方方言、西北方言、西南方言、江淮方言等几个次方言区;(2)吴方言区,包括江苏南部和浙江大部分地区;(3)赣方言区,主要指江西省;(4)湘方言区,包括湖南省全部,广西北部;(5)粤方言区,包括广东部分地区和广西东南部;(6)闽方言区,主要包括福建、我国台湾地区、海南和广东的潮州的汕头地区;(7)客家方言区,包括广东东部和北部,福建西部,江西南部以及我国台湾地区。也有将闽方言区分为闽南方言区和闽北方言区,共称8大方言。方言之间的差别,主要在语音方面,词汇次之,语法又次之。方言的严重分歧在一定程度上影响了汉语交际功能,妨碍着社会生活的进行,所以,要坚持推广普通话。

由于汉族分居全国各地,汉语使用范围覆盖全国各地,成为中国的通用语言,国际上华裔、外籍华人、华侨也使用汉语。当今世界已有1/4以上的人口在使用汉语,所以汉语是当今世界上使用人口最多的语言之一,跟英语、法语、俄语和西班牙语并列为世界5大通用语言,并被联合国确定为官方工作语言之一。目前在世界上学习汉语的人越来越多,汉语将是中国走向世界、世界走向中国的工具和桥梁。

第二节 中国的各民族文字

一、概述

文字是人类用来记录、传达和扩大语言在时间和空间上的交际功能的约定俗成的规范化的视觉符号系统。它是语言的书写符号,大约出现在人类社会从原始社会向奴隶制时代过渡的阶段,是人类社会发展到一定历史阶段的产物。

文字的功能是记录语言,是人类最重要的辅助交际工具。就其本身而言,文字是形、音、义(也称为文字的三要素)三结合的符号体系。其中"形"是文字的特有要素,是文字符号和语言符号的本质区别,也是文字跟留声机、录音机等机械工具的不同之处。文字是书写性和线条式的符号系统,它记录语言使之书面化,用于"目治",取决于视觉,而后取决于声音,适用听觉。跟音、形相比,字义则是文字具有局部相对性的要素。

对文字的类型的划分,有四分法:表形文字、表意文字、音节文字、拼音文字;也有两分法:非拼音文字与拼音文字。

文字发展的总趋势是,从形象到抽象、从感性到理性、从复杂到简单。

二、中国各民族的文字

中国民族文字是中国当代民族和古代民族的现代和过去使用或曾经使用过的所有文字的总称。

跟中国社会发展不平衡一样,中国各民族文字的产生和使用也有先后的区别。根据古代文献与考古资料,汉族文字产生最早,大约在原始社会中后期就已经出现了文字的萌芽,已经识读的甲骨文大约出现在公元前14世纪。藏族文字创立于7世纪,蒙文、傣文也已有七八百年历史了。朝鲜文、满文创立于15～16世纪。其他文字要再晚一些。中国各民族的文字,都给我们留下了或全国或地方或民族的数量不等的文献资料。由于民族的兴衰和社会的变革,有些文字经过不断改革流传到今天,有些文字已经不再使用了。根据统计,中国各民族,当代和古代在使用或使用过的文字共约60种,其中已经不再使用的历史文字近20种。1949年以前,我国56个民族只有22个民族使用着24种文字,很多民族没有文字或使用其他民族的文字;1949年以后,政府根据各民族有使用和改革本民族语言文字自由的规定,帮助11个少数民族创制了15种拉丁字母拼音新文字,于是有27个民族使用着39种文字。

我们可以将中国各民族使用和使用过的文字分为两大类:非拼音文字,可分为图画象形文字、汉字及其变体、音节文字3个分支;拼音文字可分为6大字母体系,即回鹘字母体系、印度字母体系、阿拉伯字母体系、斯拉夫字母体系、朝鲜字母体系、拉丁字母体系等。

三、汉字

汉字是汉族使用的文字,也是全国各民族通用的文字和中国对外使用的文字。

关于汉字的起源,传说很多,主要有结绳记事说、八卦说和仓颉造字说。中国考古资料表明,汉字在母系氏族社会和父系氏族社会已见萌芽,仰韶文化与大汶口文化都有刻画符号的发现。汉字的字形演变经过了图形化、线条化和笔画化三个大的阶段,曾先后出现过:陶文、甲骨文、金文、石鼓文、小篆、隶书、楷书、草书、行书、印刷体等的发展变化。

中国字的造字方法,大体有六种,称为"六书":

第一,象形,根据事物的形象来造字,以字形代表物形。例如,"日"字,甲骨文作"⊖",在金文作"⊙",表示圆圆的太阳;"月"甲骨文作"☽",在金文中作"☽",表示弯弯的月牙。

第二,指事,用具体的笔画表示抽象的意思。例如,上与下,以"一"为水准线,在上面的为"上",在下面的为"下"。

第三,会意,通过字的结构来表示相互构成的意义。例如,"止戈为武","止"为足形,"戈"为古代武器,二者结合,表示持戈而行,意即为武。

第四,形声,一般是由两个偏旁组成,一个表示意义或性质,一个表示读音。表义的叫作"形符"或"形旁",表声的叫"声符"或"声旁",如"枪"字,"木"表形,"仓"表声。"湖"字,"氵"表形,"胡"表声;"烈"字"灬"表形,"列"表声。

第五,转注,指两个字的形旁相同,字义相同或相近,且读音有关。例如,"咆"和"哮","叫"和"喊","艰"和"难"等,它们一对一的相互关系就是转注。由于意同音近,后来往往发展成为复音词。

第六,假借,用读音相同而意义不同的字来表达语义。这是古书中经常使用的一种方法。例如,以"到"代"倒",以"君"代表"郡"等。

此外,尚有一些字,不遵循造字方法,也与六书不相关,如"要"、"盖"等字。

总之,汉字有四定,即字有定量,字有定形,字有定音,字有定序。当代中国有汉字56 000余个。

第三节　中国的文房四宝

笔、墨、纸、砚素称"文房四宝",是中国书写和绘画不可缺少的工具和材料。其中,笔、墨、砚为书绘工具,纸为书绘材料,是中国历史文化传播不可或缺的媒介。

一、笔

笔在文房四宝中起源最早。我国新石器时代彩陶上的花纹,从纹路来看,是用笔一类的工具绘制的。商代的陶器上,有用笔书写的痕迹,还有一些卜骨上残留着朱书或墨书的未经契刻的文字,是用笔书写的。

迄今发现的年代最早的实物是1957年在河南信阳战国早期楚墓出土的一支毛笔,杆为竹质,笔毫用绳系在杆上,笔头仍套在竹管内。1954年长沙市左家山一座战国墓里的一支笔,笔杆为竹制、实心,笔毫用上好的兔箭毛制成。其做法是将笔杆的一端劈成数片,笔毛夹入,用丝线缠紧,再涂一层漆。

秦朝的笔已有所改进,笔杆的一端镂空,纳入笔毛,套笔的竹管中部两侧镂孔,便于取笔。相传"蒙恬始作秦笔",被尊为制笔祖师。他被秦始皇封于管城,累拜中书,所以毛笔又有"管城子"、"中书君"等称呼。蒙恬用鹿毛和羊毛两种不同硬度的毛制成毫,刚柔相济,宜于书写。这可以说是最早的"兼毫"。在居延地区出土的西汉末年的毛笔,笔毫为墨染黑,锋呈白色。笔杆为木制,半截劈为六片,笔毫夹在中间,缠麻两道,髹漆。汉代的笔与秦代的差别不大,但笔杆较长,都不少于20厘米,笔尾都削尖。汉代的笔已经比较考究,毫以兔毛为上。

唐代的笔选材和制作都更精良,唐笔的毛颖硬而短,几乎成三角形。宋代笔锋软而长。唐宋的安徽宣城还出现了制笔的专业户,如诸葛氏就世代以制笔为业,苏东坡得到两支诸葛笔,"终试不败"。宣州的兔毫特别劲健,所制毫笔极便使转。南宋时,江南制笔业崛起,江浙多制名笔。湖州(浙江吴兴善琏镇)笔,采用嘉兴路山羊毛制成羊毫笔,用山羊毛与兔毫或鸡、狼毫配制成兼毫笔,自元代以后取代了宣笔的地位。据《湖州府志》,"凡笔之佳者,以尖、齐、圆、健四字全备为上。"浙江吴兴善琏镇有"湖笔之乡"的美誉。

元朝以后,笔毫以山羊毛为主。长期以来,人们试用过各种毛来制笔,笔杆也颇讲究,但无助于功用,纯粹为一种艺术品。

二、墨

墨为书画所用的黑色颜料,用松烟等原料制成。从新石器时代至秦以前主要使用天然墨,秦及秦以后人造墨和天然墨并用。东汉时期,扶风(今凤翔)、延州(今延安)等地均产墨,以隃糜(今千阳)墨最佳,此地有大片松林,人们烧烟制墨。所以

"𦈡麋"成了墨的别称。三国时,墨以漆烟松烟掺和而成,由于松烟易得,所以制墨的主要原料还是松烟。魏地韦诞因制墨著名,被尊为制墨祖师。

唐代制墨业进一步发展,一些书画家也亲自制墨,且成为高手,制墨名工更是辈出。易水墨工奚超携子奚廷珪来到歙州,那里有茂密的松林,他们总结了北方制墨的经验,改进捣松、和胶、配料等技术,制出了"丰肌腻理,光泽如漆"的好墨。奚氏墨深得南唐后主李煜赏识,赐国姓李。

宋代制墨业更加兴旺,制墨名家就达 60 多人。例如,黔州的张遇,用油烟入脑麝、金箔,制成"龙香剂"墨,歙州的潘谷,所制"松丸"、"狻猊"、"九子墨"等墨,被称为"墨中神品"。宋宣和二年(1121 年)歙州改称徽州,"徽墨"之名随之出现,因此这一年就是徽墨定名之年。元代制墨业也有一定的发展,但元墨多为仿古墨。

明清两代,墨的数量又有发展。明代徽墨制造形成了以歙州地区为中心的"歙派"和以休宁地区为中心的"休派"两大派系。前者以罗小华为代表,后者以汪中山、邵格之为创始人。明清所制墨,除了市场商品墨以外,不少主要是供赏玩的。文人制墨成为风气。例如,明代画家丁云鹏,为名墨工画墨模,著有《方氏墨谱》、《程方墨苑》,他制作的"松澜云春"墨也很有名。自清代初年开始,曹素功、汪近圣、汪节庵、胡开文先后崛起,形成了清代墨界的四大家。清代曹素功所制的名墨"紫玉光",名墨的面上是高高低低、大大小小的山峰,合起来就是黄山 36 峰的全图。他的"天琛"是仿古义墨;"天瑞"则是草圣、酒仙、侠客、高僧、美人、画师等 10 位人物的画像。胡开文所制的墨分两类:一类为零锭墨,另一类为"集锦墨",后者长期列为贡品。清代墨界,嘉庆以上,前三家颇有声色,道光以下,相继衰落,唯胡开文一家,独领墨艺风骚。清代徽墨驰名天下,有色泽黑润、经久不褪、舐笔不胶、入纸不晕、香味浓郁、宜书宜画等特色,素有"落纸如漆,万载存真"之誉。

三、纸

纸是书写和传递信息的材料,我国最早的纸出现在西汉时期。考古工作者在新疆罗布淖尔、西安灞桥、甘肃金关、陕西扶风都发现了纸片,原料为麻类纤维,工艺还不成熟,纸质粗糙。到西汉末东汉初,纸开始用于书写。东汉中期,中常侍蔡伦组织了一些能工巧匠,总结了民间造纸经验,用树皮、麻头、破布、旧渔网之类做原料,抄造出一种质量较高的皮纸,得到皇帝的赞赏,并下令在全国推广。因蔡伦被封为龙亭侯,故谓之曰蔡侯纸。东莱郡人(山东)左伯进一步改良了制纸工艺,制作出的纸,世称"左伯纸",纸面平滑,洁白生辉。汉代造纸大概经过这样的工艺,即分离,将原料浸沤或蒸煮,制成纸浆;捶捣,使纸浆纤维"起毛"、"分叉";抄造,即将调好的浆液摊在纸模或篾席上,漏水后成为薄片;干燥,即把薄片晒干或晾干,成为纸张。

晋代,纸已被广泛利用。唐宋时代,我国造纸业出现了新的高峰。造纸业由官办、名士承办转移到民办,许多农村家庭就地取材造纸,全国逐渐形成了几个造纸中心:长安,以用大麻做原料的白呈文纸最著名;益州,用楮皮抄造,楮皮纤维细长,韧性好,便于再加工;宣州,宣纸后来发展成为全国最好的纸;杭州,包括余杭的藤皮纸、富阳的桑树皮纸、绍兴的竹纸。

唐宋以来,雕版印刷和活字印刷术的发明和使用,促进了造纸业的发达和工艺的提高。

根据印刷与书画的不同需要抄造出了不同的纸,如硬黄纸,用黄柏对麻纸或楮纸染色,再涂黄蜡加工成的纸,可防蛀抗水。敦煌藏经洞一部分佛经便是用硬黄纸抄写的,至今完好。金花纸,将金碾成薄片,再砸成粉末,撒在涂有胶料或颜色的纸上。此纸最富装饰效果,华丽而庄严。

毛边纸和连四纸最宜于大量印刷。毛边纸以竹为原料,色微黄,光泽柔和。原产福建,后来江西也大量生产。相传造纸作坊不满于常熟汲古阁的收购价格,送去的纸不切边,故称毛边纸。连四纸是一种色白的纸,原产福建。连老四生产的纸洁白而又薄又匀,因此闻名遐迩。

宣纸产于安徽南部,始于唐代。它的原料是青檀皮。清代才掺和稻草,改变了用料比例。宣纸纸质柔韧,洁白平滑,细腻匀整,不起皱,不掉毛,不怕舒卷,便于收藏,是书画最理想的用纸,因此有"纸寿千年"之说。宣纸分生熟两种。生宣渍水渗化,做写意画最好。熟宣经过胶矾浸染,不渗化,宜于工笔、细描细写。

四、砚

砚即磨墨器,是我国特有的文书工具。早在新石器时代的仰韶文化遗址中,就出现了磨颜料用的石砚和石磨棒。商代有玉制调色盘,西周墓中出土了方形调色石板。它们与汉代的砚十分接近。战国时出现了石砚和砚石。汉代的砚多圆形,三足,上有古朴、浑厚的雕刻花纹。汉代还出现了陶砚。魏晋出现了青瓷砚、铜铁砚、漆砚等。瓷砚以圆形为主,也有方形四足砚。

隋唐时期,砚形多样化,有圆形、三角形、龟形、履形、箕形等。流行的是箕形砚,带一足或两足。唐代砚台仍以陶质为主。中期以后石砚开始流行,出现了端砚(端州,今广东肇庆)、歙砚(歙州,今江西婺源)、红丝石砚(青州,今山东益都)。广州出土的端砚,呈紫色,石质细腻;合肥出土的歙砚,青碧色,石质莹润。

宋代以石砚为主,端砚、歙砚、红丝砚、洮河砚被视为四大名砚。甘肃的洮河砚为宋代开采,色泽如碧玉;红丝石如刷丝紫石面,惹人爱怜。宋代砚形也较前代增多,主要有抄手砚、椭圆形的高台砚、长方形的平台砚等。宋砚开始重视装饰图案,如在高台的周围雕刻人物故事等。

明清两代,砚刻艺术达到了高峰。砚式无定型,各具匠心。全国以端砚、歙砚、洮河砚、澄泥砚为四大名砚。端砚,开采于唐代,宋代已为世所重。端石以紫色为主,名贵的石品有青花、鱼脑冻、蕉叶白、苏青、冰纹等。端石块大的不多,故多随形雕刻,追求气韵。歙砚,砚石主要产自婺源龙尾山,又称龙尾砚。以青色为主,名贵的石品有金星、金晕、银星、眉子、罗纹等。歙砚以浮雕浅刻为主,精细工整。洮河砚,产自甘肃洮河。色泽如碧玉。砚常设盖,纹饰刻盖上。澄泥砚,多产于北方,例如,山东柘沟河、河南虢州、河北滹沱河一带。做砚的泥淘去杂质,制成各样砚形坯,加上纹饰入窑焙烧而成。山西绛县的澄泥砚最著名。其中,端砚有石质细腻嫩爽,墨汁细稠不易干涸,发墨而不损毫的特点,居四大名砚之首。

明清时期,文人好砚并题写砚铭。一些文人还亲自刻砚,出现了许多刻砚名家,他们的精雕细刻,使砚成了极为珍贵的艺术品。

第四节　中国的古代书籍

一、概述

所谓书籍,是用文字、图画或其他符号在一定材料上记录知识、表达思想并制成卷册的著作物,它是文化信息储存和传播的重要载体。

古代书籍的起源,必须具备下列条件:第一,必须有记载用的视觉符号——文字;第二,有记载文字使用的材料;第三,必须有记载文字使用的工具;第四,自觉地为了传播知识的目的而以文字写在材料上的一定形式的著作物。

二、中国古代书籍制度的发展过程

(一)中国最早的正式的书籍——简牍

中国最早的正式书籍是用竹片或木板做成的书写材料,简策,或称版牍,两者统称为"策"(册)。将之写好文字后用牛皮条(韦)或丝绳索串起来,就成了古代手写书。这就是书籍的简牍或简册制度时代,大约从商周时期起,一直延续到魏晋时期,才为手写纸本书卷所代替。竹木制作的书籍使用起来极不方便,由于分量重,携带不便,存放又占地方,一旦编绳断简易脱落,就会出现错简或脱简。因此,古代非常重视对古籍的校雠(勘)工作。

(二)缣帛书

与简牍书籍制度的同时,大约春秋末年到三国时期的(公元前4世纪到公元3世纪)七八百年中,还存在过用缣帛书写的帛书。

帛是丝织品的统称,有缣丝、素丝等名称,所以帛书也称为缣书或素书。根据文献记载,在帛上写字开始也很早,所以凡提到图书的时候,常常是竹帛并称。现在我们所见到的最早的帛书实物,是考古发现的战国至汉代的实物。1934年在湖南长沙楚墓中发现的缯书,1973年湖南长沙马王堆汉墓中发现一批帛书共约10多种计 20 多万字,为我国书史研究提供了实证。帛书发展到汉代越来越考究了,有"朱丝栏"与"乌丝栏"之分,若一卷长帛抄写两种书,则常在两种书之间画黑"□"作为记号把两者隔开。跟简牍书比较,帛卷书重量轻,便于携带收藏;没有缝隙,适合插图或书写地图、谱牒等图表;但是,缣帛比简策昂贵,产量也少,无法取代简册书籍成为当时主要书写材料。

(三)纸质写本书

纸的发明和应用于制作书籍是中国对世界文化所作出的杰出贡献之一。公元前2世纪就有了丝质纤维纸的出现。采用植物产纤维造纸始于东汉。此后出现了纸质写本书,跟简帛并用。404年,东晋末桓玄下令废竹简,纸取代简帛而成为制作书籍的主体材料。

隋唐是中国写本纸质书的极盛时期。虽然发明了雕版印刷术,但是写本纸质书仍是书籍的主要形式。纸质写本在6～7世纪发展到高峰。20世纪初在敦煌藏经洞中所发现的4～10世纪的大批写本,共约2万余卷,但现已散失外国。现在我们所见到的最早的纸质写本书为新疆鄯善和吐鲁番唐墓所出土,如有"唐景龙四年二月一日"童生"卜天寿"的《论语郑氏注》的前5篇纸质抄本。

纸质写本书籍以卷轴装为主要装帧形式。卷轴装书籍称为卷子,即将若干张纸粘连起来成为一条宽通常在一尺左右、长度不限的横幅,然后用一根细木棒黏在左边成中心,再从左向右围绕木棒卷起,成为一束,称作一卷;木棒称为轴,轴比纸的宽度略长一段。卷子书籍右端露在卷外并用一张纸黏在右端前面加以保护,称作缥,又称首;一般用纸也有用丝织品的。褾头上系带子,作捆扎之用,并带有各种不同的色彩,以示区别。如果一部书包括若干包,那就在外用帙包裹起来,一包称为一帙,一般以五卷或十卷为一帙。所以,古代图书目录也有以帙为计算单位的。帙的质料一般以麻布为里,丝织品为面。帙的一端也有带,便于捆绑,卷轴用帙包裹后,置于书架上,一端朝里,另一端朝外;为便于检寻,在卷头上挂一小牌牌,上写书名、卷次,称作签。要从卷子书籍的长达几丈一个卷子的中段或末段检查一字一句,势必要将全卷展开,再将它重新卷起来。这样展开和卷起都非常费时费事,不便翻阅。当书籍已相当多了的时候,检查参考书更加不方便。

除卷轴装之外,纸质写本书籍还有经折装(梵夹装)、旋风装、龙鳞装、册叶装等装帧形式。

纸写本书籍原料充足,价格不高,便于传抄,因此对传播文化、保存书籍,起了重大作用。可是写本书需要一部部地抄,既费时又费工,不可能大量生产,且转抄易发生错误。这些问题都有待于新的图书生产技术的产生来解决。

(四)纸质印本书籍

1. 雕版印刷书籍

8世纪以前,中国发明了雕版印刷术,加快了书籍的生产速度。敦煌藏经洞发现现藏英国的唐咸通九年(868年)印刷的《金刚经》卷子,不仅是中国也是世界有明确纪年的最早的雕版印刷品。932年,五代后唐国子监开始使用雕版印刷《九经》,被宋代人称为旧监本。宋代是我国雕版印刷的第一个黄金时代。此后,元明清雕版印刷长盛不衰。

雕版印刷以一块木板所占的面积称为版面或匡郭。在版面上有边栏、界行和版心。栏线内除版心外,自右至左,用界行线分行,雕刻书的正文。版心又称中缝,从版心对折,就成为一页的上、下两面。版心由两个鱼尾分为上、中、下三栏:上栏在从前是刊刻页数的地方,后来把中栏的书名移到此处,也有刊刻出版家名称的;中栏一般题写简略书名、卷次、页数;下栏以前记刻工姓名,后多为标记出版家名称或丛书总名。南宋以后,版心成为书口,书口有时空着称为白口,有时刻一道黑线,名黑口,又因黑线的粗细而产生大黑口(粗黑口)、小黑口(细黑口)等区别。宋版书中,右栏外上方和左栏外下方往往印有小方格,内容略记书中篇名,称为书耳或耳子。有些书把整个版面分成两大栏或三大栏,分别称上栏、中栏、下栏等。大体上讲,北宋刊本多是双边、白口、字大、行宽,南宋逐渐流行黑口,由小黑口到大黑口,多为单边,字细行密。

纸张北宋时多洁白强韧,南宋建本(福建路建宁府建阳县书坊刻本)才有黄纸。墨色一般浓厚像漆。

在字体上,北宋整齐浑朴,早年多用欧阳询体,后逐渐流行颜真卿、柳公权字体;南宋中叶逐渐出现一种遒劲圆活的字体;元代人承袭南宋风气,字体圆活,后来多用赵孟頫字体,更加秀媚柔软,被称为"元体字";明初沿袭元代作风,嘉靖年间展开复古运动后,刻书人便模仿北宋人所用字体,到万历年间发展成为方笔,字形肤廓,笔画板滞,渐成机械式图案;明末清初更渐变为横轻竖重、横细直肥、四角整齐的方块字,称为宋字体,现称老宋体,其实并不是宋代的字体;同时又铸造了以南宋字体为模范的长宋体、聚珍仿宋体等;元代字体到明代就逐渐发展成为依照手写楷体雕的软体字,也有照行、草、篆书来雕版的,但是都属精刻本。

书籍积页成册也有一定次序:在书籍的起首处总有着本书名称的一页,称为封面或内封面,现称书名页;现在称为封面的一页,从前称为书皮或护封,是不计算在全书之内的;书名册页后面往往有刊记或版记,记载刻书的月日、地点及刻书人(但在古代翻刻书中目录后序前或正文中间也常见版记,那是旧刻的照样翻刻,不能作为凭证),但三者都完全的并不常见。封面后一般为序(自序或别人所作序)、目录、正文,正文之后,有时有各种参考资料,称附录,或者有跋。附录的材料多,形成一卷,称为卷末。有时也将附录性的材料刊在正文或目录之前,称为卷首。卷首卷末都不是书的正文,而是帮助了解正文的材料。

书籍的装帧形制也产生了相应的变化,先后出现了蝴蝶装、包背装和线装。蝴蝶装简称蝶形装,是册页制的最早形式。将印刷版面沿中缝将左右两印刷面相对折后,书中缝朝里,将全书印刷页按次序排好,用糨糊粘起来,再包上书皮,形成书册。翻阅时,有如蝴蝶展翅,故名。但是翻阅很不方便,需要进一步改进。包背装则是将书页沿中线按字向外折后,再按页数次序排列,中缝朝外,管齐后用纸捻装订成册,外包裹书皮成书册。但这种装订容易散落,不便久存,须加改进。线装书是从包背装演化而来的,是把包背装的整封皮改为两张半页的软皮封面,再将封皮与书一起,打孔穿线钉起来,这种方式对使用和保存都很方便,所以一直使用。

2. 活字印刷书籍

在北宋庆历(1041—1049 年)年间,布衣毕昇发明了胶泥活字印刷术,比德国谷腾堡早400多年。元大德(1297—1307 年)初年东平王桢发明转盘排字架,使用木质活字,在不到1个月时间内,印成了6万字的《旌德县志》100 部,这种快印法的出现,使中国印刷书籍的速度与规模有了较大的发展变化。清代政府经营活字印刷,规模巨大,雍正四年(1726 年)用新造的铜字排印了64 部《古今图书集成》,每部5 020册。这是古代活字版所印的最大的一部书。此外,乾隆三十八年(1773 年)起,武英殿用木活字出版了《武英殿聚珍版丛书》,共130多种。乾隆五十六年(1792 年),高鹗、程伟元用木活字第一次印刷了《红楼梦》。中国古代活字印刷纸质书籍发展到达高峰。

清代中叶以后,外国的石印、铅印印刷术逐渐传入中国。中国使用机器印刷装订书籍,出现了装帧上的精装和平装之分,从此铅印书籍广泛流传。

三、中国古代书籍的聚散、版本和目录

(一)中国历代书籍的聚散

中国历代图书的拥有量和年平均增长量是因社会经济、政治、科学技术的变化而变动的。

根据统计,中国历代图书的拥有量和年平均量如表 2-1 所示。

表 2-1 中国历代出版书籍部卷数统计表

	部数统计			卷 数		备注
	出书	年平均	累计	出书	累 计	
西汉及其以前	1 033		1 033	13 029	13 029	
东汉	1 100	6.2	2 133	2 900	15 929	
三国	1 122	18.2	3 255	4 562	20 491	
晋	2 438	15.7	5 693	14 887	35 378	
南北朝	7 094	44.1	12 787	50 855	86 233	404 年,纸的普遍使用
隋唐	10 036	30.8	22 823	173 324	259 557	

续表

	部数统计			卷　数		备注
	出书	年平均	累计	出书	累　计	
五代	770	10.7	23 593	11 750	271 307	
宋代	11 519	36.1	35 112	124 919	396 226	活字印刷术的发明
西夏辽金元	5 970	12.9	41 982	52 891	449 117	
明	14 024	54.4	55 106	218 029	667 146	
清	126 649	474.3	181 755	1 700 000	2 367 146	使用铜活字印刷书籍

我们还可以根据《中国丛书总录》要目、《四库著录及存目书》、《贩书偶记》正续篇三者合计，对我国现存古籍的多少作出一个估计：中国保存下来的古代书籍大约共 63 853 种。

(二) 版本和善本

版本，最初的含义非常简单，是指雕版印刷的书本。随着书籍的不断增加，同一种书大量出现了不同时代、不同地方、不同纸张、不同字体的现象，于是版本的含义发生了根本的变化，包括了书籍抄本的源流、纸墨刀法、装帧方式以及书籍的优劣等内容。于是在版本辨别的基础上产生了"善本"的概念。所谓善本，就是好的版本。我们在读书和搞科研时首先要选择好的版本，择其善者而从之。

就版本而论，其名称不外根据下列三种情况而定：第一，根据书籍刊印的时代（包括朝代和年代）。可以分为宋刻本、元刻本、明刻本、北宋本、南宋本、北宋淳化本、南宋淳熙本、元至正本、元大德本、明永乐本、明弘治本、明嘉靖本、清乾隆本等。第二，根据出版者的社会身份。可分为官刻本、家刻本和坊刻本。第三，还可用其他标志进行区分。如九行本、十行本、十一行本、朱蓝本、蓝印本、朱墨套色本、五色套印本，有注本、无注本、单注本、单疏本、注疏本、抄本、精抄本、影写本、稿本、手稿本、清稿本、拓本、影印本、石印本、铅印本、珂罗印刷本、铜版印本。

善本是在版本辨别的基础上产生出来的观念，对什么是善本，虽历来说法不一，但今天对善本书的标准却有三性九条的规定。三性指历史文物性、学术资料性和艺术代表性。九条：第一条，元代及元代以前刻印或抄写的图书；第二条，明代刻印、抄写的图书；第三条，清乾隆及乾隆年以前流传较少的印本、抄本；第四条，太平天国及历代农民政权所印的图书；第五条，辛亥革命前在学术上有独特见解或有学派特点，或集众演说较为系统的稿本，以及流传很少的刻本、抄本；第六条，辛亥革命中反映某一时期、某一领域或某一事件资料方面的稿本及较少见的刻本；第七条，辛亥革命前的有关名人学者批校、题跋或抄录前人批校而有参考价值的精抄本；第八条，在印刷上能反映我国印刷技术发展，代表一定时期印刷水平的各种活字本、套印本，或有较精版面的刻本；第九条，明代印谱、清代集古印谱、名家篆刻的钤印本，有特色的或有亲笔题记的。具备上述条件的书籍、印刷品都可归入善本的范围。全国图书馆曾联合对所藏古籍进行鉴定,编印了《全国善本书目》。

(三)书籍目录

古代书籍目录是指古代的群书目录。目,原指篇目;录,指叙录(提要)。后来扩大范围,目录就成为著录古籍、揭示古籍内容、供读者参考使用的工具书。一部完整的目录,大致包括书名、卷数、作者、版刻、提要、分类等几项内容。目录由于编纂内容不同以及编者在提要中所强调的重点各异,所以有若干不同的名称,如志、题解、提要、考等。自西汉哀帝时刘歆编纂中国第一部目录学著作《七略》起,中国古代书目成了我国古代文化遗产的分门别类的著录,体现当时学术观点和流派,为后人参考利用提供了方便的工具。中国古代书籍目录著作可分为如下两大类和若干支类:

表2-2 中国古代书籍目录著作分类表

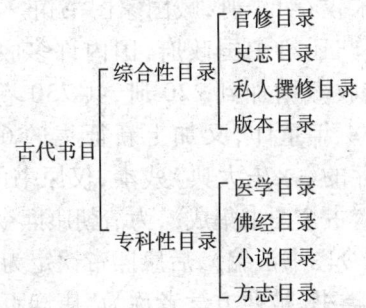

中国古代目录著作对图书的分类方法,曾有过西汉刘歆六分法(七略)、郑樵九分法等。但传统的四分法自西晋荀勖提出,后经《隋书·经籍志》确立,直到清代《四库全书》,成为中国古代图书分类的主要形式,即经、史、子、集。

四、中国古代的类书、丛书

(一)类书

类书是按类采辑群书,汇编各种资料,以供寻检之用的工具书。根据历代艺文志、经籍志的著录,自六朝到清代,类书约有六七百种之多,其中大部分都已散失,现在尚存有200多种。类书的内容相当广泛,包括诗文、人物、典故、天文、地理、典章、制度、飞禽、走兽、花木、虫鱼,以及其他种种事物。类书大致可分为综合性类书和专门性类书两大类。中国类书见于著录最早的是曹魏的《皇览》,已于隋唐后失传了。现存最早的类书是唐代的《北堂书钞》以及其后出现的《艺文类聚》。宋代四大类书是《太平御览》、《太平广记》、《文苑英华》、《册府元龟》,明代的《永乐大典》,清代的《渊鉴类函》、《古今图书集成》等,都是规模宏大、用处很广的大部头类书。类书的作用为:第一,便于随时迅速检索资料;第二,可用来校勘、校补史籍和辑录已散失的古籍遗文;第三,可以查考史实和收集参考文献。

《永乐大典》,明成祖永乐元年至六年(1402—1408年),在翰林院学士解缙主持下,2 000多人参加修成,朱棣亲自撰写序文并正式命名为《永乐大典》(原名《文献大成》),是我国历史上最大的一部百科全书,比英国大英百科全书还早300多年。全书共22 877卷,另有凡例和目录60卷,约3.7亿字,书写装订成11 095册,辑有当时古今图书七八千种,其中包括经、史、子、集,内容涉及天文、地理、阴阳、医药、工技、农艺等门类,全书按《洪武正韵》的韵目,分别按单字依次排列,保留了不少宋元以前的逸文秘籍。该书编成后原本(永乐本)藏南京文渊阁,明世宗朱厚熜曾命令109人历时5年抄成副本(一说两份)。正副本分别藏于文渊阁和皇史宬。明亡时文渊阁被焚,《永乐大典》正本被付诸一炬。副本于清雍正年间从皇史宬移翰林院后一些学者和编修官员方才得到借阅的机会。近代,1860年、1900年两次帝国主义入侵北京,《永乐大典》副本被帝国主义劫掠与销毁,少部分流散民间。至清末仅存64册,藏国家图书馆。新中国成立以后,苏联和前东德将一部分(67册)归还给中国政府,国内许多收藏家也献出自己珍藏多年的零册,使国家图书馆收藏增加到220册,共730卷,1960年由中华书局影印出版,分为200册;1984年重印,又加上新征集的67卷,共797卷,精装10册出版。这就是我国现存的《永乐大典》残本,仅原书的3.5%。

中国现存最大的类书《古今图书集成》,为清朝康熙令陈梦雷主持编修,雍正时改由蒋廷锡校补,初名《古今图书汇编》,后康熙帝钦定为《古今图书集成》,它是我国现存最大的一部完整的类书,被西方学者称为"康熙百科全书"。全书共10 000卷,目录40卷,1.6亿多字。分为历象、方舆、明伦、博物、理学、经济6个汇编,下分32典,6 109部。每部下设汇考、总论、图表、列传、艺文、记事、杂录、外编等目次。汇集了清朝康熙以前的古代文献,图文并茂,"征引之富,卷帙之多,考核之精,皆从古所未有也"(乾隆《御制全韵诗》注)。收录广博,体例完备,包括政治、军事、经济、文化、科技等各方面的资料,按类检索,即可获得某一专题的基本文献资料,是很有使用价值的工具书。但是,亦有删节不当、错字和漏字等问题。雍正四年以铜活字排印,仅印64部。今有上海中华书局1934年影印雍正铜活字本,附《考证》24卷,线装808册。近又有中华书局和巴蜀古籍联合出版的影印本(大十六开精装本),并编《简明索引》1册。

(二)丛书

丛书,又称丛刊、丛刻和汇刻书,系将若干种著作整部汇编在一起,冠个总名称,印刷出版,谓之丛刊,亦称丛书。这类书籍的特点是所谓"各存原本",就是收集在里面的书都能保存原本面目。名称始于唐代陆龟蒙的《笠泽丛书》。南宋《儒学警悟》是我国第一部辑成的丛书,此书一直流传至今;南宋《百川学海》是我国第一部刊刻的丛书,二者都可以算为丛书鼻祖。丛书分综合性丛书和专门性丛书两大类。由于各种天灾人祸,图书极易散失,学者使用不便,而丛书却集中了大量重要和稀见的图书文献,对古籍的保存、流通和校勘发挥了巨大的作用。根据全国41家图书馆所藏古籍丛书(不包括清末新学丛书和佛学丛书)统计,全国共有各类丛书2 797部。

清乾隆年间由纪晓岚主持纂修的著名大型综合性丛书《四库全书》,是我国最大的丛书。它是在全国范围内征集、求访书籍的基础上官修而成的,包括古籍多达3 503种,其中不少是罕见的旧刻和旧抄本,"穷搜博采"在一定程度上整理和保存了大量的古典文献。分经、史、子、集四库,装成36 304余册,79 337卷,约近10亿字。分藏在宫内文渊阁、圆明园文源阁、承德避暑山庄文津阁、沈阳故宫内文溯阁(以上称北四阁),镇江文宗阁、扬州文汇阁、杭州文澜阁(称南三阁)。现在文渊阁《四库全书》被运往台湾地区,文津阁《四库全书》藏国家图书馆,沈阳文溯阁《四库全书》被调往西北甘肃省图书馆,浙江杭州文澜阁《四库全书》已残,经丁丙、丁申兄弟抢救补抄,现存浙江省图书馆。由于乾隆修《四库全书》旨在加强思想控制,采取"寓禁书于修书"的方针,对收入《四库全书》的古代书籍内容曾做删改,另使6 000多种计90 000余卷书虽予存目,但未被收入四库。全毁或抽毁书籍将近3 000种,禁毁书籍在10万部以上。

五、中国古代的藏书、藏书家和藏书楼

中国古代图书收藏的历史源远流长,分官府藏书和私人藏书两大类。此外,还有书院藏书和寺观藏书。

(一)中国古代的官府藏书

汉代以前,图书档案收藏合一,据《尚书·多士》记载,"唯殷先人,有册有典"。"册"与"典"就是殷代的史料,主管官叫"作(乍)册";周代叫"监府",老子曾任周室的"柱下史",也就是周王室档案图书馆馆长一类的官职。秦朝统一六国后虽曾"焚书",但是宫内仍设藏书机构,由御史主管。

西汉时,刘邦占领秦都咸阳后曾特令萧何建造了"石渠阁",收集秦丞相御史律令图书藏之。汉武帝大收典籍,以至于"书积如山"。汉成帝时曾派大臣陈农去各地方求图书藏于"天禄阁",并令光禄大夫刘向、刘歆父子整理,据官府藏书制定了"六略"图书分类办法,编成我国最早的图书目录学著作——《七略》。西汉正式建立了藏书制度,为官府藏书奠定了基础。

西汉之后,中国古代官府藏书得到了更大的发展,如东汉东观、隋唐的嘉则殿、唐代的乾元殿和集贤殿、宋朝的崇文院和缉熙殿、元代的艺林库、明代的文渊阁以及清代的"七阁"等,都属于中国古代官府的藏书机构。

(二)中国古代的私家藏书

私家藏书的书籍多来源于官赐、继承、互赠、抄录和购买。两汉及其以前的私人藏书尚不多。据载,东汉蔡邕是中国第一位私人藏书近万卷的藏书家。

随着纸张的使用和雕版印刷术的发明,书籍印刷周期和成本的缩短和降低,从魏晋南北朝起,私人藏书人数和藏书量均较前代大有增加。西晋著名藏书家张华搬家时"载书三十乘","身死之日家无余财,唯有文史溢于箧"。另一位名范蔚的藏书家,有书7 000余卷,常有近百名读者去他家看书。南朝藏书"万卷"者有陆澄和崔慰祖等人。但是,北朝私人藏书比南朝要少,范围也很有限。

隋唐私人藏书更为普遍。唐代私人藏书超过万卷的藏书家有10余名,多为官宦。唐人注意图书保藏,不轻易借人。如杜暹教育子孙爱书题称:"清俸写来手自校,子孙读之知圣教,鬻及借人为不孝。"

宋代私人藏书由于印刷术的进步发展空前。据统计,宋代著名藏书家有84人,藏书多以万计。英宗的弟弟荣王宗焯藏书最多达70 000余卷。叶梦得南渡后收书近10万卷。李公择藏书庐山五老峰白石庵供人阅读。此外,李昉、欧阳修、赵明诚李清照夫妇等也是著名藏书家。

金辽元代亦出现了一批私人藏书家,元代知名的有35人,如元好问、汪惟正以及契丹人耶律楚材等人,但以汉人居多。

明代私人藏书者集中于以江浙为主的东南沿海,据统计不下数万人。涌现出著名藏书家427人和一大批著名藏书楼,最为著名的有:朱睦㮮开封万卷堂、宁波范钦天一阁、常熟毛晋的汲古阁与目耕楼、昆山叶盛菉竹堂、金华宋濂青萝山房、兰溪胡应麟的二酉山房、山阴(浙江绍兴)祁承㸁澹生堂、江苏太仓王世贞的小酉馆、尔雅楼与九友斋、福建晋江黄居中、黄虞稷父子的千顷斋等。

清代私人藏书风气极盛,有名的藏书家多达500余人。明末清初的汲古阁、天一阁等藏书楼,除天一阁外,皆或因火灾或因管理不善,逐渐散失。清朝中期建起的藏书楼有江苏吴县黄丕烈的士礼居百宋一廛、常熟钱谦益的绛云楼、昆山孙星衍的平津馆和徐学乾的传是楼、浙江杭州鲍廷博的知不足斋、卢文弨的抱经堂、嘉兴朱彝尊的潜采堂、北京大兴翁方纲的三万卷楼、山东历城周永年的借书园等。晚清,山东聊城杨以增的海源阁(藏书208 300多卷),江苏常熟瞿绍基后代的铁琴铜剑楼(共藏书1 242种,10余万卷)、浙江归安(今吴兴)陆心源的皕宋楼(拥有宋本15万卷)、十万卷楼(藏明清刻本)与守先阁(藏普通刻本和抄本),浙江杭州丁丙先建八千卷楼,后又建后八千卷楼和小八千卷楼,总称嘉惠堂。杨、瞿、陆、丁并称为晚清"天下四大藏书家",尤其以瞿、杨著称,有"南瞿北杨"之誉。

天一阁位于浙江宁波市西月湖畔,是我国现存最早的私家藏书楼,为明代嘉靖四十年(1561年)范钦所创建。范钦,字尧卿,号东明,官至兵部右侍郎。平生喜典籍,得鄞县丰氏万卷楼残存藏书,存书达7万余卷,其中,以地方志和登科录最为稀珍。"天一阁"取义于《易经注》"天一生水"、"地六成水"之说。乾隆三十七年(1772年)诏修《四库全书》,范钦八世孙范懋柱进藏书638种。乾隆命测绘天一阁房屋厨柜式样,兴造南北七阁,收藏《四库全书》,天一阁自此闻名全国。为保护藏书,范氏订立了严格的族规,子孙遵循"代不分书,书不出阁"之遗教。但是,几经沧桑,藏书失散甚巨,嘉庆十三年(1808年),藏书实存4 094部、53 000余卷。鸦片战争时,英国侵略军掠走《一统志》等共数十种。咸丰(1851—1861年)年间,盗贼潜入藏书楼偷去许多藏书,转卖给法国传教士和造纸厂。到1940年,藏书仅存1 591部、13 038卷册。

第五节 中国的古代史学

任何一个具体领域都有其发生、发展的历史,都要从史学的角度加以研究和阐述,都是史学的研究对象。因此,历史学作为一门古老的学科,包罗繁杂,无所不有,所以说"六经皆史",[①]人类社会只有"一门唯一的科学,即历史学"。[②]

中华民族是具有深刻历史意识的民族,自她跨进文明的门槛以来,经历了漫长的历史发展道路,出现了众多的历史学家,积累了丰富的历史典籍,完备的修史制度,优良的史学传统,形成了中国古代史学,成为中国历史文化的重要组成部分。

对中国古代史学在中国及世界文化中的位置,梁启超曾在《中国历史研究法》中做过明确的概括:"中国各学问中,唯史学为最发达;史学在世界各国中,唯中国为最发达。"

一、中国古代史学的发展过程

(一)中国史学萌芽的先秦时期

我国先秦史学不仅在发凡起例上成为后代史学的开山,而且注重把史学作为对人们进行教育的教材,使人们能够"鉴往知来",同时,对史德也非常重视,把"信"字作为修史的标准,把良史作为史家学习的榜样,重视史家的正气。

(二)中国古代史学确立的秦汉时期

秦朝统一后,以法家为指导思想,"焚书坑儒"结束了春秋战国以来的"百家争鸣"的局面,只留下《秦纪》一种,是对史学的扼杀。汉继秦后,亟须总结秦二世而亡的教训,提出了研究历史通古今之变的强烈要求。所以,两汉时期我国史学成就辉煌,创立了司马迁《史记》纪传体通史和班固《汉书》纪传体断代史。这两部书的出现,不但是我国学术史上划时代的大事,也是世界学术史上的大事。

(三)中国古代史学发展的魏晋南北朝隋唐时期

魏晋南北朝时期,史学脱离了经学的羁绊之后,成为一门独立的学科。在这

[①] 清·章学诚《文史通义·易教》,第1页,岳麓书社,1993年。
[②]《马克思恩格斯全集》第3卷,第20页注,人民出版社,1960年。

300多年时间里,史学著作较前增加了40多倍,与《史记》、《汉书》并列的晋陈寿《三国志》、刘宋范晔《后汉书》皆成书于这时期,与梁沈约《宋书》、萧子显《南齐书》、魏收《魏书》一起,《二十四史》中在这时期共成书5部,学术思想较前自由活跃,形成了史学百花齐放、个人修史活跃的时代。所以,除典志、会要、纪事本末、学案等史书类型外,其他重要史书体裁,在这时期都已先后创立,为后世史学发展开辟了广阔的前景。但这时期史学"文胜于质",不少史著都具有山林风月之色和佛玄鬼神之气,跟其他时期史学著作有所不同。

隋唐时期的史学成就主要表现为:史馆正式建立与官修史书规模宏大,共撰修8部,占二十四史的1/3(李世民《晋书》、姚思廉《梁书》、《陈书》、李百药《北齐书》、令狐德棻《周书》、李延寿《南史》与《北史》、魏徵《隋书》);中国第一部典章制度通史的诞生(杜佑撰《通典》);《隋书·经籍志》将隋前著述全部收录其中,并正式使用经、史、子、集四部分类法,对我国目录学做出了十分重要的贡献;史学著作由纪实向理论的发展,刘知几撰成了我国第一部史学理论著作《史通》,用"以古讽今"的方法对当时史学界存在的弊端,进行了猛烈而深刻的抨击。总之,唐代属中国封建社会全面发展的时代,史学家多称"汉唐盛世",史学亦然。

(四)中国古代史学进一步发展的五代宋元时期

五代宋元史学进一步发展。印刷的普遍使用,不仅使得著述更为便利,也激发了著述者的愿望。因此,宋代史学的发展,又出现了一个新高潮。首先,巨型史著的撰修,著名的有司马光的《资治通鉴》、郑樵的《通志》、袁枢的《通鉴纪事本末》;同时,当代史、民族史、金石学和方志学等亦取得了很大成果。

元代,官修史书走向衰弱,仅元初马端临《文献通考》和胡三省《资治通鉴注》尚值得推许。

(五)中国古代史学总结的明清时代

明清统治者十分热衷于"程朱理学",对于史学并不十分重视,所以始终没有进行大规模的修史工作。政府既不重视,只有由私家著述来弥补这一缺陷。明代史学与此前不同的是经济史、方志和稗史的空前增多,显示出史学进一步走向社会深层面的趋势和特点。清代史学成就主要表现为经世史学的蓬勃发展,继而由经世转向考据,方志学最后确立,史学理论上也有新的论著。在清代史学中的一支劲旅则是以黄宗羲和他的弟子万斯同及再传弟子全祖望等为代表的"浙东学派",高举经世大旗;清代考据史学表现为对史书考证的三部代表作问世,即钱大昕的《廿二史考异》、王鸣盛的《十七史商榷》和赵翼的《廿二史札记》;中国方志到清代,经章学诚的提倡,发展为一个专门学科方志学,成为史学的重要组成;章学诚的《文史通义》是继刘知几之后的又一部史学总结性论著,对中国古代部分史学进行评述总结,特别是对"史德"的提倡,更为史学界树立了新风。

二、中国古代的史书体裁

中国古代的史学不仅有层出不穷的史家和浩瀚如海的史籍,而且有丰富的历史和多样的表现形式相结合的优良传统。

就中国古代史书的体裁而论,就有编年体、纪传体、典章制度体和纪事本末体四大体裁。

(一)编年体史书

在几种主要的体裁中,编年体出现较早,其特点是"以天时记人事",这大概同古老的历法知识有关。如《春秋》、《左传》、《竹书纪年》等书,或出现在春秋末年,或出现在战国时期。北宋司马光主编的编年体通史《资治通鉴》,是古代编年体史书的杰作。在《资治通鉴》的影响下,南宋李焘撰《续资治通鉴长编》、李心传撰《建炎以来系年要录》、朱熹撰《通鉴纲目》,清毕沅撰《续资治通鉴》、夏燮撰《明通鉴》,形成了历史编纂上的"通鉴学"。在辽、金皇朝,《资治通鉴》被翻译成契丹和女真文,成为备受重视的历史读物。自唐以后,编年体史书还有一个重要方面,就是历朝的"起居注"和"实录"。唐代温大雅撰的《大唐创业起居注》和韩愈主修的《顺宗实录》,是现存较早的这类著作。《明实录》共 2 925 卷,《清实录》多达 4 327 卷,是现存卷帙浩大的实录,有极高的文献价值。编年体史书以时间为中心,按年、季、月、日顺序记述史事,它以时间为经,以史事为纬,比较容易反映同一时期各个历史事件之间的联系,这是它的优点。但是,编年体史书不易集中反映同一历史事件前后的联系,也不易写出跟重大历史事件有密切关系的人物的事迹,这是它的缺点。

(二)纪传体史书

纪传体史书的创立者是西汉史学家司马迁,他所著的《史记》(原称《太史公书》)是中国古代第一部纪传体通史。东汉班固受《史记》的启发而著《汉书》,是中国古代第一部纪传体皇朝断代史。《史记》和《汉书》奠定了历代"正史"的体制,包括它们在内的《二十四史》,都是用纪传体写成的。纪传体史书的最重要特点是突出了人在历史上的地位。它以大量的人物传记为中心内容,把记言、记事进一步结合起来。从体裁的形式和结构上看,纪传体是本纪、世家、载记、列传、书志、史表和史论的综合。

在这几个部分中,本纪和列传是不可缺少的形式,故通称纪传体;其他部分,各史不尽一致。优秀的纪传体史书把这些形式综合起来,在一部史书里互相配合,形成一个相辅相成的有机整体。纪传体史书的优点是以记述历史人物为中心,可以更多地反映各类人物在历史上的活动;同时,因记述的范围比较广泛,涉及政治、经济、军事、文化和各种典章制度,便于通观一个时期历史发展的总局和趋势,这是编年体史书所不及的。纪传体史书的缺点是难以清晰地表述重大历史事件的始末以及有关人物与事件之间的相互联系。

(三)典章制度体史书

典章制度体史书,以历代典制为中心分门别类,记述历代典章制度及其因革损益。它以分门别类为表述上的特点,最初曾被称为分门书。典章制度体史书是从纪传体史书的书志中分离出来并发展为独立的体裁。唐代杜佑的《通典》是中国第一部典章制度体史书。它跟南宋郑樵的《通志》、宋末元初马端临的《文献通考》合称为《三通》,后有续作,至清代累计成系列,称"九通"或"十通",形成中国古代典章制度史书系列。

(四)纪事本末体史书

纪事本末体,作为一种确定的史书体裁,出现时间较晚。这种体裁,以记事为主,它以详述重大历史事件的起因至结束的过程为显著特点,故名纪事本末。南宋袁枢(1131—1205年)依据《资治通鉴》的内容,总括为239件史事,分别列目,各自成篇,并于各篇之间略按时间先后编次,撰成《通鉴纪事本末》42卷,从而创立了纪事本末体。

以上四种史书体裁,各有其优缺点。它们的先后出现和不断发展,一方面说明复杂的历史难以用单一的体裁表现出来,多种体裁的出现,恰恰是客观历史内容的多方面的反映;另一方面也说明史家认识历史、表述历史的活动,有一个不断完善、不断深入、不断创新的过程。这两方面都反映出史学的发展。

三、中国史学的优良传统和鲜明特点

中国史学的优良传统和鲜明特点是:首先,中国史学拥有众多的史家和丰富的遗产,可以概括为"史官不绝,竹帛长存";其次,中国历史学家有重视史书表现形式的传统并不断创新,创造出多种多样的史书体裁;再次,中国史学家历来对史学工作有一种崇高的责任感,将其工作视为"述往事思来者",将史学跟现实、未来联系起来,表现出秉笔直书的大无畏精神,鄙视"曲笔"的丑恶行为;最后,中国史学家十分重视自我修养,刘知几提出史家必须有"三长"——史才、史学、史识,章学诚进一步发展,提出"史德",被梁启超概括为史家四长——德、才、学、识,即德行、能力、知识、见解,并且将德放在首位。中国马列主义历史学家范文澜提出:中国史学工作者"只要认真学习马克思列宁主义的理论,广泛占有确实可信的资料,坚守晋董狐、齐太史直笔而书的传统史德,可以肯定,中国的史学工作者能够完成艰巨的任务。"① 这是在新的历史条件下,对史学家修养的新的要求。

---

① 《中国通史简编(修订本)》第13页,人民出版社,1974年第4版。

第六节 中国的古代教育

从广义文化学的角度看,人类创造的文化,即经验、知识和技能等,是依靠广义上的教育手段来传承和扩播的。所以,教育是人类文化传播的首要手段。

一、中国古代的官学教育

中国古代官学教育是指历代中央朝廷以及按地方行政区划的地方官府所直接创办和管辖的旨在培养各种统治人才的学校教育体系。前者称中央官学教育,后者称地方官学教育。

（一）中央官学教育

中央官学的产生、发展和衰落,是同中国封建社会的政治经济的发展变化相适应并为其服务的。

虽有西周"学在官府"之说,但由朝廷设立中央官学正式创始于汉朝。魏晋南北朝时期,政局纷乱,官学时兴时废。及至唐朝,中央官学繁盛,制度完备,发展到了顶峰。南宋以后官学逐渐走下坡路。封建社会后期,中央官学逐渐衰败,实际上成了科举制度的附庸,名存实亡。清末,中国古代官学完全被西方的学堂和学校教育所取代。

中央官学教育可分为下列几大类型:

1. 最高学府——太学和国子监

汉代特别重视发展官学,重点是太学。汉武帝元朔五年（公元前124年）创太学。汉代太学规模之宏大,世所罕见。隋文帝设国子寺,炀帝时改名国子监,这是中国设立专门教育管理机构之始,一直延续到清代。太学和国子监是封建王朝培养人才的主要场所,在办学育才、繁荣学术、发展科举取士等方面,都积累了许多宝贵的经验,在中国和世界教育史上占有重要的地位。

2. 专科学校

东汉末年创立的鸿都门学,南朝的史学、文学、儒学、玄学,唐、宋、明三代分别创办的书学、算学、律学、医学、画学、武学等,都属于培养某种专门人才而设立的专门学校。此外,还有研究科学、玄学等的特殊专门学校。

3. 贵族学校

东汉的四姓小侯学,唐朝的弘文馆、崇文馆,宋代的宗学、诸王宫学及内小学,明代的宗学,清代的旗学、宗学等,都属于以贵族子弟为教育对象的贵族学校。

4. 短期学校

在封建社会中央官学系统中,有少数学校,既不是高等学府,又不属专科学校,更不是贵族学校,而是君王或执政大臣暂时开设的时间短暂、无制度系统的学校,故称为短期学校,如宋代的外学(又名辟雍)、广文馆、四门学等都属这类短期学校。

(二)地方官学

中国古代的地方官学自西汉景帝时文翁在蜀郡设学宫开始。汉武帝对文翁设学宫甚为赞许并诏令天下郡国皆设学宫。从此以后,有些郡开设学宫,至汉平帝元年(公元3年)始建立了地方官学制度。按制度规定,郡曰学,县道邑侯国曰校,乡曰庠,聚曰序。学校名称由此而来。唐代为中国封建社会的"盛世",其前期教育事业空前发展,地方官学繁盛。自天宝安史之乱后,即告衰废。地方官学除由长史管辖的"儒学"外,还有直属太医署的"医学"、直辖中央礼部下的祠部的府州"崇玄学"。府州县学的学生一般系下级官吏及庶民子弟,所习内容虽以《九经》(三礼三传易书诗)为主,但要求较低,只要达到通一经或"未通经,精神聪悟,有文词史学者",即可毕业,升入中央官学之四门学。宋辽金时期,除辽金亦设有地方学校之外,宋代地方官学在学校经管方面有如下特点:第一,设置主管地方教育的行政官员,各路置提举学事司,掌管路州县学政;第二,实行三舍制度(上舍、内舍、外舍);第三,划拨学田,保障经费;第四,教学内容以"经术衍义训导诸生,掌其课试之事,而纠正不为规者",与汉唐以来的地方儒学别无二致。元代地方官学制度比较完备,在各路府州县内,均有相应学校,但是事实上有名无实,并未普遍设立。明代早在明太祖朱元璋立国之初,既在全国诸府州县设立府州县学,又在边防区卫所设立卫学,乡村设立社学。最盛时期,全国共计有学校1 700余所。清代基本上沿袭明代学校的规模。

(三)古代官学教育的特点

第一,官学的办学宗旨是培养各种封建统治人才,所以不仅具有阶级性,而且具有明显的等级性;

第二,封建朝廷设置了专门教育行政机构和教育长官来管辖官学,如国子监和国子监祭酒、提举学事司和学政,所以学校制度比较完备,形式多样,名目繁多,是封建国家培养人才的主要场所,在承继中国古代文化遗产等方面,曾起过重要的作用;

第三,官学的教学内容,以儒学经籍为主,以《四书》(大学、中庸、论语、孟子)、《五经》(诗、书、易、礼、春秋)为主要教材;

第四,在中央官学中有来自邻国的留学生,在促进中国与国外的文化交流方面,也曾起到积极作用。

二、中国古代的私学教育

在古代中国社会中,私学是与官学相对而存在的,并在中国教育史上占有重要的地位。

(一)中国私学的产生

中国古代私学教育产生于春秋时期,其中以孔丘的私学规模最大、影响最深远。

春秋战国是奴隶制向封建制过渡的历史转变时期。教育也随着经济、政治的变更而发生了剧烈的变化,即由"学在官府"变为"学在四夷"。私学就是在这种历史条件下应运而生的,产生了各种学派林立与诸子争鸣的局面。其中,影响最大的是儒家、墨家、道家和法家四大学派。在学术上各家互有长短,相辅相成。春秋孔丘的曲阜杏坛讲学,战国时齐国都城临淄稷下之学等,对中国古代学校教育的发展具有重要意义。其中,创立儒家学派的孔丘虽在政治上持守旧态度,但在整理文化遗产和创办私学方面却是功垂千秋的。孔丘是中国古代著名的教育家,拥有3 000弟子、72贤人门生,培养了大批掌握文化知识的人才。以孔丘为代表的儒家重视教育,以六经为教科书:诗为文学课,书为政治课,礼为道德伦理课,乐为音乐艺术美学课,春秋为历史课。但孔子不愿讲怪力神乱,很少谈宗教内容。以孔丘为首的儒家私学不重视生产知识和科学技术的研究和传授,对中国古代文化产生了长期的消极影响。孔丘教学态度认真,一生"学而不厌,诲人不倦",创造了一套以培养自觉性为中心的因材施教的教学方法,如注意个性差异,善于启发诱导,学习与思考相结合、学习与行动相结合等。所以,从办私学教育时间之长久、从事私学活动精力之集中、私学教育经验之丰富、对后世影响之深远来说,是其他任何学派的私学所不及的。与此同时,还有墨家,代表农业手工业者的利益,注重科学技术教育。墨儒并称,成为春秋时代的显学。

(二)中国私学的发展

秦代采纳丞相李斯的建议颁"禁私学令",否定教育的作用,违背历史发展规律,实为秦二世而速亡的原因之一。汉武帝罢黜百家、独尊儒术,以今文经学为官学,但是并不禁止私学。于是古文经学成为由私人传授的私学,到东汉末年已取得了压倒官学的地位,如马融、郑玄等古文经学大师的私学学生多达千人以上。汉代尤其重视师传家法,皆由孔丘以来的私学培养而成。古文经学讲究名物训诂,注重考证,后世名之为"汉学"。汉代私学,在组织形式上可分为"蒙学"和"精舍"(精庐)两种。前者是小学程度的书馆、学馆,属启蒙教育;后者为专攻经学的经馆精舍、精庐等,属提高教育。魏晋南北朝时期,官学衰颓,私学呈现繁荣局面,名儒聚徒讲学占重要地位,学生人数上百或千计者,屡见不鲜。这个时期的私学教学内容突破了传统的儒学,还包括玄学、佛学、道教以及科学技术等。梁代周兴嗣编辑了影响深远的蒙学读物《千字文》,颜之推的《颜氏家训》成为家庭教育的代表作。唐代私学遍布城乡,制度不一,程度悬殊,既有名士大儒,如颜师古、孔颖达在任官之前,均是私学教师,"以教授为业"、"以教授为务",一代名儒刘焯、国子学博士尹知章,不仕归田后均在家乡教授生徒;也有村野启蒙识字的私立小学。

(三) 中国私学的进一步发展

唐代以后,宋元明清私学教育,一方面是书院制度的产生和发展,形成私学的重要形式;另一方面蒙学教育主要是私人设立的学塾、村学和蒙学,启蒙教材宋代有《百家姓》、《三字经》以及以后编的《千家诗》、《杂字》等。明清时代,学塾有坐馆(或教馆)、家塾(或私塾)、义学(或义塾)三种形式。清代王钧撰《教童子法》是一部专门论述启蒙教育的著作,对蒙学教授方法做全面论述并对蒙学的一般原理提出了独特的见解。

三、中国古代的书院

书院起源于唐代,兴盛于宋代,是中国古代教育史、学术史上具有重要地位的教育组织形式。它从唐中叶至清末,经历了千年之久,形成了一整套独具特色的办学形式、管理制度、教授方法,使源远流长的传统私学趋于成熟和完善。

(一) 书院的发展简史

唐开元年间设立的丽正书院和集贤殿书院虽是宫廷图书馆而不是一种教育机构,但它却是"书院"名称之始。继此之后,唐代出现的一些私人创办的书院,只是士大夫个人读书治学的场所。其中,有几所如皇寮书院、梧桐书院、松竹书院、东佳书院等,已有讲学活动的记载,标志着以书院命名的教育机构的初步形成。唐五代的书院跟后来出现的书院往往有直接联系。所以,可以说唐代是中国书院的萌芽时期。

两宋中国书院蓬勃发展起来,几乎达到了能够补充或代替官学的地步,足以使官学黯然失色。北宋书院最显著的标志就是出现了一批私人创办的全国著名的书院。由于书院教育受到了官方的支持和资助,因而起到了代替和补充官学的重要作用。北宋书院达数十所之多,遍布全国各地,其中著名的有岳麓书院、白鹿洞书院、嵩阳书院、应天书院、睢阳书院,还有石鼓书院(湖南衡阳石鼓山回雁峰下)、茅山书院(江苏省常州市三茅山后)、华林书院(江西奉新县华林山上)等。南宋书院的发展进入一个新的阶段,其重要标志是书院与理学的结合,书院作为一种制度化的私学终于成熟和完善起来。到理宗时新建的书院达100多所,占南宋全部书院的2/3以上。理宗本人颁书赐额的达20所之多。书院制度成熟和完善表现为:自由讲学、学术研究、问难论辩等书院教授特色得以充分地体现出来;制订学规、确定课程、建立管理机构等书院制度也完全形成;尤其重要的是,明确提出书院独特教育宗旨,自觉地把书院与官学区别开来,反对书院成为科举的附庸,使书院成为培养能传道济民的有用人才的场所。但是,由于官方对书院的支持,也带来了一些官学化影响。

元代是书院建设的繁荣时期,历来就有"书院之设,莫盛于元"之说。其原因有二:一是由于元朝政府对书院采取奖励政策;二是书院作为一种私学组织,仍然依赖于民间力量,元代统一后很多儒家不愿到朝廷任官职而退居山林,建立书院,自由讲学,使私办书院增多。为了达到控制书院的目的,元朝政府采取委派山长或给山长授予官衔的方式,以掌握书院的领导权,书院的教授、学正、直学等职务的任命、提升也都由政府批准。不仅控制书院教师,也控制书院的学生。凡在书院肄业的学生,须经地方官吏荐举,经监察机关考核。元代的上述政策,不仅使得大量官办书院成为官学体制中的一个组成部分,亦使得大量私办书院朝着官学化方向转化。

明代虽然重视文化教育,但却将重点放在发展完善各级官学上。明初,书院处于沉寂状态。但是,在官学成为科举附庸而"士风日陋"时,一批为解救时弊的士大夫便纷纷创办、复兴书院,利用书院培养人才。所以,在明成化年间以后,不仅那些具有久远讲学传统的著名书院(如白鹿洞、岳麓、武夷、石鼓)等相继复兴,还创办了许多新的书院。明代书院的真正振兴是在正德年间王学思潮兴起后,不仅建立了大批书院,更重要的是他们恢复了书院自由讲学的精神,使书院成为最重要的学术基地。自由讲学的风气盛行不衰,必然会遭到专制统治者的反对,到了明朝中后期,统治者越来越感到要加强思想控制,于是出现了历史上著名的四次禁毁书院的事件(即明世宗嘉靖十六年正式下令禁毁各地书院;嘉靖十七年"申毁天下书院";万历七年张居正执政时下令禁毁书院;天启五年下令禁毁东林书院,并波及其他书院),这反映了自由讲学与封建专制主义的矛盾和冲突。但明代书院数量仍远远超过宋、元两朝,共有书院1 239所。且以嘉靖万历年间为最多。从空间上看,明代书院遍及 19 个省,但主要集中在江南地区,尤其以江西、福建、浙江、湖南为多。这与当时的政治、经济,尤其是学术的发展,关系十分密切。

满族入关后,清朝统治者虽然采取崇儒重教的政策,但是对书院则持严厉的抑制态度,阻碍了书院的发展。康熙、雍正以后,书院又逐步恢复起来,其中,不仅包括民间私人创建的,还包括许多地方官的崇教之举。康熙提倡程朱理学,并赐颁御书"学达性天"匾额给白鹿洞书院、岳麓书院,赐额"学道还淳"匾额给苏州紫阳书院。康熙此举在客观上起到了支持书院的作用。雍正改限制的消极防范的政策为积极主动的态度,发上谕肯定书院的社会作用并在经济上提供了保障,对清代书院的发展起了促进作用。乾隆不仅在经济上资助书院建设,而且尤其重视书院师长的任命、奖励、提升和书院学生的录取考核。雍正、乾隆的政策给清代书院带来了两大特征:第一,书院建设规模发展到历史上的高峰,书院教育得到全面普及;第二,书院官学化问题更为严重和突出。清代的书院数目超过了以前任何朝代,有1 900所,并且完全流为科举的附庸。

书院制度是中国封建社会的产物,它必然随着封建社会的衰落而衰落。因此,清代末年书院改制不是个人的愿望,而是一种历史的选择。

(二)书院是中国封建制度化的私学

从唐中叶至清末,书院历经1 000年之久的办学历史,使源远流长的传统私学趋于成熟、完善，因此成为中国古代教育史和学术史上的灿烂明珠。

书院的职事和组织系统由山长（或称院长、洞主、教授，是书院教学管理的主持人）、堂长（或书院主持人山长的别称，或在山长下协助山长管理和教学工作，或从生徒中选任责督课考、课堂记录、搜集诸生疑难问题）、学长（或相当于某门学科的教职，或主管书院教务行政的负责人，或书院主要管理学生学业和行止等的生徒首领）、会长（从诸生中选出学行老成、成绩优异者充任，负责协助山长评阅考课试卷）、斋长（由山长在诸生优异者中选出，协助山长从事教学、行政、日常生活的管理工作）、讲书（主要负责书院经书讲解）、经长（由山长从生徒中精选熟悉经籍者担任，负责为生徒解析疑文）、监院（一种地位次于山长的书院职事，主要职责是负责书院的行政、财务，以及稽查学生品行等工作）、首士（一种管理书院的职事）、掌祠（书院内掌管祭祀活动的职事）、掌书（书院内管理图书的职事，负责图书的保管和借阅）以及书办（掌管书院各种卷宗、档案的职事）等组成。

书院三大功能是讲学、藏书、祭祀。书院有分科制度、分斋教学制度、课程规定、考课制度等一套教学管理制度；书院藏书来源于皇帝赐书、私人捐赠、书院购置、书院自己刊刻书籍，藏书特色主要与教学和学术研究有关，并制定一整套收藏、借阅制度；书院定期祭祀先圣孔子、与本书院有关的先儒先贤以及主宰功名的文昌帝和奎星等。

（三）中国古代书院的教学研究和学风特色

第一，教学特色：自由讲学，学术研究和教学活动相结合，注重自学、问难论疑以及读书指导；

第二，书院的学术研究形式：著述，学术讨论，建立学派；

第三，书院的学风特色：强调德育目标，反对为科举而学；提倡学术创见，反对死守章句陈说；开门办学，兼收各家之长；尊师爱生，建立融洽的师生关系。

综上所述，书院是中国传统私学长期发展的结果，是一种高级形态的封建制度化的私学。

四、中国古代教育的四大特色

纵观中国古代教育，有如下四大特色：

第一，具有完整的系统、严密的结构和系统的理论；

第二，充分体现和发挥了教育的社会政治功能，而不甚重视或较难体现和发挥生产、经济功能；

第三，古代教育制度具有超稳定的结构，随着社会历史的演化，教育制度也有变革，但多属完善和局部调整，很难发生整体上的变化；

第四，中国古代教育制度将严格的等级性和广泛的庶民性有机统一起来，既保证了统治集团的绝对特权，又有利于扩大统治基础。

总之,对中国古代的教育,不可简单地判定优劣得失,而应细致地具体分析,从优中含劣、劣中含优或得中有失、失必有得的辩证关系中去寻找对后人的启迪、借鉴价值。

思考与练习

1. 中国共有多少种民族语言？分几个语系、语族和语支？简述中国汉藏语系、阿尔泰语系概况及特点？
2. 简述汉语普通话与七大方言。
3. 中国民族文字分哪两大类？拼音文字有哪几种字母体系？
4. 中国书籍起源有哪些必要条件？书籍从材料、写印、装帧三方面,分别经过哪几个阶段？
5. 概述中国古代官府藏书、私家藏书的情况。
6. 中国古代史学有哪些优良传统与鲜明特点？
7. 试比较隋唐与明清时期的史学发展成就、特点。
8. 试比较编年、纪传、典制、纪事本末四大史学体裁的代表著作、特点以及各自的优缺点。
9. 试述中国书院教育发展、制度及其特色与贡献。
10. 中国古代教育有哪些特点？

第三章

中国的民俗文化

第一节 民俗文化

一、民俗文化的概念

(一)民俗

民俗就是民间的风俗习惯。它是广大中下层劳动人民所创造和传承的民间社会生活文化,是普遍存在于社会生活中的一种悠久的历史文化传承事象。

在先秦典籍中"俗"、"风俗"等词已很通用,在《礼记·缁衣》中出现了"民俗"一词("故君民者,章号以示民俗,慎恶以御民之淫,则民不惑矣")。但民俗学的研究对象"民俗"一词源于对英国学者汤姆斯(W. J. Thomas)提出的"folklore"一词的意译。

(二)民俗文化是民族文化中的一个支系统

民俗"folklore"一词源于英国的撒克逊语的 folk(俗民、土民、民众、人民)和 lore(旧事、旧传、知识、遗迹、智慧)的连接。世界各国学者对"民俗"一词的理解有一个从狭义向广义变化的过程。英国人类学派将民俗狭隘地理解为远古社会的"遗留物"或"活化石",过分强调民俗的稳定性和历史性;新中国成立以前的中国民俗学者早已突破了英国人类学者的狭义理解,将民俗的范围扩展为物质生活、精神生活和社会生活三个方面。钟敬文教授将民俗学的研究对象称之为民俗文化或民间文化,并对民俗文化或民间文化的内涵和外延及跟其他文化的关系做了论述:过去的学者们在谈论"文化"时很少涉及"民俗",在他们的注意力中,文化一般只限于上层文化,对中下层文化是轻视的;而在谈论"民俗"的时候,又很少把它作为一种文化现象去对待,似乎民俗算不得一种文化。其实,中华民族的传统文化可以分为三条干流:第一条是上层文化,从阶级上说,它是封建地主阶级所创造和享用的文化;第二条是中层文化,主要是市民文化;第三条是下层文化,即由广大农民及其他劳动人民所创造和传承的文化。中、下层文化就是民俗文化。民俗文化属于民族文化的重要的不可忽视的部分,内容十分丰富,其中有些还是人类文化宝库中的优秀部分。民俗文化曾在各民族长期生活中发挥过广泛、巨大的作用,是民族文化的基础部分。但是,民族文化要大于民俗文化,民俗文化只是民族文化的大系统中的一个支系统。

(三)民俗文化形成的原因

民俗文化是随着人类社会的产生而产生的,随着人类社会的发展而发展,与人类的社会生活的联系极为密切。民俗形成的原因是多方面的,其中,经济、政治、地域、宗教、语言等因素决定和影响着民俗的产生和发展。

民俗作为一种文化事象,其产生受到经济基础,即社会生产力发展的制约。例如,神话的产生,是与当时社会生产力十分低下,人们对自然和社会生活中的种种变化等不理解有关。神话一旦产生,靠口碑方式代代相承,并逐渐形成口承语言民俗。

人类社会进入阶级社会以后,民俗受到阶级的和政治的影响。统治阶级为了达到政治目的,利用手中权力,左右着民俗活动。在我国,封建的统治对民俗的形成发展曾产生过巨大的影响。例如,湘西土家族婚姻,在清代以前,实行传统的古老婚俗,男女青年自由选择对象,结婚不坐轿。清朝雍正以后,封建统治阶级在土家族地区实行"改土归流",采取行政的强迫手段,改变土家族原有的风俗,其婚姻制度逐渐变为封建婚姻,禁止自由婚姻,规定婚娶一律要媒证,要坐轿子。

俗话说"百里不同风,千里不同俗",不同的地理环境形成不同的风俗和习惯。人类和自然的关系密切,有什么样的自然环境,就会形成什么样的民俗。我国北方民族和南方民族,在居住、服饰、饮食、婚姻民俗等方面,都有很多差异。

民俗与宗教信仰的关系密切,有些民俗就是由原来的宗教仪式演变而来的。原始宗教是在人类的童年时代形成的,其对自然、图腾、祖先的崇拜,形成各民族一些独特的民俗事象。例如,鄂温克人崇拜火,每当吃饭和饮酒时,要先行祭火仪式,把一些饭菜投入火中。现代宗教对民俗的影响也是多方面的。佛教、伊斯兰教对我国许多民族的民俗都有很多影响。例如,回族、维吾尔族等受伊斯兰教影响很大,有禁食猪肉的习俗。

二、民俗文化的主要特征

民俗文化除了具备一般文化现象的共性之外,还具有自己的独特个性。社会民俗现象虽然千差万别,种类繁多,但作为一种人类社会文化现象,其大体具有以下特点:

1. 社会性和集体性

社会性指风俗习惯是人们在共同的生活中形成和约定的社会行为模式;集体性指社会民俗现象的产生是集体创作的结果,其流传也需依靠集体的行为来完成。任何一种民俗文化事象都不是个人的行为,而是为社会所普遍传承的集体风尚和喜好。民俗文化作为社会行为模式,有它的地域性或民族性。所以,民俗文化的社会性,实际上是指它的群众性。民俗文化的集体性,首先是指民俗文化事象的产生,是由民众集体创造的,或者是由个人创造,后经集体的响应、丰富和发展而来的。其次,集体性又指民俗文化产生之后,它的流传是靠集体的行为来完成的。有了集体的创造和响应,同时又有集体的一代又一代的传承,才得以延续和发展。创造和流传的集体性,是推动民俗文化发展、演变的主要动力。

2. 类型性或模式性

如果把不同的社会民俗文化现象加以分类、比较,就会发现其共性,这说明社会民俗文化现象是存在类型性或模式性的。社会民俗文化现象一旦形成,大都具有相对的稳定性,并在稳定的发展中,形成一定的模式,之后就按照这一模式代代相传。民俗文化事象在各地区和各民族中传播时,存在一种带有支配力量的主流部分,围绕它往往形成同种类型的民俗文化。所以,类型性是指民俗文化事象在内容和形式方面的彼此类似的性质。它是群众在共同需要、共同心理的基础上所形成并不断给予陶冶的结果。民俗文化事象的模式性,是跟上层文化的重视个性和独创相对的。跟上层文化相反,民俗文化由于是民众的自发创造,又为同一社会民众所应用和传播,所以一般都缺乏个性而模式化。类型性或模式性是民俗文化在文化史上的早期状态的标志,也是对于产生和存在这种文化的那种社会的适应。

3. 相对稳定性和变异性

民俗文化是广大民众在长期的社会生活中所创造、传承和享用的文化。它跟上层文化相比较,一般具有较大的相对稳定性,特别是在社会不太发达的时代,尤为明显;另一方面,民俗文化在时空中的传承、播布和演进,也必然出现形变或质变以及消亡等现象,从而产生与自己的稳定性相联系的变异性特点。民俗文化的变异性是指民俗文化事象在流传过程中,由于受社会的、政治的、生活的等种种因素的影响而产生的内容和形式上的性质变化。此外,民俗文化的变异还受到区域观念、民族心理等因素的影响。民俗文化变异对民俗文化的发展起着推动作用。一个民族总是以本民族民俗文化为基础,并不断吸收其他民族民俗文化中的优秀部分,将其融合到本民族民俗文化事象中来,以丰富本民族的民俗文化,并用以影响和教育群众,增强本民族的自豪感和自信心。这就是民俗文化变异性的积极作用。

4. 传承性和播布性

民俗文化的传承性是民俗文化在时间上延续的特点。民俗文化是历史的创造,它的传承在各个时代留下十分明显的轨迹。作为由历史和社会传承的文化形式,传承性是民俗文化得以延续的重要手段,并在民俗文化传承中起着承上启下的作用。一定领域的民族的社会民俗文化传承,总是受各种因素的支配,传承者的独特心理决定了人们对祖先遗留下来的东西(包括习惯、知识、成见等)不会轻易放弃。它总是主动地有目的地使原有的民俗文化事象一代一代得以延续。民俗文化的传承性,主要表现为内容和形式上的连续性和稳定性,所以,掌握民俗文化的传承性可以帮助我们更好地把握现在民间流传的民俗文化与传统民俗文化之间的渊源关系。民俗文化的播布性是民俗文化在空间上流传的横向的传播特点。民俗文化横向传播的结果,可以形成一定的民俗文化圈,即相同或相似习俗,在某一地区范围内传承。我们可以借此把握某一民俗传承事象在空间(不同地域)的传播规律,并借此探讨不同民族、不同国家民俗文化之间的相互交流以及影响,这对比较民俗文化的研究有重要意义。

5. 规范性和服务性

民俗文化是一种适应性文化,它表现为适应民众集体心理和生存需要的相对稳定的模式。这种模式的稳定性和约定俗成,使它具有不成文法的强制或约束力量,起到对民众的行为、语言和心理的制约性作用。这就是民俗文化的规范性。服务性指民俗文化在规范民众的同时又具有民众需要的实用功能。它们总是在不同方面和不同程度上,对民众的集体生活起着一定的作用,既有消极作用,也有现实意义和积极作用。

总之,民族民俗文化是具有上述五大特点的特殊的民间文化。我们可以通俗地说,民俗就是民间的风俗习惯的简称,也就是民间生活文化。

三、民俗文化的类型

社会民俗文化现象的分类,取决于民俗文化学所研究的对象和范围。民俗文化学研究的对象是社会民俗文化现象,其范围十分广泛,几乎包括了人类生活的各个领域,通过心理的、语言的和行动的三种方式表现出来,内容还在不断变化或扩大着。所以,民俗文化事象的分类也十分庞大和复杂,几乎无所不包,是一个包罗万象的宝库。这给社会民俗文化现象的分类带来很多困难。

对社会民俗文化现象的分类最早始于1890年,出现在英国。以后法国、日本的学者也对社会民俗文化现象进行了分类。不同国家的学者,出于对本国民俗文化现象的表现和各自理解,分类并不完全相同。其中,英国人、法国人的分类,对中国民俗文化学的影响很大。下面介绍两种分类方法:

第一种方法范围十分广泛,其外延几乎包括了人类生活的各个领域的民俗内容,按表现形式分为三大类:

第一类是心理民俗,以信仰为核心,是包括各种禁忌在内的、反映在心理上的习俗;

第二类是行为民俗,是心理民俗的反映,更多地表现在仪式、节日、游艺等活动上,通过各种特有的有形活动表现各种无形心理的民俗活动;

第三类是语言民俗,主要是以语言为手段,表现人们的理想、愿望与要求的艺术,包括神话、传说故事、诗歌及说唱、戏剧等。

第二种分类方法,是按照内容分类。按照这种分类方法,民俗文化可分为四大类:

第一大类,物质民俗文化,也称经济民俗文化。它包括生产民俗文化(采集民俗文化、狩猎民俗文化、畜牧民俗文化、农业民俗文化和手工业民俗文化等)、消费民俗文化(服饰民俗文化、饮食民俗文化和居住民俗文化等)、流通民俗文化(市商民俗文化、交通运输民俗文化和通信民俗文化等)。

第二大类,社会民俗文化。它包括家族、亲族民俗文化,村落民俗文化、民间社会经济政治组织民俗文化、个人人生仪礼习俗文化(诞生礼、成年礼、婚礼和葬礼等)、岁时节日民俗文化。

第三大类,口承语言民俗文化。它包括民间神话、民间传说、民间故事、民间歌谣、民族史诗、民间叙事诗、谚语、谜语、民间小戏等。

第四大类,精神民俗文化。它包括俗信民俗文化(含民间宗教信仰、巫术迷信、礼俗禁忌等)、民间艺术民俗文化(含民间音乐、民间美术、民间舞蹈等)、民间游戏娱乐民俗文化(含民间游戏、民间体育竞技和民间杂艺等)。

四、民俗文化的功能作用

(一)民俗文化的功能

民俗文化现象是适应一定的社会生活,首先是物质的生活和相应的心理需要而产生、传播、继承的。同样,它也对产生它的母体产生反作用。各种民俗文化现象的性质、结构不一样,其社会功能也不一样。同一个民俗文化现象,由于所处的社会形态及历史阶段不同,其功能也会起一定变化。但总的来说,民俗文化现象的功能主要有:

1. 历史功能。民俗文化现象是历史发展的产物,在人类社会发展的每一个历史阶段中,都曾产生和形成过许多的民俗文化现象,对每个历史阶段的人们的生活产生过影响。所以,民俗文化学有时被学者们称之为"历史之学"。

2. 教育功能。民俗文化是社会的、集体的创造。民俗文化的产生,起初总是带有一定功利目的的,即跟教育的功能联系在一起。在现实生活中,我国各民族人民总是通过丰富多彩的民俗文化活动,对本民族人民进行传统的思想教育,帮助人们学会许许多多有关生产和生活知识,使本民族人民熟悉自己祖先所创造的历史文化,产生强烈的民族自豪感和民族自信心。

3. 娱乐功能。民俗文化不仅是人民群众的创造和智慧结晶,同时也供人民群众享受和利用。所以,传承于民间的大部分民俗文化活动,都带有极其浓厚的娱乐性质,其中,以节日民俗文化和游艺民俗文化最为突出。民俗文化现象的娱乐功能还与各民族人民的审美意识结合在一起,通常表现出积极、健康、向上的进取精神和审美情趣。

(二)民俗文化的作用

首先,民俗文化对广大民众具有规范制约作用。民俗文化作为社会文化的一个重要部分,它的主要功能之一就是对社会成员的行为和仪态起规范作用。这种作用在对人们生活和心理的普及与深入的程度上,比起法律、道德来,要更进一步。它是社会生活中普遍存在而又较潜隐不露的一种社会文化规范。

跟规范制约作用同时并存又相关联的,是民俗文化的凝聚作用。在民族传统文化中,对民族具有凝聚力的是语言、道德、艺术、宗教及民俗等文化现象。而民俗文化,由于它的广泛存在和潜在作用,在凝聚、团结民族成员的作用方面,显得特别重要。它不仅将朝夕相处的民族成员凝聚在一起,而且还能将分散于各地,甚至世界五大洲的具有相同文化心理素质的人们也团结在一起。

五、民俗文化传承事象的性质和移风易俗

社会民俗文化现象中既有进步的成分,也有糟粕部分。那些在历史上有进步意义,对人们的身心健康有利,对今天的生产、生活有利,对发展科学文化事业有利的社会民俗文化现象,被称为良俗,应发扬光大。那些严重摧残或伤害人身、毒化思想的反动愚昧、原始、封建、迷信的习俗,是社会民俗文化现象中的糟粕部分,被称为陋俗,应予革除。

移风易俗要在认真贯彻执行"各民族都有保持或改革自己风俗习惯的自由"的政策下,积极稳妥地进行。必须在各民族自愿的前提下,自己动手,改革那些不良的风俗习惯。任何政府部门、其他民族,都不能仓促行事,越俎代庖。

介于良俗与陋俗之间的被称为中性民俗。这种民俗文化现象在实际生活中大量存在。对待中性民俗,应持不干预、给予照顾和保障物质、保障供应的态度,特别是对少数民族节日用品和食品的需求、节日放假和节日活动等,政府有关部门要注意安排,满足其要求。

第二节　衣食住行民俗

民俗文化事象内容复杂,但在表现形态上可分为三种,即物质民俗、社会民俗和精神民俗。物质民俗,是指在人们的日常生活中,那些可感的、有形的服饰、居住、饮食、交通等文化传承。在人类社会中,物质生产和生活是人们赖以生存的最重要的条件,无论社会如何发展,民俗文化事象如何变迁,有关衣、食、住、行的传统,总是以相对稳定的形式,一代一代传承下来。

一、服饰民俗

（一）服饰民俗的形成

服饰民俗是指人们有关穿戴衣服鞋帽、佩戴装饰等的风俗习惯。服饰的产生和服饰民俗的形成和人类居住的环境、人们的生产、生活方式及文化传统关系密

切。例如,生活在寒带和温带地区的居民,由于气候寒冷,服装样式变化多,制作复杂;生活在热带和亚热带地区的居民,由于气候温暖,服装样式变化少,缝制较简单。

(二)服饰民俗的类型

服饰民俗的内容复杂,不同的服饰款式,在不同的地区、民族和个人本身,都体现出不同的含义,这就形成了不同的类型,并由此形成不同的服饰民俗。我国有56个民族,服饰各异。但是,无论服饰的样式及民俗多么复杂,最原始的样式也只有"围"、"披"、"套"三种简单的形式。"围"即将兽皮或布围在腰部,后发展成裙。"披"将兽皮或布披于肩背,后发展为披肩、斗篷。"套"是开洞套头的整片衣服。按照服饰分布于人体的各个部位。因此,可将服饰及其民俗分为头衣、体衣、足衣和装饰四大部分。

头衣,是古代称谓。我国古代贵族与平民的头衣区别十分严格,一般贵族戴冠、弁、冕,平民戴帻。男子二十行加冠礼,表示从此已成人。

体衣,包括平常所说的上衣和下衣。上衣有长短之分,长及腰者为短襦,长及膝者为长襦。将上衣与下衣连为一体,长及踝部者,称为深衣。短衣为平民所穿,统治阶级以深衣为常服。上衣由衣领、衣襟、后身、衣袖、腰带等构成。衣领常见的是交领,另一种是直领。衣襟,又称衽。古代将衣襟右掩的称左衽,认为是异服,即蛮夷之服。现代我国各民族中流行的上衣,包括长袍,多为左衽。蒙古族长袍为左衽,藏族长袍为右衽。此外,在一些汉族及少数民族地区,还流行对襟上衣。衣袖是上衣的主要部件,古代流行长而宽大的衣袖,宗教法衣及藏族长袍和衬衣保持了这种古老衣袖的特色。

下衣,古代有裳、绔。裳指裙子,古代男女皆可穿用。绔,即今之裤子。古代的绔,无前后裆,只有两条裤筒。还有短裤,古人称犊鼻裈。

足衣,指鞋袜。鞋,古人曰屦,汉以后曰履,今曰鞵(鞋)。履是草鞋。木制的鞋称为木屐。穿鞋之前还要穿袜子或用布包脚。

装饰可分为头饰、衣饰及鞋饰。头饰除发型变化外,还佩戴各种首饰,如插花戴簪,戴耳环等。头饰除美观外,还有特定的含义。衣饰,一般多为领口、袖口、襟沿、下摆加边。腰带制作讲究,除可系扎上衣外,还可佩戴各种饰物。鞋的装饰主要是在鞋面上绣以各种花卉和图案。

(三)各民族的服饰概况

1. 汉族服饰

汉族服饰的起源可以追溯到远古时期。最初,人类用兽皮、树叶来遮体御寒,后来用磨制的骨针、骨锥来缝制衣服。约在五六千年前,人们开始提取野麻纤维,搓捻成线后,织成麻布。以后又发明饲养家蚕和纺织丝绸,大约在殷商时代,人们已熟练地掌握了丝织技术。衣服的样式最初主要由"围"、"披"、"套"三种简单的操作方式形成。人们发明了针线和缝合技术以后,才发明了制袖、裤筒等筒状衣物。汉族的冠服制度,约在夏商时期确立,至周代趋于完善,并成为礼仪的表现形式,充分反映了等级制度。这个时期的衣服样式主要有四种,即直裾单衣、曲裾深衣、襦裙和胡服。直裾单衣的特点是右衽、交领,直裾,领、袖、襟、裾都有一道边缘。曲裾深衣是将上衣和下裳缝合在一起,将左面的衣襟前后缝合,后片加长,使它成三角形,穿时绕到身后,再用腰带系扎。另外,在领、袖等主要部位镶一道厚实的锦边。襦裙是中山国流行的一种服装样式,襦是短上衣,长至腰间,紧身窄袖,常与裙相配穿。胡服是一种北方少数民族的服装,由短衣、长裤和靴组成。衣身紧窄,右衽,便于游牧与射猎。公元前325年,赵武灵王采用这种服饰作为戎装。

秦朝建立了衣冠制度,汉沿袭秦制,至东汉明帝时,确立了以冠帽为区分等级主要标志的汉代冠服制度。秦汉时期的男子,主要穿的是一种宽衣大袖的袍服,可分曲裾与直裾两类。曲裾就是战国时的深衣,通身紧窄,下长拖地,衣服的下摆多呈喇叭状。直裾,又称襜褕,为东汉时一般男子所穿。汉代妇女以深衣为主,衣襟绕转层数加多,衣服的下摆增大。此外还有穿襦裙和裤的。

魏晋南北朝时期,各民族服饰相互影响并日趋融合。汉族男子的主要服装为衫,袖口宽大,不受衣祛的约束。汉族妇女的服装,初承秦汉旧制,后有所变化。衣衫多为对襟,衣袖宽大,长裙的式样很多,腰间用帛带系扎。还有的妇女穿一种名为杂裾垂髾的女服。

唐代服饰承上启下,"法服"与"常服"同时并行。法服是传统的礼服,包括冠冕、衣、裳等。常服又称"公服",是一般性的正式场合所着的衣服,包括圆领袍衫、幞头、革带、长筒靴。圆领袍衫一般用织有暗花的料子制成,在袍服下部通常有一道襕,名为襕衫。武则天时出现一种新式服装,即在不同职别官员的袍上绣有不同图案。文官袍上绣有飞禽,武官袍上绣有走兽。平民多穿麻衣,即白袍。妇女服饰主要有襦裙、衫、帔等。妇女们着小袖短襦,有的裙长曳地,衫的下摆裹在裙腰里面。肩上披着长围巾一样的帔帛。盛唐以后,女衫衣袖日趋宽大,衣领有圆的、方的、直的,还有鸡心领和袒领。色彩艳丽,纹饰变化复杂。在贵族妇女中最流行红色裙、褶裙、百鸟裙和花笼裙。唐代女服的质、色、式都胜过以往的各个朝代。

宋代服饰大体上沿袭了隋唐旧制,但色彩较为单调。男子服装以圆领袍衫为主,下身着裳,即穿裙。宋代妇女,冬穿袄,夏穿衫,衣着特点是上淡下艳。女裙较唐代窄,而且有细褶,衫多为对襟,覆在裙外。

明代恢复了唐代的衣冠制度。明代官员戴乌纱帽,穿圆领袍。袍服上缀有补子,并以补子上所绣图案的不同,表示官阶的差异。男子便服,一般为袍衫,大襟,右衽,宽袖,下长过膝。平民百姓,上身着袄,下身着裤,裹以布裙。妇女衣裙与宋代近似,但内衣有小圆领,颈部加纽扣。衣身较长,外加比甲(比甲是一种无领无袖的对襟马甲,比后来的马甲长)。衣裙华丽、漂亮。裙子花样繁多,裙幅有增至十幅的,腰间褶裥越来越密。

清朝制定了官民服饰制度、服色制度,导致传统冠服制度的最终消灭。一般男服有袍褂、袄、衫、裤等。长衫、袍褂是清代男子的主要礼服,官吏士人开两衩,市民百姓的长衫、袍褂不开衩。汉族妇女服装一般为披风、袄、裙。披风为外套,作用类似男衫,形制为对襟、大袖,下长及膝。披风内为上袄下裤。裤多为绸缎制作,上面绣有花纹。另外,还有背心,长可及膝下,多镶滚边。

2. 少数民族服饰

我国共有 55 个少数民族,其服饰绚丽多彩。下面介绍一下独具特色的蒙古袍、褚巴、袷袢、旗袍等少数民族服饰。

蒙古袍:蒙古族的传统服式,分夹、棉、皮三种。袍长而宽大,直领左衽,下摆不开衩,衣襟及下摆多用绒布镶边,腰部用彩色绸带系扎。牧区男女均穿用。穿此袍骑马放牧,能护膝防寒,夜宿可当被盖,瘦长袖筒可防蚊,束上宽大腰带,能保持腰肋稳定垂直。

褚巴:藏袍。其为藏族、门巴族的主要服装。多以氆氇缝制,多黑色、赭红色和本白色。右衽,斜襟,中系腰带,内衬长袖短褂。男子穿着特别肥大,束腰后腰际成兜囊,用以装物件。一般袒出右臂以利动作,天热时则袒出上身,将两袖系掖腰间,夜晚可充被盖。

袷袢:维吾尔族男子长袍。齐膝对襟,无纽扣,无旁衩,腰身肥大,用长方巾扎腰。喜用白色、黑色和茶色的衣料。夏天多着白色单袍,冬天穿黑色棉袍。

旗袍:初为满族妇女服装,故称旗袍。后满、汉妇女皆穿用。最初是直筒式,腰部无曲线,下摆和袖口较大,外罩马甲。

百褶裙:彝、傈僳、苗等族妇女的衣裙。以流行于滇川、大小凉山的最具特色,一般系用三种不同色彩的布缝制而成。裙面折叠很多,长曳到地。苗族妇女的百褶裙较短,但褶很多,有的在 500 褶以上。

擦尔瓦:彝语称"瓦拉"或"瓦拉勃"。滇川、大小凉山彝族男女所着的披衫。用羊毛织成,有白、灰、青三种颜色,并织有方格纹、斜纹、水波纹及南瓜籽纹等纹样。擦尔瓦的形式有有流苏的和无流苏的两种。有流苏的流行于甘洛、越西、喜德、冕宁等县;无流苏的流行于美姑、雷波、马边、峨边等地。缝制一件擦尔瓦,需七幅或九幅毛料,上端用羊毛绳缩口,下端有为数众多的长达30厘米的流苏。从剪、弹、撕羊毛,拧、缠毛线到上架织成毛料,缝制成披衫,都由彝族女子操作,无专门制造的作坊。制造一条披衫,往往需要数月至半年不等。无论男女老少,终年披着擦尔瓦,白天用以御风寒,夜间用做被盖。

(四)服饰表现民俗

服饰与自然气候关系密切。人们为了适应不同季节的变化,创造了不同的服饰款式,包括单衣、夹衣、棉衣、皮衣等。服饰还具有节日色彩,每逢佳节来临,男女老幼都要穿上盛装,参加庆祝活动或走亲访友。例如,苗族的节日盛装绚丽多彩。

男女服饰在样式和质料的选择上明显不同。男式服装讲究实用,质料结实,款式变化较少;妇女的服饰式样多,讲究装饰,质料以轻为主。随着年龄的增长,在不同的年龄阶段,服饰民俗也不相同:幼儿期,男孩女孩的服装几无差异;稍大一点,女孩子开始留长发,服饰、色彩与男孩都有区别;等到成年时,要举行一定的仪式,服饰上也相应地加以标志;结婚后,服饰又有不同。此外,中年、老年服饰样式也有区别。

不同的职业分工,形成了不同的服饰民俗。鄂伦春族的猎装适合于狩猎;蒙古族的蒙古袍、藏族的褚巴则适合于牧业民族的游牧生活。此外,宗教职业者的服饰也别具一格。

服饰带有鲜明的地域特色和民族特色,与各民族的经济生活、审美意识紧密相连。经济生活不同,服饰原料有所不同。例如,赫哲族从事渔猎生产,其服饰原料常取材于鱼类;蒙古、藏、哈萨克等族从事畜牧业生产,其服装制作多用牲畜毛皮;农耕民族多用棉、麻缝制衣服。由于审美观念不同,人们在服饰色彩、样式、装饰上也有差异。

二、饮食民俗

(一)饮食民俗的形成

饮食包括食物和饮料两大部分。有关食物和饮料加工制作及食用的风俗习惯丰富多彩。

饮食习惯的历史可以追溯到远古时代,在火发明前,人类过着茹毛饮血的生活。随着火的发明,人类的饮食习惯才渐渐得到改变。人类的饮食习俗经历了生食、熟食和烹饪三个阶段。以上这些饮食习俗在民间仍都有传承。

生食指无论植物的果实、兽肉、鲜鱼等,均不用火烤,稍加处理直接食用。赫哲族喜吃"生鱼片";云南大理地区的白族曾有"吃生皮"(生猪肉)的习俗;藏族将牛肉风干后生食;侗族擅长腌生鱼。这些都是古老的生食习俗的遗留或变异传承。

熟食分烤食和煮食两类。烤是最古老的食俗,方法多种多样,包括用烧红的石片烤肉,在石板上烙饼等。云南傣族的香竹饭,就是用烤制法制作的。煮食以石烹法最有特色,即用烧红的石头,放入盛有水和食物的木桶或其他器皿中,放取数次,食物自熟。东北的鄂伦春族、云南的傣族、普米族、纳西族等民族过去都曾用过此种方法煮熟食物。

烹调是在熟食基础上发展起来的。制作方法包括煎、炒、烹、炸、煮、蒸、烧、烤等几十种,调味品有酸、甜、苦、辣等各种味道的百余种。

饮料的制作历史也十分古老,品种包括鲜奶、酸奶、酒和茶等。

(二)饮食结构和类型

饮食结构是指日常生活中一日三餐的主食、菜肴和饮料的搭配。在我国,粮食作物为主食的主要原料,米饭和面食是主食的两大类型。

菜肴是饮食结构的重要组成部分。菜是蔬菜的总称,肴是做熟了的鱼肉,菜肴泛指饮食结构中的素菜和荤菜。用来配制菜肴的原料有蔬菜、鱼肉、禽蛋和调味品。这四样原料的合理搭配和烹制,产生了我国丰富多彩的烹调技术,形成了不同的菜系。

饮料包括瓜果汁、茶和酒等。茶的种类很多,各地饮茶的习俗不相同,如藏族人民喜喝酥油茶、蒙古族人民喜喝奶茶、白族人民喜喝"三道茶"。饮酒是我国各民族普遍盛行的习俗。酒可分果酒和粮食酒两大类。北方地区的人们喜饮烈性白酒,南方地区的人们喜饮低度米酒和果酒。不同的民族还有自己特制的酒类饮料和饮酒习俗,如哈萨克族人民喜喝马奶酒、贵州的布依族家家户户皆自酿米酒。

(三)饮食习俗及其传承

饮食习俗包括居家饮食习俗、节日饮食习俗及其传承以及嗜食与禁忌。

居家饮食习俗包括:每天用餐的次数和时间、每次进餐时家庭成员座位安排和程序、一年四季主、副食结构的调整和变化、对客人的招待、家中特殊的用餐习俗。我国居家食俗,大部分地区和民族均实行早、午、晚三餐制,牧业民族一般是三茶一饭或两茶一饭,主食是米和面,副食是奶和肉。农业民族一般早餐比较简单,午、晚两顿正餐,除主食大米、白面等外,配以炒菜,形成主、副食的明显结构。居家食俗一般比较随便。但如果家中有老人或来客人时,进餐时的座位就有一定讲究,体现出对老人或客人的尊重。

节日饮食习俗丰富多彩并具有浓郁的民族特色。节日食品可分为三类,一为用作祭祀的供品;二为供人食用的特殊的食物制品;三为节日馈赠亲友的礼品。节日食品的食用和一般的饮食惯制不同,大都有一定的程序和仪式。人们还给各种节日食品赋予不同的含义和象征,如正月十五吃元宵、八月十五吃月饼、大年三十吃饺子等,都是节日习俗传承下来的独特食品和食俗。

嗜食是指某一地区、某一民族在饮食上的特殊喜好,如苗族人民喜吃酸菜、酸汤;朝鲜族人民喜食狗肉和冷面。形成饮食嗜好的原因是多方面的,气候、生产方式、土特产品、食物的独特的制作方法和储存方法等,都有可能造成口味上的差异和嗜好。饮食习俗中的禁忌,有的源于宗教信仰,有的来自于对生活经验的总结。

三、居住民俗

(一)民居类型

我国各民族的民居建筑丰富多彩,主要可以分为帐篷型、干栏型和上栋下宇型。

1. 帐篷型:帐篷是我国许多民族的一种古老的居住形式,其特点是容易拆迁。帐篷的形状很多。我国东北地区的赫哲、鄂伦春、鄂温克等民族的帐篷呈圆锥形,被称为"撮罗子"(又称歇人柱)。蒙古族、哈萨克族住在圆形帐篷里。蒙古族的蒙古包平面为圆形,里面用木条编成框架,外面包以羊毛毡,顶部留有圆形的天窗,以便采光和通风。蒙古包便于搬运,是牧人理想的住宅。

2. 干栏型:干栏型居室是一种下部架空的建筑,流行于我国南方少数民族地区。干栏型建筑可防潮、散热通风及避虫兽侵袭和洪水冲击。干栏型建筑的结构主要有两种,一种是纯木结构,以西双版纳傣族的竹楼最为典型。竹楼一般建在平地或平缓的山坡上,其平面呈正方形,分上下两层,底层架空,多不用墙壁,供饲养牲畜和堆放杂物,楼上有堂屋和卧室。屋顶呈"人"字形,上面覆盖茅草编成的"草排"或片瓦。另一类为土木结构,多建于山区,依自然山势,把山坡削成一块"厂"形土台,土台以下用木柱支撑,铺上楼板,作为房屋的前厅,下面圈养牲畜。屋顶呈"人"字形,屋墙用木板装修或用土块砌筑。例如,贵州册亨一带布依族就多住此类干栏房屋。

3. 上栋下宇型:上栋下宇型建筑是北方和南方各民族流行的一种居住形式。其结构特点是一般都有夯筑坚实的地基,竖木为柱,连柱架梁,梁上搭檩,顺檩搭椽,上铺茅草或屋瓦,山墙用土坯或砖石砌成,窗户门楣为木制。这种类型建筑形式多种多样,包括北京的四合院、河南陕西等地的窑洞、云南的一颗印、西藏的碉房等。

四合院是北方农业地区民居的主要形式,其中尤以北京的四合院最为典型。其基本形式是由几幢单体建筑,分别置于东西南北四面,建筑之间用廊子连接,组成一个方形院落。四合院的主要建筑称正房,坐北朝南;两边东西间的房屋称厢房;南面是一排廊子,中间开一道门,称二门;二门内部为四合院的内院,二门外是东西狭长的前院;院南面是一排称作倒座的房屋,四合院的大门就设在东南角上;在正房的北面还有一排后罩房。四合院的门窗大都开在朝院里的一面,形成一个四面封闭的内向的住宅空间,避开了城市的喧哗,创造了一个宁静的环境。

窑洞式住宅流行于我国河南、山西、陕西、甘肃地区。此类建筑利用高原黄土地带土质坚实的特点而建,既省工,又省料。窑洞式建筑主要可分为两种,一种为靠崖窑,即在天然土山崖上横向往里挖洞,洞呈长方形。顶上作成圆拱形,进口安上门窗就成了一间住房。另一种为天井式窑,即在平地上向地下挖一深井,呈方形或长方形,再在方井的四壁横向往里挖洞作住房。从地面经阶梯到井内,井底院子也种植树木花卉,形成一座环境优美的地下四合院。

一颗印为我国南方四合院建筑,特别是在云南中部有许多这种形式的四合院住宅。此类建筑院落较小,正房、厢房连在一起,有的地区做成二层楼房。其正房有三间,左右各有两间耳房,前面临街一面是倒座,中间为住宅大门,四周房屋皆为两层,天井围在中央,住宅外面都有高墙,很少开窗。整个外观方方正正,如一块印章,所以俗称一颗印。这种建筑占地少,通风好,比较凉爽。

碉房流行于藏族地区。一般以石块或夯土筑墙,室内以木柱支撑,屋顶是用土筑的平顶,顶上可做晒台。为二至三层的小楼房,底层为牲畜房,二层为卧室、厨房,上层为经堂。碉房的整体造型严整,色彩华丽,建筑风格粗犷凝重。

(二)居住民俗的表现

住宅的建筑结构与各地区、各民族的居住习俗有密切关系。住宅的造型与装饰、房间的分配及火塘的位置等,都表现出一定的民族风情。

住房的分配体现着家庭成员之间的尊卑长幼关系。住房分配是一种古俗。母系氏族公社和父系家庭成员集体住在一个"大房子"内。个体家庭产生后,小房子代替了大房子,但居住习俗仍受到大房子的影响。在一个家庭中,尊卑长幼区分得十分清楚。例如,东北地区的满族,屋中有南、北、西三铺炕,西炕为贵,供奉祖宗牌位;南炕为大,家中长辈多住南炕;北炕为小,小字辈的姑娘和媳妇住北炕。

火塘在我国许多民族的居住民俗中,占有重要地位。火塘是家庭活动的中心,饮食起居都离不开它。在西南许多少数民族中,火塘位于屋中央,人们在火塘边饮食、取暖、议事,火塘成为全家的活动中心。例如,傣族竹楼中央设火塘,无论冬夏日夜,火塘燃烧不熄。烧饭煮茶,会客议事,皆离不开火塘。火塘有时被视为神圣的地方,火塘的上方一侧是供家神、祖先神的地方,任何人不许触动。平时不许在火塘上方跨过去,不准用脚蹬火塘里的三脚架,不许用利器捅火,不许将脏水泼入火中。

在一些建筑技术比较先进的民族中,还十分注意住房的造型与装饰。例如,云南大理白族的民居建筑除追求整体建筑的庄重、大方外,在局部建筑中也精雕细镂,其门窗雕刻和门楼装潢最具特色,并且与带有花坛的院落相配,形成白族特有的恬静、幽雅的民俗建筑特征。

四、交通民俗

交通分陆路交通和水路交通。陆路交通包括骑用牲畜和以车代步。交通的最初发展,与驯养动物关系密切,特别是牛、马、骆驼等大牲畜,可供人骑用,成了真正的交通工具。东北地区的赫哲、鄂伦春、鄂温克等民族至今仍用狗或鹿拉爬犁(雪橇)。这可能是陆路交通民俗中最古老的"遗留"。车在古代是生产、生活、交通、运输及战争中的重要工具。据传说黄帝是车的发明者,故名轩辕氏。商周时期,车的制作已相当进步。车为木制,整个车体分车轮和车身两部分。车身由轼、舆、辕、衡构成。舆是车厢;轼是舆的前部供人凭依扶手的横木;辕是驾轴的木杠,后端连在车轴上,前端伸出;衡是驾在独辕前边的横木。车轮的主要部件有轴、毂、曹、辐、牙等。轴是穿在轮子中间的圆形物件;毂是车轮中心的用以穿轴的圆木;曹是套在毂外车轴末端的青铜或铁制圆筒状物;辐是车轮中凑集于中心毂上的直木;牙是车轮的边框。

水路交通工具主要是桥与船,过河架桥,涉水用船。桥有独木桥、木拱桥和石拱桥等。在水流湍急的江河之上,还架有溜索桥、藤索桥,后来发展为铁索桥。在我国西南地区的少数民族中,索桥在交通中占有重要地位。船的前身是木排、竹排、葫芦、革囊等。独木舟是船的雏形。这些古老的交通工具,至今仍在使用。

第三节 婚姻家庭

婚姻为一定社会制度所承认的男女两性的结合,以此确定夫妻关系以及由此产生的父母子女间的权利和义务,为家庭的基础。家庭是建立在婚姻和血亲基础上的社会组织形式,构成人类最基本的社会生活内容之一。

一、婚姻家庭制度的沿革

婚姻家庭伴随着整个人类史经历了一系列的历史变迁。最古时,正在形成中的原始人类的两性关系,没有习俗规定的限制,人们过着群团生活。至旧石器时代早期,开始有最初的婚姻规则。在共同生活的集团内部实行血缘婚,即按辈数来划分婚姻集团,凡属同辈的男女均互称兄弟姐妹,亦互为婚姻,由此产生了血缘家庭。这是婚姻关系的第一个进步,排除了父母和子女之间相互的婚配关系。旧石器时代中、晚期,血缘集团分化成较小的团体,一般分为两个半边。通婚在两个相邻的血缘集团之间或者一个血缘集团所分成的两个半边之间进行,即实行一个集团的男子与另一个集团的女子互相集体通婚的外婚制群婚,形成普那路亚家庭并产生了氏族制度。这是婚姻关系的第二个进步,排除了兄弟和姐妹间的两性关系。随着社会生产力的发展,通婚范围缩小,到中石器时代至新石器时代,人类进入母系氏族社会,出现了对偶婚,即一男一女共同生活,但结合不牢固,容易离散。初时男子走访女方,后来从妻居,并由此产生了对偶家庭。这是婚姻关系的第三个进步,对偶家庭增添了前所未有的新因素,子女在有确认的生身母亲之外,又有了确认的生身父亲。新石器时代晚期至金石并用时代,父系氏族制代替了母系氏族制,对偶婚向一夫一妻婚过渡,妻子从夫居,男子把自己的财产传给亲生的子女,出现一夫一妻制家庭。在这个过渡阶段,出现了父系家族公社的家庭形式,包括一对夫妻及其子女和后代。随着私有制的产生和发展,曾广泛流行过抢婚、交换婚、买卖婚等婚俗并开始出现一夫多妻制,但不普遍,只是少数富人和显贵人物的特权。

二、我国各民族1949年前的特殊婚姻家庭形式

中华人民共和国成立前,中国各民族虽已普遍过渡到一夫一妻制家庭,但同

时,还不同程度地残留着先前各式婚姻家庭形态。

(一)抢婚,是原始社会的一种婚俗,即由男子通过掠夺其他氏族部落妇女的方式来缔结婚姻,也称"掠夺婚"。产生于母系氏族向父系氏族过渡或妻方居住向夫方居住过渡的时期。中国古代历史上的室韦、靺鞨等族有抢婚习俗。新中国成立前夕,云南景颇族、傣族、阿昌族等还不同程度地保留这种习俗,不过,由原来的真抢,变为模拟性、象征性的婚礼仪式。云南德宏傣族抢婚就是男女双方事先约定好地点、时间,男方抢亲者携带刀和铜钱来抢夺姑娘,姑娘佯装呼救,女方亲友乡邻按预定方式上前营救,男方装作逃走,事后议定聘金举行婚礼。

(二)不落夫家,又称坐家或长住娘家。这是我国南方壮、苗、侗、彝、哈尼、布依等13个民族普遍存在的一种婚姻习俗。它是原始社会中从妻居婚向从夫居婚转变的残余。新娘在举行结婚仪式后,当天或过两三天后即返回娘家。每逢农忙、节日或夫家办婚丧等事,由夫家派人接妻子到夫家居住数日或半月,再由夫家送回娘家。妻子留住夫家时,夫家以客人相待,只让参加一般劳动或象征性劳动。妻子在娘家居住的时间通常是一两年至七八年,女子通常是在怀孕以后,或虽未怀孕但年龄已大,才到夫家定居。例如,侗族新娘结婚后回娘家居住,每逢节日、农忙或夫家有婚丧大事时,夫家才派人接回新娘,住2~3天或十几天不等。这样的时间持续2~3年或5~6年,新娘生育后才算正式建立一夫一妻制的小家庭,称为成家。

(三)从妻居,是母系氏族制繁荣时期流行的一种婚姻居住形式。男子迁往妻方氏族公社居住,双方共同生活在一个共产制的经济单位之中。这种婚姻是暂时的结合,夫妻并未组成独立的经济单位,因而,无论结合或离异都十分容易。到了父系氏族制时代,虽然从妻居逐渐过渡到从夫居,但其残余一直保留下来。在中国,部分拉祜族地区盛行从妻居。从结婚之日起,男子带上生活用具、生产工具及家畜去女家。男子上门的期限,一般为1~3年,有的长达15年,还有的男子终生上门。已基本实行一夫一妻制的汉、布朗、傣、达斡尔、高山等民族的某些地区,也还保留着短期或长期从妻居的习俗。这种从妻居有的具有买卖婚性质,赘婿在妻家居住,实际上是以劳动作为聘礼,偿付妻子的身价钱。

(四)夫兄弟婚,即一个女子当其丈夫死后必须转嫁给亡夫的兄弟,而亡夫的兄弟也有娶她的权利和义务。这种婚俗出现于原始社会母系氏族制后期,曾在许多民族中广泛流行。有些民族还有寡妇转嫁给亡夫的长辈或晚辈的习俗。匈奴、鲜卑、突厥、契丹等族都有这种婚俗。夫兄弟婚是原始社会群婚的残余形式。私有制产生后,赋予这种婚俗以不同的意义,妻子被当作夫家财产,寡妇须留在夫家转嫁,由族内继承,以免财产和劳力外流。

(五)姑舅表婚,亦称交错从表婚,指兄弟子女与姊妹子女之间的婚配关系。从原始社会母系社会的氏族外婚发展而来,到了父系氏族社会,转变为姑舅表婚。中华人民共和国成立之前,汉族一些地区还以姑舅表兄弟姊妹为理想的配偶。白、彝、侗、布依、傈僳、佤、苗、瑶、土家等民族也盛行此婚俗。其中,苗、瑶、土家等民族一般实行单方面的姑舅表婚,即舅家有优先娶外甥女做儿媳的权利,通常是把舅舅家娶外甥女做媳妇当作是姑姑当年出嫁的一种补偿。土家族有"姑妈女,顺手娶","舅舅要,隔河叫"的说法。苗族也有"还姑娘"习俗。另外,还有一种单方面的姑舅表婚,即姑母的儿子有优先娶舅父的女儿的权利,但舅父的儿子不得娶姑妈的女儿,称为舅表婚,此俗流行在景颇族、独龙族、德昂族及部分的纳西族、拉祜族、汉族地区。中华人民共和国成立以后,姑舅表婚的习俗仍有流行。为保证子孙后代的健康,提高人口质量,《中华人民共和国婚姻法》规定禁止直系血亲和三代以内的旁系血亲通婚。

(六)一夫多妻,指一个男子同时有两个或两个以上的妻妾。它是随着私有制的发展,男子在生产中起主导作用和掌握了社会财富的结果,是对偶婚向一夫一妻制过渡的产物,并一直存在于阶级社会中。一夫多妻制从未普遍通行,只是富人和显贵人物的特权,平民中偶亦有之。汉族、藏族、门巴族、珞巴族、独龙族及佤族的部分地区,曾不同程度地保留着一夫多妻制。

(七)一妻多夫,指一个女子同时有两个或两个以上丈夫的婚姻家庭形式。这种形式在对偶婚向一夫一妻过渡时产生。一妻多夫通常有兄弟共妻和朋友共妻两种形式。过去西藏某些地区的"差巴"阶层中曾残存着这种制度。"差巴"是农奴阶级中地位较优越的阶层,拥有一些家庭财产,害怕因分家而导致家庭财产的分散和社会地位的下降。因此,在一个家庭中兄弟几人同娶一个妻子便成为"差巴"阶层的主要婚姻形式,故不受社会歧视。

三、婚礼程序

(一)汉族古代的"六礼"

我国汉族古代讲究"六礼"。"六礼"之俗由来已久,其名目见于《仪·仕昏礼》。其后,如《唐律》、《明律》中都有类似的规定。"六礼"是中国古代婚姻成立的手续。包括纳采、问名、纳吉、纳征、请期、亲迎六个程序。纳采,就是择配,提亲的意思。问名,俗称"讨八字",就是讨回女方的出生年月和时辰,请阴阳先生推算。男女八字相合,才可定亲。纳吉,就是正式提亲。男方通过一定的仪式告诉女家。纳征就是送聘礼。送过聘礼之后,婚姻才算正式成立。请期,就是议定婚期,用口头或书面形式通知女方,征求女方同意。亲迎,就是指男家派人或新郎亲自迎娶新娘。"六礼"以男方付给女方的身价为主要特征,是旧礼教下变相买卖婚姻的具体表现。我国少数民族的婚礼程序大体上和汉族所行"六礼"差不多。

(二)中国各民族的婚礼程序

1. 择偶

我国各民族的择偶方式主要有两类:

第一类为封闭式择偶。这种择偶方式大都发生在封建家长制和买卖婚姻形态之下。子女无权过问自己的婚姻大事,要听从"父母之命,媒妁之言",选择配偶对当婚人来说完全是封闭式的。例如,汉族家庭是以血缘关系为纽带组成的,家长在家庭中享有至高无上的权力。儿女婚事要由家长来决定。另外,在传统的婚姻习俗中很重视门第观念,家长为子女择偶,讲究"门当户对"。在统治阶级内部,联姻往往含有政治目的。维吾尔族和蒙古族在新中国成立前,儿女婚事也多由父母包办。

第二类为开放式择偶。这指凡已达到成婚年龄的男女青年,可以自由地选择配偶。这种婚姻在我国少数民族中较为普遍,而且创造了各种形式。民间的节日集会、婚丧仪礼等场合,均为青年男女提供了谈情说爱、选择配偶的机会。有些民族还有其他一些求偶方式,如苗族的游方、侗族的行歌坐月、傣族的丢花包等。

游方,旧称"摇马郎",是黔东南苗族青年男女的谈情择偶活动。一般在农闲时节、赶场天或节日喜庆时进行。各姓有规定的游方坡,通常在村寨后面或侧面的山坡草地上。由男青年去女方游方坡,以吹口哨、木叶、夜箫、芦笙等为信号,邀请女青年出来攀谈、唱歌。经过集体对唱,选择意中人单独密谈,建立感情后交换信物,然后订立婚约,成为配偶。

赶表,是布依族青年的社交活动方式。每逢赶场、节庆或农闲时节,青年男女聚于传统的山坡处集体对歌。赶表时,双方一般应相距3~4尺,赶表的双方必须互相尊敬,行为规矩,语言文明。黔南一带的少女在对歌时,将绣制的糠包甩给属意的小伙子,邀至林间单独对歌和叙情,以至互赠信物,由男女父母央媒行聘成婚。

行歌坐月,是侗族对男女青年社交活动的统称。婚前男女社交公开,恋爱自由,常于夜间围坐火塘,女的唱歌,男的用琵琶和牛腿琴伴奏。在不同地区又分别称为"玩山"和"走寨"。玩山盛行于湖南通道、贵州黎平等侗族北部地区,青年男女三五成群,相约在坡头树下对歌嬉戏;走寨又称"走姑娘",主要在贵州丛江、榕江和广西三江、龙胜等侗族南部地区,农闲时,外村来的青年,跟屋内结伴纺线和做针线的姑娘们,边弹边唱,相互对歌诉情。彼此交往而致情投意合者,往往互赠信物,有的央媒说亲。

丢包,是傣族青年男女在泼水节期间进行的一种游戏。布包多菱形,用花布条拼制而成。包内满盛棉子,四角与中心缀五条花穗子。届时未婚男女在广场上各站一排,相距20米,相互抛接棉子包,接不到小包的人,必须向对方献一束鲜花,并且可向对方讲几句心里话,借此机会传达情意。许多男女青年通过这一活动,相互结识,相互爱慕而结为夫妇。

2. 订婚

订婚是一项重要仪礼。它标志着婚约正式成立。旧式订婚,多是由男方送些金银首饰、绸缎布料及茶酒食品等礼物。女家收到男家的礼物,要送嫁妆和陪奁。

居住在内蒙古西部、新疆、青海、甘肃等地的西部蒙古族,其订婚仪式相当隆重。吉日那天,说亲人带上哈达、银饰、火石、白糖、胶、茶叶和干果等物,来到女方家。女方家则由父亲或其他长辈出面盛情接待男方来人。说亲人将哈达涂上胶水,用双手捧于胸前,口诵祝词,愿亲家间永远和好美满,愿孩子们如胶似漆,白头偕老。然后,说亲人将哈达献给女方的父亲或舅父,同时,将带来的羊肉等食品分敬于女方家亲人面前。女方家也有人代表姑娘的父亲唱祝词,表示同意亲事,祝愿两家吉祥幸福。然后,宾客相互敬酒,庆祝两家联姻。结婚前夕还要举行送聘礼仪式,此仪式也很隆重,男方家要带上哈达、酒肉及礼品,礼品包括送给姑娘的首饰、鞋帽、衣物、梳妆用品等。女方家要有客人及长辈在场。男女两家还要唱祝词,敬酒欢庆。收聘礼后,姑娘便在父母带领下,到各位亲戚家中做婚前的告别,亲戚向姑娘祝福并送各种礼品。

3. 婚礼

婚礼是婚姻和仪礼相结合的产物。婚礼始于何时现已无可考。许多古籍记载,伏羲氏创造了嫁娶仪礼。婚礼本身的意义在于祝贺和通过举行仪礼的方式向族人和社会宣布婚姻的成立,以便得到社会的承认和监督。

我国各民族的婚礼丰富多彩,大致可分为两部分内容,即在女方家举行的仪式和在男方家举行的仪式。由于存在"从妻居"、"从夫居"等不同习俗,男女两方的婚礼仪式是不同的。

在实行"从妻居"习俗的民族中,男方家的仪礼从简,女方家的仪礼比较隆重。例如,西双版纳的傣族实行"从妻居",男方家的仪礼就比较简单。结婚当天,杀猪宰鸡,宴请宾客。晚上,新郎穿上新娘亲手缝制的衣服,由媒人、亲戚和年轻伙伴陪同,到女方家成亲。女方家在寨门口、院门口设置一道道关卡,讨喜钱、泼水、阻止新郎进入竹楼;将新娘隐藏起来,男方花钱敬酒才可请出新娘;婚礼上为新郎新娘举行拴线仪式。拴线仪式结束后,开始正式婚宴,请民间歌手唱《赞哈》。

在"从夫居"家庭中,无论是嫁姑娘或娶媳妇,都同等重要,所以嫁娶两种仪式,在男女双方家庭中都受到重视。

(三)婚礼介绍

下面介绍一下汉、蒙、藏、维、傣等族的婚礼情况。

1. 汉族

汉族民间结婚的日子多选择在秋冬季节。结婚前一天,女方家要派人前往男方家送嫁妆,嫁妆多为家具、衣服等日用品,以备一对新人成家立室之用。结婚这天,男女两家张灯结彩,宴请宾客。新郎由亲人陪同,抬轿去女方家迎娶新娘。迎亲时,原用花车,到宋代逐步被花轿所代替,并为后代沿用。新娘将发式梳成成年妇人型,戴上"盖头",大都是一块红巾。此俗始于汉魏之际。新娘上轿前和到男方家下轿后都要撒谷豆。此俗源自两宋时代,据说可以赶走青羊、乌鸡、青牛等三煞神,避邪免灾,求得吉利太平。汉族有哭嫁的习俗,出阁时,新娘大都啼哭。新娘上轿时,不能足踏红尘,大都由其父兄或抱或背送进花轿。若新娘走着上轿,要在红缎绣鞋外套上父兄大鞋,上轿后将大鞋脱掉。新娘进男方家门时,所经过的地上要铺席子或红毡。新娘还要在内室门槛上跨马鞍,以求以后日子过得"安安稳稳"。进门之后,举行拜堂仪式:拜天地,拜高堂,新婚夫妇互拜。拜完天地后,新婚夫妇牵"同心结"进入洞房。牵巾礼节始于唐宋时期。此结由彩缎制成,象征夫妻恩爱。新婚夫妇进入洞房前,由男方亲属长辈妇女中选一吉祥人,将枣、栗子、花生等撒向寝帐,边撒边吟唱"撒帐歌":"摸个枣,领个小(男孩);撒个栗,领个妮(女孩);一把栗子,一把枣,小的跟着大的跑。"枣子、栗子取其谐音,有早得贵子之意。花生意味生男又生女,有儿女双全之意。撒帐之后,一对新人进入洞房,行合卺礼。卺就是瓢,由匏瓜分割而成,新婚夫妇各执一瓢共同饮酒。匏,味苦,用来盛酒必是苦酒。此礼象征夫妇合二为一,并含有让新婚夫妇同甘共苦之意。到了宋代,合卺仪式演变成了喝交杯酒,即将两杯用红线拴在一起,夫妻对饮后,将杯掷于床下。若酒杯一仰一合就认为是大吉,象征着天覆地载,男俯女仰,阴阳和谐,婚姻美满。

新婚之夜,各地还有闹房和听房的习俗。闹房之风,始于汉代。闹房时,多由男方邻里小伙参加,其内容大都是出一些令新郎新娘难为情的题目。听房是新郎的侄子、弟弟等在窗外偷听新婚夫妇在洞房花烛夜的谈话。

结婚第二天,新娘拜见本家长辈。第三天,新郎与新娘同去女方家,日落之前,新娘与新郎一起返回夫家。

2. 蒙古族

蒙古族遍布祖国的北部和西部边疆,东部与西部婚俗不尽相同。西部蒙古族婚礼多在万物萌生的初春季节举行。结婚那天,新郎背负弓箭,腰挂短刀,骑马与迎亲队伍奔向女方家。夜幕降临时来到女方家。

女方家客人排成扇形人墙,拦挡迎亲队伍。双方开始对歌,女方祝词家提问,男方祝词家回答,直到女方家满意为止。对歌结束后,新郎献上礼物,女方请迎亲队伍入蒙古包。

大家落座后,新郎向大家致礼问候,向女方父母、舅父献上哈达,并向客人们逐一敬酒。

酒宴将散之时,新郎和伴娘来到新娘房间。姑娘们端来煮熟的羊颈骨,新郎与新娘当众分食。在新娘即将离家的时刻,姑娘们解下各自的围腰带,连在一起,与新娘拴在一起,企图留住新娘。新郎和伴郎文武并用,最后将新娘"抢"出蒙古包。东方破晓时,新娘和亲人告别。送行的人们唱起送嫁歌。

当太阳升起时,迎亲队伍和送亲队伍起程。迎娶队伍回到新郎家,新娘与新郎来到大红毡上,两人在司仪主持下,共捧一条羊肩胛骨,交拜天地。然后,新娘在伴娘的引导下,拜见公婆。新房前点燃两堆火,新娘要拉住新郎递过来的鞭梢,从两堆火中间走过去。据说,这表示新建的家庭红火兴旺,男女双方爱情坚贞不渝。晚餐后,新娘拜见亲朋,并与新郎给客人们敬酒。客人一定要喝下新人敬的酒,并祝愿新人新婚美满,白头偕老。

居住在内蒙古东部以及黑龙江、吉林、辽宁等地的东部蒙古族,还有抢太阳的习俗。此仪式在新婚的第二天举行。黎明,当太阳喷薄欲出时,女方家的送亲队伍与男方青年男女及新婚夫妇竞相驰骋,奔向东方,去迎接火红的太阳。如果谁的马跑在前头,谁就被视做迎来光明的英雄。人们会故意把荣誉让给一对新人。

3. 藏族

藏族新人订婚之后,择吉日完婚。吉日这天,新郎盛装打扮,由亲友陪同,骑马前往岳父家。女方家备盛宴款待。

新娘从天明到迎亲队伍到来,应一直哭唱抒情长歌《娥妮》。女方请来的歌手在迎亲队伍到来后唱《哭嫁歌》。新娘拜过父母后,手握十双崭新的筷子,每向外走几步,便向后丢一双。有的地方把最后一双别入新人马鞍,象征男女两家兴旺,不愁吃穿。新娘上马,送嫁女眷哭唱起送嫁歌。

迎亲归来,路上行人会站立路旁祝贺,新娘把糖果撒向路旁。

新娘到来前,男方家必须在离家不远的路旁设迎亲路席。新郎新娘来到男方家时,男方家门前早已燃起一堆火。新娘下马后,绕火堆三圈,然后走进帐篷。古俗认为,走过火堆的新娘从此便成为男方家的正式家庭成员。进门后,一位吉祥人用柏枝蘸清水洒向新郎新娘,祝福新婚吉祥。男方接亲的女眷要向新娘献上一桶牛奶,象征畜牧业兴旺。婆婆赠给新娘一把钥匙,表示交予财权。结婚仪式在帐篷里举行,新郎新娘并排蹲坐在毛毯上,各自用双手紧紧地捂着脸、低着头。主婚人祝福新郎新娘新婚幸福愉快,吉祥如意。前来贺喜的宾客向新婚夫妇祝贺,并将洁白的哈达献给新人。新郎的父母代替新人接受礼物并向每位宾客道谢。

按习俗,人们祝福结束后,要吃一顿象征性的饭,即吃一种用多样作料煮成的面条,香美的面条意味着新郎新娘互敬互爱、白头偕老。然后,宾客便进入筵席,唱起悠扬的祝酒歌。

新娘还要献给婆婆"九毛救拉",即新娘出嫁前制作的一件长盘袄,表示对长辈的尊敬和体贴。

当老人们吃过酒时,青年人便跳起优美的舞蹈。新郎新娘敬罢酒后,也加入舞蹈行列,婚礼舞会进入高潮。深夜,宴罢舞止,一对新人带着大家的祝福进入洞房。

4. 维吾尔族

维吾尔族的婚礼简朴而隆重。结婚前一天,新郎和新娘在各自家中,与客人们歌舞相庆。结婚这天,新郎穿着新装,与伴郎和亲友们吹吹打打,骑马或乘车前往女方家举行婚礼。

新娘将原来的很多发辫梳成两根大辫子,穿上宽袖连衣裙。

人们随着手鼓的节奏,载歌载舞。歌舞完毕,头戴面纱的新娘和新郎走出。阿訇开始询问新郎新娘是否同意结合。他先问新郎:"你愿意娶某某为妻吗?"接着又问新娘:"你愿意嫁给某某为妻吗?"在得到肯定回答后,阿訇诵《古兰经》有关章节,为一对新人祈福,并勉励新婚夫妇尊老爱幼,互敬互爱,白头偕老。然后,阿訇让新郎新娘各吃一块用盐水浸泡过的、咸得发苦的馕,表示从今以后,两人同甘苦,共患难。

新娘离家前难免要哭泣,乡亲及好友们会唱起劝嫁歌,劝姑娘不要悲伤。

结婚仪式结束后,新郎去拜见女方宾客。女方家的男宾客把新郎打扮一番,为其拴上衣料和锦缎。新娘头蒙红色面纱,被迎亲的小伙子们用地毯抬出来。迎亲者和送亲客拥着一对新人起程。一路上,娘家村里的少男少女,随意在各处拦路设卡,新郎不断施礼、讨饶、散发喜糖或送些小礼物方可通过。

新娘来到男方家门前,要从门前的火堆上跳过。表示为了崇高的爱情,赴汤蹈火在所不辞。小伙子们唱歌、跳舞,欢迎新人进门。接着,男女双方亲友依次入席。喜宴后继续唱歌跳舞,直至深夜。当晚,一对新人度过甜美的新婚之夜。

第二天为新娘举行"揭盖头"仪式。人们围坐在庭院中,新郎新娘座位下放几块大鹅卵石、几块盐巴和一把扫帚。鹅卵石表示爱情坚如磐石,盐巴象征夫妇永远在一起,扫帚则意味着扫除疾病,健康长寿。新郎手拿一支筷子挑下红色面纱。众人欢呼祝福,与新人一起欢舞。

婚后三四天或六七天,女方家再来把新人接回欢宴一次。岳母赠"袷袢"给女婿。

5. 傣族

傣族主要聚居在云南西双版纳傣族自治州和德宏傣族景颇族自治州,两州婚俗不尽相同。德宏地区盛行抢婚和偷婚习俗。西双版纳地区的傣族由于至今还保留着从妻居的习俗,因而婚礼比较特殊。下面简单介绍一下西双版纳地区的从妻居婚礼。

婚礼要在男女两家分两次举行。第一次在女方家举行。结婚之日,新郎由亲友陪同,带着生产工具、耕畜、种子等前往女方家。男方要燃放鞭炮,给礼钱之后才得进入女方家紧关的竹门。女方家的人向新郎及其伙伴泼水。新郎要拿出喜钱央求姑娘们找回被藏起的新娘。婚礼举行时,新郎新娘并排坐到婚礼桌前,由老人诵祝词,希望新人相亲相爱,永不分离。然后举行拴线仪式。一对新人跪在老人面前,由老人用白色长线从男的左肩直围到女的右肩。老人拴完线,再由男女两方的客人拴。拴线意味着把新郎新娘的心拴在一起。拴线仪式结束后,宾主入席。新郎新娘要向客人殷勤献酒,并回答客人们提出的各种问题。新郎新娘敬酒后,赞哈们开始赛歌。按傣家风俗,新婚之夜新人要陪伴亲友欢歌通宵。第二天天亮前,新郎要返回男方家,当晚又回到妻家。第三天,新郎的母亲挑着凉粉来女方家认亲友。第五天,新婚夫妇挑着凉粉去男方家。然后,新郎新娘返回女方家,开始了从妻居岁月。

从妻居期满,再在男方家举行第二次婚礼。新郎新娘将从女方家带回的棉被、褥子等物品展示给前来祝贺的男方家亲朋和村寨邻居。男方家要请赞哈唱歌祝贺。一对新人要拜见男方父母。然后举行沾饭仪式。新郎新娘分别拿糯米饭在公鸡、母鸡头上蘸一下,然后再向蛋、鱼、肉上蘸一下,表示以后日子会过得美满富足,吃穿不愁。接着,新郎新娘同时伸出右手,由一位儿女双全的老人用红色丝线在手腕上拴个扣,再同时伸出左手,在左手腕上拴个同样的扣。两根红线拴起一对夫妻,意味着一对新人将永远相敬如宾,白头偕老。

第四节 节日娱乐

一、民间节日文化概述

(一)节日的概念

节日是按照历法时序排列而形成的、周期性的约定俗成的社会民俗文化活动日。节日民俗是岁时民俗的一种独特的表现形式,带有强烈的人文因素和浓厚的文化色彩。

研究节日文化是观察了解民族传统文化的良好契机。因为许多平日不举行的活动及特有的习俗,包括人们的衣食住行、人与人之间的关系、民间的传统游艺活动以及民间信仰等,纷纷出现在节日的大舞台上。通过节日这个窗口,可以对民族文化进行较直接的、多方面的探索。节日又是衡量民族文化变异程度的一个标志,人们可以通过对节日文化的观察,来探索社会文化和民族文化的变化程度。

(二)节日的类型

中国地域辽阔,民族众多,是多节日的国家,几乎每天都有不同的民族在欢度节日。这些众多的节日可以划分成若干类型,主要有以下几种划分方法。

1. 从节日的性质来看,可分为单一性质的节日和综合性质的节日

单一性质的节日,其习俗活动的目的是单一的,规模小,内容较单纯。单一性质的节日又可划分为生产性节日、纪念性节日、宗教性节日和社交娱乐性节日。生产性节日:一般指在生产实践中,伴随岁时变换和生产习俗所形成的群众性活动,如藏族的"望果节",是藏族人民预祝丰收的节日。纪念性节日:主要是纪念历史上的重大事件和追念缅怀民族英雄及地方历史上受崇拜的人物,如锡伯族的西迁节,是为了纪念锡伯族从东北迁到新疆察布查尔而形成的。宗教性节日:包括两类,一类是原始宗教节日,另一类是现代宗教节日。与原始宗教有关的节日,如广西瑶族

的"盘王节"、"达努节",是祭祀瑶族地区盘瓠和密洛陀(始祖母)的节日。与现代宗教有关的节日如圣诞节,是基督教纪念传说中的耶稣诞生的节日。社交娱乐性节日:为社交而举行的民俗节日。其主要内容是歌舞游艺,如大理白族的传统盛会"绕山灵"、哈萨克族的"阿肯弹唱会"等。

综合性节日是指那些具有多种目的的节日。这类节日规模较大,内容较复杂。各民族的年节是典型的综合性节日。年节是以各种历法的年的开端为周期的综合性节日,内容繁杂多样,在各民族中普遍受到重视。例如,藏族的藏历年,节日期间,男女老少见面互道"扎西德勒"(吉祥如意)。家家户户屋顶上燃起吉祥的松烟,各家都准备好酥油、糌粑做的点心。妇女们到河边井边背新水。用青稞幼苗、糖果、酥油茶等祭神敬佛,祈求农业丰收。还举行各种文娱活动。此节日内容丰富,节日的目的也是多种的,包括辞旧迎新,祭神祭佛,祈求丰收,迎喜接福,祈求神灵保佑等。

2. 从节日的地域分布及参加者来看,可以分为全民性节日、区域性节日、单一民族性节日三种

全民性节日是指在全国范围内除汉族外,还有很多少数民族都欢度的共同的重要节日,如春节、端午节、中秋节等皆为全民性节日。单一民族性节日是指某一个民族独有的民间传统节日,如壮族的歌圩节、景颇族的目脑节、傈僳族的刀杆节等。区域性节日是指一个国家内的某些地区人们所过的节日,如泼水节、花儿会、火把节等。

(三)节日的特征

1. 时间性

民间节日与一年中时序的变化有关。我国各民族无论采用何种历法,一年中的节日活动都可以按照年月日的顺序排出次序来,有关的民俗活动都按这一时序周期性地进行。

2. 地域性和民族性

由于地域不同,民族不同,民俗活动的形式和内容产生很大差异。即使是同一个节日,在全国范围内也有明显的地区差异和民族差别,形成其地域和民族特点。

3. 活动形式的多样性

节日活动丰富多彩,既有分散,又有集中,具有多样性。例如,春节、元宵节等都伴有大规模的群众性集会。中秋节则以各家各户的庆丰收、赏月为主。

(四)节日期间的文化娱乐活动

节日文化娱乐活动指民间传统节日中的游艺活动。这些游艺活动广泛流行于民间并为群众所喜闻乐见并积极参加。

节日文化娱乐活动,可以分为口承语言表演活动类(亦称口头文学)、歌舞乐类、游戏活动类、竞技活动类和杂艺类五大类型。

口承语言表演活动类包括讲故事与说笑话、唱歌谣、说唱史诗和猜谜语四个方面的表演。在我国民间说唱史诗是一项重大的游艺民俗活动。英雄叙事诗在我国许多民族中很发达,藏族的《格萨尔王传》、蒙古族的《江格尔》和柯尔克孜族的《玛纳斯》,被誉为我国三大史诗,在国际上也享有很高声誉。说唱史诗的活动主要是通过史诗演唱艺人、歌手来进行的,他们支配着史诗传播的全部过程。这些演唱艺人及歌手除部分有师承之外,多数是在听众中自发成长的。

民间歌舞乐活动类包括三种基本的表演形式,即歌舞、乐舞和民乐。歌舞即边歌边舞,如藏族的"锅庄"、壮族的扁担舞、高山族的杵舞等,都是无伴奏的唱歌跳舞。乐舞是在乐器伴奏下舞蹈,是一种十分古老的舞蹈形式,如满族的单鼓舞、汉族的腰鼓舞、傣族的象脚鼓舞等。民乐指民间乐器的演奏,主要可以分为三类,即打击乐器、管乐器和弦乐器。打击乐器又可分为皮打击乐器、金属打击乐器和竹木玉石打击乐器。皮打击乐器有满族的八角鼓、维吾尔族的手鼓、朝鲜族的长鼓及傣族的象脚鼓等。金属打击乐器有锣、镲及南方少数民族的铜鼓等。竹木玉石打击乐器有木鱼、梆子、石磬、玉磬等。管乐器包括簧管乐器和无簧管乐器。簧管乐器有唢呐、巴乌和侗笛等。无簧管乐器有曲笛、梆笛及塔吉克族的鹰笛。弦乐器包括击弦乐器和拉弦乐器。击弦乐器有扬琴。拨弦乐器有筝、琵琶、大三弦、小三弦、朝鲜族的伽倻琴、哈萨克族的冬不拉、塔吉克族的热瓦甫等。拉弦乐器有胡琴、板胡、京胡等。

民间游戏活动类,是指流传于广大人民生活中的嬉戏娱乐活动,种类繁多,大致可分为五类,即室内生活游戏、庭院活动游戏、智能游戏、助兴游戏及各种博戏。其中,助兴游戏有行酒令、击鼓传花等;博戏有骨牌、掷骰子等。

民间竞技活动类,指民间各种形式的体育、技巧的比赛,包括赛力竞技、赛技巧竞技和赛技艺竞技三个方面。赛力竞技是以力量为主要竞赛内容的竞技,包括举重、摔跤、投掷和拔河等项目。赛技巧竞技是以技巧为主要竞赛内容的民俗项目。可分为单一技巧和综合技巧两大类。单一技巧类有踢毽子、跳跳板、荡秋千及抽陀螺。综合技巧竞技类有赛马及各种马术,包括骑射等项目。赛技艺竞技是以技艺为主要竞赛内容的游艺活动,以各种民间棋类为代表,包括围棋、象棋等。

民间杂艺活动类,包括耍玩动物,有斗鸡、斗雀、斗蟋蟀、斗羊、斗牛及斗狗等娱乐活动;耍玩器物,有放风筝、抖空竹等活动;耍玩魔术、戏法,如吞刀、吞火、飞刀、幻术、变戏法等。

(五)节日的社会功能

1. 加强亲族联系,调节人际关系

中国的民间传统节日,通常是家庭和家族成员团聚在一起进行的,家庭、家族与节日密不可分。节日中的合家团聚与走亲习俗加强了亲族之间的联系。同时节日期间的许多活动也都是以加强人际关系为直接目的的。例如,春节期间的拜年,逢年过节的请客送礼,皆可联络感情,加强相互之间的关系,并可使因为各种原因而淡化了的人际关系得到恢复和调整。中国传统节日成为调节人际关系的重要途径。

2. 强化社会集体意识

节日期间,人们在合家团圆之后,便要举家外出,观看和参加节日期间的各种活动,如春节有舞狮、耍龙、扭秧歌、逛庙会等民间传统活动。特别是传统节日活动中的集体竞赛或竞技项目,如舞龙、划龙舟等,多以村寨、乡为参赛单位,需要集体协作配合方可取胜。这种社群荣誉感,强化了社会集体意识,提高了群体内聚力。

3. 保存民族的文化传统

中国传统节日都是以各民族的传统历法来计算时期的。这些节日年年不断,循环往复,使人们熟悉与节日有关的历法、气候知识及年节习俗,受到民族民俗文化的熏陶,以持续保持民族的文化传统。

4. 调适社会群体生活

各种节日的交替出现,可使人们的生活出现起伏,变得张弛有度,能使社会群体成员身心处于放松状态,同时,为社群成员的婚恋择偶创造机遇。

5. 促进商品经济的发展

中国的封建社会是一个自给自足的自然经济社会,商品交换主要是通过年节、庙会、赶墟等社群集会来进行的。节日为商品交换提供了机会。节日期间,商贾云集,赶集者摩肩接踵,购销两旺。现在许多民族的传统节日中,经济活动也占有重要地位。

二、中国的主要民间节日

(一)全民性节日

1. 春节

春节旧称"新年",即农历年节,是中国最隆重的传统节日。除汉族外,蒙、壮、布依、朝、侗、瑶等族都过此节。日本、朝鲜、越南等国也有过春节的习俗。

春节起源于原始社会的腊祭。我国古代居民在岁尾年初之际,用一年的收获物来祭祀众神和祖先,并歌舞戏耍,举行各种娱乐活动,逐渐形成了新春佳节。

春节活动从腊月二十三过小年开始,经过除夕、大年初一,直到正月十五元宵节结束。春节活动内容因时因地而异,主要有操办年货、做新衣、掸尘、祭灶、祀祖、吃团圆饭、守岁、贴春联、挂年画等,节日期间人们互相拜年,放爆竹,吃年糕,吃饺子,吃元宵,开展舞狮、扭秧歌、玩花灯等活动。

除夕之夜,即年三十,家家团聚,吃团圆饭,闭门团坐待旦,谓之守岁。据传说,除夕晚上如果彻夜不眠,毫无倦意,预兆来年人的精力充沛。

年画起源于古代的门神画,东汉已经很流行。北宋出现了木板印刷的年画。

明末清初,年画的题材越来越广泛,形成了天津杨柳青、苏州桃花坞和山东潍坊杨家埠三大木刻年画产地。对联始于五代十国时期,明代普遍流行而成为一种习俗,一直流传至今。

爆竹始于南北朝时期,当时是以竹节置火中烘烤而爆裂发出响声来惊吓和驱逐恶鬼。随着火药的发明,北宋时出现了纸卷火药炮仗,南宋出现了鞭炮,晚明出现了焰火。

拜年是我国民间的传统习俗,是人们相互走访祝贺春节,表示辞旧迎新的一种形式。源于秦汉以来盛行的岁首朝贺。自明清始,拜年次序是:首拜天地神祇,次拜祖先真影,再拜高堂尊长,最后全家按次序互拜。拜亲朋的次序是初一拜本家,初二、初三拜母舅、姑丈、岳父等,直至正月十六。

2. 清明节

清明节又称聪明节、踏青节。是汉族民间传统节日,流行于全国各地。除汉族外,彝、壮、布依、满、侗、瑶、白等族皆过此节。节期在农历三月间,公历四月五日前后。

清明节原是二十四节气之一,后来演变为节日。清明节前两天为寒食节,所以,人们并称为清明寒食节。

清明节的民俗活动主要有扫墓、插柳、踏青、射柳、放风筝、荡秋千等。其中,扫墓在秦朝以前已有,唐代成为定俗,宋代清明扫墓活动得到沿袭,一直延续至今。新中国成立后,扫墓活动增添了新的内容,即人们为革命烈士扫墓,使扫墓成为革命传统教育的形式之一。踏青又叫春游,古时叫探春,起源于唐代,人们趁春光明媚,结伴游玩于郊外。荡秋千习俗盛行于唐代,当时宫中及民间都流行此活动。

3. 端午节

端午节又名端阳节、天中节、女儿节、五月节等,是汉族民间传统节日,流行于全国大多数地区。除汉族外,蒙、回、藏、苗、彝、壮、布依等族也过此节。每年阴历五月初五举行。

关于端午节的起源,各地说法不一。大部分地区认为源于纪念爱国诗人屈原。相传屈原于阴历五月初五投汨罗江而死。

节日期间主要有赛龙舟、吃粽子、挂钟馗像、挂香袋、饮雄黄酒、插菖蒲、采药等。赛龙舟是端午节中一项重要的活动。龙舟大约出现于西周时期,龙舟竞渡这一活动春秋时期已经产生。南北朝时期开始在端午节举行这一活动。龙舟竞渡主要流行于我国南方地区,如广东、广西、湖北、福建、四川、浙江、上海等地,端午节都有龙舟竞渡盛会。端午节吃粽子的风俗,魏晋时已很盛行。到了唐宋时代,粽子已成为端午节的名食。时至今日,每逢端午节,几乎家家户户都要吃粽子。雄黄是一种矿物,主要成分是三氧化二砷,中医用来解毒、杀虫。饮雄黄酒可驱散瘟疫毒气。菖蒲长在水下,地下有根茎,味香,叶似剑,旧俗认为菖蒲有消除邪气的作用。钟馗原是岁暮时张挂的门神,清代成为端午之神。

4. 中秋节

中秋节又名团圆节、仲秋节、女儿节及八月节,是汉族民间传统节日。除汉族外,蒙、回、彝、壮、布依、朝鲜等族也过此节。中秋节在每年阴历八月十五举行,恰值三秋之中,故名。

每逢中秋佳节,民间有祭月、赏月、吃月饼、吃团圆饭及舞龙灯等活动。

中国古代有帝王春天祭日,秋天祭月的礼制。祭月赏月活动始于周代,北宋始定为中秋节,南宋成为普遍的活动,明清以来,仍盛行不衰。今天祭月习俗已很少见,但赏月习俗仍很盛行。中秋之夜,家家户户吃月饼和瓜果,遥望夜空明月。

月饼是祭拜月亮时最主要的食品,祭供后由全家分食。传说月饼起源于初唐,宋代已出现"月饼"一词,明代始有关于中秋节吃月饼的大量记载,到了清代,月饼的种类越来越多,制作越来越精细。今天,月饼的种类更多,色香味俱佳。

(二)区域性节日

1. 泼水节

泼水节又称"浴佛节",是傣、布朗、德昂、阿昌等民族的传统节日。流行于云南西部和南部。它源于印度,后随佛教经缅甸、泰国和老挝传入中国。另据传说,泼水活动最初是为洗去为人间谋福利而用计杀死魔王的七位妇女身上的污血而进行的。

泼水节在农历清明前后举行,为期一般3天至5天。头两天送旧,最后一天迎新。节日清晨,青年男女上山采摘山花和树枝制成花房,连同供品抬到佛寺,并在佛寺院中堆沙造塔三五座,塔尖插几根缠有彩色纸条的竹枝,然后围塔而坐,听佛爷诵经,有预祝风调雨顺、五谷丰登之意。中午时担清水浴佛。礼毕后,青年男女到寺外互相泼水,以示祝福。人们常因被泼得全身湿透而兴高采烈,以为吉祥如意。此外还举行赛龙舟、丢包、放高升、点孔明灯及歌舞等活动。东南亚一些国家和民族也同时过这个节日。缅甸称此节日为"摩可丁犍"(意为"换岁"),泰国称"宋干"节。

2. 三月街

三月街又称"观音街"、"观音市"。白族人民的盛大街期和传统盛会。流行于云南大理等地。每年三月十五日起在西苍山中和峰下举行,为期5天至7天。相传唐永徽年间(650—655年)观音菩萨于三月十五日来到中和峰下,开辟大理地区,或说是日在此讲经升天。因此每年这天,信徒们礼拜诵经,祭祀观音,后逐渐发展成为物资交流会。新中国成立后更为发展,当地白族人民及附近汉、彝、纳西、藏、傈僳、回等族人民纷纷参加。会期中,街上人山人海,摆满各种货物供人选购,有农具、骡马、日用品及山货、药材、毛皮等。其中,白族人民的大理石制品、刺绣、草帽等最具特色。还举行传统的赛马等文体活动。如今已成为滇西地区各族人民一年一度的盛大物资交流和文娱体育活动大会。

3. 火把节

火把节是彝、白、傈僳、纳西、哈尼、拉祜、基诺等族传统节日。流行于云南、四川、贵州等地。各地节期不一。云南彝、白等族一般在每年农历六月二十四前后过此节。节期3天至7天。

关于节日由来有多种传说。较普遍的说法是南诏王皮逻阁邀约五诏首领聚会,邓赕诏首领之妻慈善夫人劝夫勿往,不听,乃以铁镯套于夫臂。皮逻阁火烧松明楼,五诏首领皆死,慈善寻铁镯得夫尸以归。皮逻阁闻其贤,欲妻之。慈善礼葬其夫后,闭城自尽,故滇人于是日燃火炬以吊之。

节日活动的内容,新中国成立后前具有浓厚迷信色彩,合村杀猪宰牛祭神,每户都要杀鸡在田头祭"天公地母"并燃点火把挨户巡行,边走边向火把上撒松香,认为可以"送祟"。新中国成立后剔除了封建迷信色彩,节前家家制松木火把,节日晚男女老少燃火把奔驰田间。身穿节日盛装的青年男女在篝火旁载歌载舞,尽情欢唱。白天,杀猪宰牛,饮酒欢聚,并进行赛马、赛歌、斗牛、摔跤、射箭、拔河、荡秋千等活动。

4. 花儿会

花儿会是汉族、回族、东乡族、土族、保安族、撒拉族及裕固族的歌节,流行于青海、甘肃、宁夏等省,约有二三百年历史,因以演唱花儿为主要内容而得名。

"花儿"是一种山歌,也称"少年",唱花儿称为"漫花儿"或"美少年"。"花儿"唱词多即兴编成,内容涉及天文、地理、历史和家庭生活,曲调高亢嘹亮,婉转舒展。

花儿会各地会期不一,多在农历四或五六月间举行。节期一般为5天。以甘肃岷县二郎山、康乐县莲花山、青海大通县老爷山和乐都县瞿昙寺等地的花儿会最为著名。在莲花山,赛歌分四个程序进行,即拦路问歌、游山对歌、夜歌和告别。会上人山人海,悠扬动听的"花儿"此起彼伏。入夜,人们围着火堆,往往唱到天明。不少青年男女在此找到了如意的对象。临别时,人们用花儿互相祝福告别,相约明年再来。此外,花儿会上还有物资交流等活动。

(三) 民族性节日

1. 蒙古族的那达慕大会

"那达慕"是蒙古族语音译,意为"游戏"或"娱乐"。那达慕大会是蒙古族传统盛会。流行于内蒙古、甘肃、青海、新疆等地区。一般一年一次,每次一日至数日,多在夏秋(夏历七八月)牲畜肥壮季节举行。

那达慕大会起源于古代的祭敖包,相传始于汉代王昭君出塞时草原人民的盛大欢迎活动。届时,男女老少身着盛装,带上蒙古包赶来参加。早期会上只有赛马、摔跤、射箭,俗称"男子三项那达慕"。后渐有说书、歌舞、下棋等内容。旧时那达慕期间要进行大规模的祭祀活动,喇嘛们要焚香点灯,念经诵佛,祈求神灵保佑人畜兴旺。然后再开展文体活动。现在,那达慕已经成为草原上人们的节日盛会。除举行摔跤、赛马、射箭、投布鲁、套马、下蒙古象棋等民族传统项目外,有的地方还有田径、拔河及球类比赛,并有文艺表演。此外,还举办各种展览,开设贸易市场。各单位举行联欢,加强联系。各户相邀做客,敬酒祝愿,共庆佳节。

2. 藏族的雪顿节

雪顿节又名藏戏节,"雪"藏语为酸奶子,"顿"藏语为宴的意思,雪顿节是吃酸奶子的节日。流行于西藏、青海、甘肃、云南等地藏区。每年藏历七月初一举行,持续4~5天。

雪顿节最初是一种纯宗教的活动,是藏族世俗百姓向喇嘛们施舍酸奶子和喇嘛们纵情游玩的节日。17世纪中叶开始演出藏戏,并形成固定的雪顿节。

节日期间,各地藏剧团云集拉萨,先在哲蚌寺,后至罗布林卡,轮流上演传统藏戏。人们身穿节日盛装,会集罗布林卡,在树荫下搭起帷幕,铺上地毯,看戏饮酒,唱歌跳舞,摆摊设棚。下午各家串帷幕做客。主人向客人祝酒,并唱祝酒歌,客人一定要喝下这杯酒才行。人们要一直玩到傍晚时分,才离开林卡回家。

3. 藏族的望果节

望果节,又称旺果节。"望"藏语指田地,"果"指转圈,即转地头。望果节是藏族人民一年一度预祝丰收的传统节日。流行于西藏、青海、四川等地。在每年秋收前夕择吉日举行。为期1~3天不等。

此节以村落为单位,全体村民绕本村土地转圈游行。队伍最前面,由捧香炉和高举幡杆的人引路,接着由苯教主举"达达"(绕着哈达的木棒)和羊右腿领队,意为"收地气",求丰收,后随手拿青稞穗和麦穗的村民。绕圈后,把谷物插在谷仓或神龛上,祈求好收成。接着便进行竞技式的比赛,有角斗、斗剑、耍梭镖等项目。最后,群众集体唱歌跳舞。

4. 壮族的歌圩节

歌圩节是壮族的民间传统歌节,流行于广西、云南等地。多在春秋两季举行,春季多在春节,秋季多选在中秋节前后,为期数天。

关于歌圩节的历史,最早有汉刘向《说苑》载"越人歌"。民间盛传唐代歌仙刘三姐,有"如今广西成歌海,都是三姐亲口传"之说。自宋至今,聚众对歌,称为"歌的圩市"。

每逢圩日,方圆十里的男女青年汇聚传统的歌场,有数千至万人。各村寨分为男队、女队,以歌传情,至晚方散。有的持续举行3天,也有入夜始唱,通宵达旦者。圩日期间举行抛绣球、碰红蛋、踢毽子、抢花炮等活动。未婚青年常因此找到意中人,交换信物后经父母请媒妁说亲。有的白天还举办各种庙会活动,形成商品集散盛会。新中国成立后发展成群众性的歌唱和社交活动,同时举办物资交流大会。

第五节 禁忌习俗

一、禁忌知识概述

(一)禁忌的含义

禁忌是人类普遍具有的文化现象,国际学术界把这种文化现象统称为"塔布"(Taboo 或 Tabu)。"塔布"意为对具有玛那(mana),即灵力的人和事物不能随便接触。"玛那"源于美拉尼西亚语,认为宇宙内有一种超自然的无形无影的神秘力量。凡被认为附有玛那的人或物,即被视做"塔布"而神圣不可侵犯,否则将受到某种惩罚。这一观念曾广泛流行于大洋洲土著民族中。

在中国,与"塔布"相对应的词便是禁忌。禁忌一词早在汉代史籍中就已经出现。"禁"是禁止,即不允许;"忌"是一种因害怕或憎恶而力求避开的心理状态。禁和忌组成"禁忌"一词后,代表了一种约定俗成的禁约力量,是人们为了避免某种臆想的超自然力量带来的灾祸,而对某种人、物、言行等的限制或自我回避。

(二)禁忌的由来

禁忌的由来主要有四种说法,即灵力说、欲望说、仪式说和教训说。灵力说认为禁忌起源于对灵力的崇拜,这一学说主要从人类信仰发展史方面阐述对禁忌的认识;欲望说从心理学上对禁忌的来源进行了追溯,认为禁忌起源于对欲望的克制和限定;仪式说从社会学角度对禁忌来源作出了说明,认为禁忌来源于对仪式的恪守和服从;教训说从认识论的角度对禁忌的起源进行了追溯,认为禁忌起源于对教训的总结和记取。

综合来看,禁忌主要来源于人们对某种神秘力量的畏惧,是人们在与大自然做斗争中长期积累的经验以及在长期的社会发展中所形成的社会礼俗。

(三)禁忌的体系

禁忌的体系由预知系统、禁忌系统和禳解系统三部分组成。

预知系统是禁忌系统的先导,其任务是判定和预知吉凶。在中国,有许多预知信仰,其形式大体可分为"兆"和"占"两类。兆,是预兆现象的统称,指事物发生前的征候或气象。在预知信仰中,兆被认为是上天或者鬼神的告示。占,就是占验。占验的过程,就是判定预兆是吉是凶的过程。通过占验兆示,可以预知胜负、生死、得失、晴雨等。占验的结果,导致禁忌。

禁忌系统的任务是在吉凶的征兆尚未形成或吉凶祸福尚未到来之前,以避开、禁止某些行为的方式达到逢凶化吉、遇难呈祥的目的,使凶祸不再来临的一种方法。禁忌系统是一种无行为表现的心意民俗形态,在外观上通常没有表现,主要是以消极的无行为表现的方式避开祸端,是巫术的一种。禁忌崇信心灵感应,笃信

"心诚则灵"、"精诚所至,金石为开"。起自心灵的躲避诚意,是这一巫术的崇信原则。

禳解系统一般是发生了忌讳的事情或违反了禁忌的规则之后而进行的活动,是禁忌重要和必要的补充手段。禳解是一种积极的巫术——法术行为,其手段很多,包括祓禊、符、咒、压胜(厌胜)等。民间还流行着破财、叫鬼、请神、驱鬼等消灾解厄的办法。这些方法是用更强大的灵力去对付能够带来灾祸的灵力。还有一些祈祷仪式,即通过向鬼神献媚、孝敬许愿、乞求,使鬼神怜悯而不再降祸于人。这就是祈、祷、祭,以及民间所谓的烧香、祈祷、求神、上供等方式。在民间,祈祷常与禳解联合并用而为祈禳。

(四)禁忌的特征

禁忌有危险的特征和惩罚的特征。凡是被禁忌的事物,都含有危险的特征,其危险性可以传递,从而使非禁忌物成为禁忌物;禁忌物也可以去掉其危险性而成为非禁忌物。凡是违禁犯忌者,皆要受到惩罚。其惩罚与违禁犯忌者所具备的反灵力的大小成反比。禁忌的惩罚作用是机械的、不加分辨的。

(五)禁忌的性质

禁忌具有先验性、继承性、变异性、消极性及迷信的性质。

禁忌是人们头脑中的产物,是其形成经验的过程。但禁忌一旦被约定俗成后,其基本性质便成为"先验"的了。禁忌的先验性具有警示作用,它提醒人们采取禁止和回避的方法,尽量避开危险的事物。

禁忌是一个地区或一个民族范围内口耳相传、代代相承的。其内容或形式总是保持着一定的特点,表现出一种继承性。许多传统的禁忌一直保留至今。

随着社会的发展,人们认识能力的提高,禁忌的性质或表现形式发生一定程度的变异。例如,有些禁忌在传承过程中,原有的信仰色彩逐渐减弱,而嬗变为某一地域或某一民族约定俗成的风俗习惯。

禁忌是以制止和抑制方式去回避矛盾和斗争的,不能激起人们积极进取的理想和要求。在推动社会向前发展方面,往往起到消极作用,成为社会发展的障碍。

迷信是指盲目的笃诚的信仰。禁忌中有许多荒谬的东西,为旧文化、旧意识中愚昧落后的信仰的一部分,即迷信的一部分。

(六)禁忌的分类

禁忌主要有两种分类法,即主体行为分类法和客体对象分类法。主体行为分类法是以人的实践活动来分类,可将禁忌分为行业禁忌、日常生活禁忌和礼仪禁忌。客体对象分类法是对被禁忌的对象进行分类,可分为被禁忌的人、被禁忌的物、被禁忌的名字和被禁忌的数字等。

此外,还可按禁忌的作用分类,将禁忌分为对行为起调整规范作用的禁忌和迷信的、有害无益的禁忌。

(七)禁忌的功能

禁忌主要有三个功能,即自我保护的功能、心理麻痹的功能和维系社会秩序的功能。

禁忌的原始功能是出于一些直接的目的,起到对人的某种保护作用,提醒人们小心行事,避开危险和祸患,以保护自己。人们往往把严格遵守某种禁忌想象为改善环境、遇难呈祥的有效手段。这种禁忌的信仰麻痹了人们的心理,满足了一种精神上的需要。禁忌的主题意义,就是反对思想上和行为上的自由化。禁忌是原始社会唯一的约束力,是以后人类社会中家庭、道德、宗教、政治、法律等所有带规范性质的禁例的总源头。有些禁忌有利于维系社会秩序。

二、民族的禁忌

(一)蒙古族

骑马坐车到蒙古包时,要轻骑慢行,进包时要将马鞭放在门外。入包后坐在右边,离包时走原路,待送你的主人回去后再上车或上马。如果包里有病人,便在门外右侧缚一条绳子,一头埋在地下,表示主人不能待客。

主人献茶时,客人应欠身双手去接。接受礼物时,必须身子稍屈,伸出右手或跪下一腿去接受。对长者要尊敬,禁止有不敬长者的行为。忌讳坐蒙古包的西北角,睡和坐时脚忌伸向西北方。不能在火盆上烤脚。忌讳吃虾、蟹、鱼、海味等食物。平素不能用烟袋或手指指人头。

最忌讳客人有遗尿症。例如,客人遗尿在床,主人会不客气地赶走他并将弄污的褥子让他带走,还要泼凉水在他身后,以示消除"丧气";有的还要请喇嘛诵经消灾。

蒙古族对守门的狗和猎犬都很爱护和重视,禁止外人打骂,否则即被认为是对主人的不礼貌。

蒙古族过去家家都有神树,还有神牛、神马、神羊、神骆驼等。外出遇神树,要下马从左向右绕圈,丢上几块石头或割下一束马鬃放在上面。凡是拴上红布的神畜,绝对禁止使用。

妇女生育,在满月前一般不让其他人来串门。死者的妻子和儿子要服百日丧,在服丧期间,切忌唱歌、跳舞,不准饮酒作乐。

(二)维吾尔族

在屋内坐下来时,要求跪坐,禁止双腿伸直,脚底朝人。接受物品时,要用双手,单手接物品被认为缺乏礼貌。睡觉时忌头东脚西或四肢平伸直仰。在屋内与人交谈时,禁忌吐痰、擤鼻涕、打哈欠、放屁。在麻扎和清真寺以及河坝、伙房等地禁止大小便、随地吐痰和携带污浊物品。探望卧床病人时,只能在病人身体两侧站坐,禁忌站在病人头和脚的方向。

禁止吃猪、驴、骡、骆驼和狗肉以及自然死亡的牲畜。维吾尔族喜食抓饭,饭前要洗手,通常要洗三下,然后用手帕或布擦干;若不擦而顺手甩水是对人不敬之举,故以为忌。

衣服禁忌短小,外衣一般都要过膝,裤脚要达到脚面,最忌讳穿短裤在户外活动。室外活动时,男子必须戴帽子,女子必须戴头巾或帽子,头发忌讳全部裸露在外。

(三)傣族

1. 德宏傣族禁忌

忌骑马进寨。骑马进村寨到寨门后要下马。寨门附近的"寨神庙",平时忌进去。祭寨时,忌外人进寨;寨里的人出来,也必须等祭寨完毕。

客人去参加婚丧或新居落成的典礼,男客只能男的招待,女客只能女的招待,忌女的招待男客,男的招待女客。

忌砍伐郊外或村前的神树,也忌在神树下拴马或大小便。

每寨都有佛寺,进寺要脱下鞋子和袜子。如妇女进佛寺,只能到规定的地方或可以去的地方,忌任意走动。看见小和尚时忌摸他的头顶。

产妇生小孩未满月时,忌外人进入她家。

2. 西双版纳傣族禁忌

忌在傣族村寨中央立的寨心上面坐,也忌脚踏或在上面拴马。有事的村寨,忌外人进入,寨内的人也忌到其他村寨去。

进入傣族村寨时,到楼口要脱鞋子,进门后脚步要轻些,忌用脚跺楼板。房子内的中柱楼上一端忌挂东西和用背靠,楼下一端忌拴马。

忌从家中火塘上面跨过。火塘上的三脚架忌别人移动或抬起。在傣族家中睡觉时,忌头的方向朝向主人家的内室。忌在傣族家中剪指甲,忌在室内吹口哨和玩响乐器,他们以为口哨和乐器声能唤鬼入室。忌从妇女脚上跨过或触摸妇女头上的发髻。忌砍伐寨头的"神树",忌在神树下拴马或在神树下大小便,忌移动或触弄"神树"下送鬼的鬼匾、鬼盘、鬼台、竹竿等祭品。忌在整理清洁的旱地和菜园里大小便。忌随便敲打佛寺里的鼓,也忌触摸神像及做贱用的戈矛等。

(四)藏族

在平时交往中,忌直呼其名;外出行路时,忌讳抢在他人前边;在牧区忌男女混坐,男女入室后,男坐左,女坐右,就座时忌双脚伸直,脚底朝人;忌讳在家中吹口哨,忌讳在别人背后吐唾沫、拍巴掌;在众人面前,忌讳放屁,更不能放屁出声;扫地时忌讳直接从对方手中接过扫帚;亲人出门后,忌讳马上扫地;对老弱病残者尽力帮助,忌讳幸灾乐祸等不道德行为。

家有病人或妇女生育时,忌生人来访;忌讳别人对自己的孩子过分夸奖;忌讳妇女在人面前抖裙子。

忌吃狗、驴、马肉,忌吃尖嘴动物的肉、有爪动物的肉及鱼虾等水生动物的肉。忌讳用脚蹬踩灶台或坐于灶台上。平时点火时,忌烧猪、狗粪或旧鞋、破布等不洁之物。忌把骨头扔于火中。忌讳用有裂缝或豁口的碗、碟等器皿待客,互不熟悉的男女忌讳在一个碗内揉糌粑和吃糌粑。饮食用的碗和茶具忌扣着放置。

藏历新年忌扫地,不能吃水饺、包子等肉馅食品,不准哭泣、骂人、吵架,不准说"空"、"没有"、"病"、"杀"、"穷"等不吉利的语言,认为这会影响全年的吉祥如意。家境再穷,新年也不准向别人借东西。过年过节时所用器皿切忌有缺口、有裂纹,忌讳打破碗、杯子、盘碟等器具。

忌讳当着当事人的面谈及他的婚事。迎亲时,若碰上抬病人的人、倒垃圾或背空筐的人,则认为是不吉利,婚后要请僧人念经消灾。

忌讳在寺院附近砍伐树木、高声唱歌及打猎杀生等。忌别人随便触摸佛像,佛寺里的经书、钟鼓以及活佛的身体、佩戴的念珠等物被视为圣物。摇经转、转寺院、叩长头要按顺时针方向转动等。

生产中忌打猎杀生,做奶制品的家具上不能放别的东西。接羔犊季节,非亲属不能进入帐篷。拴牲口的地方忌大小便。

(五)白族

白族人忌坐踏或站立在门槛上,尤其忌用刀砍门槛或用刀砧砍物于门槛上,其认为违犯者会招致灾祸。火把节的晚上,岳父家不能接女婿来家中过节,否则被认为是不祥之兆。

婚日迎新娘进门,要看当天忌什么,如忌路要沿途打锣,忌地要地上铺席。生孩子时,要请算命先生排八字,若与父母八字正冲,需要请别人取名;孩子生天花,其家门上要挂上柏枝,忌生人入室。

白族在农事生产中也有不少禁忌。初一、十五和小暑、大暑、处暑及火把节的第二天、村中有人死的当天,都忌讳从事生产劳动;夏历七月十五日接送祖先亡灵时,不能出门;而赶马外出做买卖者,说话不能涉及豺、狼、虎、豹等字句,认为如果违反,会惊动地龙神,导致庄稼不好或对人不吉利。

(六)壮族

禁止用手指神圣物,对神灵不恭会受到惩罚;对人特别是长辈与受尊敬的人,忌当面用手指指之,否则被认为是不懂礼貌的粗鄙举动。忌孩子种竹木,因为竹木长大后,总要被人砍伐,孩子种竹木种树,意味着其命运与竹木相同。忌从晾晒的妇女裤子下走过。扫厅堂与大门之二厅时,忌向门外方向扫,而必须向门内方向扫,认为向外扫会把财宝扫出大门。夜间行走禁止吹口哨。无论家人、客人,忌坐门槛中间。大年初一不得扫地和在室外晒衣服,也不能往外借东西,不得舂米和用斧砍物,不能吹火,妇女不能梳头,病人忌讳乌鸦在房屋周围叫。家有产妇时,门上悬挂草帽一顶,暗示外人不得入内。

忌食牛肉和蛙肉。壮族自古至今以农业为主，耕牛是耕作之重要工具，故忌食其肉，以示爱惜。忌讳用脚踩踏锅灶，禁止在灶上煮狗肉。忌筷子跌落地上，认为不吉利。吃饭时忌用嘴把饭吹凉，更忌把筷子插到碗里。

二月初二祭龙山这天，忌砍伐山中树木，忌在山中大小便。在生产中也有很多禁忌，有"谷雨惊蛰不动土"、"小暑不进园，大暑不进田"的忌讳。

壮族还有语忌，把"猪肝"称为"猪湿"，"猪舌"称为"猪利"，原因是屠夫卖肉忌"干"与"舌"，因为当地汉语"干"与"舌"即亏本之意。

思考与练习

1. 民俗的特征、功能和作用是什么？
2. 我国各民族各地区民居建筑有哪几种？
3. 原始的服饰形式主要有哪几种？
4. 试以婚礼程序分析解释汉族的"六礼"。
5. 游方、赶表、行歌坐月、丢包各是哪个民族的开放性择偶的方式？
6. 如何正确分析民俗传承事象的性质？如何正确处理贯彻执行尊重、照顾各民族保持或改革风俗习惯的自由跟移风易俗的关系？
7. 从居家饮食、节日饮食、嗜好和禁忌三方面说明饮食习俗及其传承。
8. 居住民俗具体表现在哪些方面？
9. 中国有哪四个全国性的民间传统节日？各在何时过节？各有何主要节日活动？
10. 在中国民间民俗节日中，歌圩节、雪顿节、望果节分别是哪个民族的，是什么性质的节日？各有何主要节日活动？
11. 简述中国各民族民间节日的概念、主要特征和具体类型。
12. 简述中国的节日文化娱乐活动的类型划分并就每一类型举例说明。
13. 禁忌的特征、性质、功能是什么？

第四章

中国的宗教文化

宗教是人类历史上特定社会阶段普遍存在的一种古老而又复杂的社会文化现象,包含了人类社会得以维系的几乎全部因素。它随着时空的变化不断改变自己的形态,至今依然在社会生活的各方面发挥着重大影响。宗教文化在人类文化领域中一直是个重要的组成部分,它跟其他社会意识形态,如哲学、文学、艺术、道德等,都有着密切的关系。要了解一个国家、一个民族的社会生活、历史文化、心理素质,必须了解分析其宗教。因此,只有在广义文化的前提下去了解宗教,扩大探讨宗教的视野,多角度全方位地考察,才能揭示宗教在人类史上以及现在和未来的真实面貌和实际作用,才能对作为社会现象的宗教文化做出全面准确地把握。

第一节 中国的宗教信仰

一、中国的宗教信仰状况

当前,世界主要有佛教、伊斯兰教和基督教,称世界三大宗教;中国的宗教主要有佛教、道教、伊斯兰教和基督教,称中国四大宗教。佛教在两汉之际传入中国,已有2 000多年的历史;伊斯兰教和基督教从唐代传入中国起,已有1 000多年的历史;从明清以来,特别是鸦片战争后,基督教三派有了较广泛的传播;道教产生于东汉中期以后,也有将近2 000年的历史。

汉族始终没有一个为全民族每个成员都必须信仰的民族宗教。佛教传入中国后,从隋唐开始与中国传统文化相结合,形成了汉地佛教并对中国的汉族文化产生了重大影响。道教虽然是汉族本土宗教,但也只是一部分汉族人信仰。世界宗教天主教和基督教新教,只在一定范围内有汉族人信仰。

各少数民族的宗教信仰状况:

藏传佛教,大致上是在西藏、青海、内蒙古、四川、云南、甘肃等地,有藏族、蒙古族、门巴族、土族和裕固族等民族人民信仰;在纳西族、怒族、羌族、普米族、锡伯族、鄂伦春族、达斡尔族等少数民族中,也有少部分人信仰。

南传上座部佛教,傣族全民信仰,德昂、阿昌、布朗、拉祜、佤族等少数民族部分人信仰。

大乘佛教,除汉族外,白族、壮族、布依族、侗族、畲族、纳西族、彝族、羌族、仫佬族、满族、朝鲜族等少数民族也有部分信徒。

伊斯兰教,在中国有回族、维吾尔族、哈萨克族、柯尔克孜族、乌孜别克族、塔塔尔族、塔吉克族、东乡族、保安族、撒拉族10个民族全民信仰。其中,回族从产生之时起就信仰伊斯兰教,维吾尔族是后来皈依伊斯兰教的。

在基督教中,信仰东正教的主要是俄罗斯族以及少部分蒙古族、达斡尔族和鄂伦春族等。天主教和基督教新教的传教士,对中国20多个少数民族的人民进行了传教。在这些民族中以云南怒族和傈僳族信仰的人占比例较大。

在近现代中国的南方许多接近汉族的少数民族中,都将道教的信仰内容纳入本族的宗教信仰之中,将道教的神作为主宰神来崇拜。例如,白族崇拜玉皇大帝,瑶族信仰三清尊神,在壮族、侗族、苗族、仫佬族、毛南族、纳西族、羌族等民族中也有对道教的传播和信仰的影响。此外,很多少数民族还保留着原始宗教的信仰。

二、中国的宗教信仰特点

中国的宗教信仰具有下列特点:

第一,中国是一个多宗教但又是无国教的国家。中国有四个信仰人数较多的宗教,即道教、佛教、伊斯兰教和基督教。但是,并没有全体国民都必须信仰的法定国家宗教。

第二,宗教信仰具有多元性。历史上统治者对宗教多采取"兼容并蓄"态度,外来宗教传入后都要与中国传统文化相结合,只有地方化、民族化、中国化,才能在中国扎根。从先秦到清代,中国大地出现过多种类型的信仰和崇拜,即使是在佛教、道教为主导的朝代,其他宗教也同时并存、互相融合。这种宗教信仰的多元性,一方面反映了中国民族成分的多元性和地域分布的广阔性;另一方面反映了中国文化"兼容并蓄"的特点。

第三,就全国总体而言,中国宗教置于政权之下、儒家思想之后,只是一种信仰性的干预力量,而不是指令性的社会统治力量。

第四,具有浓厚的伦理道德色彩。中国的宗教都强调立功德、行善事、孝亲忠君、保护生灵等伦理道德,这符合古代中国以儒家学说为主导思想、以伦理纲常为治国之本的国情。

第五,汉族在历史上受儒家思想影响,在宗教信仰上具有明显实用主义的务实特点。

第六,中国宗教具有显著的民族性。中国有20多个少数民族几乎是全民信仰某一种宗教。

目前,中国信仰各种宗教的总人数1亿有余,虽在全国总人口中所占比例不大,但绝对数字不小。尤其是有 20 多个少数民族,几乎是全民信仰某一种宗教。中国社会主义时期的宗教信仰,具有长期性、复杂性、群众性、民族性和国际性五大特点。

第二节 中国的道教

道教是在中国古代思想文化基础上逐渐形成的以"道"为最高信仰的中国本土宗教。唐代以后,道教曾流传到朝鲜、日本、越南和东南亚一带。道教经籍为中国保留下大量的文化遗产。

一、道教的初创分化、隆盛分派和式微

(一)道教的初创

东汉顺帝时,张陵在四川鹤鸣山,奉老子为教主,以《道德经》为主要经典,自称出于太上老君的口授,著作道书,吸收巴蜀地区的原始宗教信仰,传授符箓,降魔驱鬼,创立"五斗米道"。因后世道教尊张陵为天师(一说陵自称天师),又称天师道。张陵之孙张鲁割据汉中 20 余年。建安二十年(215 年),张鲁归降曹操,被拜将封侯,五斗米道获得合法地位而影响日增。汉灵帝时张角,以《太平经》为主要经典,创立太平道,自称大贤良师,"以善道教化天下"。教徒数十万,遍布青徐等 8 州,于中平元年(184 年)发动起义,因起义者皆头戴黄巾,故人称"黄巾军"。起义失败后,太平道被残酷镇压,逐渐衰微。东汉的五斗米道、太平道均属早期的原始道教。

(二)道教的分化

魏晋以后,道教内部逐渐分化:一部分仍然流传民间,成为被统治组织起义的工具;一部分向统治者上层发展,成为贵族化精神工具。葛洪、寇谦之、陆修静与陶弘景为后者代表。两晋之际的葛洪,致力于道教神仙谱系的总结与记述,总结战国以来神仙方术的理论,建立一套成仙理论体系,积极从事炼丹活动,开道教丹鼎派先河,对道教的理论化、贵族化有很大的影响。南北朝北魏太平真君年间,嵩山道士寇谦之在崇信道教的太武帝支持下,自称奉太上老君意旨"清整道教,除去三张(指张陵、张衡、张鲁)伪法",制定乐章诵诫新法,"专以礼度为首,而加之以服食闭炼","佐国扶命",辅佐北方太平真君,代张陵为天师,为北天师道。南朝刘宋明帝时,庐山道士陆修静"祖述三张,弘衍二葛(指葛玄、葛洪)",搜罗道教经诀,"总括三洞"汇归一流,编制了道教经籍目录,仿效佛教修持仪式,广制斋戒仪范,改革五斗米道"意在王者遵奉",为南天师道。南朝齐梁间茅山道士陶弘景继续吸收儒、释两家思想,充实道教内容,构造了道教神仙谱系的等级品位,叙述传授历史,主张三教合流、佛道融通,对以后道教的发展影响极大。

(三) 道教的隆盛

唐代统治者自称老子后裔,封李耳为"太上玄元皇帝",崇尚道教。北宋统治者仿效唐代奉老子为宗祖的做法,宋真宗称赵玄朗为其族祖,奉做道教尊神,封为圣祖上灵高道九天司命保生天尊大帝,并加封老子为太上老君混元上德皇帝。唐宋统治者的一系列崇道措施,对贵族化道教的发展起了促进作用。这时道士人数大增,宫观规模日大;神仙系统也更为庞杂;汇编经书成"藏"正式刊行;研究道经的著名道士和道教学者相继出现,对道教的隆盛与发展起了一定的作用。

(四) 道教的教派

东汉道教初创时有太平道和五斗米道之分,晋代和南北朝以后又有上清、灵宝等派别先后出现,但各道派教义思想基本一致,只是道法和道术的侧重点不同或师承系统有别。道教真正形成为教派,当从南宋和金元南北对峙之时开始。先后出现正一道、全真道、真大道、太一道四大教派。刘德仁的真大道和萧抱珍的太一教至元末已经消失,只有正一道与全真道两大教派从金元以来直传至今。

1. 正一道

正一道是元代形成的道教宗派,或称正一教、正一派。原为五斗米道,元以后成为上清派、灵宝派和正一派的统称。

相传张陵创教时,称太上老君授以三天正法"教以正一新出道法"。至张陵四代孙张盛徙居江西龙虎山后,为道教之龙虎宗,尊张陵为"正一天师"。元世祖命三十六代天师张宗演"主江南道教事"。元成宗大德八年(1304年)授三十八代天师张与材"正一教主,主领三山符箓",此后江西龙虎山传天师法箓的龙虎宗(正一派),清江阁皂山主要传灵宝法箓的阁皂宗(灵宝派),江苏句容传上清法箓的茅山宗(上清派),皆统一于正一派,天师道从此亦名为正一道,其他,如净明、武当等支派均属之。正一道以天师为道首,以《正一经》为主要经典,集符箓派之大成,以行符箓为主要特征,不重修持,崇拜神仙,画符念咒,降神驱鬼,祈福禳灾。道士可不出家,不住宫观,具有家室,清规戒律不如全真道严格。

2. 全真道

全真道,亦称全真教或全真派,为金初创立的道教宗派,由重阳真人王喆创立于金初大定七年(1167年),因王在山东宁海(今山东牟平)自题所居庵为全真堂,凡入道者皆称全真道士而得名。全真道以《道德经》(道经)、《般若波罗蜜多心经》(佛经)和《孝经》(儒经)为主要经典,主张道、释、儒兼容合一。在修行方法上,早期以个人隐居潜修为主,重内丹修炼,不尚符箓,不事黄白之术(冶炼金银之术),以修身养性为正道。在教规上,主张全真道士必须出家住宫观,不得蓄妻室,并制定了严格的清规戒律。效仿佛教建立了丛林制度,各地全真道士云游至全真十方丛林,均可栖息学道。

全真道的支派较多。北宋时紫阳真人张伯端撰《悟真篇》传紫阳派,本不属全真道,因元末陈致虚兼受王重阳所传,统归全真道。后称张紫阳所传为南宗,王重阳所传为北宗,遂有南五祖、北五祖之说。王重阳所传七大弟子,称全真七子,开创7个支派:马钰的遇仙派、谭处端的南无派、刘处玄的随山派、丘处机的龙门派、王处一的嵛山派、郝大通的华山派、孙不二的清净派,称为北七真。其中,长春真人丘处机在元太祖十五年至十八年(1220—1223年)间,应诏赴西域大雪山谒见元太祖成吉思汗,受到礼遇,命其掌管道教。龙门派在各地大建宫观,势力最大,人数最多。但因在元宪宗八年和元世祖至元十八年的两次僧道辩论中失败,使全真道遭到了沉重的打击,元成宗时才见恢复。明代朝廷重视正一道,全真道相对削弱。清朝虽有王常月中兴之举,但总的趋势是走向衰落。

(五)道教的式微与民间化

明代中叶以后,道教逐渐转衰。清代重佛抑道。乾隆时,正一真人官阶由二品降至五品。道光时,停止朝觐。道教在上层社会的地位日趋衰落,而民间通俗形式的道教仍很活跃。民间宗教虽然派系繁多,思想渊源复杂,但其中有些教派在思想上乃至组织上同道教仍有一定联系。

二、道教的教义、主要供奉对象、经籍标志和教徒的主要称谓

(一)道教的教义

1. "道"是"万物之母"

道教的核心信仰,是宣扬"道"为"万物之母",是宇宙万物之中最核心的东西。

2. "神仙"崇拜是道教的最基本的信仰

相传张陵所著作的《老子想尔注》中,将老子作为道的化身,称"一者道也","一散形为气,聚形为太上老君"。于是,老子在道教中被神化为众生信奉的神灵。六朝时,道又演化为至高无上的元始天尊,产生三清尊神。以后,又逐渐发展成了包罗许多天神、地祇、人鬼在内的神仙体系。

3. 众生均可修道成仙,长生不老

道教相信"道"可以"因修而得","神与道合,谓之得道"。按照这一众生均可修道成仙的思想,提出了一系列道功和道术。修炼的目的是追求长生不老、肉身成仙、久视人间。

4. 天道承负、善恶报应

早在《太平经》中就记述称:"力行善反得恶者,是承负先人之过,流灾前后,积来害此人也。其行恶反得善者,是先人深有积蓄。大功,来流及此人也。"在宣扬天道承负以外,道教还十分强调所谓的吉凶祸福是个人行为善恶的必然报应。

(二)主要供奉对象

道教崇奉的神灵众多,天神、地祇、人鬼皆受奉祀,信奉的主要神灵有尊神、俗神、诸仙。

1. 尊神

尊神是指三清、四御、三官与四方护卫神等道教信奉的最高天神。

三清是玉清、上清、太清之合称。三清始于六朝,唐宋已臻极甚,道教奉为最高尊神:玉清元始天尊居清微天之玉清境,上清灵宝天尊居禹余天之上清境,太清道德天尊居大赤天之太清境。在道教中代表宇宙万物创造的三个阶段,即道生一,一生二,二生三,三生万物。

四御是指地位次于三清、辅佐三清的四位天帝:玉皇大帝,为总执天道之神;中天紫微北极大帝,协助玉皇大帝执掌天地经纬、日月星辰和四时气候;勾陈上宫天皇大帝,协助玉皇大帝执掌南北极和天地人三才,统御众星并主持人间兵革之事;承天效法后土皇地祇(女神),执掌地道,掌阴阳生育、万物之美与大地山河之秀(故有人称之为"大地母亲"),与执掌天道的玉皇大帝相配套。另一种说法,四位天帝不包括玉皇大帝,加南极生长大帝(执掌人间寿夭祸福),协助玉皇大帝。

三官指天官、地官、水官。道教称天官赐福、地官赦罪、水官解厄。有的道经称,"三官"即指尧、舜、禹。三官大帝又称"三元大帝"。

四方之神,即东方青龙、南方朱雀、西方白虎、北方玄武四神。道教常以此四神为护卫神,以壮威仪。玄武亦称真武帝君。北方的天神真武大帝受唐朝以来历代王朝的崇奉。元代被晋升为元圣仁威玄天上帝,明代被奉为护国大神。

2. 俗神

俗神,指流传于民间而被道教信奉的神祇。其中,有与自然现象相关的自然神,如雷公、风伯等;有带着明显的人间特征的英雄神、文化神,如关帝、文昌等;有被认为专门保护个人、家庭和城乡公众安全的守护神,如门神、灶神、城隍、土地、妈祖等;有被认为有特定职能的行业神和功能神,如药王、财神等。

妈祖,名林默,生于北宋建隆元年(960年)。相传她生而神异,救助过不少海上遇难的渔民和船只,后在福建莆田湄洲岛羽化升天。当地渔民在岛上盖庙祭祀。道教继承民间传说,把妈祖列为海上保护神。

护法神将关圣帝君,即关羽,在宋代以后才名声大振,因其为"忠、孝、义、节"的楷模而屡受皇帝褒封。儒家尊其为"武圣人",佛家尊其为伽蓝神,道教则尊其为关圣帝君。关公遂成为唯一受到儒、释、道共同尊崇的偶像。

王灵官,名王善,是宋朝萨真人(萨守坚)的弟子,后成为道教护法主神,专门镇守道观山门,镇妖压魔。其地位相当于佛教的韦驮。

3. 诸仙

仙是道教理想中修真得道、神通广大的长生不死者,又称神人或仙人。最初流传的神仙多为上古传说中的人物,如赤松子、彭祖、广成子、容成公、黄帝、王乔、西王母、东王公、玄女等。汉魏之后,多为道教人物之仙化,如安期生、三茅真君(茅盈、茅固、茅衷)、阴长生、王玄甫等;唐宋以降,则多为历史人物被仙化,如八仙:铁拐李、钟离权、张果老、何仙姑、蓝采和、吕洞宾、韩湘子、曹国舅等。

（三）道教的经籍

道教在长期的发展过程中，积累了大量的经籍，内容十分庞杂。《道藏》是道教经籍的总集，是中国古代文化遗产的重要组成部分，对于中国封建时代的哲学、文学、艺术、医学、药物学、化学、天文、地理等方面曾产生过不同程度的影响。唐玄宗开元年间编成第一部道藏。以后历代皆有纂修，北宋有《天宫道藏》。现存为明英宗、神宗时的《正统道藏》和《万历续道藏》。

（四）道教的标志

道教的标志为八卦太极图。

（五）道教教徒的主要称谓

男教徒称道士，又称道士先生。女教徒称道姑，也可称女冠。道观的负责人可称为方丈（全真派十方丛林）、住持、监院（俗称当家的）。教外人对道士、道姑一般都可统称为道长。

三、道教的仙境

仙境是道教所称神仙所居之胜境，或在天上，或在海中，或在幽远的名山洞府。

南北朝时期道教汲取佛教的三界说，构成了神仙所居的 36 天的天界说。天界包括欲界 6 天、色界 18 天、无色界 4 天、"四种民天"、"三清天"、大罗天，总计 36 天。三清境界各有宫殿、官署及诸品级之天官，太上老君为太清天仙之首，太上大道君（灵宝天尊）为上清众真之尊，元始天尊居玉清之上。大罗天为诸天最高境界。

仙境之说源于中国远古的神话。一是昆仑山，从山海经神话传说的帝下之都逐步演变成西王母之所治，为真官先灵之所宗的道教仙境之一；二是蓬莱仙境为中心的海上"三神山"（蓬莱、方丈、瀛洲），战国时期，燕、齐、吴、越等滨海地区海上交通渐开，便产生了海上"三神山"的神仙世界之说，于是寻找"三神山"和不死之药者，从齐威王、秦始皇到汉武帝延续 200 多年；三是《庄子》和《楚辞》中昆仑山和蓬莱仙境的神化合而为一的新的神仙世界以及《列子》提出的五山之说：一曰岱舆、二曰员峤、三曰方壶、四曰瀛洲、五曰蓬莱，所居之人皆仙圣之种。道教承袭前代神仙传说，稍加纂缀增益。《云笈七签》和《正统道藏》均载有托名，汉东方朔所著《海内十洲记》，称昆仑、方丈、蓬丘三神山为三岛，称祖、瀛、玄、炎、长、元、流、生、凤麟、聚窟为十洲，合称"十洲三岛"，皆神仙所居，以为道士修道成仙之归宿。

隋唐以后，许多名山胜地被视为神仙所居之洞府或修道成仙之佳境，较早的记载见于《云笈七签》的《洞天福地·天地宫府图》，称天下名山中有 10 大洞天、36 小洞天和 72 福地，均为神仙所居处。道教修真养性之著名山岳有：泰山（五岳之东岳）、衡山（五岳之南岳）、华山（五岳之西岳）、恒山（五岳之北岳）。原在河北曲阳县西北,汉与宋时因避讳曾改称常山,又名大茂山。明代定山西浑源县之玄岳为恒山(清始改祀北岳于浑源)、嵩山(五岳之中岳)、龙虎山(今江西贵溪)、茅山(今江苏常州)、阁皂山(今江西清江)、青城山(今四川都江堰)、罗浮山(今广东东江博罗)、终南山(今陕西西安)、武当山(今湖北均县)、崂山(今山东青岛)、巍山(今云南大理)等。

宫观是道士修道、祀神和举行宗教仪节的处所,为道宫和道观的合称。道教著名宫观有楼观(陕西周至)、太清宫(河南鹿邑)、上清宫(江西贵溪)、青羊宫(四川成都)、玄妙观(江苏苏州)、万寿宫(江西南昌)、元符宫(江苏句容)、洞宵宫(浙江余杭)、朝天宫(江苏南京)、白云观(北京)、永乐宫(山西芮城)、重阳宫(陕西户县)。白云观、永乐宫、重阳宫被誉为全真道的三大祖庭。

四、道教文化艺术

(一)道教医药学与科技

道教为追求长生成仙,继承和汲取了中国传统医学成果,在内修外养的过程中,积累了医学成就、化学知识和冶金技术。东晋葛洪著《肘后方》、南北朝陶弘景集注《神农本草经》与唐朝孙思邈著《千金方》,都是著名的古代医药学著作。葛洪、陶弘景等人还在炼外丹中积累了物质的化学变化知识,为化学知识和冶金技术的初期发展阶段做出了一定的贡献。

(二)道教文学

道教文学是以宣传教义、神仙出世思想以及反映宗教生活为题材内容的各种形式的文学作品。在道教的发展历史中,由于一些道士文人的不断总结和创造,形成了文学领域中独具一格的道教文学。道教文学的内容,一般为赞颂神明、阐述教义、述说方术和神仙传记以及道士修炼及生活等。其形式有涉道诗、游仙诗、步虚词、青词、道情、神仙道化剧、神魔小说等。道教文学作品,虽然所宣传的大多是虚无主义和神仙出世思想,但其中不乏对人生的意义和价值的深刻思考和真知灼见,还有许多作品寄托了作者的忧国忧民思想,曲折地反映了人民生活的艰难困苦以及对理想生活的追求,具有不可忽视的价值。

(三)道教音乐

道教音乐是道士在道教仪式上使用的音乐。它包括独唱、齐唱、散板式吟唱和鼓乐、吹打乐以及合奏等多种形式。器乐形式常用于法事的开头、结尾、唱曲的过门以及队列变换、禹步等场面;声乐形式则是斋醮音乐的主要部分。声乐体裁主要有"颂"、"赞"、"步虚"、"偈"等形式,演唱多用"吟"、"咏"。道教音乐的乐谱有北宋的《玉音法事》(收唐代至宋代道曲谱共50首),是目前能见到的最早的一部道教音乐曲谱集,因采用曲线记谱法,至今尚未能确译其音调。明洪武间的《大明御制玄教乐章》,采用"工尺"记谱法记录道曲14首。此外,清嘉庆四年(1799年),苏州道士曹希圣收集整理的《钧天妙乐》（分上、中、下三册）、《古韵成规》、《霓裳雅韵》三种，被江南道士称之为"曹谱"。1956年以后，音乐工作者曾在湖南长沙、江苏苏州以及陕西西安等地搜集、整理道教音乐并编印成《湖南宗教音乐》、《苏州道教艺术集》、《葭县白云山道教经韵及笙管曲》等谱集。

（四）道教美术

道教美术是以宣传道教教义与神仙思想为主要内容的造型艺术。它包括日常供奉和用于斋醮祈祷祭祀活动的神仙画像或雕塑的神像、故事画、水陆画以及宫观的藻饰与法器上的花纹图案、浮雕等。现存造像有泉州北郊清源山老君巨型石刻、太原晋祠宋代彩塑与龙山元代石窟等。神仙画像历代不绝，唐代画家吴道子画于河南鹿邑太清宫的太上玄元皇帝像，后刻石于苏州玄妙观才得以传世。宋元道教画像现存有泰山岱庙天贶殿宋代巨幅壁画《泰山神启跸回銮图》、宋代画家武宗元的《朝元仙杖图》（壁画粉本）、山西永乐宫元代壁画。流行于宫观的藻饰与法器上的花纹图案等装饰，有以八仙所持的法器（铁拐李的葫芦、钟离权的扇子、张果老的鱼鼓、何仙姑的荷花、蓝采和花篮、吕洞宾的宝剑、韩湘子的笛子、曹国舅的拍板）寓意"八仙"的图案等。

第三节　中国的佛教

一、佛教概述

佛教公元前6～公元前5世纪创建于古印度，与基督教、伊斯兰教并列为世界三大宗教，在三大宗教中创教最早，广泛传播于亚洲很多国家和地区，对中国的社会文化生活产生过重大影响。

（一）印度佛教的创立、发展和向外传播

1. 佛教的创立

佛教创始人释迦牟尼，姓乔达摩名悉达多，是古印度北部（今尼泊尔境内）小城邦国家迦毗罗卫国净饭王的太子，其母是摩耶夫人。他生活的时代相当于中国的春秋时期。相传他感到人世间充满苦难、变幻无常，为摆脱人生苦难，29岁出家修行，6年后得道成佛，在鹿野苑转法轮，向首批教徒传教，并在印度恒河流域中部地区向大众宣传自己证悟的真理，拥有越来越多的信徒，从而组织教团，形成佛教。80岁时，在拘尸那迦入灭（逝世）。在南亚次大陆有与其相关的佛祖圣地，如蓝毗尼花园、菩提加耶、鹿野苑、涅槃处（哥拉克甫尔附近）等。

释迦牟尼，是佛教信徒对悉达多·乔达摩的尊称，意为释迦族的圣人，简称释尊、佛陀、佛，即为三觉圆满的智者。他既是创立佛教的教主，也是佛教徒崇拜和供奉的对象。

2. 印度佛教的发展

佛教在其发祥地古印度的发展,从公元前6世纪至公元12世纪末,大约有1 800年的历史,大致可分为4个时期、3个600年:

第一个600年为原始佛教时期与部派佛教时期。前200年,即公元前6世纪至公元前4世纪,为原始佛教阶段。佛陀及其直传弟子所宣扬的佛教,称为根本佛教;佛陀涅槃后,弟子们奉行四谛、八正道等基本教义,在教团生活中维持着他在世时的惯例。后400年,释迦牟尼涅槃后100年到400年之间,相当于公元前4世纪至公元1世纪,为部派佛教阶段,由于弟子们对原始佛教教义、戒律产生不同的理解,佛教分裂为上座部、大众部两大派,或称根本分裂。此后的100余年间续有分裂,先后分成18部或20部,称枝末分裂。

第二个600年,即公元1世纪至7世纪,为大乘佛教时期。这一时期,从大众部演化成的大乘佛教在古印度急速发展。公历纪元前后在佛教徒中流行着对佛塔的崇拜,从而形成了大乘最初的教团——菩萨众。他们中间的一部分人根据《大般若经》、《维摩经》、《妙法莲华经》等阐述大乘思想和实践的经籍,进行修持和传教,形成了中观派(空宗)和瑜伽行派(有宗)两大系统,而将早期佛教贬称为小乘。与此同时,小乘佛教中的说一切有部、经量部等,仍继续发展。大乘佛教认为十方世界都有佛,修行果位分为罗汉、菩萨、佛三级,修行的最终目的在于成佛。该教派弘扬菩萨和"菩萨行",即寓自我解脱于救苦救难、普度众生的践行之中。小乘佛教又名上座部佛教,在理论和实践的基础体系上仍接近于原始佛教,认为世上只有一个佛,即佛祖释迦牟尼。其教义重自我解脱,修行的最高果位为罗汉。

第三个600年,即7世纪至12世纪末,为密乘佛教时期。7世纪以后,印度密教开始流行,8世纪以后,与印度教相接近。波罗王朝在那烂陀寺以外另建超戒寺,作为研习和宣传密教的中心;9世纪后,密教更盛,相继形成金刚乘、俱生乘和时轮乘。11世纪初,伊斯兰教的势力逐渐进入东印度各地;13世纪初,超戒寺等许多重要寺院被毁,僧徒星散,佛教在南亚次大陆被灭。印度密教是大乘佛教部分派别吸收婆罗门印度教及民间信仰因素而形成的特殊宗教形态。它以高度组织化了的咒术、仪轨、世俗信仰为其特征。密宗自称受法身佛大日如来秘密传授深奥教旨,为"真实"言教,故名密教。相对而言,其他大乘教派被称为显宗(显教),即受应身佛释迦牟尼所说种种经典的传授。

3. 印度佛教的向外传播

佛教原来只流行于中印度恒河流域一带。孔雀王朝时期,阿育王奉佛教为国教,广建佛塔,刻敕令和教谕于摩崖和石柱,从此传至南亚次大陆的很多地区。同时,又派传教师到周围国家传教,使佛教逐渐成为世界性宗教。

佛教从古印度向亚洲各地传播,大致可分南传、北传和藏传3条路线:

(1) 南传佛教

从古印度向南,传入斯里兰卡、缅甸、泰国、老挝、柬埔寨等南亚、东南亚国家以及中国云南傣族等少数民族地区。以小乘佛教(上座部佛教)为主。

(2) 北传佛教

从古印度北传,经帕米尔高原传入中国,再由中国传入朝鲜、日本、越南等国。以大乘佛教为主,也包括密乘佛教。

(3) 藏传佛教

7~8世纪,佛教分别由印度和中国汉族地区传入中国西藏,10世纪中叶以后,形成藏语系佛教,后又辗转传到四川、青海、甘肃、内蒙古的藏族、蒙古族、裕固族、纳西族等少数民族地区以及不丹、尼泊尔、蒙古和俄罗斯的布里亚特等邻国。近年来,在欧美地区也有流传。

(二) 佛教的基本教义

释迦牟尼所创佛教的基本教义,主要是四谛、八正道、十二因缘因果报应轮回说等。

1. 四谛

"四谛"即苦、集、灭、道四大真谛。谛意为永恒的真理。"四谛"是佛教各派共同承认的基础教义。苦谛把社会人生判定为"苦",人在世间有所谓"八苦",即生、老、病、死、怨憎会、爱别离、求不得、五阴盛(或称五蕴取)。"人生在世间就是苦难"为释迦牟尼创教初期教义的最主要内容,是佛教的人生哲理。集谛是对造成痛苦与烦恼原因的分析。《四谛经》以"到处不断地追求快乐的渴爱"为苦的原因。灭谛提出了佛教出世的最高理想——涅槃。"涅槃"是梵文音译,意译为"圆寂"。涅槃的根本特点是达到熄灭一切"烦恼"、超越时空、超越生死轮回的境界。道谛是达到涅槃的修行方法,即从身、口、意三个方面规范佛徒的日常思想行为的正道。

2. 八正道

亦称八圣道,或八支正道,也称八中道,是由凡入圣的正确道路。它指正见、正思维、正语、正业、正命、正精进、正念、正定。佛教称,人们如果按照上述"八正道"来观察、思考、说话、行动和生活,就可以由"迷"转"悟",达到无苦境界。

3. 缘起说

缘起说,也叫缘生说,是因缘生起的简称。佛教认为一切事物的产生、发展变化都处在因果关系之中。十二因缘生起说将人生分为12个环节:过去世二因(无明、行)造成现在世五果(识、名色、六处、触、受),现在世三因(爱、取、有)造成未来世二果(生、老死),生而复有老死,构成未来世之苦。这种三世、两重、十二缘起的生死轮回之苦的根源是过去世的无明、行二因。佛教以此教导人们去恶从善、积德行善,以求得解脱。缘起因果报应轮回说,是佛教宇宙观、人生观和宗教实践的理论基础。

4. 三法印

佛教还针对婆罗门教"梵天一如"说,提出五蕴(或称五阴)说,认为一切众生乃至整个世界都是由色、受、想、行、识5种因素组成的,聚散生灭,变化无常,既无绝对的主宰者,也不存在一个常住实体。五蕴说是原始佛教出世宣传的哲学基础和依据。"诸法无我"、"诸行无常"及"涅槃寂静"便成为"三法印",即佛法之特征,再加上"一切皆苦",也称为"四法印"。只有符合法印的学说才称得上是佛教学说,这是用以印证佛教学说的标准。

(三)佛教的供奉对象

1. 佛

所谓佛,即自觉、觉他(使众生觉悟)、觉行圆满者。

三身佛,据天台宗说法,佛有三身,即法身佛毗卢遮那佛,代表佛教真理(佛法)凝聚所成的佛身;报身佛卢舍那佛,指以法身为因,经过修习得到佛果、享有佛国(净土)之身;应身佛(又称化身佛)指佛为超度众生,来到众生之中,随缘应机而呈现的各种化身,特指释迦牟尼之身。

横三世佛又称三方佛,体现净土信仰:佛经称,世界有秽土(凡人所居)和净土(圣人所居佛国)之分。最著名的净土为西方极乐世界、东方净琉璃世界,教主分别为阿弥陀佛、药师佛。中国佛教徒大多愿往生西方极乐世界。娑婆世界,即我们人类现住的"秽土",教主为释迦牟尼佛,"娑婆"为"堪忍"之意。

竖三世佛又称三时佛,从时间上体现佛的传承关系,表示佛法永存,世代不息。正中为现在世佛,即释迦牟尼佛;左侧为过去世佛,以燃灯佛(或以释迦前一任佛迦叶佛)为代表;右侧为未来世佛,即弥勒佛。佛经上说,约3 900亿年以前,释迦牟尼前世未成佛时曾借花献给燃灯佛,燃灯佛为他"授记"(预言他将来要成佛接班)。弥勒现在还是菩萨,据佛经说,他还在兜率天内院中(即弥勒净土)修行。释迦牟尼预言弥勒将在56.7亿年后降生印度,在华林园龙华树下得道成佛接班并分批超度一切众生,故称未来世佛。

弥勒音译慈氏,相传将继释迦牟尼之后为佛。寺院中弥勒造像有佛像、菩萨像(天冠弥勒)和化身像(大肚弥勒)3种。天王殿中供奉的"大肚弥勒"是已经中国化的化身像。相传为五代梁朝时明州(今宁波)奉化人,名契此,其道场在浙江奉化岳林寺。

2. 菩萨

所谓菩萨,即指自觉、觉他者。寺院中常见的菩萨有:文殊师利菩萨、普贤菩萨、观世音菩萨、地藏菩萨和大势至菩萨。文殊师利菩萨,简称文殊菩萨,意译为"妙德"、"妙吉祥"。手持宝剑(或宝卷),象征智慧锐利;身骑狮子,象征智慧威猛,人称大智菩萨。相传其道场在山西五台山。普贤菩萨手持如意棒,身骑六牙大象(表示六度),人称大行菩萨。相传其道场在四川峨眉山。观世音菩萨也称为观自在、观世音等。为避唐太宗李世民讳,故又称观音。其左手持净瓶,右手持杨柳,因其大慈大悲,救苦救难,人称大悲菩萨。为普济众生,观音可以示现33身。常见的还有海岛观音,又名渡海观音。相传观音菩萨的道场在浙江普陀山。地藏菩萨,因其"安忍不动犹如大地,静虑深密犹如地藏"(《地藏十轮经》),所以称地藏王菩萨。又因其决心"众生度尽,方证菩提,地狱未空,誓不成佛",所以称大愿菩萨。手持锡杖或手捧如意珠。相传其道场在安徽九华山。大势至菩萨,《观无量寿经》载"以智慧光普照一切,令离三涂(指地狱、饿鬼、畜生'三恶趣')得无上力",因此称为大势至菩萨。佛教还称,其头顶宝瓶内存智慧光,让智慧光普照世界一切众生,使众生解脱血火刀兵之灾,得无上之力。相传其道场在江苏南通的狼山。

3. 罗汉

罗汉全称为阿罗汉,即自觉者。佛教称,他们已灭尽一切烦恼,超脱生死轮回,并受到天人供养。寺院中有十六罗汉、十八罗汉以至五百罗汉。还有中国民间传说的济公,也列在罗汉之中。

4. 护法天神

古印度神话中惩恶护善的人物,佛教称之为"天",是护持佛法的天神。著名的护法天神有:四大天王、韦驮、二王尊、伽蓝神等。四大天王:佛经称同一日月所照的四天下为一小世界。一小世界的中心为须弥山,环绕须弥山有七(圈)香水海和七(圈)金山,再外侧为铁围山环绕着大咸海。大咸海中分布着人类居住的四大部洲:东胜神洲、南瞻部洲(即我们所居世界)、西牛货洲和北俱卢洲。四大洲各有两个较小的中洲为两翼。四大天王住须弥山山腰的犍陀罗山,各护一方天下,故称"护世四天王"。四大天王:东方持国天王,身白色,手持琵琶;南方增长天王,身青色,手握宝剑;西方广目天王,身红色,手缠龙或蛇,有的另一手持宝珠(取龙戏珠之意);北方多闻天王,身绿色,右手持宝伞,有时左手握神鼠。在天王殿内,四大天王像分列在大肚弥勒像的东西两侧。韦驮,原为南方增长天王手下神将,佛经称,他曾亲受佛祖法旨,周统东、西、南三洲护法事宜,保护出家人,护持佛法,故称"三洲感应"。汉化韦驮为身穿甲胄的少年武将形象,手持法器金刚杵。通常置于天王殿大肚弥勒像背后,脸朝大雄宝殿。二王尊指伽蓝守护神密迹金刚和那延罗天。二王尊专门把守山门,中国民间俗称为"哼哈二将"。伽蓝神,关羽是最著名的汉化伽蓝神。关平成了其左胁侍,周仓成了其右胁侍。

(四)佛教典籍

释迦牟尼时代并无文字记载的佛教经典,释迦牟尼涅槃后大弟子迦叶在王舍城举行第一次结集,编成了最早的佛典。佛教及其经典传入中国前,印度已有4次三藏(经、律、论)的结集,内容全属小乘。但古印度梵文佛教经典因历史的原因,仅有极少量残存。现存佛经按语系划分,一般认为有三大系统:

巴利语系佛经,流传在斯里兰卡、缅甸、柬埔寨、老挝、印度、泰国和中国云南的傣、布朗和德昂等少数民族地区的巴利语系佛经,主要是上座部佛教的经典。现存的最完善版本巴利语大藏经,是 1954～1956 年间缅甸政府召集的第六次结集时勘定的。

藏语系佛经,流传在中国藏族、蒙古族、土族、羌族、裕固族等民族以及尼泊尔、不丹、蒙古、俄罗斯西伯利亚地区的藏语系佛经,分为甘珠尔、丹珠尔、松绷三大类。甘珠尔又名正藏,收入律、经和密咒三个部分;丹珠尔也称续藏,收入赞颂、经释和咒释三个部分;松绷即杂藏,收入藏、蒙佛教徒有关著作。

汉语系大藏经。佛教典籍"藏"的原意是可以盛放东西的竹箧,有容纳、收藏的含义,佛教用以概括全部佛教典籍,分为经、律、论三藏:经是释迦本人所说的教义,为释迦牟尼说法的言论汇集;律是佛陀为教徒制定的必须遵守的规则及其解释,为戒律和规章制度的汇集;论是释迦牟尼以后大弟子对其理论、思想的阐述汇集,为阐明经、律而作的各种理论的解释和研究。《开元释教录》著录佛经 1 076 部,5 048 卷,皆为写本。自北魏起始有石经,以隋代开始所刻房山石经最为完整。木版刻经,始自唐代,至宋开宝年间始刻全藏,历元、明、清、民国至今,共编纂印行木刻和排印本大藏经 22 种。有宋代《开宝藏》、金代《赵城藏》、元代《普宁藏》、明朝《万历藏》、清朝《龙藏》、民国时期《频伽藏》以及近年《中华大藏经》(汉文部分),集汉译佛典及汉地佛教著述之大成。汉语系的佛经大部分从梵文译出,一部分从巴利语或西域语言译出。佛教大乘梵文原典大多失传,幸赖汉译得窥其内容,因而汉地佛学研究贡献甚大。

(五)佛教的标志

佛像的胸部,往往有右旋"卐"或左旋"卍"的标记,表示吉祥万德。佛教的标志也往往以法轮表示。因为佛法如车轮辗转,摧破众生烦恼。

(六)僧伽制度

僧伽制度是僧尼共同遵守的制度、规定及传统习惯。

1. 出家与受戒

相传释迦牟尼成道后,到鹿野苑为憍陈如等五人初转四谛法轮,始建僧团。佛教信徒为求解脱而出家修行。这种制度原非释迦牟尼所创始,古印度早有此风尚。佛教徒出家,先要剃发,这是取得僧人资格的必需条件。

自唐代律宗兴起,推行《四分律》,基本上保持了印度传统,但也具有自己的特点:第一,出家僧徒自道安以后一律以"释"为姓;第二,僧徒必须素食;第三,不行乞食,安居寺中修行,生活由寺供养;后来禅宗提倡农、禅兼修,僧人可务农自养;第四,僧人受菩萨戒,唐代已有烧身供养以示愿行坚固,以后逐渐变为燃顶(烧香疤)。1983 年 12 月,中国佛教协会在《关于汉族佛教寺庙剃度传戒的决议》中认为,这种习惯"并非佛教原有的仪制,因有损身体健康,今后一律废止"。

佛教徒出家,须受十戒才成为沙弥和沙弥尼;沙弥和沙弥尼受具足戒后即成为高一级的佛教徒比丘或比丘尼;对比丘尼要求更严格,年满20岁的沙弥尼在受具足戒前2年要受式叉摩那戒,是对学戒女在其由沙弥尼过渡到比丘尼更严格的考察。大乘佛教出家信徒还须受菩萨戒。

2. 安居与羯磨

安居亦称夏安居、雨安居。古印度在雨季3个月里,禁止僧尼外出,认为此时万物滋生,外出行走,易伤草木小虫,应定居于一处,坐禅修学,接受供养。这段时间为安居期。安居前一日称结夏,安居终了举行自恣羯磨,称解夏。

羯磨意为"会议办事"。僧团按戒律规定,处理僧团或僧侣个人事务时,必须由一定范围内的全体僧侣集会决定。一般表决方法为口头回答同意与否,同意的不说话,不同意的表示意见。大家不说话,羯磨师(执行主席)就说:"僧人默然故,是事如是持。"有受戒羯磨、布萨羯磨、自恣羯磨以及为临时商办某事而举行的羯磨等。

3. 丛林清规与寺院管理制度

丛林,原称"阿兰若",意为森林、丛林。印度原用以称僧众住处。佛教建立寺院后,泛指佛寺。清规即僧众日常应遵循的规定。在古印度,佛教原规定"三衣一钵,日中一食,树下一宿"。在古印度僧团中,原只有执掌与监督进食等项的上座,称为维那,此外别无他职。汉地佛教寺院一般都有住持(方丈)、监院、维那、知客等僧职。唐末禅宗盛行后,逐渐在全国寺院推行改订的《百丈清规》,对僧徒诵经的仪式和参禅、普请等活动,做了具体的规定。

(七)常用礼仪

合掌亦称合十。左右合掌,十指并拢,置于胸前,以表示由衷的敬意。

围绕佛而右转,即顺时针方向行走,一圈、三圈或百圈、千圈,表示对佛的尊敬。

五体投地也称顶礼或五轮投地。"五体"(或称五轮)指两肘、两膝和头。五体都着地,为佛教最高礼节。

二、中国汉族地区的佛教

汉族地区的佛教,也称内地佛教,是中国佛教的三大派系之一。传入中国汉族地区的佛教,经过长期的经典传译、讲习、融合,与中国传统文化相结合,从而形成了具有民族特点的各种宗派并外传朝鲜、日本和越南。

(一)历史

佛教传入中国汉地年代大概在两汉之际,西汉哀帝元寿元年(公元前2年),大月氏王使臣伊存向汉朝博士弟子景卢口授《浮屠经》,佛教开始传入中国。

佛教在中国的发展大致经历译传、创造和融合三个阶段:

1. 佛教的传入与译传

两汉之际、魏晋南北朝时期为译传阶段,中国先后译出大量的佛教经典,研究佛教的风气盛行一时。

东汉时来洛阳的高僧安世高、支娄迦谶,是中国译经的开端。三国时期承汉之后,天竺、安息、康居的沙门如昙柯迦罗、昙谛、康僧铠等先后来到魏都洛阳,从事译经;支谦、康僧会等前往吴都建业(今江苏南京)弘法。昙柯迦罗、昙谛精于律学,译出摩诃僧祇部的戒本《僧祇戒心》一卷。主张僧众应遵佛制,禀受归戒,为汉地佛教有戒律、受戒之始。当时译经,大小乘并举。小乘经典强调禅法,注重守神养心("守意");大乘偏重般若。260年,朱仕行西行,为中国往西方学法取经之始。此外,这个时期的寺塔建筑、佛像雕塑也各具规模,但今存极少。南朝宋、齐、梁、陈各代帝王大都崇信佛教。梁武帝笃信佛教,自称"三宝奴",舍身入寺,皆由国家出钱赎回,并建立了大批寺院,亲自讲经说法,举行盛大斋会。北朝虽然在北魏太武帝和北周武帝时发生过禁佛事件,但总的说来,历代帝王都扶植佛教。北魏文成帝在大同开凿了云冈石窟;孝文帝迁都洛阳后,为纪念母后开始营造龙门石窟。在南北朝时,有大批外国僧人到中国弘法,其中,著名的有求那跋摩、求那跋陀罗、真谛、菩提流支、勒那摩提等。中国也有一批信徒去印度游学,如著名的法显等曾去北印度巡礼,携回大批佛经。

2. 佛教的创造和鼎盛

隋唐两代是中国佛教经典的创造和开宗立派的鼎盛时期。中国僧人分别以一定的经典为依据,创构了自己的理论体系,形成8个主要宗派,称为中国佛教的创造和鼎盛时期。

隋文帝统一后,即下诏在五岳胜地修建寺院各一座并恢复了在北周禁佛时期被破坏的寺院、佛像。在首都大兴城(汉长安城东南)建立了执行佛教政策的国家寺院——大兴善寺。仁寿年间(601—604年)在全国建立了111座舍利塔,并广置译场,罗致中外译师、名僧翻译、疏解佛教经典。隋炀帝继隋文帝的保护佛教政策,在扬州建立了著名的慧日道场等,作为传播佛教的据点,继续发展前代的译经事业,因此佛教十分兴盛。唐朝帝王实际上是采取道佛并行的政策。唐太宗在清除割据、平息骚乱时,曾得僧兵之助;在即位后,下诏在全国"交兵之处"建立寺刹,并在大慈恩寺设译经院,延请国内外名僧进行译经、宣化事业,培养出了大批高僧、学者。高宗继位后,在帝都和各州设官寺,祈愿国家安泰。武则天更令各州设大云寺。不空和尚曾仕玄宗、肃宗和代宗三朝,出入宫门,封肃国公,入寂后代宗废朝三日,以示哀悼。唐朝时,中国名僧辈出,对佛学义理上的阐发无论在深度或广度上都超过前代,为建立具有民族特点的很多宗派奠定了理论基础。佛教信仰深入民间,创造了通俗的俗讲、变文等文艺形式。在佛教建筑、雕刻、绘画、音乐等方面建树很大,丰富了中国民族文化艺术的宝库。在唐时有大批外国僧侣、学者来我国从事传教和译经事业,中国也有不少僧人(如玄奘、义净)不辞艰辛去印度学佛。但是会昌五年(845年),发生了大规模的禁佛事件,佛教受到极大的打击。

隋唐佛教教义学蓬勃发展,促成中国佛教各宗派的建立。中国僧人分别以一定的经典为依据,创构了自己的理论体系,形成8个主要宗派:智𫖮创立的天台宗;吉藏创立的三论宗;玄奘和窥基创立的法相宗;道宣、法砺和怀素分别创立的律宗南山、相部和东塔三家;由北魏昙鸾开创,隋代道绰相继,而由唐代善导集成的净土宗;禅宗弘忍的弟子神秀和慧能分别创立北宗和南宗,在唐中叶后又陆续出现"禅门五家";法藏创立的华严宗;由印度僧人善无畏、金刚智、不空和惠果所奠定的密宗。中国佛教宗派创立之后,开始传入朝鲜、日本、越南和印度尼西亚,加强了中国与亚洲其他国家的宗教、文化和商业的关系。

3. 佛教与中国传统文化的融合

宋元明清四朝,中国佛教在这900年间空前广泛、深入地与中国的文化全面结合。元明清三代,精英佛教停滞衰退,而大众佛教取得长足发展,出现"家家观世音,户户阿弥陀"的局面。这一阶段从教派上说,主要流行禅宗和净土宗,其他各宗逐渐衰落。

北宋初期,朝廷对佛教采取保护政策。建隆元年(960年)普度僧人8 000人,继之又派行勤等157人赴印度求法,并使张从信于益州(今四川成都)镂雕大藏经版。太平兴国五年(980年)设立译经院,恢复了从唐代元和六年(811年)以来中断170年之久的佛经翻译工作。同时,西域、古印度僧人携经赴华者络绎不绝,至景祐(1034—1037年)初已达80余人。译经规模超过唐代,但成就稍逊。佛教宗派以禅宗特别是临济、云门两派最盛,天台、华严、律宗、净土诸宗稍次,天台宗分为山家、山外两派。由于各宗互相融合,提倡"教(天台、华严)、禅一致"、"净、禅一致",因而华严禅、念佛禅等广为流行。在民间,念佛结社特别兴盛,影响极大。

南宋偏安,江南佛教虽仍保持一定盛况,但由于官方限制佛教的发展,除禅、净两宗外,其他各宗日益衰微。禅宗不立文字,不重经论,因而在禁佛与兵燹时所受影响较小。净土宗强调称名念佛,以口念"南无阿弥陀佛"为修行方式,以往生西方极乐世界为宗旨,是最简便的法门,故在民间影响最大。

宋儒理学一方面汲取佛教华严、禅宗的思想,以丰富其内容,另一方面又批判和排斥佛教。排佛以欧阳修最为著名,但他的排佛思想曾受到契嵩和尚、宋朝宰相张商英等人的反对。

元代的统治者崇尚藏传佛教,但对汉地佛教也采取保护政策。雕印著名的普宁寺版《大藏经》。佛教中的禅、律宗等继续流传、发展,寺院林立,僧尼众多。中央和地方设有严密的僧官制度,颁行《敕修百丈清规》加以监督。

明朝万历以后,祩宏、真可、德清、智旭四大家进一步发展了对内融会禅、教、律等宗学说,对外融通儒、释、道三家的风气,所以深受士大夫的欢迎和一般平民的信仰,并使佛教更加具有中国的特色。

清初,皇室崇奉藏传佛教,对汉地佛教采取限制政策。康熙时禁令稍弛,迎请明末隐居山林的高僧重返京师,使已经衰微的佛教一时又呈现出活跃的气象。雍正虽重视藏传佛教,但主张儒佛道异用而同体,并行不悖,提倡佛教各派融合,对佛教的发展起了一定推动作用。

清末以来,杨文会、欧阳竞无等在日本和西欧佛学研究的推动下,创办刻经处、佛学院、佛学会等,为佛教教义学的研究开辟了一个新的时期。一批名僧,如月霞、圆英、太虚、弘一等也都奋起从事振兴、弘扬佛教的工作,使佛教研究产生了新的气象。

(二)禅宗

禅宗是纯粹中国化的汉地佛教宗派,因主张修习禅定故名,又因以参究的方便、彻见心性的本源为主旨,亦称佛心宗。禅宗是我国支派最多的佛教宗派,也是中国佛教史上流传最久远、对中国文化影响最广泛的宗派。

该宗所依经典,先是《楞伽经》,后为《金刚经》,《六祖坛经》是其代表作,以觉悟众生心性的本源(佛性)为主旨,提倡心性本净,佛性本有,见性成佛。

传说禅宗的创始人为菩提达摩,下传慧可、僧璨、道信,至五祖弘忍下,发生"顿悟"与"渐悟"之争,分为南宗慧能,北宗神秀,时称"南能北秀"。主张"顿悟"的慧能的著名弟子有南岳怀让、青原行思、荷泽神会,形成南宗的主流三系。其中,以南岳、青原两家弘传最盛,南岳下数传形成沩仰、临济两宗,青原下数传分为曹洞、云门、法眼三宗,世称"五家"。在宋代临济宗析出黄龙、杨歧两派,合称"五家七宗"(或称"五宗七派")。禅宗在五家七宗以后,禅风有所改变,深受士大夫们的欢迎。这种佛儒合流倾向,影响到宋明理学的形成。宋、明理学的代表人物如周敦颐、朱熹、程颐、程颢、陆九渊、王守仁都从禅宗汲取营养。禅宗思想也是近代资产阶级思想家的思想体系渊源之一。近代汉地佛教寺院,除少数律寺(律宗)和讲寺(天台宗)外,几乎都是禅宗丛林。在修持方面,禅僧又都"禅净双修",禅宗和净土宗界限已十分模糊。

(三)汉地佛教文化在中国历史文化中的影响及特点

汉地佛教文化是中国历史文化中的重要组成部分,它深刻影响其他文化形态,如哲学、道德、文学、音乐、雕塑、美术、音韵学等,并已深刻地渗透到社会习俗之中。第一,佛教文化在心理结构与思想方式上对汉民族有着深刻的影响。中国本土文化固然不乏厌世思想,但只是失意而自我安慰的肤浅形式。佛教则正是以出世和解脱苦难相标榜,使汉族心理结构受到强烈冲击并重新组合。第二,汉地传统民俗文化大量来源于佛教文化,或者与佛教文化密切相关。如斋戒、节日、饮食三类,都具有非常典型的民俗特点,在汉族的民俗活动中占有显著地位。第三,佛教文化对于汉族的文学、艺术贡献很大。第四,在汉族的语词系统之中存在佛教文化的丰富积淀。第五,佛教文化是中国传统文化最有力的文化传播者。

汉地佛教文化的特色:第一,中国封建社会建立在自给自足的自然经济的基础上,在社会关系中父系家长制的宗法制度占统治地位。儒家主张忠君孝亲的纲常名教,汉时已成为统治思想。佛教从离开印度本土传入中国后直到成为封建思想文化的一个组成部分,一直处于儒家的依附地位。它与汉族固有的传统文化相冲突、渗透和融合,经历了艰苦漫长的发展历程,逐渐显示出一种十分独立和成熟的品格,最后形成了汉地佛教文化,并通过它的传教、教义、宗教活动来为封建统治阶级服务。汉地佛教文化独立性相对其他民族来说较强,也就是,汉化或民族化、中国化程度较高。第二,佛教从传入之初就与中国传统文化相互影响。自宋以来,中国传统文化更呈现出儒释道合一的格局。佛教在中国传播过程中一直努力吸收儒、道等传统文化思想来充实、发展自己。这使汉地佛教文化在具备较强的相对独立性的同时,又显现出许多灵活的特点。例如,把道教和玄学的本体论与佛教的以真如佛性为本体的本体论相结合,进而提出"色空不二"、"体用相印"的佛教哲学理论,天台宗的"一念三千"、"三谛圆融",华严宗的法界缘起、圆融学说,都具有这方面的意义。又如,将儒家的忠君、报恩、中庸、孝道等纳入佛学,儒家的心性论对佛教的以佛性为觉悟基因的心性论也有影响。总的趋势是,佛教与儒家、道教关系密切,使汉地佛教文化更加理性化、哲理化,宗教神学的色彩越来越淡薄。第三,发挥大乘"真俗不二"、"即烦恼是菩提"的理论,主张出世不离入世,生活日用即为佛道。在这方面,天台、华严、禅宗都有论述,而禅宗尤为突出。第四,具有强烈的神秘色彩的民间信仰氛围。这是汉地佛教文化的最主要的现实品格。构成汉地佛教文化最广大和深厚的现实基础是广泛的民间信仰氛围。这样的信仰层面占据了汉地佛教信仰的大多数。它实际上将佛教降格成为一种准宗教形态。多神崇奉取代了一神崇奉,作为创始者和教主的释迦牟尼佛被淡化,而阿弥陀佛、观音菩萨、弥勒佛等各司其职、分工颇为精细的功能神灵,则妇孺皆知,深入人心。民间的通俗化信仰在塑造汉地佛教方面力量十分强大、坚韧。第五,各宗派采取封建宗法制度建立了师徒间的嗣法制度,特别是天台宗和禅宗确立了比较严格的传法关系。但是由于中国中央集权的强大,各宗派在组织上没有形成森严壁垒的对立关系。从前秦道安以后,僧尼以释为姓,彼此间形成比较亲近的同体感,认为各宗派理论虽有高下,但皆符合佛的教说,各宗派并非水火不容。对此,各宗派判教理论有清楚的说明。

三、中国藏传佛教

藏传佛教,或称西藏佛教、藏语系佛教,藏族称为"桑结登巴"、"却",意为佛教、佛法,又称藏密,内地俗称喇嘛教,是中国佛教的三大派系之一。公元7世纪,佛教分别由印度和我国内地传入西藏地区,实质上是印度佛教显、密二宗和汉地佛教的显宗传入西藏后,吸收了西藏高原原始宗教苯教的某些内容,在特定的社会历史条件下形成的具有西藏地方特色的佛教。藏传佛教是大、小乘兼容,以大乘为主,属大乘佛教;有显宗、密宗之分,显、密共修,强调先修显后修密,教理与修习并重,以密宗无上瑜伽密为最高修行次第。藏语称藏密为"桑俄",意为"秘密真言",具有咒术性、对喇嘛异常尊崇、活佛转世思想以及宗教与政治结合等4大特色。藏传佛教具有鲜明的民族性和群众性,曾传遍整个藏族地区和其他一些少数民族地区。据不完全统计,中华人民共和国成立时,全国有藏传佛教寺庙5 000余座,僧侣40余万。在国外,藏传佛教还传到印度、不丹、尼泊尔、蒙古、俄罗斯等地。近年在西方各国也有传播。

(一)藏传佛教的发展过程

在7世纪佛教传入西藏以前,雪域高原上的藏族祖先信奉原始宗教苯教。佛教在传入西藏后的发展过程中,出现了前弘期、后弘期两次高潮:

1. 7世纪至9世纪前弘期的藏传佛教

从7世纪中叶至9世纪中叶,是藏传佛教第一个发展阶段,称为"前弘期"佛教。这一时期,西藏正处于奴隶制的吐蕃王朝时期。

7世纪起初,吐蕃王朝松赞干布(617—650年)赞普先娶尼泊尔公主赤尊为后,公主进藏时,携来不动、弥勒、度母等佛像。唐贞观十五年(641年),唐太宗以宗女文成公主与松赞干布联姻,公主进藏时带来释迦牟尼佛像和经书。松赞干布在拉萨建立了大昭寺、小昭寺等寺庙;派吞米桑布扎赴印度等地学习梵文并创制藏文;制定了法律和16条人道伦理法,其中第一条就是敬信佛、法、僧三宝。佛教刚传入西藏就遭到传统苯教的强烈抵制。赤德祖赞(704—754年)在位时,唐金成公主进藏联姻,与赤德祖赞共同倡佛,才使佛教稍有发展。但赤德祖赞死后,其子赤松德赞(755—797年在位)年幼即位,由大臣仲氏(苯教徒)辅政,发生了西藏佛教史上的"第一次禁佛运动"。赤松德赞成年掌权后,先设计剪除反佛势力,决心继承祖训继续发展佛教。派人迎请印度佛教显、密大师寂护、莲花生等;兴建西藏第一座正规寺院桑耶寺;组织大规模译经;剃度第一批藏族人出家,形成僧伽制度;还曾召集佛教徒与苯教徒进行辩论以灭苯兴佛;又举行汉僧与印僧的辩论,解决佛教内部的宗派斗争,以统一信仰。赤松德赞死后,其子牟尼赞普即位(797—798年在位)。他仍致力于发展佛教,公元798年,终被反佛崇苯的大贵族出身的母亲侧崩萨毒死。由其弟赛那累继赞普位(798—815年在位)。赛那累也是兴佛的赞普:在赞普王宫里设置供养"三宝"的道场;让僧人参政,大僧官(钵阐布)位在宰相(大论)之前;新立王妃、新任大臣都必须从立誓信佛的人中选立和任命。815年,赛那累死,由第五子赤祖德赞(815—838年在位)继赞普位。他是吐蕃王朝历代赞普中兴佛达到登峰造极的人物:推行"七户养僧";把吐蕃王朝对内对外的军政大权均交给钵阐布贝吉云丹掌握,大僧官位在其他大臣之上;规定王朝所有行政制度,都以佛教经律为准则,甚至通用的度量衡器,都依照经典进行改制。838年,反佛大臣谋杀赤祖德赞,拥立其兄朗达玛嗣位。朗达玛一上台即掀起大规模的灭佛运动,禁止佛教在吐蕃境内流传,史称"第二次禁佛运动"。灭佛进行了4年之久,佛教遭到彻底毁灭,宗教史书中称这段时间为"灭法期"或"黑暗期"。公元842年,在拉垅(今洛扎县)"修定"的僧人白吉多吉伪装潜入拉萨,在大昭寺前把朗达玛射死。此后吐蕃王朝土崩瓦解。

2. 10世纪以后藏传佛教后弘期的主要教派

公元10世纪以后,是藏传佛教形成发展的重要历史时期,宗教史上称为"后弘期"。公元978年,佛教重新传入西藏。1042年,印度超岩寺首座阿底峡大师应邀进藏,对西藏密教的发展影响极为深远。

后弘期是藏传佛教正式形成的时期。密教中尊师如佛,以上师居首而倡"四皈依",信仰者除皈依佛、法、僧之外,还要皈依喇嘛。这一时期,藏传佛教的特点有两个:一为大量传译印度波罗王朝时期盛行起来的密教无上瑜伽部的经典和法门,传译工作至13世纪初基本结束。这些经籍以后都收入甘珠尔和丹珠尔中。二为以密教传承为主,形成各种教派。从11世纪初以后,随着封建庄园经济的发展,封建领主既是雄踞一方的地方首领,又是寺院的大施主。有的则直接给自己披上一件僧人的袈裟,本身既是政治领袖,又是宗教领袖,形成僧俗一体、政教不分的局面,依附于他们的藏传佛教开始形成互不相属的教派。后弘期中陆续出现了二三十种教派和教派支系。主要有宁玛派(俗称红教)、噶当派(俗称老黄教)、萨迦派(俗称花教)、噶举派(俗称白教)与格鲁派(俗称新黄教)5大教派,较小的教派还有希解、觉宇、觉囊、郭扎、夏鲁等。苯教在后弘期逐渐与佛教融合,其中一部分也成为佛教的一个派别。

3. 15世纪后的格鲁派寺庙集团

公元15世纪初,由原噶当派宗喀巴进行宗教改革创立格鲁教派,噶当派改宗格鲁派。因宗喀巴师承出自噶当派,所以又称其为新噶当派。此后宗喀巴及其弟子们常住甘丹寺,称为甘丹寺派;教义称作"甘丹必鲁",简称为"甘鲁派",后来演变为格鲁派,意为"善规派"或"善律派",格鲁藏语意为"善律";由于格鲁派的僧人都戴黄色僧帽,所以这一派又俗称黄教。格鲁派是藏传佛教最后出现的教派,是最有实力的教派、最大宗派。格鲁派的创立和执政,标志着藏传佛教发展的高峰,对西藏的社会历史有着极为重要的影响。

13世纪初,藏族社会已普遍确立封建农奴制度,社会经济得到发展。随着封建领主经济的发展,藏传佛教各派上层僧侣直接参与掌握经济、政治活动。他们享有特权,积聚财富,追逐利禄。因此,到14世纪后期,藏传佛教呈现出僧人腐化、戒律废弛、修习混乱的"颓废萎靡之相",从而丧失民心,走向衰落。在此情况下,统治者和民众都需要遵守戒律、安分守己的僧人与"纯正"的佛教。

(1)宗喀巴其人

宗喀巴(1357—1419年),法名罗桑扎巴,青海湟中人。他的父亲为元朝的达鲁花赤,家庭富有。7岁出家,学佛9年,打下坚实的佛学基础,原为噶当派僧人。17岁入卫藏学经,他以印度大乘佛教中观派为正宗,综合西藏各教派流行的显密教法,在吸收噶当派教义的基础上,于13世纪初在西藏进行了宗教改革。

(2)宗喀巴的宗教改革

从1400年至1409年,宗喀巴推行了宗教改革措施,主要有以下几点:

第一,提倡僧人严守戒律,独身不娶。宗喀巴以大乘佛教戒律来说教,要求僧人无论学显教还是学密教,都应遵守僧人必须遵守的生活准则,受戒律的限制,以持守戒律来划分僧人和俗人,防止僧人流于世俗。

第二,建立理论基础。为整顿修习次第和戒律持守,宗喀巴在短短的几年中写出了几部著作:《菩提道次第广论》(1402年成书)、《密宗道次第广论》(1406年成书)、《密宗十四根本戒释》、《菩萨品戒释》、《事师法五十颂释》等,完整地体现了他的显密思想体系和戒律思想,为创立教派奠定了理论基础。

第三,举办法会。在帕竹地方政权的首领、阐化王扎巴坚赞和内邬宗(今拉萨西郊)宗本南喀桑布大力支持下,宗喀巴于1409年藏历正月,在拉萨发起并举行了一次大型祈愿法会,藏语称为"默朗钦波",汉语称作传大昭。与会的各派僧人1万有余,盛况空前。宗喀巴是法会主持人,在法会期间每天讲经说法,威望很高,被各教派公认为藏传佛教的领袖。

第四,建立寺院。这次法会以后,宗喀巴在拉萨东北40余公里的旺古尔山建甘丹寺。1409年该寺的建立,标志着格鲁派的形成。

(3)格鲁教派集团的形成

宗喀巴晚年和他去世(1419年)以后,黄教势力的发展是靠他的几个重要弟子和再传弟子来推动的。宗喀巴的弟子中,最著名的有贾曹杰和克主杰,被格鲁派教徒尊为"师徒三尊"。贾曹杰继承宗喀巴法位,为第一任甘丹墀巴(意为甘丹寺座主);克主杰为第二任甘丹墀巴,他被追认为一世班禅,建立班禅活佛系统。此外,宗喀巴的弟子中还有绛央却结是哲蚌寺的建立者;绛钦却杰建立色拉寺,是内地和蒙古地方的黄教传播者;根敦珠巴(1391—1474年),建立扎什伦布寺并任寺主,被追认为第一世达赖,达赖活佛转世系统的起点;堆·喜饶桑布,在阿里芒域(今吉隆县)建达摩寺,是黄教在阿里地区的主要传播人;麦·喜饶桑布,建强巴林寺,形成帕巴拉活佛转世系统;喜饶僧格是密宗寺院举麦札仓(下密院)的建立者,后来他的弟子贡噶顿珠又建成上密院(举堆札仓),两密院是黄教修习密宗的最高学府。

宗喀巴的主要门徒的活动,仅几十年时间,遍布全藏,可见格鲁教派本身发展非常迅速。格鲁教派寺院占据了大量的庄园、牧场和农牧奴,势力逐渐扩展到四川、青海、甘肃、蒙古等地,与各个地方的封建势力广泛建立联系。格鲁教派势力迅速发展,作为西藏实力最强大的教派,一直延续至今。

(二) 中国藏传佛教僧伽制度、佛事仪式与节日

1. 僧伽制度

藏传佛教奉行说一切有部戒律，各派对大乘菩萨戒及密宗根本戒等也都遵行。但在后弘期中如噶举及萨迦两大派创宗传法者大多有妻室，宁玛派因经历禁佛而在家庭中传世。严格按照戒律建立比丘僧伽制度立寺推行的只有格鲁派。但其他各派也非全无具戒比丘。寺院组织因派别及寺院大小各不相同。格鲁派后来曾形成政教合一制度，以教统政，大寺院中的僧职亦可起官职作用。此派很重视寺院管理制度。母子寺院从属关系严格；僧职人员各司专职，不得越权；寺院管理实行委员议事的形式，任何个人不得垄断寺政。这种严密的寺院管理制度，有助于保持寺院组织的相对独立性，从而避免某一个世俗封建统治者对寺院的操纵。

西藏的大寺远望与汉地大寺相似，其实内部如一小型城镇，除殿堂、僧舍、灵塔、经幢外，尚有私人住宅及街巷等，形成一个自给自足的社会。以格鲁派拉萨三大寺为例，寺中僧众集体构成札仓（经学院），有一住持称"堪布"，总理寺务，能代表寺院出席地方政府重要会议。堪布以下设有"喇让强佐"一人，为堪布的总管；"格贵"一人，俗称"铁棒喇嘛"，维持纪律秩序，查处犯戒及各种纠纷；"翁则"一人领众诵经；"雄来巴"一人管理僧众学经、辩论及考试格西学位事务；"涅巴"，管家，职掌库房财务等；"强佐"，管理扎仓行政事务和财产。以上职务，分司各事，由堪布自行任免。札仓下另设"康村"一层组织，按地区划分僧众。此一级组织在各寺中多少不一，如哲蚌寺的罗色林札仓就有23个康村。每一康村另设管理事务职事若干人。在大寺中常有数个札仓又合设一最高管理机构名"喇吉"，采取委员制，各札仓的堪布为当然委员，从中选出年资最高者为"赤巴堪布"，俗称"法台"。喇吉下另设"吉索"二人至四人为全寺大总管；"磋钦协敖"两人为全寺铁棒喇嘛，俗称"大铁棒喇嘛"；"磋钦翁则"一人领全寺僧众诵经。

各派皆有活佛转世制度。活佛藏语称朱古，即化身佛，有大、中、小之分，选定条件各不相同。在格鲁派中，班禅为无量光佛化身，达赖为观音化身，为最大活佛。另外甘丹寺、哲蚌寺、色拉寺又有磋钦朱古为全寺活佛，札仓朱古为每札仓内活佛。磋钦朱古中也有大小的区别，最高为甲波朱古，有在新达赖未亲政前担任摄政的资格。其他活佛也都有不同的政治、经济和宗教上的特殊地位，有各自的喇让（馆舍）和执事人员。

西藏僧人的学制和学位在格鲁派中有严格规定。有资格的学僧称贝恰哇即读书者，一般从入寺起至考取格西学位需20～25年。如能出钱免服寺中劳役，称为群则（法行者），学程可以缩短一半以上。在显宗札仓学习的内容以五部大论为主，学习完毕即可申请参加辩论考取学位。学位总称是格西，即善知识或善友。在三大寺系统中格西又分四级，即拉然巴、磋然巴、林赛和朵然巴（或称日然巴）。已得格

西学位的僧人如再进密宗学院学习称为佐仁巴,由此可逐步上升为格郭、喇嘛翁则、堪布、堪苏、夏孜却杰及绛孜却杰,后二者七年一届轮流升任甘丹墀巴,为格鲁派教主,享有与达赖、班禅、萨迦法王同等尊荣,任满后得荣誉称号赤苏,死后有作为活佛转世的资格。

2. 佛事仪式与节日

藏传佛教既有前弘期的传承,又全盘接受了印度晚期大乘盛行的无上瑜伽部密宗,传承千差万别,仪轨极为繁复,学者各尊所传,各行其是,情况远比汉地佛教复杂。大体上,寺僧上殿诵经,高僧讲经说法,举办大型法会等显宗法事和汉地佛教基本相同。至于密宗传法灌顶以及修法仪式则按各派各法传承仪轨举行,种类极多,为汉地佛教所无。

西藏民间传统节日充满佛教内容或带有佛教色彩,故与佛教本身节日无法严格区别。但各地各派的节日活动也不一致。

(三)藏传佛教文化的特色

佛教从正式传入西藏地区起,经历了1 300多年的发展,形成了完整形态的藏传佛教文化,并且在近现代世界上以突出的个性特色,引人注目:第一,历史上的政教合一是藏传佛教文化的最显著特色;第二,普遍信仰佛教,普通教徒虔诚程度高,佛教和佛教领袖保持着绝对的神圣地位,是藏传佛教的又一个特色;第三,在宗教生活中,虽然提倡显、密共修,但密宗实际上是全部的重心所在。藏密义理与实修活动具有强烈的神秘色彩,是藏传佛教文化所独有的特色。

四、云南地区上座部佛教

云南上座部佛教,也称南传上座部佛教,属巴利语系,是中国佛教的三大派系之一。我国云南上座部佛教主要分布在西双版纳、德宏、思茅、临沧和保山等市、州,为傣、布朗、德昂、阿昌等族和部分佤族群众所信仰,信教人数约为70余万。

上座部佛教,约在7世纪中首先从缅甸孟族传入中国云南西双版纳傣族地区,公元615年建立了第一座寺庙。12世纪以后,佛教改由勐润(今泰国清边一带)经缅甸景栋传入西双版纳并随之传入泰润文书写的佛经。至1277年傣文创制后,始有刻写的贝叶经文。明隆庆三年(1569年),缅甸金莲公主嫁第十九代宣慰使刀应勐时,缅甸国王派僧团携三藏典籍及佛像随来传教,在景洪地区兴建大批塔寺。13世纪以后,缅僧又将佛教传至德宏、耿马、孟连等地。从此以后,上座部佛教就盛行于这些地区的傣族中。

傣族男童达到入学年龄必须出家为僧,接近成年时再还俗。个别继续留寺深造并按僧阶逐步升为正式僧侣。僧阶大体可分帕(沙弥)、都(比丘)、祜巴(都统长老)、沙密(沙门统长老)、僧伽罗阇(僧主长老)、帕召祜(阐教长老)、松迪(僧正长老)、松迪阿伽摩尼(大僧正长老)八级;或在帕之前增诺(行童)一级,在都之后增都龙(僧都)一级,则为十级。自五级以上晋升十分严格,最后两级在整个西双版纳地区只分别授予傣族和布朗族各一个,成为地区最高的宗教领袖。中国傣族等地区的上座部佛教的最高领袖称"松迪阿伽摩尼",寺院住持称"都龙",奉行的律部和僧制与南传缅甸上座部佛教大同小异。

云南上座部佛教经典,内容和南传巴利语系三藏相同,但编次稍有差别。三藏典籍有巴利语的傣语译音本及注释本和部分重要经典的傣语译本,还有大量的傣族、布朗族的著述。除经典注释外,还有天文、历算、医药、历史、诗歌、传说及佛经故事等。

云南上座部佛教文化的特色是:其一,南传佛教文化具有原始佛教的正统,在信仰上教徒只尊崇释迦牟尼佛,并且拜佛时不供香烛,与北传佛教相比较,显示出独特的文化面貌;其二,具有全民信仰特点,"村村有佛寺,人人当和尚";其三,历史上的政教合一的色彩也相当浓厚,最高政治统治者就是最高的宗教领袖。

第四节 中国的伊斯兰教

伊斯兰教是7世纪初创立于阿拉伯半岛的严格的信主独一的宗教,在世界三大宗教中虽产生最晚,但距今也有1 300多年的历史。伊斯兰为阿拉伯语的音译,本意为"顺服",即顺服唯一的安拉;教徒称穆斯林,为阿拉伯语的音译,本意为"顺服者",即顺服安拉意志的人。该教目前流行于亚洲、非洲,特别是西亚、北非、东南亚各地的90多个国家和地区。中国有10个民族几乎全民族信仰该教,总计1 700万人。

一、伊斯兰教的创立传播和主要教派

(一)穆罕默德创立伊斯兰教

610年前后,阿拉伯半岛麦加城的穆罕默德宣布自己是"先知",得到了"安拉"的启示,正式创立了伊斯兰教。但是,他的严格的一神崇拜,妨碍了克尔白神殿中的多神崇拜,因而激起了麦加贵族们的强烈反对和迫害。穆罕默德被迫于622年7月16日率领其信徒前往麦地那,使麦地那成为伊斯兰教的根据地。后来,伊斯兰教国家规定,以622年7月16日为伊斯兰教历法纪年的开始。630年,穆罕默德率军打回麦加,迫使麦加贵族向伊斯兰教让步,废除克尔白神殿中的360多座神像,只保留一颗黑色陨石(克尔白)作为穆斯林朝拜的圣物,将神殿建成禁寺(即天房),作为穆斯林朝拜的目标。631年,阿拉伯半岛基本统一,政教合一的国家初步形成,穆罕默德成为统一国家的宗教、政治和军事三合一的首脑。632年,穆罕默德"归真"(逝世),葬于麦地那。

(二)伊斯兰教的发展和传播

穆罕默德逝世后,伊斯兰教的发展和传播,大体经历了四大哈里发、倭马亚王朝、阿拔斯王朝与土耳其奥斯曼帝国4个历史时期。哈里发,是推选产生的继承人,担任掌握统一国家宗教军事政治大权的首领。四大哈里发分别是阿布·伯克尔(632~634年)、欧麦尔(634~644年)、奥斯曼(644~656年)、阿里(656~661年)。661年,第四任哈里发被反对派瓦哈利吉派刺杀,叙利亚贵族拥护倭马亚贵族叙利亚总督穆阿维亚为哈里发,迁都大马士革,从此,哈里发变为世袭,开始了倭马亚王朝。该王朝建成了阿拉伯帝国,伊斯兰教得到迅速传播。伊斯兰教在阿拔斯王朝几个世纪的统治期间,通过战争和商业活动,继续向非洲西部、亚洲南部、中部以及东南亚更广阔的范围传播。14世纪至15世纪,土耳其人在西亚建立奥斯曼帝国,16世纪初向东、西方进行武力扩张,成为横跨欧亚非三大洲的封建军事大帝国,奉伊斯兰教为国教,该教获得进一步的传播并通过海路、陆路商业活动传到东南亚各地,使伊斯兰教成为世界性宗教。

(三)伊斯兰教的信奉对象、教义、经典、圣地及标志性习用图形

1.伊斯兰教的信奉对象

安拉(即真主或主),是伊斯兰教信奉的独一无二的主宰,唯一的创造宇宙万物、主宰一切、无所不在、永恒唯一的主。

2.伊斯兰教的教义

伊斯兰教的教义由三部分组成。

伊斯兰教教义的主要内容可以概括为六大基本信仰,简称"六信",即信安拉,安拉是宇宙唯一的主宰;信天使,天使是安拉用光创造的一种妙体,受安拉差遣监视人类,记录人们的行为,惩处不信者;信先知,穆罕默德是安拉的"封印"使者,人间的先知;信经典,《古兰经》是安拉"启示"的经典;信前定,世间一切事物均由安拉前定;信后世,"死后复活"、"末日审判"。

伊斯兰教教规,即宗教仪式和义务。穆罕默德在传教中,为了坚定信仰,规定了教徒必须严格遵守的宗教制度,称为"五功":念功,背诵"安拉是唯一的主宰,穆罕默德是安拉的使者",以表白自身信仰。拜功,穆斯林每天五次朝向麦加方向礼拜,每周一次聚礼(星期五),每年两次会礼。斋功,凡是穆斯林(病人、旅客、怀孕和哺乳期妇女除外)都必须在每年伊斯兰教历九月全月斋戒,每天从日升到日落,禁绝一切饮食。到伊历十月初新月初出现开斋。课功,以纳天课的名义,穆斯林缴纳定量财产税。朝功,即朝觐,凡条件允许的穆斯林,不分性别,一生中应去麦加圣地朝觐一次。朝觐者必须受戒,在受戒期间朝觐者不得互相辱骂、争吵、行房事、杀生、狩猎、拔草、折树等。经过朝功者,在名字前冠以"哈只"以示荣誉。

穆斯林必须遵循善行的道德规范。

3. 伊斯兰教的经典

伊斯兰教的经典为《古兰经》和《圣训》。

《古兰经》是伊斯兰教的根本经典。"古兰"是阿拉伯语的音译,意为"诵读"。伊斯兰教认为,《古兰经》是安拉通过天使哲布勒伊来降给先知穆罕默德的最后一部天启经典。《古兰经》是穆罕默德在传教过程中,发表的有关宗教和社会政治主张的言论。在第三哈里发奥斯曼时,派专人汇编成册。伊斯兰教国家把《古兰经》奉为圣典,成为伊斯兰教社会穆斯林生活中的准则,伊斯兰国家立法的最高依据。

《圣训》是阿拉伯语哈迪斯或逊奈的意译,又名《哈迪斯》,是穆罕默德的言行录,是穆罕默德在传教过程中,发表的有关宗教和社会政治主张的言论。《圣训》也是《古兰经》的补充和注释,是穆罕默德的言行和穆罕默德认可的教门弟子言行的集录,是仅次于《古兰经》的伊斯兰教的重要经典。

4. 伊斯兰教的圣地

根据穆罕默德的创教活动,形成了麦加、麦地那、耶路撒冷三个主要圣地。

麦加:穆罕默德诞生和伊斯兰教发源地。"克尔白"神殿是全世界穆斯林朝觐的中心和做礼拜时的朝向。

麦地那:原称叶斯里卜镇。622年,穆罕默德及其信徒从麦加被迫迁入后改称为麦地那,意为"先知之城"。城内有著名的清真寺、穆罕默德陵墓,为穆斯林谒陵的圣地。

耶路撒冷:相传为先知穆罕默德登霄(升天)之地,建有阿克萨清真寺和萨赫莱清真寺,仅次于麦加和麦地那清真寺。

5. 标志性习用图形

伊斯兰教的标志性习用图形是新月。

(四)伊斯兰教的主要节日、习俗禁忌与称谓

1. 伊斯兰教的主要节日

伊斯兰教主要有圣纪节、开斋节(中国新疆地区称肉孜节)和宰牲节(波斯语称为古尔邦节)三大节日。

开斋节在新疆称肉孜节。穆斯林在伊历九月内斋戒。斋月最后一天登高眺望新月,见月的次日即行开斋,为开斋节。若未见新月,则顺延,但不得超过3天。

宰牲节又名古尔邦节,在伊历十二月十日,麦加朝觐的最后一天。在中国,这是穆斯林最大的节日。据传,易卜拉欣受安拉"启示",命他将儿献祭,以考验其对安拉的忠诚。当易卜拉欣遵命执行时,安拉又命以羊代替,遂产生宰牲节。穆斯林每逢此日举行会礼,互相拜会,宰牛、羊、骆驼,互相馈赠以示纪念。

圣纪节又称圣忌日,在伊历三月十二日。相传为穆罕默德诞生和归真(逝世)的日子。那天举行圣会,诵读《古兰经》,讲述穆罕默德的生平业绩等。

2. 伊斯兰教的习俗禁忌

伊斯兰教认为安拉不是实体，没有形体特征，不可能有他的肖像或塑像。所以，穆斯林禁忌一切偶像崇拜。

伊斯兰教规定，穆斯林做礼拜前必须做大净或小净。小净是拜功的先决条件，做小净必须先念经文，然后再手持"汤瓶壶"，依次清洗教义规定的身体的某些部位。大净是自头至脚依次洗遍全身。如在沙漠，可用沙洗脸和手等。

伊斯兰教的饮食禁忌严格，穆斯林饮食极注重洁净，不食猪肉，不食自死动物，不食动物血液，不食非诵真主之名而宰的动物，禁止饮酒。牛羊等必先经阿訇诵安拉之名宰后才能食用。

伊斯兰教认为，穆斯林男子从肚脐到膝盖、妇女从头到脚都是羞体，禁止观看别人的羞体，违者犯禁。男女穆斯林必须穿不露羞体的衣服。

敬茶、端饭、握手均用右手，用左手被视为不礼貌。

伊斯兰教不主张独身主义，反对强迫和买卖婚姻，穆斯林与非穆斯林之间的婚姻有一定限制。

3. 伊斯兰教的主要称谓

伊玛目，即教长。一般用于称呼清真寺的教长。

阿訇，指主持清真寺教务者，一般有数名。其中，担任教坊最高首领和经文大师的分别称作"教长阿訇"和"开学阿訇"。

毛拉，是对伊斯兰学者的尊称。新疆地区有些穆斯林对阿訇也称毛拉。

（五）伊斯兰教的主要教派

632年，穆罕默德逝世后，伊斯兰教内部围绕继承权问题发生了争论，以致逐渐分裂成两个相对独立的主要派别，后来发展为宗教教派，长期斗争，延续到现在。这两个主要派别就是逊尼派和什叶派。这两个教派与哈瓦利吉派、穆尔吉埃派一起，称为早期伊斯兰教的四大政治派别。此外，还有苏菲派。

1. 逊尼派：自称正统派，全称逊尼和大众派，原意为"遵守逊奈者"。该派流传很广，是伊斯兰教中人数最多的一派，目前占世界上教徒的90%左右的穆斯林属于逊尼派。我国的穆斯林，大多也属于此派。

2. 什叶派：原意为"追随着阿里的人"，专指拥护阿里的人，是主张世袭的合法主义者派，并且成为伊斯兰教教派中最善于秘密活动的教派，主要分布在伊朗、伊拉克、叙利亚、黎巴嫩、科威特、巴林、巴基斯坦、印度、也门等国；占穆斯林总人数的10%，在阿拉伯地区约占30%，是一支重要的社会力量。什叶派内部分为若干支派，主要有栽德、伊斯玛仪、十二伊玛目、努赛里、阿里伊拉希等支派。中国有些少数民族信仰什叶派。

3. 哈瓦利吉派：原意为"出走者"，是由阿里的队伍中分裂出来的一个伊斯兰教派别。

4. 穆尔吉埃派：该派有犹豫不决派和中庸派之称。

5. 苏非派：意为"羊毛"，因该派成员穿粗毛织衣以示质朴，故名。该派是伊斯兰教的神秘主义派别，产生于7世纪末期。

二、伊斯兰教在中国

（一）伊斯兰教在中国的传播

伊斯兰教在中国的传播经历了传入、流行和中国化三个阶段。

1. 唐朝伊斯兰教传入中国

从唐永徽二年（651年）起，伊斯兰教经陆上丝绸之路、海上丝绸之路两条路线由大食（今阿拉伯）传入中国中原地区与东南沿海。中国东南沿海的伊斯兰教多经海路传入，而西北地区的伊斯兰教则经陆路传入。

唐高宗永徽二年，大食国派使者来长安朝贡，是唐跟阿拉伯交往的起点。在唐玄宗天宝十年（751年）怛逻斯之战中被俘的杜环，在《经行记》中第一次记载伊斯兰教，称为"大食法"。唐至德二年（757年）为镇压"安史之乱"向大食借兵千余人，皆"住唐"未归。唐贞元三年（787年）七月宰相李泌清理长安"胡客"4 000余人，都愿为"唐臣"，此为中国第一批穆斯林。8世纪中叶以后，唐宋时期阿拉伯的使者来到中国都城，阿拉伯商人集居在长安、洛阳、广州、泉州、杭州、扬州等城市，后与中国人通婚，其后裔聚居一起，保持着共同的宗教信仰习俗，建立了蕃坊制度，设立清真寺，逐渐成为中国的穆斯林。

2. 元朝伊斯兰教在中国的流行

元朝时，伊斯兰教在中国迅猛发展，不仅穆斯林人数多，而且遍及全国各地。元朝政府设专门管理伊斯兰教事务的机构"回回掌教哈的所"，设回回国子学进行教育。同时，为适应穆斯林宗教生活的需要，建筑了更多的官修清真寺，规模较大的清真寺还设掌教，负责传呼礼拜，执掌教法和管理寺务等。从10世纪中叶起，中亚伊斯兰教进入新疆地区，天山南北的各民族开始由信仰佛教改信仰伊斯兰教，后来扩及全新疆。13世纪以后，成吉思汗及其子孙们西征，带回了大批阿拉伯、波斯、中亚的工匠、士兵。这部分伊斯兰教徒，起初主要分布在甘肃、河西走廊一带，后渐渐遍布全国各地，形成了大分散、小聚居的居住的特点，这些人具有全民信仰伊斯兰教的风俗习惯。

3. 明清伊斯兰教的中国化

明清时期，特别是明末清初，我国境内的伊斯兰教出现了新的变化，即伊斯兰教的中国化趋向。

（1）经堂教育制度的出现

经堂教育制度是伊斯兰教在清真寺内附设学校培养宗教人才的教育制度。经是指伊斯兰教的经典，堂是指礼拜堂，即清真寺。该制度是根据中国伊斯兰教的发展变化,为加强宗教影响,教长招收一定数量的学生,在清真寺传习经典,培养宗教职业者。它是伊斯兰教在中国传播到一定阶段的产物,起初流行于陕西,逐渐推广到河南、山东及其他各省。其倡导者是著名伊斯兰教经师陕西咸阳渭城里人胡登洲,他创立了"陕西学派"。以后有常蕴华创立山东派,马复初为云南学派的代表。

(2)汉文伊斯兰教译著的出现

伊斯兰教学者的汉文译著活动活跃。其中,著名的有明清之际的王岱舆的《正教真诠》、马注的《清真指南》、刘智的《天方理性》、马德新的《性命宗旨》等。他们都受过儒家文化熏陶,被称为"中阿兼通"、"长攻儒者之学"、"学通回教"的学者。他们在著作中大量吸收和改造了儒释道各家的概念,将伊斯兰教教义同中国以儒家为主的传统思想相结合,使伊斯兰教的神学理论中国化。

(3)中国门宦制度的产生

中国门宦制度是清初在我国西北地区开始形成的,是一种伊斯兰教的神秘主义与中国封建宗法制度相结合的封建家族式的神秘主义宗教制度和宗教派别。该制度具有三大特点:第一,源于阿拉伯地区的神秘主义的苏非派;第二,设立教主,教派创始人和领袖被尊为教主或道主,由教主管辖各教坊,各教坊的教长由教主委任或兼任,教主与教长为隶属关系;第三,实行世袭罔替的子孙世代为掌教的封建特权制度。

(二)中国伊斯兰教教派

中国伊斯兰教,除新疆少数民族,如塔吉克族有什叶派外,在中国其他地方并无明显派别之分,都称是逊尼派。明末清初,神秘主义的苏非思想学说传入中国,在我国西北地区逐渐形成四大门宦和在天山南北的依禅派。清末民国初年,受18世纪末19世纪初流行于阿拉伯半岛的瓦哈比教派运动的影响,在中国产生了新的教派依黑瓦尼派。中国穆斯林绝大多数保持伊斯兰教传入时的宗教制度,为区别于明末清初以来的新教派,自称为"老派",即格底目派。民国初年,还出现了以宣传刘智的学说为宗旨的汉学派——西道堂。

因此,中国伊斯兰教除了逊尼派、什叶派之外,主要有格底目、依黑瓦尼和西道堂三大教派和虎夫耶、哲赫林耶、卡迪林耶和库布林耶四大门宦。

(三)中国伊斯兰教的贡献和特点

1. 伊斯兰教在中国得以生存和发展的原因

伊斯兰教是外来宗教,自唐代传入中国以来,不仅在中国扎了根,而且有了较大的发展,成为教徒人数最多,对中国社会影响较大的一个宗教,其原因主要有:第一,中国伊斯兰教不向外人传教;第二,伊斯兰教在外国不仅是一种宗教,而且是一种政治制度,而在中国,伊斯兰教不是一种政治制度;第三,中国伊斯兰教不攻击儒学,尊重儒学在中国的地位和影响,使其自身也得到自然发展。

2.中国伊斯兰教的特点

中国有悠久的封建传统文化,发源于阿拉伯半岛的伊斯兰教在植根于中国的漫长过程中,必然要受到中国传统文化的影响,逐渐发生许多新的变异,从而形成许多反映中国社会的特点:第一,从宗教制度方面来看,由于中国封建统治强大,中国穆斯林不可能享受伊斯兰教为国教的国家穆斯林的那种政治、经济特权,也不可能建立全国统一的教权组织,而是以分散的、各自为政的教坊形式存在;第二,中国伊斯兰教一方面坚持伊斯兰教的根本信仰,另一方面又吸收了中国传统的儒、佛、道思想,到了明末清初出现了伊斯兰教汉学派学者;第三,中国伊斯兰教建筑、节日、习俗等方面也不同程度地受中国文化影响;第四,从宗教习俗上看,中国穆斯林除饮食禁忌等少数几个方面与国外穆斯林完全相同外,其他,如语言、姓名、衣着、婚丧嫁娶等方面都已渗透了中国其他民族的习俗。

第五节 中国的基督教

基督教是以信奉耶稣基督为核心的各个宗教派别的总称,是世界三大宗教之一。基督为"基利斯督"的简称,为基督教对耶稣的专称。基督教为世界上拥有教徒最多的宗教。

一、基督教的产生、发展和教派

(一)基督教的产生和发展

基督教信奉的耶稣基督为"救世主"的意思。根据《圣经》的记载,相传公元1世纪由巴勒斯坦北部加利利的拿撒勒村人耶稣创立。耶稣的母亲是木匠约瑟的未婚妻、童贞女玛丽亚。30岁时他先后到巴勒斯坦地区和以色列传教,大约公元30年,当他和门徒前往耶路撒冷时,为第十二位门徒犹大以30元钱所出卖,被罗马帝国驻犹太的总督彼拉多以"犹太人的王"的罪名钉死在十字架上。他死后第3天复活,多次向他的门徒显灵。复活后的第40日,耶稣升天坐在上帝的右边,声称到世界末日再从天上降临人间,按上帝的意志拯救人类,审判地上的活人和死人并建立"千年王国"。耶稣的受难是因十二门徒中犹大的出卖造成的,受难之日为星期五,最后的晚餐连耶稣有13人,所以西方人忌讳"13"并将13日又遇星期五视为凶日。这个时期的基督教称为原始基督教。

公元4世纪,由于中上层人士渗入并取得教权,从而基督教主张效忠、顺从执政者。罗马帝国当局对之由迫害改为利用,于392年将该教定为国教,基督教遂成了统治者的工具和占统治地位的意识形态。欧洲中世纪,基督教正统教会曾成为封建社会的精神支柱,从而得到了迅速发展。近代,基督教各派曾被西方资本主义国家所利用,成为对外侵略的工具并传播到世界许多地区。

(二)基督教的教派

在基督教的历史上,曾发生过两次大的分裂,形成三大教派。

罗马帝国的分裂导致基督教东、西分裂。基督教的第一次分裂由争夺教权而引发,发生在公元11世纪中叶。1054年最后分裂为以希腊君士坦丁堡为中心的希腊东方正教,简称东正教和以罗马为中心的西部公教,也称加特力教或基督教,中国译为天主教。

公元16世纪文艺复兴时期,欧洲出现宗教改革运动,西部天主教产生了第二次分裂。这次从天主教内部分离出新的宗派,反对罗马教皇的绝对权威,不接受教皇的支配,不承认天主教的某些教义,称为抗罗宗,中国称为基督教新教,又称为耶稣教或基督教。新教后来又分化为繁多的派系,主要有路德宗、加尔文宗和安立甘宗等。

(三)基督教的信奉对象

基督教宣称,上帝(天主)只有一个,但包括圣父、圣子、圣灵(圣神)三个位格。三者虽各有特定位格,却完全同具一个本体,同为一个独一真神,而不是三个神,故称为三位一体。

(四)基督教的教义

在基督教各派中,天主教、东正教、新教的教义上虽有所差异,但如下的基本教义是相同的:

相信上帝(亦译为"天主"或"神")创造并主宰世界,上帝创造一切,包括创造地球和人。

相信人乃上帝"按照自己的形象"所造,由身体和灵魂组成,在万物中居于最高地位,但因背叛上帝而陷入罪恶之中,不能自救,唯有信仰、依靠上帝才能使人知罪、悔改和成圣,获得永生。

相信天堂是极乐世界,信仰上帝而灵魂得救者都能升入天堂,不信仰上帝、不思改悔的罪人死后灵魂会受惩罚下地狱。天主教和东正教还为既不能升天堂又不能下地狱者设炼狱,暂时受苦,炼净灵魂,罪恶赎完,可再升入天堂。

(五)基督教的经典

基督教的经典称为《圣经》,由《旧约全书》(希伯来文)和《新约全书》(拉丁文)两部分组成。

(六)基督教的标志、教堂、节日和圣事

十字架,象征耶稣受难。相传创教的耶稣是上帝的独生子,是派往人间的救世主,为替世人赎罪而被钉死在十字架上。所以,基督教各派都尊十字架为信仰的标志,以示信仰耶稣的主张和学说。

教堂原意为主的居所,后来成为基督教进行宗教活动的场所。因教派不同,名称、结构、风格有异。但教堂保留、传承了西方建筑、雕塑、绘画、音乐等艺术的

精品。

基督教主要的节日有复活节(3月21日至4月25日之间,每年春分月圆后第一个星期日),纪念耶稣钉死十字架后第三日"复活"。圣诞节(每年12月25日),纪念耶稣的诞辰。

圣事也称圣礼,包括洗礼、坚振、告解、圣体、终傅、神品、婚配七个方面,是基督教的重要礼仪。但是,各教派有所不同。

(七)基督教的主要称谓

天主教最高首领称教皇或教宗;最高级主教称枢机主教(俗称红衣主教);管理一个教省的负责人称大主教;管理一个教区的负责人称主教;管理一个堂区的负责人称神甫(司铎)。离家进修会的男教徒称修士;离家进修会的女教徒称修女。

东正教最高首领称牧首;重要城市的主教称都主教;地位低于都主教的称大主教;教堂负责人也有称主教或神甫的。修士、修女称呼同天主教。

新教称教区负责人为主教,教堂负责人为牧师。修士、修女称呼同天主教。

二、基督教在中国的断续传播

从7世纪30年代起,基督教传入中国并在中国断续传播。

(一)唐朝的景教

唐贞观九年(635年),流行于中亚的基督教聂斯脱利派,由波斯传入中国的唐朝都城长安(今西安市),称为大秦景教。经200多年,于会昌五年(845年)唐武宗崇道灭佛时,与其他宗教一起遭到厄运。此后,景教在内地绝迹,只留下了一块《大秦景教流行中国碑》及甘肃敦煌文书中的7种关于景教的文献。

(二)元朝的也里可温教

元朝,基督教第二次在中国传播,是指景教在元朝的复兴和罗马天主教来华传教。基督教教徒蒙古语为也里可温,意思是有福缘的人或信奉福音的人。基督教称为也里可温教或十字教。教堂称为十字寺。大蒙古国奠基人成吉思汗发动大规模军事远征,跟欧洲的基督教方济各会和我国边境少数民族中的聂斯脱里派发生了联系。元朝建立后,元世祖忽必烈在接见马可·波罗时,托他致书罗马教皇,请派传教士来华传教。于是西欧传教士来到元朝大都等地。元朝设崇福司(后称崇福院)专管该教事务并在北京、杭州、西安、甘肃、宁夏、镇江、泉州等地建立教堂传教,使该教成为仅次于佛、道二教的宗教。教徒多为蒙古族人或侨居中国的西亚人。随着元朝的覆灭,该教也迅即消失。

(三)基督教三大派相继传入中国

明清之际,以1582年意大利耶稣会士利玛窦来华为标志,基督教开始了在华的第三次传播。西方传教士通过结交中国知识分子与地方官员,觐见皇帝,学习中国传统文化,介绍西方古代科技知识,在华展开了广泛而深入的传教活动,取得明显效果。后来,由于东西方文明的冲突、天主教内部爆发"中国礼仪之争"以及罗马教皇和清朝皇帝的干预,双方直接冲突。雍正遂宣布禁止基督教传教,驱逐传教士。但却于1712年跟俄国签订《中俄恰克图条约》,使俄国东正教取得了在华俄罗斯人中的合法传教权。英国传教士马礼逊自1807年来华以后,基督教新教也传入中国。

(四)鸦片战争以后基督教各派在华传播

1840年鸦片战争以后,特别是1844年《中法黄埔条约》的签订,西方基督教各派取得了在中国传教、建造教堂的特权。基督教各派传教士蜂拥来华,在不平等条约的保护下,在华强行传教,所以激起了中国人民的反抗斗争。

(五)中国当代基督教

1949年,中华人民共和国成立。由于外国反动教会势力持敌视中国革命的态度,基督教各派爱国信徒走上了自治、自传、自养的"三自"爱国道路,开创了"独立自主、自办教会"的时代。

思考与练习

1. 中国各民族宗教信仰的状况与主要特点是什么?
2. 我国道教有哪些主要教派?各是怎么样形成的?
3. 写出释迦牟尼出家到涅槃的传说及现存的相关遗迹。
4. 现存佛教经典主要有哪三大语言体系?
5. 中国佛教三派的特点是什么?其对中国文化有何影响?
6. 西藏后弘期佛教的几大教派及其俗称是什么?格鲁教派是怎样形成的?
7. 伊斯兰教是怎么样的传入中国、在中国流行和与中国传统文化相融合的?
8. 基督教曾在哪几个时期传入中国?各叫什么名称?

第五章

中国的历史古迹

历史古迹指古代的遗迹,为历史遗留下来的在人类文化发展史上有价值的古代遗迹,也称不可移动文物。我国的历史古迹多指古代留传下来的建筑物。

第一节 中国文物及保护

一、什么是文物

(一)文物的概念

文物是人类在社会历史发展过程中,遗留于社会上或埋藏在地下的、由人类创造或者跟人类活动有关的一切有价值的物质遗存的总称。由于它是人类历史遗留下来的遗存,所以它已经成为过去,为历史的残迹,不能再生。各类文物从不同的侧面反映了各个历史时期人类社会活动、社会关系、意识形态以及利用自然和当时生态环境的状况,是人类宝贵的历史文化遗产。虽然文物一词在中国古代文献中早已出现,但作为历史文化遗存的专称来统一使用并载于法典,是进入20世纪以后的事。

文物一词最初指礼乐典章制度,后来指具有历史科学艺术价值的古代遗物,现在文物的概念则有广义与狭义之分。广义的文物概念是指遗存在社会上或埋藏在地下的历史文化遗物,包括人类在生产劳动中创造的工具、生活用具和工艺品,建立的城堡、村落及各种建筑物等。狭义的文物概念指某一具体的古代器物。古董,是人们所珍藏并可供鉴赏的古代器物,仅为狭义文物的一部分。

(二)文物的范围和分类

1. 文物的范围

文物包括的范围很广,根据《中华人民共和国文物保护法》第2条的规定,在中华人民共和国境内,下列文物受国家保护:第一,具有历史、艺术、科学价值的古文化遗址、古建筑、古墓葬、石窟寺和石刻、壁画;第二,与重大历史事件、革命运动或者著名人物有关的以及具有重要纪念意义、教育意义或史料价值的建筑物,近现代重要史迹、实物、代表性建筑物、遗址、纪念物;第三,历史上各时代珍贵的艺术品、工艺美术品;第四,历史上各时代重要的文献资料以及具有历史、艺术、科学价值的手稿和图书资料等;第五,反映历史上各时代、各民族社会制度、社会生产、社会生活的代表性实物。

具有科学价值的古脊椎动物化石和古人类化石同文物一样受国家保护。

2. 文物的分类

人们为了研究和保管的方便,对品类庞杂、内容广泛的文物按照标准进行同类相聚的分析方法,称为文物的分类。

文物分类的方法有时代分类法、存在形态分类法、价值分类法、质地分类法、法定权属分类法(如国家所有、集体所有、私人所有)、使用功能分类法(如农具、生活用具、兵器等)、属性(性质)分类法(如礼制文物、科技文物、宗教文物、民族文物、民俗文物、革命文物等)、来源分类法(如调拨、征集、拣选、交换、捐赠、发掘等)等。下面介绍四种常用的分类法。

时代分类法,是以文物制作的时代为标准,对文物进行分类的方法。把同一个时代的文物结合到一起,进行归类,以便进一步对同时代的文物进行研究。按时代对中国文物分类,总的可分为古代文物和近现代文物。对古代文物,一般按朝代划分而不是按纪年划分,可分为商代文物、周代文物、秦代文物、汉代文物等,其中,每个朝代的文物还可以细分成具体时期。史前文物一般分为旧石器和新石器两个时代,也有还分出中石器时代的。

存在形态分类法,依照文物体量的动与静分类,分为可移动文物和不可移动文物。不可移动文物基本上都是文物史迹,有古代文化遗址、古墓葬、古建筑、石窟寺、石刻、壁画、近代现代重要史迹和代表性建筑等。这些史迹一般体量大,不能或不宜整体移动,不能像馆藏文物那样,可以收藏于馆内或轻易移动。文物建筑不能或不宜移动,是对文物史迹整体而言的;至于文物史迹,因特殊情况,则可迁移。例如,山西省芮城县永乐宫、河北省平山县西柏坡中共中央的地址,都是因工程建设的特殊需要而采用科学方法进行拆迁,按原状复原的,但这样,周围环境已不同了。可移动文物主要指馆藏文物和民间收藏文物,有历史上各时代重要实物、艺术品、文献手稿、图书资料、代表性实物等。它们体量小、种类多,可根据其体量的大小和珍贵的程度,分别收藏于文物库房,甚至文物囊、匣内,并可根据保管、研究、陈列的需要移动、变换地点。这对其本身的价值不仅没有影响,反而能够更好地发挥其作用。

价值分类法是根据文物自身的价值进行分类的方法。根据文物的历史、艺术和科学价值,将可移动文物分为珍贵文物和一般文物。珍贵文物分为一级文物、二级文物和三级文物。根据文物的历史、艺术和科学价值,将不可移动文物分为世界文化遗产名录、全国重点文物保护单位、省市级文物保护单位、县市级文物保护单位以及大量尚未核定公布为文物保护单位的不可移动的文物古迹。

质地分类法是以制作文物的材料为标准,对文物进行归类。质地分类法主要用于对古器物的归类,这种方法有着悠久的历史。在馆藏和民间收藏文物中,以文物质地分类比较普遍。一般分为石器、玉器、骨器(含牙器)、木器、竹器、铜器、铁器、金器、银器、锡铅锌器、陶瓷器、漆器、玻璃器、珐琅器、纺织品、纸类文物等。

(三)文物的价值和作用

1. 文物的价值

文物的价值是一种客观存在。从整体来看,它是具有历史、艺术和科学价值的历史遗存。

(1)历史价值

历史价值也称历史意义。凡是文物,它首先具备历史的价值,因为文物作为历史的遗产,都是在历史上形成的。其历史价值在于每一件文物本身能反映出它所产生的当时社会的情况,如当时的政治、军事情况、经济情况、生产力发展水平的情况、科学技术水平的情况、文化艺术的成就与特点以及人民的生活习俗、宗教信仰、国际关系等。文物因为是历史的产物,所以首先具有历史的价值。

(2)艺术价值

艺术价值是指文物本身所表现的艺术性。具有艺术价值的文物,主要包括建筑、石窟寺、碑刻、绘画、雕塑以及青铜器、玉器、漆木器、金银铜铁器等。艺术价值主要表现为造型的优美、制作工艺的精巧和色彩运用的绚丽等几个方面。

(3)科学价值

文物的科学价值,一是它反映自身时代的科学技术水平;二是除了作为科学史的例证之外,还为今天的科学技术研究提供借鉴,有许多前人的科技成果尚待我们从文物身上去阐发与探寻。

文物价值是文物本身所固有的客观存在,但人们对文物价值的认识,却不是一次所能完成的,而是随着人们的科学文化水平的不断提高而不断深化的。同一件文物,在不同的时间、地点条件下,其价值也是会发生变化的。这种改变通常不是改变或降低它的固有价值,而是增添了新的价值。当然,这种情况只有在特定的条件下才能发生。

2. 文物的作用

每一种、每一件文物根据它的自身特点,都有其各自的作用。文物作用的大小是由文物价值的高低决定的。文物的作用是文物价值的具体体现。

文物的作用主要有:①史料作用。对无文字记载的史前社会,文物可以作为进行研究和复原其社会面貌的实物史料;在有文字记载的历史阶段,文物可以证实文献的记载,校正文献的谬误,补充文献记载的缺陷。当然,文物传递给后人的历史信息也有失真的现象。②借鉴作用。文物是中国优秀文化遗产的重要组成部分,继承和发扬中国优秀文化遗产,发展新的科学技术和文学艺术,需要从文物中不断汲取营养。任何企图不在前人创造的文化财富基础上去创新和发展的认识和行为都是不正确的。③教育作用。充分利用博物馆、纪念馆以及各文物保护单位拥有的实物,采取多种多样的形式,进行形象教育,进行科学生动、富有说服力的爱国主义、革命传统、唯物主义教育,实行科学普及教育,提高科学文化素质,激发人们的爱国主义觉悟和民族自信心。④旅游观赏作用。文物古迹是旅游事业发展的物质基础,它可以吸引广大中外游客参观游览,使人们在参观中增长见识。

二、文物保护

文物保护,广义上是指从国家设置各级文物机构、制定文物法规到文物部门所从事的各项工作,都是以保护好国家文物古迹为前提;狭义上是指为了避免自然的和人为的破坏文物因素的发生,引用各种先进科学技术手段对地面遗存的不可移动的各类文物与博物馆收藏的文物藏品进行的保护、保养、修缮,以达到长期保存文物的目的的行动。

(一)制定、颁布文物保护法规,确定文物保护方针

1949年中华人民共和国成立以后,中国政府针对旧中国大批文物被盗运外流、重要文物古迹遭到严重破坏的实际情况,发布了保护文物的文件、条例以及颁布《中华人民共和国文物保护法》,确定和采取了保护为主、抢救第一、合理利用、加强管理的方针和一系列切实保护措施。

1949年发布了禁止珍贵文物图书出口令;1952年制定了"重点保护,重点发掘,既对基本建设有利,又对保护有利"的方针;1961年,国务院发布《文物保护管理暂行条例》,这是一个综合性的文物法规,以后,根据这一条例,文化部又规定了有关文物保护、古建筑修缮、考古调查和发掘等具体的管理办法,从而为文物保护管理工作的顺利进行打下了坚实的基础。1982年年底,第五届全国人大代表常务委员会通过并公布了《中华人民共和国文物保护法》,将文物工作的方针政策和重要的管理原则,首次用法律的形式确定下来。此法共8章33条,内容包括总则、对文物保护单位保护管理的要求和措施、考古发掘的管理要求和具体措施、馆藏文物的管理、对私人收藏文物的管理规定、文物出境的管理规定和关于奖励与惩罚的规定。1987年,国务院又发出了《关于进一步加强文物工作的通知》,指出"当前文物工作的任务和方针是:加强保护,改善管理,搞好改革,充分发挥文物的作用,继承和发扬民族优秀的文化传统,为社会主义服务,为人民服务,为建设有中国特色的社会主义作出贡献"。1992年4月国务院颁布了《中华人民共和国文物保护法实施细则》,使文物保护法制建设更加健全和完善。1995年全国文物工作会议提出了"有效保护、合理利用、加强管理"的新时期文物保护的指导思想,和将文物保护工作纳入当地经济和社会发展计划、纳入城市建设规划、纳入财政预算、纳入体制改革、纳入领导责任制,建立起与社会主义市场经济要求相适应的"五纳入"文物保护

管理体制。2002年10月28日,全国人大常委会第三十次会议通过了修订后的新《中华人民共和国文物保护法》并由江泽民主席签署主席令公布施行。修订后的新文物保护法针对旧文物保护法自1982年公布施行以来的新形势和文物工作中出现的新情况和新问题,做了较大规模的调整,扩展到8章80条。新法与原法相比较,在不可移动文物、历史文化名城、历史文化街区村镇保护、考古发掘管理、馆藏文物保护、民间文物收藏、管理、文物进出境管理、法律责任等方面都进行了大幅度的修改、增加和完善。明确指出了文物保护法的制定是为了加强对文物的保护,建设社会主义精神文明和物质文明;进一步将文物工作长期以来实践中行之有效的方针和指导思想以法律的形式写进总则,即以"保护为主,抢救第一,合理利用,加强管理"作为文物工作的方针,要求各级人民政府在基本建设、旅游发展中必须遵守;进一步强调了国家对文物的所有权;进一步将"五纳入"上升为法律规定;进一步强化了文物行政执法部门的行政执法权。

(二)文物保护工作的具体措施

1. 确定重点文物保护单位

重点文物保护单位是新中国最早为加强对珍贵文物古迹保护所采取的重要措施。文物保护单位分为国家级、省级、县级三级。全国重点文物保护单位是中华人民共和国国务院公布的国家重点文物保护单位,自1961年公布第一批全国重点文物保护单位以来,截止到2013年,已公布的全国重点文物保护单位七批共4 295处。现有的全国重点文物保护单位,分布在除我国台湾地区、香港特别行政区、澳门特别行政区外的各个省、自治区和直辖市。

凡被公布为保护单位的,要求做到"四有":由各级政府划定必要的保护范围和建设控制地带;树立标志牌;建立记录档案;设置专门机构或指派专人负责管理等。文物保护法还规定,在保护范围内不得进行其他建设工程,在控制地带新建房屋不得影响文物保护单位的环境风貌。对重点文物保护单位的维修,应以不改变文物原状为原则。

2. 公布历史文化名城、街区、村镇及传统村落

根据《中华人民共和国文物保护法》第8条的规定,保护文物特别丰富、具有重大历史价值和革命意义的城市,由国家文化行政管理部门会同城乡环境保护部门报国务院核定公布为历史文化名城。历史文化名城构成的主要条件是:第一,要有悠久的历史或特殊重大历史事件;第二,要有较多的历史文化遗存;第三,要有丰富的传统文化内容;第四,该城市长期以来一直在使用着,今后还将继续发展。国务院已公布了三批历史文化名城,1982年公布第一批为24座,包括北京、大同、南京、苏州、杭州、泉州、景德镇、曲阜、洛阳、开封、西安、拉萨等城市。1986年公布第二批38座,包括上海、天津、沈阳、南昌、安阳、南阳、敦煌、潮州等城市。1994年公布了第三批37座,包括郑州、哈尔滨、青岛、吉林、邯郸等城市。到2013年为止,已公布

中国历史文化名城 122 座①,中国历史文化名镇 181 个,中国历史文化名村 169 个,中国传统村落 1563 个。

为了保护好上述历史文化名城的古城风貌,第一,强调一个"保"字,既要保护好历史遗存(老城区、古城遗址、古建筑),又要保护好城市风貌、城市环境和城市建筑风格,还要保护好城市的传统文化艺术;第二,要针对这些历史文化名城中过去由于种种原因已造成的既成事实采取有效措施;第三,在制定城市规划时,要首先把文物古迹、风景名胜的保护纳入总体建设规划,进行保护。《中华人民共和国文物保护法》第 14 条规定:"保护文物特别丰富并具备有重大历史价值或者革命意义的城镇、街道、乡村,由省、自治区、直辖市人民政府核定公布为历史文化街区、村镇,报国务院备案。""历史文化名城和历史文化街区、村镇所在地的县级以上地方人民政府应当组织编制专门的历史文化名城和历史文化街区、村镇保护规划,并纳入城市总体规划。"

3. 加入国际文物保护组织,推荐世界文化及自然遗产名录

文化遗产是指从历史、文化或艺术角度看具有突出的普遍价值的文物、建筑群与遗址。自然遗产是指从审美、科学或保护的角度看具有突出的普遍价值的天然名胜、动植物生态环境和自然面貌。两者皆为全人类的共同财富。随着岁月的流逝,由于环境污染和人类活动的影响,许多文化遗产和自然遗产正面临被毁坏的危险。这些为历史创造的遗产无法再造,一旦消失,对我们每个人来说都是无法弥补的损失。为了保护世界文化与自然遗产,联合国教科文组织于 1972 年 11 月 16 日召开大会,通过了《保护世界文化和自然遗产公约》。该公约包括 8 部分 38 条款,主要任务是确定世界范围内的文化与自然遗产,将认为具有突出意义和普遍价值而需要全人类共同承担保护责任的古迹遗址编成一部名录。其宗旨在于促进各国和各民族之间的合作,为保护古迹做出积极的贡献。同时,设立保护基金,在全球范围内对列入名录的各项遗产有计划地实施保护措施。该公约于 1975 年生效,1978 年正式实施。联合国教科文组织通过该公约,到 2007 年 7 月已有缔约国 180 余个。为了编制《世界遗产名录》,该公约建立了一个国际合作机构,该机构通过由公约签署国中选出的 21 个国家的专家组成的世界遗产委员会行使职能。世界遗产委员会每年举行一次会议,有两大任务:一为确定世界遗产项目,二为管理"世界遗产基金"。世界遗产委员会具体规定了编制这一名录的标准。该委员会在履行职责时得到了国际古迹遗址理事会(ICOMOS)和国际保护自然及自然资源联盟(IUCN)的帮助,这两个组织仔细审查各国的提名并起草评估报告,到 2013 年 7 月已有 981 处自然文化遗产被列入《世界遗产名录》,具体分布在 160 个国家。

---

① 1994 年后又增加山海关、凤凰、濮阳、安庆、泰安、金华、绩溪、吐鲁番、特克斯、无锡、南通、大同、泰州、宜兴、烟台、蓬莱、中山、北海、会理、会泽、伊宁、库车。

我国政府1985年12月12日加入世界遗产公约后,1987年12月长城等6处作为我国推荐的首批文化遗产被列入《世界遗产名录》。到2013年7月,我国已有45处自然与文化遗产被列入《世界遗产名录》。除自然遗产10处外[①],文化景观遗产4项,文化遗产27项,文化和自然双重遗产4项,分别是庐山、五台山、杭州西湖、红河哈尼梯田、长城、故宫、莫高窟、秦始皇陵及兵马俑、周口店北京猿人遗址、承德避暑山庄外八庙、曲阜孔庙孔府孔林、武当山古建筑群、拉萨布达拉宫、平遥古城、苏州园林、丽江古城、颐和园、天坛、大足石刻、龙门石窟、青城山与都江堰、明清皇家陵寝、安徽古村落、云冈石窟、高句丽王城王陵及贵族墓葬群、澳门历史城区、安阳殷墟、开平碉楼与古村落、福建土楼、登封"天地之中"历史建筑群、元上都遗址、黄山、泰山、峨眉山与乐山大佛、武夷山。中国的世界遗产数,仅次于意大利,居世界第二位。

此外,为加强对馆藏文物的管理,防止其非法流散国外,我国还加入了《关于禁止和防止非法出口文化财产和非法转让其所有权的方法的公约》(简称《巴黎公约》,1972年)、《国际统一私法协会关于被盗或者非法出口文物的公约》(简称《罗马公约》,1975年)以及《武装冲突情况下保护文化财产公约》(简称《海牙公约和协议书》,1999年10月31日)。

但是,目前,我国文物古迹仍面临着自然和人为两种破坏。其中,人为破坏尤为严重,形势十分严峻。

第二节　中国古代建筑概述

中国古建筑的历史悠久,数量可观,类型丰富。经过20世纪50年代和80年代的文物普查和复查,已在全国发现各个时期的古建筑81 360处。截止2013年,被列入全国重点文物保护单位的古建筑共有1 882处。

一、中国古建筑的发展历程

从原始社会至汉代是中国古建筑体系的形成时期。在原始社会早期,原始人群曾利用天然崖洞作为居住处所或构木为巢。到了原始社会晚期,在北方,我们的祖先在利用黄土层为本壁体的土穴上,用木架和草泥建造简单的穴居或浅穴居,以后逐步发展到地面上。南方出现了干栏式木构建筑。进入阶级社会以后,在商代,已经有了较成熟的夯土技术,建造了规模相当大的宫室和陵墓。西周及春秋时期,统治阶级营造了很多以宫市为中心的城市。原来简单的木构架,经商周以来的不

[①] 指黄龙、九寨沟、武陵源、三江并流、大熊猫栖息地、南方喀斯特地貌、江西三清山、中国丹霞、澄江化石群、天山。

断改进,已成为中国建筑的主要结构方式。瓦的出现与使用,解决了屋顶防水问题,是中国古建筑的一个重要进步。春秋时期还出现了有名的建筑匠师鲁班,传说鲁班曾造攻城云梯和九种攻城器械及其他精巧的器物。战国时期,城市规模比以前扩大,高台建筑更为发达并出现了砖和彩画。秦汉时期,木构架结构技术已日渐完善,其主要结构方法抬梁式和穿斗式已发展成熟,高台建筑仍然盛行,多层建筑逐步增加。石料的使用逐步增多,东汉时期出现了全部石造的建筑物,如石祠、石阙和石墓。秦汉时期还修建了空前规模的宫殿、陵墓、万里长城、驰道和水利工程。

  魏晋南北朝时期是中国古建筑体系的发展时期。在城市规划方面,北魏洛阳都城的布局,在汉末邺城的基础上逐步改进,作为都城中心的皇宫,其位置偏向北移,构成以宫室为中心的南北轴线,并在城外设立东西二市。在建筑材料方面砖瓦的产量和质量有所提高,金属材料被用作建筑装饰。在技术方面,大量木塔的建造,显示了木结构技术的提高;砖结构被大规模地运用到地面建筑,河南登封嵩岳寺塔的建造标志着砖结构技术的巨大进步;石工的雕凿技术,也达到了很高的水平。大量兴建佛教建筑,出现了许多寺、塔、石窟和精美的雕塑与壁画。

  隋唐时期是中国古建筑体系的成熟时期。隋朝建造了规划严整的大兴城,开凿了南北大运河,修建了世界上最早的敞肩券拱大石桥——安济桥。唐朝的城市布局和建筑风格是规模宏大,气魄雄浑。唐长安城在大兴城的基础上继续经营,成为当时世界上最大的城市。在建筑材料方面,砖的应用逐步增多,砖墓、砖塔的数量增加;用铜、铁铸造的塔、幢、纪念柱和造像等日益增多;琉璃的烧制比南北朝进步,使用范围也更为广泛。在建筑技术方面,也取得了很大进展,木构架的做法已经相当正确地运用了材料性能,出现了以"材"为木构架的标准,从而使构件的比例形式逐步趋向定型化,并出现了专门掌握绳墨绘制图样和施工的都料匠。建筑与雕刻装饰进一步融会、提高,创造出了统一和谐的风格。唐朝的住宅,根据主人不同等级,其门厅的大小、间数、梁架数以及装饰、色彩等都有严格的规定,体现了中国封建社会严格的等级制度。这一时期遗存下来的殿堂、陵墓、石窟、塔、桥等建筑物及城市宫殿的遗址,无论布局或造型都具有较高的艺术和技术水平,雕塑和壁画尤为精美,是中国封建社会前期建筑的高峰。我国现存最早的木结构建筑的实物仅是唐代的五台山南禅寺和佛光寺部分建筑。其建筑特点是,单体建筑的屋顶坡度平缓,出檐深远,斗拱比例较大,柱子较粗壮,多用板门和直棂窗,风格庄重朴实。

  宋朝是中国古建筑的大转变时期。自晚唐以后改变了汉代以来历代都城采用的封闭式里坊制度,改为沿街设店的方式。东京临街设店,取消里坊和夜禁制度,形成了按行业成街的情况,一些邸店、酒楼和娱乐性建筑也大量沿街兴建起来。宋朝建筑的规模一般比唐朝小,但比唐朝建筑更为秀丽、绚烂而富于变化,出现了各种复杂形式的殿阁楼台。建筑装饰绚丽多彩。流行仿木构建筑形式的砖石塔和墓葬,创立了很多华丽精美的作品。建筑构件的标准化在唐代的基础上不断进展,各工种的操作方法和工料的估算都有了严密的规定,并且出现了总结这些经验的建筑文献《营造法式》。《营造法式》是北宋政府为了管理宫室、坛庙、官署、府第等建筑工作,于北宋崇宁二年(1103年)颁行的,是各种建筑的设计、结构、用料的"规范"。现存宋代的建筑有山西太原晋祠圣母殿、福建泉州清净寺、河北正定隆兴寺和浙江宁波保国寺等。其建筑特征是:屋顶的坡度增高,出檐不如前代深远,斗拱工程功能已经开始减弱,重要建筑门窗多采用菱花隔扇,建筑风格渐趋柔和。

元朝是中国古建筑的一个发展时期。元大都城是按照汉族传统都城的布局建造的,是自唐长安城以来又一个规模巨大、规划完整的都城。元代城市进一步发展了各行各业的作坊、店铺、酒楼等工程和娱乐性建筑。从西藏到大都城建造了很多喇嘛教寺院和塔,大都、新疆、云南及东南地区的一些城市陆续兴建伊斯兰教礼拜寺。喇嘛教和伊斯兰教的建筑艺术逐步影响到全国各地,中亚各族的工匠也为工艺美术带来了许多外来因素,使汉族工匠在宋、金传统的基础上,在宫殿、寺、塔和雕塑等方面均有所创造,呈现出若干新的趋势。现存元代的建筑有山西芮城永乐宫、洪洞广胜寺等,使用辽代所创的"减柱法"似乎已成为大小建筑的共同特点,梁架结构又有了新的创造,许多大构件多用自然弯材稍加砍削而成,形成当时建筑结构的主要特征。

明清时期是中国古建筑体系的高峰时期。明朝由于制砖手工业的发展,砖的生产大量增加,大部分城墙和一部分规模巨大的长城都用砖包砌,地方建筑也大量使用砖瓦。琉璃瓦的生产,无论数量或质量都超过过去任何朝代。官式建筑已经高度标准化、定型化。清朝于1723年颁布了《工部工程做法则例》,统一了官式建筑的模式和用料标准,简化了构造方法。民间建筑的类型与数量增多,质量也有所提高。各民族的建筑也有了发展,地方特色更加显著。皇家和私人园林在传统基础上有了很大的发展,明末出现了一部总结造园经验的著作《园冶》,并留下了许多优秀的古代园林。北京明清故宫和沈阳明清故宫是明清宫殿建筑群的实例,跟前代相比变化较大;明清建筑出檐较浅,斗拱比例缩小,"减柱法"除小型建筑外在重要建筑中已不采用。

二、中国古建筑的类型

中国古建筑主要包括城防宫殿、坛庙祠堂、宗教建筑、园林以及桥梁水利工程等类型。

三、中国古建筑的特点

(一)中国古建筑以木材、砖瓦为主要建筑材料,以木构架结构为主要的结构方式。此结构方式,由立柱、横梁、顺檩等主要构件建造而成,各个构件之间的结点以榫卯相吻合,构成富有弹性的框架,梁上又抬梁、穿斗、井干三种不同的结构方式。

抬梁式是在立柱上架梁,梁上又抬梁,所以称为"抬梁式"。宫殿、坛庙、寺院等大型建筑物中常采用这种结构方式。穿斗式是用穿枋把一排排的柱子穿连起来成为排架,然后用枋、檩斗接而成,故称作穿斗式,多用于民居和较小的建筑物。井干式是用木材交叉堆叠而成的,因其所围成的空间似井而得名。这种结构比较原始、简单,现在除少数森林地区外已很少使用。木构架结构有很多优点,首先,承重与维护结构分工明确,屋顶重量由木构架来承担,外墙起遮挡阳光、隔热防寒的作用,内墙起分割室内空间的作用。由于墙壁不承重,赋予建筑物以极大的灵活性。其次,有利于防震、抗震,木构架结构很类似今天的框架结构,由于木材具有弹性,而构架的结点所用斗拱和榫卯都有若干伸缩余地,因此在一定限度内可减少地震对这种构架所引起的危害。"墙倒屋不塌"形象地表达了这种结构的特点。

(二)中国古代建筑的平面布局,就整体而言,其原则是据不同的条件和需要采取不同形式。重要建筑,大都采用均衡对称的方式,沿着纵轴线与横轴线进行设计,民居及风景园林则采用了"因天时,就地利"的灵活布局方式。就单体建筑而言,以长方形平面最为普遍,此外,还有圆形、正方形、十字形等几何形状平面。在园林建筑中,还大量出现六角形、八角形、扇面形等各种形状的建筑平面。

(三)中国古建筑造型优美,尤以屋顶造型最为突出,主要有庑殿、歇山、硬山、悬山、攒尖、券棚等形式。庑殿顶又称"五脊殿",由四个倾斜的屋面、一条正脊和四条斜脊组成,屋角和屋檐向上起翘,屋面略呈弯曲。在官式建筑中规格最高。歇山顶又称"九脊殿",由四个倾斜的屋面、一条正脊、四条垂脊、四条戗脊和两侧斜屋面上部转折处垂直的三角形组成,形成两坡和四面坡屋顶的混合形式。在官式建筑中,较重要的大殿采用此种形式。攒尖顶是指平面为圆形、方形或其他正多边形的建筑物上的锥形屋顶。卷棚顶是建筑物的最高部位由两条檩组成,两坡相交处呈弧形的曲面,无明显屋脊,常用在等级较低的建筑和园林建筑上。中国古建筑的屋顶通过举折,即使顶的各个檩和梁在高度上具有不同的变化,从而使屋顶的坡面形成一个上陡下缓的曲面,使屋身免受雨水的浸泡,并在屋檐转角处利用起翘和出翘,减轻屋顶的重量感,使建筑呈现出轻巧活泼的形象。

(四)中国古建筑的装饰丰富多彩,包括颜料和雕饰。彩绘具有装饰、标志、保护、象征等多方面的作用。油漆颜料中含有铜,不仅可以防潮、防风化剥蚀,而且还可以防虫蚁。色彩的使用是有限制的,明清时规定朱、黄为至尊至贵之色。彩绘多出现于内外檐的梁枋、斗拱及室内天花、藻井和柱头上,构图与构件形状密切结合,绘制精巧,色彩丰富。明清的梁枋彩绘最为瞩目。清代彩绘可分为三类,即和玺彩绘、旋子彩绘和苏式彩绘。雕饰是中国古建筑艺术的重要组成部分,包括墙壁上的砖雕,台基石栏杆上的石雕,以及金、银、铜、铁等建筑装饰。雕饰的题材内容十分丰富,有动植物花纹、人物形象、戏剧场面及历史传说故事等。北京故宫保和殿台基上的一块陛石,雕刻着精美的龙凤花纹,重达200吨。在古建筑的室内外还有许多雕刻艺术品,包括宫殿门内外的华表、石狮子,寺庙内的佛像,陵墓前的石人、石兽等。

（五）中国古代建筑特别注意跟周围环境的协调。建筑本身就是一个供人们居住、工作、生产劳动、文化娱乐、社会交往等活动的环境,不仅内部主次之间、相互之间、亭台楼阁、廊庑门庭都要考虑配合与协调,而且特别注意与周围大自然环境的协调。中国古代的设计师们、艺术家们和工匠们,在进行设计时都十分注意周围的环境,对周围的山川形势、地理特点、气候条件、林木植被等,都要进行认真调查研究,务使建筑布局、形式、色调、体量等跟周围的环境相适应,从而构成为一个大的环境空间。

第三节 中国古代建筑城市规划与城防建筑

一、城市规划

在新石器时代晚期,一些聚落遗址已经出现规模较小的城堡。随着生产力的发展和统治集团政治上的需要,在商代早期发展成为规模较大的,有防御设施的都城。由考古发掘可以确认的有偃师尸乡沟商城、二里头遗址、郑州商城和安阳殷墟。西周的都城有岐山与扶风的周原遗址和西安的丰镐遗址。商周时期的都城规模不大,城内有宫城,宫城内有宫殿,现已发现建筑遗址。

东周列国都城的面积增大,一般为10~20平方公里。列国都城均分为宫城和郭城两部分,宫城和郭城都有各自的城垣,城垣每边均有数目不等的城门,与城内的街道相接。宫城内都有高大的建筑群。

秦汉都城,其设计除适应作为大城市的经济生活上的需要以外,还充分显示了政治上和礼制上的规格。根据调查发掘证明,汉朝长安城的形制,布局基本上与《周礼·考工记》的规制相符合。城的平面形状大体近于方形,城的四面各有3个城门,每个城门有3个门道,经由城门的主要大街都分成平行3股。长乐宫和未央宫在城南部,东市和西市在城北部。

三国两晋南北朝时期的城址,多利用东汉旧城改建而成,改建重点在于集中宫苑衙署和加强西北隅的军事据点,扩大并规整居民区,调整并对称地安排工商业区。

隋唐时期的都城,如长安城结构谨严,区划整齐,其平面呈长方形,宫城置于郭城北部正中,北连禁苑,南接皇城。宫城皇城以外为里坊区,11条南北向大街和14条东西向大街将其划分为棋盘式的格局,其间布列110坊及东西两市。

从北宋起,由于手工业和商业的发展,取消了封闭性的坊市制度,代之以住宅和商业混合的街道形式。一直延续至清代,其整个规划仍以对称、整齐为基本原则,都城布局仍力求方整和对称,元大都和明清北京城是较典型的代表。

二、古城建筑

城，旧时在都邑四周用作防御的城垣。一般有两重：里面的称城，外面的称郭，城郭外的护城河称池，所以有城郭、城池之称。中国古代上自天子王侯的都城，下至州都府县的治所，都有城墙围绕。城墙上有城楼、角楼、垛口等防御工事，构成一整套坚固的防御体系。列入国家重点文物保护单位的古城建筑有江苏的南京城墙、陕西的西安城墙、辽宁的兴城城墙、山西的平遥县城城墙、福建的崇武古城墙和山东的蓬莱水城及蓬莱阁等。

（一）明朝南京城墙

南京为中国七大古都之一，曾为东吴、东晋、宋、齐、梁、陈、南唐、明、太平天国以及民国时期的都城。现存的明朝早期都城南京应天府城城墙不仅是世界上规模最大的古城，也是我国目前仅存的古都都城。

明太祖朱元璋于洪武十九年（1386年）在元代府城的基础上建筑明朝都城应天府城，洪武二十三年（1390年）又增筑外廓。明成祖朱棣迁都北京，在营建北京城时许多地方就是以南京古城为蓝本的。

明朝南京城规划突破了正对称的传统都城形制，城墙根据地理条件和军事防守的需要而建，在基本保留和利用旧城的同时又增辟了新区，把建康城、石头城、南唐江宁城旧址和富贵山、覆舟山、鸡笼山、狮子山、清凉山等都包在城内，使城市形式和道路呈不规则形状。全部城墙为砖石结构，周长为35.267公里（现存22.425公里），高14～18米，上宽7～12米，下宽10～18米，砌城所用的砖除工部及驻京卫所组织在南京烧造外，来自长江中下游的5省28州府118县，其中，以江西袁州用瓷土烧造者最佳。共设城门13座，其中，聚宝（中华）、石城、神策、清凉四门保持至今，聚宝门规模最大，为河流进出及泄水口处，城墙下有水门、水闸或涵洞，秦淮河进出口分设东西水关两座，东水关今尚保存。外廓城略呈圆形，周长60公里，多为土筑，现已辟为环城公路。

城内东部为皇城区，宫城位于钟山西南，宫后以富贵山作为大内的镇山，宫前御道两侧是各部及五军都督府等中央机关的官署，御道南出正阳门，门外东有天地坛，西有山川坛，是皇帝郊祀的地方。中为居民市肆区，即原旧城区。旧城北部鸡笼山顶设观象台，山南为国子监。山西黄泥岗上建有钟鼓楼。城西北为驻军区。各区互不干扰。城市对外交通主要靠水运。城西北沿一带是交通和对外贸易的枢纽，设有龙江关、龙江市以及接待外国商人的龙江驿。经长江运来物资，经三汊河溯秦淮河而上，集中于西南部的清凉、石城、三山、聚宝四门。所以这一带建有许多仓库、酒楼和客店。朱元璋的陵寝孝陵建于钟山南麓独龙阜，形成大片陵区。

1982年南京市被国务院公布为历史文化名城之后，南京市人民政府当即发布通告，严禁损坏城墙并将周围环境保护列入规划控制区。近年又修整了中华门瓮城,修缮了挹江门城楼。1988年明南京城被国务院公布为全国重点文物保护单位。

(二)明西安城城墙

我国现在保存最完整的大型古城建筑是明代西安城城墙,建于1370~1378年。城墙用黄土分层夯筑,城墙周长合11.9公里,高12米,宽16.5米,城内面积近12平方公里。四面正中辟门,每座门外设箭楼,以利射击,内筑城楼,两楼之间建瓮城。城墙里面建有马道六处,外面建有敌台,城垣外围护城河宽20余米,深10余米。

(三)平遥古城

平遥古城自古为平遥县治所,也是中国保存较完整的县治所古城,坐落在黄土高原东缘晋中盆地中部山西省平遥县。

现存古城重建于明洪武三年(1370年)。城墙周长6.2公里,高8~12米,顶宽3~6米,南面随河道蜿蜒而筑,其余三面皆直线砌筑。城墙外包砌青砖,内实夯黄土。城周开六门,南北各一门,东西各二门,各门错开位置,门外砌瓮城,城墙外周环以护城河。城门上建有高耸的城门楼,四角设平台,各建一座角楼。城墙外壁隔段建马面平台,上建敌楼,城墙上设女儿墙、堞口和箭孔等防御设施。在城墙东南角上建有魁星楼和文昌阁,东门上有尹吉甫点将台。城内街道、市楼、衙署、商号、寺观、民居等均保留原有形制,其建筑风格极富山西晋中地方特色。平遥古城墙马面多、造型美观、防御设施齐备,为中国历代建城史所仅有的,并以筑城手法古拙、工料精良著称于世,是研究明代县城建制的实物资料。

平遥古城1986年被公布为中国历史文化名城,1988年被公布为全国重点文物保护单位,1998年被列入《世界遗产名录》。

(四)山东蓬莱水城

蓬莱水城位于山东蓬莱,负山控海,天险自成。建于明洪武元年(1368年),戚继光曾率水师抗倭于此城。水城由土石混合砌筑而成,平面略呈长方形,周长2 200米,仅开南北二门,南门为陆门,与陆路相通,北门为水门,由此出海。小海位居水城正中,将城分成东西两半,系城内主体建筑,用以停泊船舰,操练水师。水城内外还建有码头、平浪台、防浪坝、水师营地、灯楼、炮台、敌台、水闸、护城河等军事设施,形成严密的海上防御体系。

三、古长城建筑

长城是一处特殊的防御工程。早在春秋战国时期,各国为了互相防御,各在地势险峻的地方修筑长城。最早修筑长城的是楚国,大约始于公元前7世纪中叶。战国时,齐、魏、燕、赵、秦等国相继兴筑。秦始皇灭六国,完成统一后,为了防御北方匈奴贵族的骚扰,于公元前214年将秦、赵、燕长城连接起来,西起临洮,北傍阴山,东至辽东,俗称"万里长城"。此后,汉、北魏、北齐、北周、隋各代都曾在北边与游牧民族接境地带筑过长城。明代为了防御北方民族的骚扰,自洪武至万历时,前后修筑长城达18次,西起嘉峪关,东至鸭绿江,总长8 851.8公里以上。在长城沿线保存了许多雄关隘口。其中,北京的八达岭长城、居庸关云台、河北的金山岭长城、山海关和甘肃的嘉峪关等被列入全国重点文物保护单位。1987年万里长城被列入《世界遗产名录》。

(一)北京的八达岭长城和居庸关云台

八达岭是我国明长城保存最完整、最具有代表性的段落之一。因地势险要,自古为兵家必争之地,历代都设重兵把守。居庸关位于北京的昌平区。"居庸关"一名始自秦代,相传因秦始皇"徙居庸徒"(佣工)到此修筑长城而得名。三国时名西关,北齐时称纳款关,后改今名。现存关城建于明初。关城位于长达20公里的深谷之中,是北京西北的门户。明代在关城设卫所,驻重兵把守并统辖附近长城沿线的守军。关城中有一过街塔基座,名云台。云台建于元至正五年(1345年),以白色大理石砌成,正中开一石券门,门道可通车马。券门和券洞刻有浮雕图案,艺术价值很高。

(二)河北的金山岭长城

金山岭长城被誉为"第二八达岭",盘桓在河北滦平县的大小金山岭上。1980年河北省文物工作队在调查长城保护情况时发现了这段长城。明代初年徐达督修长城。1567年,戚继光镇守北疆,继续兴建众多敌楼和战台,成为万里长城上构筑最复杂、楼台最密集的一段。

(三)河北的山海关

山海关被誉为万里长城"天下第一关",其北踞燕山,南抵渤海,位居东北、华北间的咽喉要冲,自古为兵家必争之地。山海关筑于洪武十四年(1381年),关城平面呈方形,有城门四座,各门之上高筑城楼,现仅有东门保存完好。关城四周还有瓮城、东罗城等军事设施,形成关城外围的屏障。山海关为我国历史上著名的军事重镇。

(四)甘肃的嘉峪关

嘉峪关是明代万里长城西端的终点,丝绸之路的交通咽喉,有"河西第一隘口"的称誉。始建于明洪武五年(1372年)。关城平面呈梯形,西城墙外侧又加筑了一道厚墙,南北城墙外侧有低矮土墙与其平行。关城有东、西二门,上面均有城楼。东西二门外建有瓮城。关城四隅有角楼,高两层,形如碉堡。

第四节 中国古代宫殿、坛庙、祠堂建筑

一、宫殿

宫殿为帝王居住之所,是古建筑中最高级、最豪华的一种类型。根据考古发掘证明,早在商代,就出现了宫殿。在河南偃师二里头发现两座规模宏大的宫殿建筑基址,其中第一号宫殿基址是一个长、宽各约100米的夯土台基,周围有墙,南面有

门,台基上有一座东西长30.4米,南北宽11.4米,面阔8间,进深3间的殿堂建筑。安阳殷墟的宫殿规模更大,分为甲、乙、丙三组,其中,丙组共有基址17座,排列有序,左右对称,显示了建筑结构和布局的进一步发展。到了东周时期,列国宫殿的规模远远超过了前代,充分反映了当时的财力和建筑的技术水平及统治者的骄奢淫逸。

秦汉以来,宫殿规模更为宏大,如秦始皇的阿房宫、汉武帝的未央、长乐、建章诸宫、唐代的大明宫、兴庆宫等。宫殿虽豪华壮丽,但大多数都在王朝更替或是争夺皇位时,毁于战火或被拆毁。我们今天所能看到的、保存得完好的宫殿主要有三处,即北京的故宫、沈阳的清故宫和拉萨的布达拉宫。

(一)故宫

故宫位于北京市区中心,始建于1406年,历时14年才完工。故宫是世界上现存规模最大、最完整的古代木构建筑群,为明清两代的皇宫。有24位皇帝相继在此登基执政。至今已近600年。

故宫占地72万平方米,建筑面积约15万平方米。宫墙长达3 400米,墙外环绕宽52米的护城河。宫殿分前后两部分,即前朝和内朝。前朝是皇帝举行大典、召见群臣、行使权力的场所,以太和、中和、保和三大殿为中心。太和殿又称金銮殿,皇帝即位、诞辰以及节日庆典和出兵征伐等重大国典均在此举行。中和殿是皇帝在前往太和殿途中小憩之处,皇帝先在此接受内阁、礼部及侍卫执事人员的朝拜。保和殿是皇帝宴请外藩王公贵族和京中文武大臣之处,清后期也是殿试的场所。

保和殿之后为内廷,是皇帝日常处理政务和帝后、嫔妃、皇子公主居住、游玩奉神之处。主体建筑有乾清宫、交泰殿、坤宁宫及其两侧的十二座宫院。乾清宫东西各有六组院落,自成体系,即东六宫和西六宫。西六宫以南有养心殿。养心殿是皇帝居住和处理日常政务的地方,正间为皇帝居住接见官员处,西间为皇帝阅览奏折和议事处。东间在同治、光绪执政期间,是慈禧太后垂帘听政的地方。内廷另有三座花园,即宁寿宫花园、慈宁宫花园和御花园。

1911年辛亥革命爆发,末代皇帝溥仪下台后仍居内廷,直至1924年被逐出宫。1925年故宫博物院正式成立,延续至今。该院收藏历代文物91万件,是世界上最大的博物馆之一。1987年被列入《世界遗产名录》。

(二)沈阳故宫

沈阳故宫位于沈阳旧城中心,占地6万平方米,全部建筑90余所,300余间。四周围以高大的红色宫墙,殿堂金瓦雕梁画栋,光彩夺目,是我国现存仅次于北京故宫的最完整的皇宫建筑。

沈阳故宫,依其自然布局和建筑先后,可分成三部分:第一部分是清太祖努尔哈赤建都初期所建的大政殿与十王亭,也就是故宫的东路;第二部分是清太宗皇太极继位后,续建的大内宫阙,包括最南端的照壁、东西厢楼、东西朝房、崇政殿、凤凰楼、清宁宫等建筑,也就是故宫中路;第三部分是清高宗乾隆四十八年(1783年)扩建的,包括戏台、嘉阴堂、文溯阁、仰熙斋等建筑,也就是故宫的西路。

大政殿是一座八角重檐大木架构成的建筑,殿身八面都用木隔子门组成,以榫卯相接,可以任意开启。殿前排列十座方亭,为左右翼王和八旗大臣办公的地方。崇政殿为五间九檩硬山式,前后有出廊,围以石雕栏杆。此殿为皇太极日常处理军政要务和接见外国使臣、边疆少数民族代表之所。文溯阁为故宫西路的主体建筑,为乾隆四十七年(1782年)兴建,专为皮藏《四库全书》之用,建筑形式仿自浙江宁波天一阁。西路是皇帝东巡盛京时读书、看戏的地方。

沈阳故宫,经历代大规模修缮,现已辟为沈阳故宫博物院。

(三)布达拉宫

位于拉萨市西北的玛布日山上,为历代达赖喇嘛的冬宫。它是我国著名的宫堡式建筑群,为藏族古建筑艺术的代表作。相传公元7世纪吐蕃赞普松赞干布为迎娶文成公主而建此宫。至清顺治二年(1645年),达赖五世受清朝册封后,遂扩建宫室,具今日规模,从达赖五世起,重大宗教、政治仪式均在此举行,是原西藏封建农奴社会政教合一的统治中心。宫殿依山垒砌,主楼高119米,13层,东西长420米,南北宽300米,有房屋近万间,其中宫殿、灵塔、佛殿、经堂、僧舍、平台、庭院等一应俱全。宫内珍藏大量雕塑、壁画和明清两代的敕书、印签、礼品、匾额、佛教典籍等文物。1994年被列入《世界遗产名录》;2000年与2001年,大昭寺与罗布林卡被列为其扩展项目。

二、坛庙、祠堂

坛庙、祠堂是用来祭祀天地神灵、山川河岳、祖宗英烈和圣贤先哲的礼制性建筑物。

祭祀天地山岳的有北京的天坛、社稷坛,山东的岱庙、山西的万荣东岳庙和陕西的西岳庙。天坛是明清两代皇帝祭天祈谷之处,是我国现存最大的古代祭祀性礼制建筑群,包括圜丘、皇穹宇、祈年殿等建筑。皇帝大祭时,主祭皇天上帝,配祭帝王的列祖列宗,以及日月星辰、云雨风雷之神。岱庙是泰山规模最大的建筑群,自秦汉以来,成为历代帝王封禅泰山举行盛典的地方,占地96 500平方米,主要建筑有天贶殿、寝宫、钟楼、汉柏院、东御座、鼓楼、唐槐院等。天贶殿为主体建筑,始建于北宋,殿共9间,长48.7米,宽19.8米,高22.3米。殿内保存有宋代壁画《泰山神户跸回銮图》,全图描绘了东岳泰山之神出巡时的浩荡场面。

祭祀祖先的主要有北京的太庙、安徽的龙川胡氏宗祠和广东的陈家祠堂。北京的太庙是明清两代皇帝祭祀祖先的家庙,平面呈长方形,南北长475米,东西宽294米,共有围墙三重,由前、中、后三大殿构成封闭式庭院。前殿面阔11间,进深4间,建筑面积达2 240平方米,为皇帝举行祭祖典礼之地。此外还有神厨、神库、宰牲亭、治牲房等建筑。宗祠为一族一姓祭祀祖先的建筑,过去几乎遍及城乡。规模较大、建筑较精美的两处被列入国家重点文物保护单位,即胡氏宗祠和陈家祠堂。龙川胡氏宗祠位于安徽绩溪县,初建于宋,明嘉靖年间,兵部尚书胡宗宪对祠堂进行过一次大修缮,故建筑具有明代风格,祠堂占地面积1 146平方米,建筑坐北朝南,三进7间,砖木结构。祠堂前进为高大门楼,中进为正门,后进是寝室,分上下两层。祠堂内有精雕细刻的梁托、灯托、额枋、落地隔扇等,工艺精湛,是徽派古建筑艺术砖木石雕的宝贵遗产。陈家祠堂位于广东省广州市,为清末广东72县陈姓联合建造。始建于光绪十六年(1890年),于光绪二十年(1894年)落成。祠堂分为五座三进,建筑面积6 400余平方米。北进之间既有庭院相隔,又利用廊、庑联系起来,共有9座厅堂和6个院落,其建筑以装饰精巧、富丽堂皇而著称。木雕、石雕、砖雕、泥塑、石湾陶塑、铁铸工艺等装饰,遍布于祠内外的顶檐、厅堂、院落、廊庑间。

  还有一些祠堂是祭祀圣贤先哲的,包括山东曲阜的孔庙及孔府、北京的孔庙、山东的孟庙及孟府、山西解州的关帝庙、四川的武侯祠和杜甫草堂等。山东曲阜孔庙是全国各地保存的历代孔庙中规模最大、时代最早的一座。孔子殁后一年,鲁哀公以其故宅3间改建成祠堂,亲祭孔子。此后历代不断扩建,至宋代增建殿堂廊庑360间,使之成为仿王宫之制的庞大建筑群,历代皇帝到曲阜均在此举行隆重的祭孔活动。孔庙平面呈长方形,总面积327.5亩,现有460间,分别建于金、元、明、清及民国。整个建筑以中轴线贯穿,左右对称,布局严谨。孔庙内著名建筑有棂星门、圣时门、奎文阁、杏坛和大成殿。大成殿是孔庙的主体建筑,面阔九间,进深5间,高32米,长54米,深34米。殿内供奉孔子塑像,七十二弟子及儒家历代先贤塑像分侍左右。历代皇帝的祭孔活动在大殿举行。1994年,曲阜孔庙、孔府、孔林被列入《世界遗产名录》。山西解州关帝庙是祭祀三国蜀将关羽的,因解州东南10公里的常平村是关羽的故乡,故解州关帝庙为武庙之祖。关帝庙创建于隋开皇九年(589年),宋、明时曾扩建和重修,清时曾毁于火,经10余年始修复。全庙占地近100亩,平面布局分南北两大部分。南以结义园为中心,由牌坊、君子亭、三义阁等组成。北部为正庙,仿宫殿式布局。整个关帝庙建筑,布局严谨,轴线分明,南北两大部分自成格局但又统一和谐。

第五节 中国古代园林建筑

一、概述

(一)园林的历史沿革

  中国的园林建筑,是以祖国的自然风光为原型的,在世界上独树一帜。根据文献记载,早在商周时期我们的先人就已经开始了利用自然的山泽、水泉、树木、鸟兽进行初期的造园活动,当时主要是划地圈围,养殖野生动物和种植蔬菜及果树。公元前11世纪,周武王曾建"灵囿"。"囿"是指放养和繁殖禽兽的地方,被认为是中国园林最初出现的形式。秦汉时出现了以宫室建筑为主的宫苑,秦始皇建上林苑,在苑中建阿房宫,还引渭水作长池,并在池中筑蓬莱山以象征神山仙境。魏晋南北朝时期是中国园林发展中的一个转折点,佛教的传入及老庄哲学的流行,使园林转向崇尚自然。私家园林逐渐增加。唐宋时期园林达到成熟阶段,官僚及文人墨客自建园林或参与造园工作,将诗与画融入园林的布局与造景中。明清时期,园林艺术进入精深发展的阶段,无论江南的私家园林,还是北方的帝王宫苑,都达到了高峰。

(二)古园林的类型

中国古园林按占有者身份可划分为皇家园林和私家园林。

皇家园林是专供帝王享乐的地方,规模大。秦始皇统一中国后,建上林苑,阿房宫就建在上林苑内。汉武帝刘彻沿用了秦时的上林苑并进行了扩建。上林苑内养动物,种水果,开凿昆明池、太液池,营建建章宫,在太液池中堆出蓬莱、方丈、瀛洲三座神山,奠定了皇家园林一池三山的基础。上林苑为后世帝王所效仿。隋炀帝于公元605年在洛阳城西营建了西苑,苑内为海,海上建方丈、蓬莱、瀛洲三岛。苑内还建有五湖,以渠相沟通,渠中可驾船,形成周流完整的水系。水系里分布有16座宫苑,里面住着宫中美女。西苑中还种植奇花异草。唐代的大明宫、太极宫和兴庆宫,都是宫和苑相结合的建筑群。北宋徽宗在开封建园林艮岳,此园以杭州凤凰山为蓝本,尽搜天下奇花异石,在平地上堆山建成。金灭宋后,艮岳被毁,园中的山石被运入北京。北宋以后,自辽、金、元,历代帝都建于北京,因此北京的皇家园林盛况空前。明代皇家园林仍以山、池为主并有所发展。当时,将太液池向南开拓,形成北海、中海、南海三海一贯的水域。在三海沿岸和池中岛上增建殿宇,与紫禁城构成宫苑相连的布局。清代继续兴建皇家园林,营建了以圆明园为主的海淀三山五园和河北承德的避暑山庄。

私家园林是皇帝的宗亲外戚、王公官吏和富商大贾营造并供自家享用的园囿。私家园林在西汉时出现。见于记载的有两处园子,一个是汉武帝叔叔梁孝王刘武的私园,一个是大富商袁广汉的园子。两园皆模仿皇家园林而建,只是规模小一些而已。魏晋南北朝时期,私家园林逐渐增多,豪门和地主的造园活动,和他们自给自足的庄园经济相结合,充满山林野趣和田舍风情。唐宋时期,私家园林进一步发展,贵族、官僚及文人利用自然环境营建山庄别墅,除长安、汴梁和洛阳外,江南地区筑山垒石之风很盛,产生以栽花、造山为专职的工匠。明清时期,私家园林进入了一个新的阶段,以池山为主体的园林特征基本定型,各种造园的理论论述相继出现。江南成为私家园林最发达的地区。苏州、杭州、扬州成为私家园林集中的城市。私家园林一般规模不大,追求平和和宁静的气氛,色彩清淡典雅,以满足待客、读书、游乐的要求。

(三)中国古园林的造园艺术

《园冶》是我国造园名著之一,为明崇祯时计成总结造园经验写成,共 3 卷,对造园的理论及技术,都有详细阐述。书中的经验是从实践中来,里面所总结出来的造园手法,是近现代园林艺术家仍然遵循的主要准则。

我国古代园林建筑艺术主要表现在以下几个方面:

选址时注意因地制宜,充分利用园址的优势、有利因素,排除、净化不利因素。

造景时注意手法的变化。造景手法主要有借景、障景、点景、对景、框景和移景。借景是将园外的景物,组织到园内所能看到的画面中来,与园内景物成为一体。障景就是屏挡住景物,主要利用假山、植物、房屋建筑来实现。点景是指要把景物点出来,无论是用山石点景,还是用亭子点景,都要起到画龙点睛的效果。对景是指不管身在园中的什么位置,对面都有景可看。框景是利用门框、窗框向外眺望所取得的景色画面。移景指的是仿造。圆明园和颐和园中,有许多景色都是移植而来。

引水入园,塑造水景。包括人工池、湖、瀑布、泉等。

叠山置石,塑造山林景色。叠山指人工用土、石或土石结合起来堆筑假山。置石是指以单块的石头,陈设在园林的庭院之中。

在园中建廊、亭、桥、舫、水榭、厅堂等建筑,这些建筑有利于观景,同时,它们自身也是景。

利用植物来体现园林的风貌。根据园林的不同性质,种植柳、桃、松、竹、梅等树及牡丹、菊、荷花、蜡梅等花卉。

二、现存古园林介绍

早期园林随着岁月的流逝已不复存在,保存较完整的主要是晚期园林。列入全国重点文物保护单位的园林建筑有北京的颐和园、北海及团城、恭王府及花园、河北的避暑山庄、江苏的拙政园、何园、个园、网狮园、环秀山庄、寄畅园、上海的豫园、山东的十笏园、西藏的罗布林卡等。

(一)承德避暑山庄

避暑山庄史称热河行宫,俗称承德离宫,它位于河北承德市北部武列河西岸,始建于康熙四十二年(1703 年),建成于乾隆五十七年(1792 年),为清代皇帝避暑和从事各种政治活动的场所。总面积 569 万平方米,周围石砌宫墙长达 10 公里,总建筑达 120 余组、10 万平方米之多,是我国现存最大的皇家园林。山庄分宫殿区和苑景区两部分。苑景又分为湖区、平原区和山区。其中有著名的康熙、乾隆二帝亲题匾额并以诗咏之的 72 景,集全国古代园林之大成。

宫殿区系庄中最大的建筑群,并绝大部分都按清代小式木构建筑的规格建成,由正宫、松鹤斋、万壑松风和东宫四组建筑群组成。其中，正宫总面积2.4万平方米，从正丽门到岫云门，以严谨的中轴线对称平面布局，前朝后寝分别以俗称楠木殿的"澹泊敬诚"和"烟波致爽"两殿为主体建筑。

湖区面积约30万平方米，以州、岛、桥、堤分割为上湖、下湖、银湖、镜湖、内湖、长湖、如意湖、澄湖8个大小湖面，构成江南水乡名园的意境。湖面建筑分东部（有水新榭和金山等）、中部（有月色江声、如意洲、环碧、青莲岛上等）、西部（有牌楼、石桥及"芳渚临流"亭等）三大部分。

平原区以万树园为中心，占地60万平方米，建筑规模和数量远不及宫殿区和湖区，原建有几十架蒙古包，反映出山庄在清代联谊少数民族的独特风格，现存建筑主要集中在南侧，有文津阁和"水流云在"四亭等。

山区则在山庄西北，一片峰峦之地占地全园面积的4/5，建有象征万里长城的北部宫墙，康乾盛世建筑的40余组山中之园基本无存。溥仁寺、普宁寺、安远寺、普乐寺、普陀宗乘之庙、须弥福寿之庙、殊像寺等外八庙中仅存的7座古庙，依山而建，形式各异。普宁寺的大乘阁有一座22米高的千手千眼观世音菩萨，是我国现存最大的木雕佛像。

中华人民共和国成立之后，对避暑山庄外八庙的保护极为重视，外八庙于1961年被确定为全国重点文物保护单位，1982年被列为全国重点风景名胜区，1994年收入《世界遗产名录》。

（二）颐和园

颐和园位于北京海淀区西苑，是我国现有大型皇家园林中最为完整、最为典型的一个，也是世界著名园林之一，1998年被列入《世界遗产名录》。

颐和园初为金贞元年（1153年）建的帝王行宫，明代改名好山园，清乾隆十五年（1750年）扩建，名清漪园。后遭英法联军焚掠，光绪十四年（1888年）慈禧挪用海军军费白银3 000万两重建，改名颐和园。

颐和园由万寿山和昆明湖组成，水面约占3/4，环绕在山湖之间的宫殿、寺庙、园林建筑约3 000间。全园可以分为勤政、居住、游览三大区域。勤政区以东宫门内的仁寿殿为中心；居住区在勤政区西边，以玉澜堂、宜芸馆、乐寿堂三大庭院为主；游览区是全园的主体部分，可以分为前山区、后山后湖和昆明湖南湖、西湖三部分。

万寿山前山区是全园精华汇集之处，楼阁依山而建，有排云殿、佛香阁、智慧海等建筑。佛香阁高41米，为统率全园的主景。万寿山下昆明湖畔的长廊将勤政区、居住区、游览区连为一体。长廊长728米，是我国最长的长廊。

万寿山北麓是后山、后湖，湖面随山势曲折蜿蜒，忽阔忽狭，分成六个小湖，统称苏州河，古木参天，景色幽静，富有野趣。

昆明湖的南湖、西湖上有岛屿、西堤六桥及十七孔桥，岛上建有楼阁亭台。长廊西端湖中有一座巨石雕成的石舫，舫长36米，名清宴舫。

在颐和园东北角,有一座被称为园中之园的谐趣园,是仿照无锡寄畅园而建。玲珑精巧,自成格局,具有浓郁的江南园林景色。

(三)拙政园

拙政园位于江苏苏州市娄门内,是苏州四大名园之一。旧为大宏寺,明代正德年间(1506—1521年),御史王献臣始建园,后多次易主,几经兴废。现园体为清末规模,由中(拙政园)、西(补园)、东(归田园居)三部分组成,面积约4.1公顷,为苏州诸园之冠。

中部总体布局以水池为中心,水面约占1/3,为全园精华所在。主厅远香堂位于池南岸,由此可赏园中四面景物。远香堂东隅为以轩廊小院组成的枇杷园,内植枇杷、竹、海棠等植物。北部池中二岛,各建一亭,为夏日消暑胜地。岛西北有见山楼,登临可远眺虎丘。池西南有飞虹桥通小沧浪水院,北有旱船三面临池,附近的玉兰堂,庭院娴静。西部补园,面积约0.8公顷。建筑以南端的鸳鸯厅最大,其北半部称三十六鸳鸯馆,南半部称十八曼陀罗花馆。园东部为1955年在归田园居旧址上重建。辟有大片草坪和山石水池,新建有门廊、小院及兰雪堂等建筑。

拙政园于1997年与留园、网狮园、环秀山庄一起以苏州古典园林之名列入《世界遗产名录》,2000年又将艺圃、耦园、沧浪亭、狮子林、退思园扩展为苏州古典园林,列入《世界遗产名录》。

(四)罗布林卡

罗布林卡位于西藏拉萨西郊拉萨河北岸。罗布,藏语意为"宝贝",林卡,藏语意为"林园"。清乾隆二十年(1755年)达赖七世格桑嘉措在此建格桑颇章宫殿,在此消夏、理政、举行各种庆典。以后成为历代达赖的夏宫。

全园占地约36万平方米,由格桑颇章、金色颇章、达旦明久颇章三组雄伟的宫殿建筑群组成,每组建筑由分为宫区、宫前区、森林区三个主要部分。全园结合功能需要,划分若干景区空间,每个景区由根据地形,运用山石、水面、树木、建筑组成各种景观,创造出不同性格的以自然山水为主题的意境。园中饲养鹿、豹等各种珍禽异兽,是西藏最富地方特色的园林。2001年该园已作为布达拉宫的扩展项目列入《世界遗产名录》。

第六节 中国古代宗教建筑

宗教建筑包括佛教建筑、道教建筑和伊斯兰教建筑。

一、佛教建筑

佛教自西汉传入我国,公元68年由官方营建白马寺。白马寺是见于记载的中国最早佛寺,有中国佛教祖庭之誉。中国佛教建筑主要可分为两大类,即寺庙和塔。

（一）佛教寺庙

佛教寺庙是佛教僧侣供奉佛像、舍利，进行宗教活动和居住的处所，在中国历史上曾有浮屠祠、招提、兰若、伽蓝、精舍、道场、禅林、神庙、塔庙、寺、庙等名。到明清时期通称寺庙。佛教在中国流行2 000年，虽然不同时代、不同宗派的佛寺在建筑上存在着差异，但大体上都是以佛殿或佛塔为主体，辅以讲堂、经藏楼、僧舍、斋堂、库厨等建筑，布局上沿袭中国传统建筑形式。寺庙可分为汉地佛教寺庙、藏传佛教寺庙和上座部佛教寺庙。内地佛寺多为庭院形式，有明显的纵中轴线，供奉佛像的主要殿阁布置在中轴线上，次要建筑布置于两侧；藏传佛教寺庙以大经堂为中心依山而建，将曼陀罗运用到佛寺布局或佛殿造型上；南传上座部佛教寺庙保留着傣族和东南亚建筑风格。

汉地佛教寺庙最初由官署改建，以后受到印度的影响，即平面布局以佛塔为中心，四周布置僧房、佛殿。魏晋以后，佛教建筑采用中国宫殿官署的院落布局，有明显的中轴线，主体建筑或佛殿位于寺院中央。隋唐以来，佛教寺院继承和发展了魏晋南北朝的传统，平面布局依中轴线做纵深的展开，以殿堂廊庑等组成的庭院为单元，殿宇重叠，庭院错落；供奉佛像的佛殿已成为寺院的主体，塔往往建于寺旁。列入全国重点文物保护单位的汉地佛教寺庙有白马寺、佛光寺、显通寺、悬空寺等著名寺庙。白马寺位于河南洛阳市，为中国第一古刹。寺院创建于东汉永平十一年（68年），是佛教传入中国后营建的第一座佛寺。白马寺经历代翻建修葺，已非原貌。现存寺院为明清重修。寺坐北朝南，主要建筑分布在中轴线上，有山门、天王殿、大佛殿、大雄宝殿、接引殿等，两侧有门头室、云水堂、祖堂、客堂、禅堂、方丈院等。显通寺位于山西五台山台怀镇北侧，始建于东汉永平年间。现存建筑为明清两代所建。建筑布局紧凑，中轴线上殿堂七重，自前至后分别为观音殿、菩萨殿、大佛殿（大雄宝殿）、无量殿、文殊殿、铜殿、藏经殿。左右两侧为铜塔、配殿、厢房、大钟楼、僧舍、厩库、禅堂、方丈院、粮仓等，现存建筑400余间。

14世纪以后，藏传佛教兴起，留下了许多藏传佛教寺庙建筑，被列入全国重点文物保护单位的有西藏拉萨的甘丹寺、哲蚌寺、色拉寺和日喀则的扎什伦布寺、萨迦寺、甘肃的拉卜楞寺、青海的塔尔寺、北京的雍和宫及承德的外八庙等。藏传佛教建筑布局比较自由，多依山而建。建于元代的萨迦寺位于西藏日喀则萨迦县奔波山下，寺院由河流分成南北两寺，北寺建筑多已毁坏，南寺犹存。南寺形似城堡，四周围以城垣。城内的主体建筑为大经堂、佛堂、萨迦法王居住的宫殿等，其中，大经堂位于正中。明、清时期的藏传佛教建筑以札仓（经学院）和佛寺为中心建筑，周围有活佛的办公所和住宅、印经院、讲经院、塔和僧众住宅。扎什伦布寺位于西藏日喀则城西，依山傍水，建于明代，全寺由宫殿、勘布会议（后藏政府最高机关）、班禅灵塔殿、经学院组成。其中，经学院的错钦大殿是全寺喇嘛集合的场所，建筑面积约有580平方米。殿堂内部满绘壁画。拉卜楞寺位于甘肃夏河县，建于清代。寺院建筑包括6大学院、16处佛殿、18处大活佛官邸、2座讲经坛以及大片的喇嘛住宅。其中,闻思学院的经堂可容纳3 000人念经。

(二)佛塔

佛塔起源于印度,称窣堵波或浮屠,用以藏佛舍利,其形状为一个半圆形的坟冢。佛塔传入中国后,与中国原有的传统建筑形式相结合,出现了许多新的塔形。中国佛塔分布广,数量多,规模大,造型美。

印度窣堵波是由台基、覆钵、宝匣、相轮四部分组成的实心建筑。中国塔一般由地宫、塔基、塔身和塔刹组成。地宫藏舍利,位于塔基正中地面以下。塔基包括基台和基座,塔刹在塔顶之上,通常由须弥座、仰莲、覆钵、相伦和宝珠组成。也有在相伦之上加宝盖、圆光、仰月和宝珠的塔刹。这些形制是由窣堵波演变而来的。

中国佛塔可分为楼阁式、密檐式、覆钵式和金刚宝座式等类型。

楼阁式塔,源于中国传统建筑中的楼阁形式,可以登高远眺。早期为木结构,隋唐以后多为砖石仿木结构。山西应县佛宫寺释迦塔现存最古的一座木塔,该塔建于辽清宁二年(1056年)。塔平面为八角形,高九层,其中有四个暗室,塔高达67.3米,底层直径30.27米,体形庞大,雄壮华美。砖石仿木结构塔很多,著名的有西安大雁塔、河北定州开元寺塔等。河北定州开元寺塔建于高台之上,八角11层,高84米,是我国现存最高的砖塔。开元寺塔建于北宋。塔身外部通体涂白色,各层四面辟门。塔内有塔阶可通塔顶。内壁设有壁龛并绘有精美的壁画。

密檐式塔,以外檐层数多且间隔小而得名。塔下部第一层塔身特别高,以上各层则塔檐层层重叠,距离很近。密檐式塔大都是实心,一般不能登临。著名的有河南登封嵩岳寺塔、西安小雁塔、云南大理千寻塔等。嵩岳寺塔建于北魏正光年间(520—524年),是我国现存年代最早的砖塔。塔高约39.5米,平面呈十二角形,底层直径约10.6米,外部以密檐分为15层。塔身四壁辟券门,门洞宽敞高大,塔身每层各面均砌出拱形门和小窗,这些门窗多为装饰性的,共有门窗500余个。整个塔身呈抛物线形,线条清晰流畅,造型雄伟秀丽。

覆钵式塔又称喇嘛塔,为藏传佛教所常用。流行于元代,明清继续发展。著名的有北京妙应寺白塔等。妙应寺白塔建于元至元八年(1271年),是我国建筑年代最早、规模最大的一座喇嘛塔,由尼泊尔青年匠师阿尼哥设计。塔通高51米,通体洁白,下有三层须弥式基座。其上覆莲座,塔身形似宝瓶。此塔各部分的比例十分匀称,轮廓雄浑,气势磅礴,是喇嘛塔中最杰出的创作。

金刚宝座塔,其造型仿照印度佛陀迦耶精舍而建,具有浓厚的印度风格。其形式为:塔的下部为一方形巨大高台,台上建5个正方形密檐小塔。我国共有5座金刚宝座塔,北京真觉寺金刚宝座塔是我国同类塔中年代最早、雕刻最精美的一座。此塔于明成化九年(1473年)竣工,由汉白玉石和砖砌筑而成,总高17米,分塔座和五塔两部分。宝座为正方形,高7.7米,前后辟门,门内有阶梯,盘旋可达宝座顶部。

顶部有5座石塔。此塔以精美的雕刻艺术而著称,塔座和五塔上遍刻绚丽多姿的佛像、花草、鸟兽等图案。

此外,还有单层塔和傣族笋塔等特殊形制的塔。前者有山东济南四门塔,后者如云南景洪曼飞龙塔。

二、道教建筑

道教是我国土生土长的宗教,其建筑主要采用中国古代建筑传统的方法并结合道教教义,独具特色。道观为道教庙宇。因为道教崇尚仙人,仙人好楼居,所以袭用我国古代高层建筑的名称"观"作为建筑之名。后来封建帝王信道,利用道教者,为提高其地位,把道观尊封为"宫",与帝王宫殿相提并论。

列入全国重点文物保护单位的道教建筑主要有山西芮城的永乐宫、湖北武当山的紫霄宫、辽宁盖县的玄贞观、江苏苏州的玄妙观三清殿以及湖北武当山的金殿和云南昆明的太和宫金殿等。

道观中的大殿与帝王宫殿一样雄伟壮观。例如,江苏苏州的玄妙观三清殿,重檐歇山顶,面阔九间通长45米,进深六间通深25米多,是江南一带现存最大的宋代木构建筑。殿内砖须弥座制作精致,座上为三尊泥塑金身像,为宋代雕塑中的佳作。湖北武当山上的紫霄宫中的紫霄殿面阔五间,重檐九脊,翠瓦丹墙。其额枋、斗拱、天花,遍施彩绘,藻井浮雕二龙戏珠。全殿流金溢彩,富丽堂皇。殿内供玉皇、真武、灵官诸神,雕刻手法细腻。

道教建筑中另一有特色的建筑为金殿,即由金属铸成的大殿。例如,湖北武当山金殿,又称金顶,明永乐十四年(1416年)由9种金属冶炼铸造的合金铜殿,俗称九花铜,是中国现存元、明、清几座铸铜殿堂中最华丽、制作技艺最精致的一座,具有极高的科学和艺术价值。面阔、进深各三间,高5.54米,宽4.40米,深3.15米。金殿为铜铸鎏金,仿木构建筑,重檐叠脊,翼角飞举。殿基为花岗岩砌石台。殿内神像、几案、供器均为铜铸。金殿为分件铸造,榫铆拼焊,连接精密,浑然一体,毫无铸凿之痕。云南昆明东北的鸣凤山上有一座太和宫金殿,为清康熙年间吴三桂所造。全殿系青铜铸造,仿木结构建筑形式,呈方形,边长6.2米,高6.7米,重檐歇山顶。殿内神像、匾联、梁柱、墙屏、装饰均系铜铸,为全国最大的铜殿。

道教宫观中塑像和壁画题材与道教崇拜的神仙密切相关。永乐宫中的壁画最著名。

永乐宫位于山西省芮城县,是我国现存最早的道教宫观,也是目前保存最为完整的一组元代建筑。据记载,永乐宫始建于1247年,主要建筑有宫门、龙虎殿、三清殿、纯阳殿和重阳殿,其中宫门为清代建筑,其余皆为元代修建。各殿四壁满绘精美的元代壁画,总面积为1 005.68平方米,题材丰富,画技高超,既有确切的年代可考,又留有画师姓名,为元代寺院壁画之冠。三清殿为永乐宫主要大殿,殿内四壁及神龛内均满绘壁画,其内容为《朝元图》,即诸神朝拜道教始祖元始天尊图像,以八个帝后装的主像为中心,四周围以金童、玉女、天丁、力士、帝君等,共计290多尊,背衬瑞气,足蹬祥云,一派仙境。纯阳殿壁画绘有"纯阳帝君仙游显化之图",描绘吕洞宾生平事迹的绘图共52幅。在这些壁画上,有宫廷、村落、舟船、酒店及各类人物的形象,是研究元代我国人民生活情况的珍贵资料。

三、伊斯兰教建筑

伊斯兰教自唐朝传入我国后,相继建立寺院,名叫清净寺、清真寺或怀圣寺。唐宋时期的清真寺保存了浓厚的阿拉伯建筑风格,明清时期的清真寺中国化、民族化的程度增大了,并且形成了回族和维吾尔族两大不同建筑风格。回族清真寺,是在大量吸收汉族传统建筑艺术手法的基础上发展起来的,同时又保留了自己的宗教特色。维吾尔族清真寺,是在本民族原有建筑体系的基础上,接受了伊斯兰教特有的建筑因素而形成的,在以后的发展中又不断吸收了其他民族的建筑因素,如汉族、回族、藏族的某些纹样等。

清真寺是穆斯林的聚会堂,每星期五为穆斯林聚礼日。清真寺建筑形式依各地各民族而异,主要由大殿、经堂、沐浴室、宣礼楼和望月楼组成。大殿为寺院的主体建筑,坐西朝东,殿内不设雕像,仅在西壁正中设装饰精美的圣龛。望月楼是清真寺内楼形的高层建筑。阿拉伯半岛居民信奉拜物教,主要崇拜月亮,伊斯兰教兴起后,沿袭此旧习。伊斯兰教规定,教徒每年在伊历九月内斋戒,须在伊历八、九两个月的最后一日的黄昏,观察新月,以定斋月起讫的确切日期。由享有威望的见证人登楼望月。宣礼楼亦称"邦克楼",是掌教人按时登高召唤穆斯林进行每日五次礼拜的地方,其建筑形式为楼或塔。

清真寺在装饰方面,反对偶像崇拜,装饰纹样以阿拉伯文字、几何图案和植物花纹为主。装饰手法有绘画、雕刻。其中,雕刻包括砖雕、木雕、石雕等。

列入全国重点文物保护单位的伊斯兰教建筑有福建泉州的清净寺、陕西西安的清真寺、北京的牛街礼拜寺和宁夏同心的清真大寺等。

清净寺位于福建泉州通淮街北侧,是阿拉伯穆斯林在中国创建的、现存最古的、具有阿拉伯伊斯兰建筑风格的清真寺,建于1009年,元、明曾重修。清净寺现存主要建筑有寺门、奉天坛和明善堂,占地约4 248平方米。寺门和奉天坛皆为伊斯兰风格建筑,明善堂是一间小礼拜堂,为中国四合院式建筑。

西安清真寺位于陕西西安市化觉巷内,习称化觉寺,是一座我国现存规模最大、保存最完整、采用中国传统建筑形式的清真寺。寺院始建于唐代,经宋、元、明、清历代增建,形成今日规模。全寺占地12 000平方米,建筑面积4 000平方米,均为明代建筑。寺院坐西面东,背向圣地麦加。主要建筑有牌坊、省心楼和礼拜殿。省心楼是掌教人招呼教徒礼拜的地方,为三檐两层八角攒尖顶式楼阁,造型玲珑秀美。礼拜殿为全寺的主要建筑,宽33米,进深38米,可同时容纳1 000多人礼拜。寺内砖、木雕饰十分丰美。寺院建筑将伊斯兰和汉民族传统风格融为一体,形成风格独特的建筑群。

牛街礼拜寺位于北京广安门内牛街,是北京市规模最大、历史最久、采用中国传统建筑形式的清真寺。寺院始建于辽代,明、清时屡经重修。全寺主体建筑有礼拜殿、邦克楼、望月楼和碑亭等。礼拜殿殿宇宽敞,殿内壁龛遍雕阿拉伯文和各种花卉图案。邦克楼是一座歇山顶重檐方亭建筑。望月楼平面呈六角形,重檐攒尖顶,构件装饰带有浓厚的伊斯兰教风格。

第七节 中国古代桥梁及水利工程建筑

一、古桥

中国古桥建筑历史悠久,早在原始社会时期,我们的先民为了解决水陆交通问题,就开始人工建造桥梁了。随着工程技术的提高,古代工匠们创造了各式各样结构、材料和造型的桥梁。列入全国重点文物保护单位的有河北的安济桥、永通桥、福建的安平桥、洛阳桥、广东的广济桥、广西的程阳永济桥、江西的观音桥和北京的卢沟桥等,这些桥梁各具特色。

安济桥横跨在河北赵县城洨河上,建于隋开皇至大业年间(590~608年),由著名工匠李春设计建造。桥身为单拱,弧形,全长50.82米,宽9.6米,跨度为37.37米。桥拱肩敞开,拱肩两端各建两个小拱,即敞肩拱,开创了桥梁的新类型,是世界桥梁工程中的首创,也是世界上现存最大的敞肩桥。它既减轻了桥身自重,省工省料,又有利于泄洪,减少洪水对石桥的冲击。

安平桥位于福建泉州晋江县安海镇和南安县水头镇之间的海湾上,始建于南宋绍兴八年(1138年),历时13年建成。明清两代曾重修。初建时,长度约有5里,故又称"五里桥",是古代世界最长的连梁式石板平桥。

洛阳桥位于福建泉州市东约10公里洛阳江上,始建于北宋皇祐五年(1053年),嘉祐四年(1059年)竣工。桥原长1 200米,宽约5米,有46座桥墩,是我国古代著名的梁式石桥。此桥规模宏大,工程十分艰难。造桥基时,先沿桥梁中线抛置大量石块在江底形成矮石堤,然后在上面建造桥墩,并在桥下养殖大量牡蛎,使桥基和桥墩石胶结牢固。这种"种蛎固基法"为我国古代的重要科学创新。

广济桥位于广东潮州市之东韩江上,是中国古代第一座开启活动式石桥,始建于南宋乾道六年(1170年),历时57年建成。全长517.95米,东西两段桥共有18个桥墩。中间一段,宽约百米,用小舟摆渡。明代重修,增建桥墩5座并在桥上立亭屋,建"望楼"。中段缩短,改用18艘梭船连成浮桥,能开能合。

程阳永济桥，又名程阳风雨桥，位于广西三江侗族自治县林溪乡程阳村马安寨。永济桥建于1916年，长76米，宽3.7米，为木石结构梁式木桥，5个石砌的桥墩上建有侗族风格的楼亭5座。整座桥梁用大木凿榫接合，大小木条，斜穿直套，纵横交错，一丝不差，结构精密，优美壮观，是侗族建筑艺术和建筑技艺的杰作。

二、古代水利工程建筑

古代水利工程建筑包括塘、堰、渠、陂等，列入全国重点文物保护单位的主要有安徽寿县安丰塘、四川都江堰、广西兴安灵渠、浙江它山堰和古纤道以及福建莆田木兰陂等。

安徽寿县的安丰塘，古称芍陂，是由人工修造成的蓄水塘，相传是春秋时楚国令尹孙叔敖率众人修建，蓄水灌溉农田，为我国现存最早的一项水利工程。以后历经各代屡次修治。现在，安丰塘水量已达7 300多万立方米，灌溉面积63万亩。

四川灌县都江堰市的都江堰为战国秦昭王时蜀郡守李冰率众兴建，李冰汲取前人治水经验，引水灌田分洪减灾，整个工程由宝瓶口、分水鱼嘴和飞沙堰三部分组成，使整个成都平原得以灌溉。

广西兴安的灵渠，修于公元前223年至公元前214年，沟通湘漓二水，联系长江与珠江两大水系，长34公里。灵渠上建有陡门，可提高水位，使船只通行，为船闸的先导，这是世界上最早的运河通航措施。

浙江省浙东运河萧绍虞区段古纤道，是古代行舟拉纤的通道，亦名官塘或运道塘。它始建于唐朝，原为土筑经明清两代改用条石砌成。古纤道沿运河或临水依岸或破水而筑，贴近水面，绵延百余里，并有数十座拱桥或梁式桥与之衔接，形体纤巧、造型别致，宛如一条水上长虹延伸到水天极目之处，构成江南水乡的旖旎风光，具有浓厚的地方特色。

第八节　石窟寺摩崖造像石刻及其他

据不完全统计，在全国范围内，已发现各个时期的石窟寺达2 198处之多。截止2013年，被列入全国重点文物保护单位的石窟寺与石刻共有244处。

一、石窟寺与摩崖造像概述

(一) 石窟寺与摩崖造像

石窟寺是佛教寺庙建筑的一种，在河畔山崖开凿而成，简称石窟。许多石窟寺洞密集，故有千佛洞之称。

佛教石窟渊源于印度。在印度，凿石开窟约开始于公元前3世纪中叶。在我国,石窟开凿约始于公元3世纪,盛于5—8世纪,最晚的可到16世纪。

摩崖造像为佛教石窟的一种类型,是利用巨大的山崖陡壁在洞窟之外雕成大像。为了保护摩崖造像,特意为其修造了楼阁殿堂。

(二)石窟寺与摩崖造像分布

被列入全国重点文物保护单位的石窟寺主要分布在新疆地区、中原地区和南方地区。

1. 新疆地区,石窟开凿时间比较早,主要有克孜尔千佛洞、库木吐喇石窟和柏孜克里克千佛洞。

2. 中原北方地区,指新疆以东、黄河流域及长城内外的广大地区。石窟数量多,内容复杂。主要有甘肃的敦煌莫高窟、安西榆林石窟、永靖炳灵寺石窟、天水麦积山石窟、宁夏的固原须弥山石窟、陕西的彬县大佛寺和钟山石窟、山西大同的云冈石窟和太原天龙山石窟、河南的洛阳龙门石窟和巩县石窟寺,还有山东的驼山石窟、河北的响堂山石窟、辽宁的万佛堂石窟及江苏连云港的摩崖造像。

3. 南方地区,指长江流域及其以南地区。这一地区石窟数量不多,分布分散,除个别地点外,摩崖龛像多于开凿洞窟。四川盆地的石窟寺遗址与摩崖造像最为丰富。主要有:四川安岳卧佛院摩崖造像、广元千佛崖造像、皇泽寺摩崖造像以及乐山大佛、重庆大足北山摩崖造像、宝顶山摩崖造像。此外,还有浙江的飞来峰造像、江西的通天岩石窟和云南的石钟山石窟。江苏连云港孔望山摩崖造像雕凿于东汉,为我国最早的石窟艺术雕刻。现存造像108个,图像多以释迦牟尼的本生故事为主题,有涅槃图、宴饮图、立佛像、坐佛像、供养人像等。四川的广元千佛崖和皇泽寺、巴中南龛、安岳卧佛院,重庆的大足北山和宝顶山摩崖造像,都雕凿于唐宋时期。8世纪以后盛行倚坐弥勒、净土变相和各种观世音造像。10~11世纪多雕地藏和罗汉群像。11世纪在大足出现了最早的儒释道三教石窟。12世纪大足大佛湾造像内容更为庞杂,除佛传、经变、观世音等形象外,还有祖师像和西藏喇嘛教造像。浙江杭州飞来峰造像雕凿于10~14世纪,有造像约300尊,13世纪末以前多雕阿弥陀、观世音和罗汉像,13世纪以后多雕西藏佛教造像。

(三)石窟寺与摩崖造像的形制

1. 中心柱形窟:在窟的中心雕塑成塔柱,在塔柱四周雕刻或塑绘佛像、佛传故事、伎乐天、动植物花纹等。窟顶做成穹窿形、覆斗形或方形。

2. 龛形窟:在崖壁上凿出一个大龛,正中雕刻或塑绘出一个或一组佛像,在四周雕刻或塑绘小佛、菩萨、飞天及装饰花纹。洞窟平面呈椭圆形、方形或长方形。

3. 佛坛窟:在窟内设坛置像。敦煌莫高窟的佛坛窟,壁面不凿佛龛,窟内中部设置方形佛坛,佛坛后部有通连窟顶的背屏,塑像置于佛坛上。

4. 大像窟:在窟内雕塑大型佛像的石窟。敦煌莫高窟唐前期出现的大像窟高在30米以上,窟内靠正壁为一石胎泥塑大像。

5. 禅房窟：主要为僧人生活起居和禅行的石窟。在克孜尔千佛洞此类洞窟数量较多，主室方形或长方形，前壁凿有明窗，窟中有灶坑和炕，不绘壁画。

(四)石窟寺与摩崖造像的内容

1. 雕塑

印度在1世纪出现了佛像雕塑，大约在2~3世纪，即东汉魏晋时期，正式经由西域传到中国内地。

南北朝时期，石窟雕塑得到很大的发展。云冈石窟几乎全是这一时期的作品，莫高窟和炳灵寺在这一时期作品也很多。早期雕塑受印度犍陀罗艺术影响较大，佛像的头部轮廓丰满圆润，形象纯厚庄重。后期雕塑出现中国化的风格，如衣纹的表现技法受到中国传统艺术的影响。隋唐时期，石窟雕塑达到了高峰。这一时期除继续在已开石窟增加窟龛外，还增开许多新石窟。在雕塑风格上，外来因素逐渐减少，中国化、民族化的程度进一步加深。彩塑内容更加丰富，整个造型比例适度，面相丰满。在雕塑技法上从端庄转向动态，肌肉表现手法已经完全成熟。塑像的彩绘色调变得富丽鲜艳。五代至元时期，在北方地区，除了在一些著名石窟群中增添部分作品之外，很少新凿石窟。南方地区，自唐以来，开凿之风兴起，一直延续到元代。在重庆大足的北山和宝顶山以及浙江杭州的飞来峰，都留下了很多精美之作。这一时期造像的艺术特点是向世俗化发展，石刻中出现了吸收民间的因果报应、轮回故事的"六道轮回"、"地狱变相"等场面。石刻的表现手法使人物更接近于写实，石刻中出现了"牧牛者"、"养鸡女"等人物形象。石刻表现技法很高，注意刻画人物的内心世界，塑造了神情潇洒、妩媚多姿的媚态观音的形象。

2. 壁画

(1)发展简况

从十六国到南北朝时期是壁画的兴起发展阶段。开始，受西域画法的影响，人物形象体态粗壮，上身半裸，保存较多的西域衣冠，面部晕染采用表现明暗的凹凸法。北魏以后，逐渐为中国风格所代替，人物肢体修长，动态感强，线条流畅，色彩丰富并且吸收了中国传统的晕染法。

隋唐时期是壁画发展极盛时期。人的比例适度，面部丰满圆润，颜色与线条运用纯熟精练，塑造了大量富有艺术生命的人物形象。在构图上不断创新，开拓了意境创造的新领域，绘制了各种各样气势磅礴的巨型经变图像。

五代、宋、元以后，壁画相继衰落。人物形象出现千人一面的公式化倾向，色彩也不如以前丰富。例如，莫高窟的西夏壁画多以绿色为地，色调清冷。

(2)主要内容

佛像画，包括佛、菩萨、弟子、罗汉及护法部众等。

佛传故事画，主要是宣传释迦牟尼的故事，包括佛本生和佛传故事。佛本生故事指佛出世前的某一世的行善故事。佛传故事指佛托梦投胎降生人间后，至出家成佛、转法轮、入涅槃的故事。

经变画,即把经文图像化,是佛教宣传画的一个重大发展。唐朝经变画达到高峰。

供养人像,一些虔诚的信徒、僧人,为了表示对佛的时刻礼奉,特将自己的形象绘在石窟中,以示时刻都在向佛供养。

礼佛图,出行图,这是帝王、藩镇首领等以礼佛、敬佛的形式把他们自己的形象绘在石窟之中。敦煌莫高窟中有《张议潮统军出行图》。

天宫伎乐,为歌舞演奏的场面,表现了天宫的欢乐热闹情景。

传统神话,传统的道教思想神仙灵异故事以及儒家思想的忠孝故事等。

装饰图案,包括动植物花纹和几何形花纹。

建筑图案,壁画中的建筑图案,包括殿堂、楼阁、城池、宫殿、寺观和住宅等。

二、著名的石窟寺与摩崖造像介绍

(一)著名的石窟寺

中国著名的三大石窟是敦煌莫高窟、大同云冈石窟和洛阳龙门石窟。如果加上天水麦积山,则合称中国四大石窟。

1. 敦煌莫高窟

敦煌莫高窟俗称千佛洞,位于甘肃敦煌县城东南25公里。洞窟开凿在鸣沙山东麓的崖壁上,上下5层,南北长约1 600米。莫高窟始凿于366年,后经十六国、北魏、西魏、北周、隋、唐、五代、宋、西夏、元等代相继开凿,形成一座内容丰富、规模宏大的石窟群。至今仍保存有洞窟492个,壁画45 000多平方米,彩塑2 415尊,唐宋木结构建筑5座,莲花柱石和铺地花砖数千块。窟形制有禅窟与中心柱式、方形佛殿式、覆斗式。造像均为泥塑,有单身像和群像,精巧逼真,神态各异。壁画的主要内容是形象化的佛教思想及当时的一些社会生活场景。敦煌艺术继承了我国优秀的民族艺术传统,同时吸收了外来艺术的精髓。它的大量壁画和彩塑,为研究我国美术史,提供了丰富的实物,是一处由建筑、绘画、雕塑组成的博大精深的综合艺术殿堂,是我国也是世界上现存规模最宏大、保存最完好的佛教艺术宝库。1987年被列入《世界遗产名录》。

1900年道士王圆箓发现"藏经洞"(莫高窟第17洞),洞内藏有从4世纪到10世纪的写经、文书和文物五六万件。这是20世纪初我国考古学上的一次重大发现。对于研究我国古代的政治、经济、文化、军事以及中外友好往来等,具有重要的历史、科学价值。但藏经洞的文物发现以后,从1907年至1925年间,先后遭到英国的斯坦因、法国的伯希和、沙俄的鄂登堡、日本的桔瑞超、美国的华尔纳等人的偷盗和掠夺,致使2/3流失国外。敦煌莫高窟内丰富的历史文物和艺术珍品引起国内外学者极大的兴趣,形成了著名的敦煌学。

2. 云冈石窟

位于山西大同城西的武周山南麓，石窟依山开凿，东西绵延1公里。现存主要洞窟有53个，分东、中、西三部分，其中主洞21个，小龛1 100多个，造像51 000多尊。大窟多建成于453～495年之间，较小窟龛的开凿则一直延续到524年。

云冈石窟雕刻以造像气魄雄伟、内容丰富多彩见长，作为中原北方地区开凿较早、以北魏洞窟为主体的石窟，对后来隋、唐艺术的发展产生了深远的影响。窟中最小佛像高仅几厘米，最大佛像高达17米，菩萨、力士和飞天等形象生动活泼。还有形制多样的仿木构建筑物、主题突出的佛传浮雕、精雕细刻的装饰花纹等。

云冈石窟中以昙曜五窟（第16号窟至第20号窟）开凿最早，气魄最为雄伟，第5、6号窟和五华洞内容丰富多彩，是云冈艺术的精华。第5号窟中央的坐佛，高17米，端庄雄伟，为众佛像之最，第六窟的大塔柱和五华洞的伎乐天、交脚弥勒菩萨等，都很有特色。2001年被列入《世界遗产名录》。

3. 龙门石窟

位于河南省洛阳市城南13公里的伊水两岸东、西山上。南北长约1公里。石窟始凿于北魏迁都洛阳（493年）前后，历经东魏、西魏、北齐、隋、唐、北宋续有雕凿。其中，北魏窟龛约占1/3，唐代窟龛约占2/3。两岸现存窟龛2 100多个，造像10万余躯，碑刻题记3 600多方，佛塔40余座。具有代表性的洞窟有北魏古阳洞、宾阳洞、莲花洞和唐代潜溪寺、奉先寺、看经寺等。其中，奉先寺是龙门石窟中规模最大、艺术价值最高的石窟。窟龛南北宽36米，深41米，主像卢舍那通高17.14米，面容丰腴，神态端庄持重。两旁立弟子、菩萨、天王、力士等9尊，各具姿态，栩栩如生。这组雕塑艺术精湛，显示了盛唐造型艺术的高度成就。

龙门石窟是中国北魏晚期和唐代武则天时期的典型石窟，其造像艺术集世俗化和民族化于一身，完全摆脱了早期造像艺术的神秘色彩和外来影响，是石窟艺术中国化发展趋势中的重要一环。此外，龙门石窟的造像题记碑刻还是北魏和初唐书法艺术的代表作品。2000年被列入《世界遗产名录》。

（二）著名的摩崖造像——乐山大佛

乐山大佛是我国最大的一尊石刻坐佛，位于四川乐山市岷江东岸、凌云山西壁，这里是岷江、青衣江、大渡河汇合之处。大佛依山而凿，面临三江。佛高71米，肩宽28米。佛像建造的发起者为海通和尚，海通去世后，由川西节度使韦皋继续组织开凿，历时90年完工。乐山大佛不仅体形巨大，且雕刻技巧高超，结构匀称，比例适宜。佛体上还筑有科学而巧妙的排水系统，以避山水冲蚀和减弱风化作用。

佛像右侧的石壁上，自上而下凿有一险峻的栈道，盘旋九折而下，即著名的"九曲栈道"，开凿于修建佛像之初。栈道岩壁上尚存有两龛唐代造像，是佛像两侧原有的千百龛造像中保存较完整的。栈道第一折处，有一龛"西方极乐图"，雕刻精细，造型生动，并刻有楼台亭塔，是研究唐代建筑和艺术的宝贵资料。

1996年乐山大佛被列入《世界遗产名录》。

三、石刻及其他

包括摩崖石刻、岩画、石碑、碑林、经幢、石刻及铜铁造像等。

(一)摩崖石刻

摩崖石刻是指在山崖石壁上镌刻的文字。在我国广大的风景名胜地区和过去人类活动的地点,保存着许多重要的摩崖石刻。被列入全国重点文物保护单位的摩崖石刻主要分布在山东、陕西、湖南、湖北、四川、云南和福建等省,字体包括隶、篆、楷、草、行等,内容涉及范围很广,包括文学、人物生平、历史、水利及医药等方面内容。

时代最早的摩崖石刻是在山东莱州市和平度县境内的云峰山、天柱山摩崖石刻,为北魏书法家郑道昭、郑述祖父子的手迹。内容包括诗及郑道昭之父郑羲生前事略。石刻书法谨严浑厚,具有汉隶向楷书过渡的特点,为历代书法家、金石家所推崇。

云南盐津县豆沙关的袁滋题记摩崖为唐代凿刻。794年,袁滋奉使南诏,册封异牟寻为南诏王,途经石门(豆沙关)时,为纪其行,做摩崖题名。全文8行,共122字,楷书,末尾"袁滋题"三字为篆书。摩崖题记是唐王朝与南诏改善关系,重新和好的重要标志,补充了文献的不足。

福建南安县丰州镇江北岸的九日山摩崖石刻中,有反映海外交通的祈风石刻13方,记载了从北宋崇宁三年(1104年)至南宋咸淳二年(1266年)泉州官员为"番船"祈风,预祝一帆风顺,满载而归的史实。

陕西耀县的药王山上遍布石刻,其中,1572年所刻《千金要方》等五碑最为珍贵,该书为唐代医学家孙思邈所撰。孙思邈为陕西耀县唐代名医,山中有纪念他的药王庙,《千金要方》等五碑,是研究中国医药学的宝贵资料。

白鹤梁是重庆涪陵市城北长江中一天然石梁,东西长1 600米,南北宽10余米。自唐代始,凿刻石鱼于梁上。平时石鱼隐于水面以下,遇枯水时才露出水面。石鱼周围刻记着自唐广德元年(763年)以来至20世纪初1 200年间72个最低枯水年份水文资料。梁上现存题刻163段,约3万字,石鱼14尾。在题刻中与水文有关的共108段,为中国罕见的"水下碑林"。据长江干流多年实测水文记录表明,长江最枯水位出现约10年为一周期,与石鱼的记录相吻合。

(二)岩画

岩画是指刻画在山洞的壁上或山崖上的图画,是一种重要的古代艺术的遗迹。其刻绘年代始于旧石器时代,一直延续到封建社会时期。岩画分布广泛,如法国、意大利、西班牙、北美、非洲、澳大利亚等保存的岩画都非常丰富。我国的岩画分布地区也很广,包括黑龙江、内蒙古、甘肃、青海、新疆、江苏、广西等地。被列入国家重点文物保护单位的主要有将军崖岩画和花山岩画等。

将军崖岩画位于江苏连云港市西南郊锦屏山马耳峰南麓的小山,画在将军岩西北侧的崖坡面上。画面高20余米,宽11米左右,用敲凿、磨刻手法刻于平整黑亮的岩石上。内容包括人像、农作物、鸟兽、日、月、星、云等图案,还有我国原始象形符号。此岩画是迄今发现的唯一反映我国原始农业部落社会生活的石刻岩画。其时代相当于新石器晚期。

花山崖壁画位于广西宁明、龙州、崇左和扶绥等县境内的左江、明江两岸的花山、珠山、高山、龙峡等地临江石灰岩峭壁上。峭壁上有60幅古代壮族人民的艺术杰作崖壁画,绘有人像1 770余个。创作年代为战国至东汉。因宁明县的花山壁画发现最早,图像最多,画幅最大,故统称为"花山崖壁画"。花山,壮语为"岜来",汉语意译为"有画的山石"。花山位于明江东岸,崖壁画绘制在临江的悬崖上。最大画面宽约44米,长170米,图像呈赭色,色彩夺目,线条粗犷有力。现存图像1 900多个,包括人物、动物和器物3类,有大小人物1 300余个,规模巨大。画中人物有的两手上举,两脚叉开,似武士形象;有的腰挂环首刀,下跨骏马,像是将领;有的做捧物、舞蹈或跳跃状;其间有铜鼓、狗和马等形象。对壁画的主题看法不一,有的认为是誓师出征、庆祝大会或集体娱乐场面,也有的认为是祷告水神,以镇压水鬼。对研究当地古代文化有重要价值。

(三) 石碑与碑林

石碑是在石上镌刻文字,作为纪念物或标记,也用以刻文告。秦代称刻石,汉以后称碑。碑林因古代碑石如林而得名。

列入全国重点文物保护单位的主要有以下几方面:

爨宝子碑为东晋碑刻,位于云南曲靖县第一中学爨碑亭内。立于405年。正书。碑额题《晋故振威将军建宁太守爨宝子之墓》。1778年出土,1852年移至城内诸葛武侯祠。全碑400字。内容主要叙述爨宝子的家世及其政绩,是研究我国古代边远地区少数民族的重要史料。书法朴质,字体在隶楷之间,为书法史上由隶书向楷书过渡的典型例证。

段氏与三十七部会盟碑又名石城会盟碑,位于云南曲靖县城第一中学爨碑亭内。碑立于971年,明代已有著录,后湮没土中,至1679年出土于曲靖县城北的旧石城遗址。全文计212字,多简笔或别体字,无标题,字体为楷书、行书,遒劲雄厚。碑文叙述大理国主段氏(白族)联合三十七部(彝族)出战滇东一些部落后,于石城会盟立誓并颁赐职赏之事。此次会盟史籍中无记载,故其价值更为可贵。

西安碑林位于陕西省西安市内三学街,建于宋元祐五年(1090年)。原为保存唐"开成石经"而设,后陆续增加。内储汉魏以来的各种碑石约2 300余方,是我国保存碑石最多的地方,汉魏以及唐代著名书法家的碑石大都集中在这里。碑林书法篆、隶、草、楷诸体俱全。碑林中保存有中国古代重要文献的大型石质书库《开成石经》;记载中外文化交流和友好往来史实的唐《大秦景教流行碑》、《中尼合文之陀罗尼经幢》、《唐大智三藏碑》等。

(四) 经幢

经幢为古代宗教石刻的一种,创始于唐。柱状,往往用多块石刻堆建而成。柱上有盘盖,大于柱径,刻有垂幔、飘带等图案。柱身多刻陀罗尼或其他经文和佛像等。列入全国重点文物保护单位的有松江唐经幢、地藏寺经幢、常德铁幢和赵州陀罗尼经幢等。

松江唐经幢位于上海松江县松江镇,为上海地区最古老的石刻,也是国内现有的唐代经幢较大的一座。经幢建于859年,现存21级,高9.3米。幢身8面,像粗大的石柱,分上下两段,上段刻《佛顶尊胜陀罗尼经》全文,下段刻捐助人的姓氏。幢身的雕刻十分精美,有莲瓣、卷云、盘龙、蹲狮、菩萨、佛像及供养人。

地藏寺经幢位于云南昆明市拓东路原古幢公园内,又名大理国(937～1084年)经幢。幢外形像一座塔,通体7层,八棱形,高8.30米,幢身刻有汉文佛经和梵文佛经,还有神像、菩萨292尊,大者高约1米,小者仅3厘米,雕刻细腻精美,被誉为滇中艺术精品。

赵州陀罗尼经幢位于河北赵县城内。1038年由赵州人王德成建。全部以石料雕琢而成。共七层,八角形,高约18米。经幢上刻陀罗尼经文,其间饰佛教人物、经变故事等图案。方形台基上刻有各种伎乐、神佛、菩萨、莲花等。幢顶以铜质火焰宝珠为刹,造型清秀,花纹华丽,是宋代造型艺术的佳作。

(五) 石刻及铜铁造像

包括历代帝王墓前的石刻群像、露天单体造像、庙中所存造像及庙被废弃后所存造像等。

被列入全国重点文物保护单位的石刻主要有南京六朝陵墓石刻和丹阳南朝陵墓石刻等。南京的六朝陵墓有17处,其中,刘裕、陈霸先、陈蒨、梁萧宏、萧秀等陵墓石刻保存较好,主要有麒麟、天禄、辟邪、石柱、碑等。其雕刻生动,反映了中国文化与希腊、波斯文化的交流,是我国古代石刻艺术的珍品。丹阳南朝陵墓石刻,在丹阳县境内,现已发现的主要有8地10处。这10处陵墓主要是南朝时的齐、梁两代的帝王、帝后陵墓,陵墓前皆有神道石刻,有天禄、麒麟、石兽等,其造型生动,气魄雄伟,是我国古代石刻艺术的珍品。

露天单体造像如福建泉州北郊清源山右峰山麓的老君岩造像,像高5.1米,厚7.2米,宽7.3米,为福建难得的宋代道教巨型佳作。该像利用一天然岩石略施雕琢而成,造型生动逼真。

沧州铁狮子位于河北沧州市东南20公里的开元寺旧址上,是我国现存最大、最早的铸铁件。铁狮子铸于953年,身高5.4米,长6.5米,宽3米,重40吨。铁狮子昂首怒目,巨口大张,如急驰飞奔。狮背负莲盆,身披障泥,前胸铸有束带。头顶和颈部各铸"狮子王"3字,左颈部和牙边铸有"大周广顺三年铸"7字,腹部内还铸有金刚经文,但多已剥蚀无法辨认。铁狮子的铸造工艺极高,为分节叠铸法浇铸而成,总计用外范409块,表现了后周铸造工艺的高超水平。

(六)纪念性铜铁铸刻

主要有南诏铁柱和溪州铜柱。

南诏铁柱,位于云南弥渡县城西南约6公里的铁柱庙内。南诏铁柱高3.30米,圆周1.05米,柱顶已残,柱身由五段衔接铸成,上铸有一行字即"维建极十三年岁次壬辰四月庚子 朔十四日癸丑建立",南诏建极十三年为唐咸通十三年(872年)。此柱为研究南诏宗教祭祀及冶炼技术提供了重要实物资料。

溪州铜柱位于湖南永顺县,立于940年,上刻楚王骄范与土司鼓仕愁939年罢兵盟誓的条约。铜柱高4米,重2 500公斤。柱身为中空八面体,柱上刻《复溪州铜柱记》,2 000余字,楷书,字体秀丽,是研究我国古代民族关系的重要实物资料。

第九节　古墓葬

一、古墓葬概述

(一)古墓葬概念

墓指用以放置尸体或其残余的固定设施。葬指掩埋死者遗体,即人类将死者的尸体或尸体的残余按一定的方式放置在特定的场所。在考古学上两者合称为"墓葬"。民间常把埋葬死人之地称为坟墓,即筑土为坟,穴地为墓。

中国至迟在旧石器时代晚期已有墓葬。此后,经新石器时代至商、周、秦、汉以及以后各历史时代,墓葬制度随着社会生产力、生产关系和上层建筑的发展而不断演变,显示出一定的规律性。在阶级社会中,墓葬制度突出地体现了阶级关系。在各个时代,民族和地区的特点,在墓葬制度中也得到了充分的反映。

(二)古墓葬分类

截至2013年,被列入全国重点文物保护单位的古墓葬刻共有390处,可分为三种类型:

1. 帝王陵墓。包括西安附近的秦始皇陵、汉高祖长陵、汉武帝茂陵、唐太宗昭陵、唐高宗和武则天合葬的乾陵、江苏江宁的南唐二陵、河南巩义市的宋陵、宁夏的西夏王陵、内蒙古的成吉思汗陵、南京的明孝陵、北京的明十三陵、河北遵化县的清东陵和易县的清西陵等。帝王陵墓规模大,随葬品丰富。

2. 具有历史纪念意义的名人墓地,如黄帝陵、孔林、司马迁墓、张衡墓、张仲景墓、岳飞墓、司马光墓、李自成墓、奢香墓、苏禄王墓等。除个别著名人物外,一般规模不大,墓中随葬物稀少。

3. 具有重要的历史和艺术价值的墓葬,如辽宁辽阳的汉魏壁画墓、新疆的阿斯塔那古墓群、河北景县的封氏墓群、吉林集安的高句丽古墓群、四川的僰人悬棺葬和麻浩崖墓等。其中,阿斯塔那古墓群由于所处地区气候十分干燥,墓内许多怕潮易腐的千年遗物以及古尸得以完好地保存下来,包括丝、毛、棉、麻织物,绘画作品,泥塑木雕俑及数以百计的千年古尸。

(三)古墓葬的结构

古墓葬一般可以分为两部分,即地下部分和地面部分。地下部分包括墓室结构和随葬品;地面部分包括封土和陵园建筑。

1. 地下部分

(1)墓室结构

在原始社会早期,墓穴形式很简单,只在地下挖一土坑,墓坑一般都小而浅,仅能容纳尸体,无棺椁,尸体也无特殊东西加以包裹。到新石器时代晚期开始出现葬具,在大汶口文化后期,少数墓坑面积很大,坑内沿四壁用天然木材垒筑,上面又用天然木材铺盖。

进入阶级社会后,墓葬制度中存在着严格的阶级和等级的差别,统治阶级的陵墓有着十分宏大的规模。河南安阳侯家庄的一座商代亚字形墓,墓室面积约330平方米,加上墓道,总面积达1 800平方米。帝王和各级贵族的墓,都用木材筑成椁室。椁是盛放棺木的"宫室",即棺外的套棺,将砍伐整齐的大木枋子或厚板用榫卯构成一个扁平的大套箱,下有底盘,上有大盖,在椁内分成数格,正中放棺,两旁和上下围绕着几个方格,称之为厢,分别安放随葬品。例如,湖南长沙马王堆的西汉墓,其棺椁形式即如上所述。

"黄肠题凑"是指西汉帝王陵寝椁室四周用柏木枋堆垒成的框形结构。黄肠是指柏木黄心,即椁室外堆垒所用的柏木枋,木心色黄;题凑是指木头皆指向内,即四壁所垒筑的枋木全与同侧椁室壁板呈垂直方向,若从内侧看,四壁都只见枋木的端头。黄肠题凑是木棺墓的一个重大发展。根据文献记载,这种葬制至迟在战国时已经出现,目前所知年代最早的木构题凑是在西汉初年的墓中。此外,还发现了西汉中期、晚期的黄肠题凑。其中,西汉中期的北京大葆台汉墓1号墓,是用15 000多根柏木椽叠垒成的宏大题凑,高达3米,直抵墓室顶部,其内设有回廊及前、后室,为黄肠题凑的成熟形式。

从汉代开始,普遍采用砖石筑墓室,木椁墓室逐渐被取代。这是中国古代墓葬制度的一次划时代的大变化。这种变化主要是从西汉中期才开始的,然后普及各地。西汉中期,中原一代流行空心砖墓。西汉晚期开始出现石室墓,墓室中雕刻着画像,故称"画像石墓"。墓室的结构和布局,也是仿照现实生活中的住宅。从汉到隋、唐、宋、元、明、清各代,砖石砌筑的墓室和地宫一直在不断发展。

(2)随葬品

在原始社会早期,墓中随葬品主要是死者生前喜欢和使用过的物品,包括陶器皿、石制和骨制的工具、装饰品等。在同一墓地中,各墓随葬品的多寡、厚薄往往差别不大。

到了原始社会晚期,出现了贫富分化的现象。例如,在汶口文化晚期 10 号墓中,有结构复杂的葬具,死者佩戴精致的玉石饰物,随葬品有玉铲、象牙器和近百件精美的陶器。

进入阶级社会以后,贫富分化更加悬殊,帝王和贵族墓的随葬品极其丰富、精美,包括青铜器、玉石器、漆木器、骨角器等。商代还流行人殉制度,人殉是用活人来为死去的氏族首领、家长、奴隶主或封建主殉葬。商王和大贵族的陵墓,殉葬者少则数十人,多则一二百人,包括墓主人的侍从、婢妾、卫兵和各种勤杂人员。人殉在西周前期仍很普遍,中期以后稍减少。从战国开始,用木俑和陶俑随葬的风俗已盛,这可以看作是人殉的替代。

从西汉中期以后,随葬品中增添了各种专为随葬而做的陶质明器,包括仓、灶、井、磨、楼阁等模型和猪、狗、鸡等模型。到了东汉,明器的种类和数量愈多。这是中国古代墓葬在随葬品方面的一次大变革。魏晋南北朝时期,随葬品主要是陶瓷器皿、陶制模型、陶俑和镇墓兽。隋唐五代时期,随葬品以大量的陶俑为主。陶俑可分为出行时的仪卫行列和家居时的家臣侍者两大类。宋至明代,随葬品以实用物品和珍宝为主,包括陶瓷器、金银器和玉器等。

2. 地面部分

(1) 封土

大约从殷末周初,在墓上开始出现了封土坟头。春秋战国以后,坟头封土越来越大,形似山丘。特别是帝王陵墓的封土,工程大,发展变化明显。下面介绍几种帝王陵墓的封土形式:

第一种,"方上"。其做法是在墓穴之上,用土层层夯筑,使之成为上小下大的方锥体,因其上部为一小的方形平顶,好像方锥体截去了顶部,故曰"方上"。陕西临潼的秦始皇陵的坟头,望上去好像一座土山,它的形式就是典型的方上。汉代帝王陵墓的坟头也多采用方上形式。

第二种,以山为陵。即利用山丘作为陵墓的坟头,唐代帝王陵采用了以山为陵的形式。唐昭陵就是以九嵕山为陵,凿山建造的。

第三种,"宝城宝顶"。即在地宫之上砌筑高大的砖城,在砖城内添土,使之高出城墙成一圆顶。这种城墙称之为"宝城",高出的圆形坟头,称之为"宝顶"。在宝城之前,还有一个向前突出的方形城台,台上建方形明楼,称之为"方城明楼",楼内树立皇帝或皇后的谥号碑。明清两代的皇帝和后妃皆采用了这种以宝城宝顶的方城明楼构成的坟头。

(2) 陵园建筑

早在商代,在王陵和贵族墓的墓室之上就出现了供祭祀用的房屋建筑,只是由于时代久远,商至春秋时期帝王陵的地面建筑早已毁坏,不过,自秦汉以来,帝王陵的地面建筑大多有遗址可寻。帝王陵的地面陵园建筑除封土外主要有三个部分：

第一部分为祭祀建筑区。为陵园建筑的重要部分，供祭祀之用。主要建筑物是祭殿。早期曾称作"享殿"、"献殿"、"寝殿"、"陵殿"等。秦始皇陵陵园的北部设有寝殿，开帝陵设寝的先例。唐乾陵曾有房屋378间。明代帝王陵园的祭祀建筑区由祾恩殿、配殿、廊庑、祭坛、朝房、值房等建筑组成。

第二部分为神道。又称作"御路"、"甬路"等，是通向祭殿和宝城的导引大道。唐以前，神道并不长，在道旁置少数石刻，墓道的入口设阙门。到了唐朝，陵前的神道石刻得到了很大的发展，大型的"石像生"仪仗队石刻已经形成。例如，唐乾陵的神道，全长约4公里，神道入口处有华表1对，华表之后依次为翼兽1对、鸵鸟1对、石马5对及牵马人3对、石人10对，还有无字碑、述圣记功碑和61个藩酋像，现存石刻共114件。到明清时期，帝王陵神道发展到了高峰。明十三陵的神道全长7公里，清东陵的神道长达5公里。明十三陵神道中央有"大明长陵神功圣德碑"，碑周围有4个石华表。神路两侧除神道石柱外，又有石兽24个，都是两卧两立。石人12个，有武臣、文臣、勋臣各4个。

第三部分为护陵监。护陵监是专门保护和管理陵园的机构，为了防止被盗掘和破坏，每个皇帝的陵都有护陵监。监的外面有城墙围绕，里面有衙署、市街、住宅等建筑。

二、秦始皇陵和明十三陵

（一）秦始皇陵

秦始皇陵位于陕西临潼县，是秦始皇嬴政的皇陵。于公元前246年开始营建，历时37年修成。陵区分陵园和从葬区两部分。今墓冢封土为四方锥形，顶部略平，高55米，是中国第一座黄帝陵。1974年春在陵园东侧发现秦兵马俑坑，先后发掘了三处。1号坑面积为14 620平方米，在发掘的96平方米范围内，出土武士俑500余个、战车4辆、马24匹。2号坑面积达6 000平方米，由骑兵、战车、步卒、射手混编而成，有兵马俑千余件，还配备各种实战武器。3号坑面积500平方米，内有战车1乘、卫士俑68个。秦兵马俑皆仿真人、真马制成。武士俑高约1.8米，面目各异，神态威严，再现了秦始皇威震四海、统一六国的雄伟军容。在陵园西侧还出土两组铜车马俑，每辆车配四匹马并有驭手。

秦兵马俑坑被誉为"世界第八大奇迹"。1976年以来已在第1、2、3号坑遗址上修建了秦始皇陵兵马俑坑博物馆，馆内复原了兵马俑坑千军万马的威武阵势。秦始皇陵及兵马俑坑于1987年被列入《世界遗产名录》。

（二）明十三陵

明十三陵位于北京昌平区北天寿山南麓，陵区方圆40平方公里，环葬着明代的13位皇帝。长陵为朱棣之陵墓，位居陵区正中，东侧是景陵、永陵、德陵；西侧是献陵、庆陵、裕陵、茂陵、泰陵、康陵;西南有定陵、昭陵、思陵。各陵共设一个神道与牌坊、石像生等,整体布局由神道和陵园两部分组成。石牌坊为神道的起点,向北依次是大宫门、碑楼、龙凤门,这组建筑两侧是以巨石雕琢的 24 座石兽和 12 座石人。各陵园建筑除面积大小、建筑繁简有异外,布局、规制基本相同。陵园平面呈长方形,中轴线上依次为祾恩门、碑亭、祾恩殿、明楼、宝城等。在十三陵中,长陵以其宏伟的地面建筑而闻名于世。祾恩殿最为壮观,面阔 9 间,进深 5 间,黄瓦红墙,重檐庑殿顶。宝城直径 340 米,周长 1 公里余,上有垛口,形似砖砌城堡。

定陵是明代第十三帝神宗朱翊钧及其二后的陵墓。1956 年经过考古发掘,揭开了地宫之谜。地下宫殿总面积 1 195 平方米,全部为拱券式石结构,由前、中、后、左、右五大殿堂组成。后殿最大,长 30 米,宽 9 米,高 9.5 米,地面用磨光花斑石铺砌。棺床中央放置皇帝和二后的棺椁以及装满随葬品的红漆木箱。墓中出土的金冠、凤冠、瓷器、丝织品等珍贵文物,现在定陵博物馆陈列展出。

第十节 古遗址

一、古遗址

古遗址是古代人类生产、生活等活动所留下来的城堡、村落、住宅、作坊和宫殿等基址。截止 2013 年,被列入全国重点文物保护单位的古遗址共有 1 021 处。

古遗址年代较早,分布范围较广,大多数已久经废弃,埋于地下,或地面仅存残迹。但古遗址在学术上的价值和在考古科学中的地位极其重要。古遗址中保存了大量的各个历史阶段的政治、经济、文化、科学技术、社会生活、居住情况、城市规划、建筑艺术、风俗民情等方面的实物资料,是研究古代历史文化的依据。

二、分类

古遗址既可以按历史阶段来划分种类,又可以按遗址形式特点来划分种类。如果按前者来划分,有以下几类:

(一)旧石器时代遗址

旧石器时代是我国历史的最早阶段,以打制石器为主要生产工具,利用自然的山洞崖穴为栖息之所。人们过着原始采集和狩猎生活。目前发现遗址约有 200 处,被列入全国重点文物保护单位的主要有北京周口店遗址、山西丁村遗址和西侯度遗址、辽宁金牛山遗址等。

(二)新石器时代遗址

新石器时代大约开始于 1 万年前,止于公元前 2000 年左右。它以农耕和畜牧的出现为划时代的标志。在这一时期出现了磨制石器、制陶和纺织技术,原始氏族公社由兴盛走向衰落。现在全国已发现的新石器时代遗址有7 000多处,已发掘400多处,列入全国重点文物保护单位的有河南仰韶村遗址、陕西半坡遗址、山东城子崖遗址、浙江河姆渡遗址、湖北屈家岭遗址、甘肃马家窑遗址和大地湾遗址、青海马厂塬遗址、辽宁牛河梁遗址、黑龙江昂昂溪遗址、山西陶寺遗址等。

(三)商周遗址

商周时代约始于公元前17世纪,止于公元前221年,是我国古代史上的一个重要发展阶段。这一时期出现了比较完善的文字制度;创造了灿烂的青铜文化,并进而完成了由青铜时代向早期铁器时代的转变;城市兴起,标志着这一时期的奴隶制社会向封建社会过渡。被列入全国重点文物保护单位的主要为都城遗址,包括郑州商城遗址、殷墟遗址、周原遗址、郑韩故城、赵邯郸故城、曲阜鲁国故城等。城市有夯土筑的城墙,城中有大型建筑基址,为当时的宫殿和宗庙建筑。特别是东周列国都城的面积比以前有很大的增长,分为国君住的宫城和百姓住的城郭,宫城和城郭都有各自的城垣,每边城垣均有城门,与城内街道相接。城内还有手工业作坊。

(四)秦汉遗址

秦汉时代起自公元前221年,止于公元196年,是中国铁器时代的发展时期。当时,中国是统一的、中央集权的大帝国,国势强盛,社会比较安定,经济发达,文化艺术繁荣,各种遗迹和遗物丰富。被列入全国重点文物保护单位的都城遗址主要有汉长安城和汉魏洛阳城,宫殿遗址有新疆楼兰古城遗址和青海西海郡古城遗址,长城遗址有居延遗址和玉门关及长城烽燧遗址等。秦汉都城,特别是长安城和洛阳城,其设计除适应作为大城市的经济生活上的需要外,还充分显示了政治上和礼制上的规格,对此后中国历代都城的营建有深远的影响。秦汉长城,在我国2 000多年长城的修筑史上占有极为重要的地位。在新疆、甘肃、内蒙古已发现长城遗迹达数百处之多。其城址、烽燧、障塞中还保存了大量的简牍文书,是研究我国秦汉政治、经济、军事和对外关系等方面的重要资料。

(五)三国两晋南北朝至明清时期的古遗址

1. 三国两晋南北朝遗址

三国两晋南北朝始于2世纪,止于6世纪末。这一时期,若干政权割据的时间长,北方少数民族入主中原和部分汉人的南迁,加速了汉族和各少数民族的交往和融合,促进了边远地带和南方地区社会经济的迅速发展。这一时期留下的遗址很多,被列入全国重点文物保护单位的有邺城遗址、平城遗址和嘎仙洞遗址等。邺城遗址是曹魏、后赵、冉魏、前燕、东魏、北齐时期的遗址,由南北二城组成。北城的整个城市布局区划分明,井然有序,对隋唐都城里坊制度的出现具有极为重要的影响。

2. 隋唐时期的古遗址

隋唐时期始于581年,止于907年,是中国封建社会的昌盛时期。政治上统一强大,经济、文化发展高度繁荣。隋唐文化的许多方面在当时世界上居于领先地位,国际影响深远。隋唐时期古遗址被列入全国重点文物保护单位的有隋唐洛阳城遗址、大明宫遗址、渤海上京龙泉府遗址、南诏太和城遗址、高昌古城遗址、交河古城遗址和北庭故城遗址等。洛阳城建于 605 年,横跨洛河南北两岸,皇城宫城位于城之西北隅,四面有洛河、禁苑、隔城及二小城围护。坊市分布于宫城和皇城以南和以东地区。傍河渠设南市、北市和西市,在设计上更多地考虑了繁荣工商业的问题。

3. 五代宋元明清时期的古遗址

五代宋元明清时期始于 907 年,止于 1911 年。这一时期属于封建社会进一步发展和衰落的时期,民营手工业有很大发展,小商品生产发达,地面上存留的遗迹和建筑物增多。民族关系复杂,少数民族建立了辽、金、西夏和元、清等政权,他们的文化与汉文化相互融合。这一时期人们的生活习俗发生了很大的变革,表现在起居方式、家具陈设、日用器皿等方面。被列入全国重点文物保护单位的主要是城市遗址和瓷窑遗址。

城市遗址有北宋东京城遗址、蒲与路故城遗址、元上都遗址、金上京会宁府遗址、明中都皇故城及皇陵石刻、辽上京遗址、辽中京遗址等。北宋东京城,又称汴梁,为北宋都城,位于河南省开封市及其四周。由于黄河泛滥,被埋于地下达 7 米。经考古勘探得知其布局。都城由外城、内城、宫城三部分组成。外城平面近方形,城外有壕。外城内有内城,又名里城,里城内有宫城,又名皇城。这种由外城、内城、宫城三重城构思的都城格局为元明清都城所仿效。

瓷窑遗址有江西湖田古瓷窑遗址、河南钧台钧窑遗址、浙江大窑龙泉窑遗址、福建屈斗宫德化遗址等。湖田古瓷窑遗址位于景德镇市郊湖田村,面积约 40 万平方米。窑业兴起于五代,经宋、元至明中叶结束。五代产品以白釉器为最精,宋代以影青刻、印花器物为主,元代以黑、黄枢府器为最多,明代以民用青花为主。湖田古瓷窑遗址反映了景德镇近 7 个世纪的制瓷技术与艺术及生产规模的发展过程,是研究我国陶瓷发展史的重要资料。

三、著名遗址介绍

(一)周口店遗址

周口店遗址位于北京房山区周口店村的龙骨山上,是研究人类起源的重要科学基地。

1918 年,瑞典地质和考古学家安特生在周口店一带发现一处动物化石堆积地。1921 年安特生和奥地利古生物学家师丹斯基等人在龙骨山北坡发现埋藏化石丰富的地点,发现 2 颗人牙化石。1927 年由瑞典古脊椎动物学家 B. 步林和中国地质学家李捷主持发掘,又发现 1 颗人的牙齿。1929 年 12 月 2 日由中国考古学家裴文中独立主持发掘,发现了距今约 77 万年前的一个完整的猿人头盖骨,定名北京猿人。

以后陆续在龙骨山上发现一些猿人使用的石器和用火遗迹。通过对这些考古资料的研究，证明北京猿人距今约77万年，属直立人。他们过着以狩猎为主的洞穴群居生活，能够使用和制造粗糙的石质工具，并已学会使用火取暖和熟食。自从北京猿人头盖骨以及石器、用火遗迹发现以后，直立人的存在才得到确认，从而基本上明确了人类进化的序列，为"从猿到人"的伟大学说提供了有力的证据。至今共发现北京猿人化石40个以上的个体，10万多件石器和大量脊椎动物化石，丰富程度世所罕见。1933年在裴文中先生主持下，于龙骨山顶洞穴内又发现距今3万年前的人类化石，定名"山顶洞人"，属晚期智人。同时，出土了骨针和各种装饰品，还发现了迄今我国最早的埋葬物。研究证明，山顶洞人掌握了熟练的狩猎捕鱼技术，可以用骨针缝制兽皮衣服，会制造装饰品，并产生了原始宗教思想和原始审美意识。1973年，在龙骨山东南角还发现了介于北京猿人和山顶洞人之间，距今约10万年前的古人类牙齿化石，定名"新洞人"。

1941年12月，太平洋战争爆发之际，北京猿人的5个头盖骨、头骨碎片、面骨、下颌骨、股骨、肱骨、锁骨、月骨以及牙齿147颗，均由美国人运走，至今下落不明。

由于周口店遗址埋藏丰富，对研究人类的起源和发展提供了宝贵的科学资料，20世纪50年代在此建立了北京猿人展览馆。1987年，周口店遗址被列入《世界遗产名录》。

(二) 半坡遗址

半坡遗址位于西安市东6公里的浐河东岸半坡村，是中国黄河中游新石器时代仰韶文化的遗址。1954年至1957年，中国科学院考古研究所进行5次发掘。仰韶文化年代约为公元前4800—公元前4300年。遗址分布面积5万平方米，由居住区、制陶作坊区和氏族公共墓地组成。共有房址45处、圈栏旧址2处、窖穴200余处、窑址6处、墓葬250处，文化堆积非常丰富。居住区外围设有壕堑。房址大小不等，最大的复原面积为160平方米。墓葬集中，排列有序，分屈肢和直肢两种葬式。墓中随葬品多为尖底瓶和陶罐等生活用具。半坡遗址的发掘，首次大规模地揭露了新石器时代的聚落遗址，为复原中国母系氏族公社的社会生活提供了宝贵的资料并因此确立了仰韶文化半坡类型。

1957年在此建成了中国第一座遗址博物馆——半坡博物馆。

(三) 殷墟

殷墟位于河南安阳市西北郊的洹河两岸，面积24平方公里，是商王朝后期都城遗址。自公元前14世纪末盘庚迁都于此，至纣王亡国止，历时273年。遗址发现于20世纪初，1928年开始发掘。1928年至1937年中央研究院进行了15次发掘；新中国成立后，中国社会科学院考古研究所对殷墟继续进行发掘。

经考古发掘证明，殷墟为布局规整严谨的都城，是高度发达的奴隶制社会的缩影。洹河南岸有规模宏大的宫殿和宗庙，在其周围环列有铸铜、制骨、制陶等手工业作坊,还有居民区和平民墓地。洹河北岸分布有大面积的王陵区。都城外围是简陋的贫民居住区。在王陵区发掘了13座大型贵族墓葬,每座墓的四周都有排列密集的祭祀祖先的人祭坑,共发现1 400多个。贵族墓内都有众多的殉葬人,如武官村大墓中殉葬人多达200人。一些贵族墓,如妇好墓内,还出土有大量随葬品。殷墟出土文物数量很多,包括青铜器、玉器、骨角器、陶器等。青铜器造型精美,纹饰华丽,为商代后期青铜工艺的杰出代表。此外,殷墟还出土了甲骨卜辞15万片,包括4 500多个单字,其中已释读的有1 700多字。

殷墟出土文物现在分别藏于中国历史博物馆、故宫博物院、中国社会科学院考古研究所、河南省博物馆和台湾省台北故宫博物院。2006年,安阳殷墟被列入《世界遗产名录》。

思考与练习

1. 文物的概念、范围、分类、价值和作用是什么?
2. 何谓《保护世界文化和自然遗产公约》及《世界遗产名录》?我国是何时加入《保护世界文化和自然遗产公约》的?现有哪些项目列入《世界遗产名录》?
3. 我国古代建筑发展主要经过哪几个阶段?举全国重点文物保护单位具体例子说明唐代以来中国古代建筑各代的特点。
4. 我国著名的古城建筑主要有哪些?
5. 举例说明中国古代都城在平面布局上的主要类型,写出古都南京城、古城西安、平遥概况的解说词。
6. 长城有哪些著名的段落与关隘?
7. 概述中国古典园林建筑的基本要素和造园艺术手段以及现存著名古代园林的状况。我国古典园林按占有者身份和地区分布分类各可分为哪几种类型?分别有何特点?举例说明。
8. 概述中国古代佛寺建筑的由来、主要类型和现存状况。
9. 举例说明我国道教建筑有何特点。
10. 举例说明中国伊斯兰教清真寺建筑的特点。
11. 何谓石窟寺与摩崖造像?概述中国石窟寺和摩崖造像的分布状况及其特点。
12. 佛本身故事画与佛传故事画的区别是什么?
13. 举例说明中国古代墓葬制度特别是地下墓室的产生、发展的变化。
14. 中国历代帝王陵丘建筑从秦始皇到清光绪崇陵,主要有哪几种形式?秦汉、唐代北宋、元代和明清帝陵基本上各属于哪一种形式?

第六章

中国的馆藏文物

馆藏文物为经过科学鉴定,具有历史、艺术、科学价值,符合博物馆收藏标准,完成登记、编目、登卡等入库手续的各类可移动的文物。1949年以来,中国博物馆事业迅速发展,规模不断扩大,质量日益提高,品类更加丰富,逐渐形成了独具中国特色的博物馆体系。截至2012年,全国博物馆总数达到3 589个。其中,国有博物馆3 054个,民办博物馆535个,全国一级博物馆达到100个。目前,拥有国有馆藏文物1 225多万件,其中一级文物为52 807件、二级文物为956 215件、三级文物为2 230 857件,其余为一般文物。

由于众所周知的原因,据联合国教科文组织的不完全统计,在全世界47个国家200多家博物馆的藏品中,有中国文物164万件,包括民间收藏在内的流失海外的中国文物总数,至少在1 700万件以上,远远超过我国本土博物馆藏品的总量。

第一节 古玉石器

一、概述

玉器是指以硬玉、软玉、碧玉、蛇纹石、水晶、玉髓为原料而制作的工具、装饰品、祭器和陈设品等。

按国际宝石学矿物学的通用概念,科学定义的玉仅包括两种矿物质,即碱性单斜石的硬玉及钙角闪石中的透闪石、阳起石系列的软玉。玉的各种色泽是由矿石中所含的铁、镍等不同化合物形成的。许慎《说文解字》称"玉,石之美者,有五德"。所谓五德,剥去仁义道德的外衣之后,就是温润有光泽、内外纹理一致、声音清悦舒扬、坚硬细密、色纯且洁净。所以,中国古代的玉泛指温润而有光泽的美石。

中国人自古以来就爱玉,中华民族爱玉本源于民俗,西周以来发展成一整套用玉道德观,一直贯穿整个中国封建社会,并把玉质本身的许多优点跟古人所崇尚的"德"联系起来。孔子称玉有"十一德",即仁、知、义、礼、乐、忠、信、天、地、德、道。所以,古代佩玉和赏玉成为一种社会风气。玉和玉器还是一种权力和等级的象征:古代最高统治者皇帝的"皇"字,就是用白玉二字合成;把天上的皇帝称为玉皇大帝;秦以后玉玺成了君权的象征,得了此玺才是真命天子,得不到是僭位者,被人讥为"白版天子";汉以后的玉玺制度,一直沿袭到清代;某些玉器一直是政治等级制度的重要标志器物,被历代统治阶级加以利用,是玉器长盛不衰的一个重要原因。

中国最早的玉器出现于距今7 000年的新石器时代,在河姆渡文化、大汶口文化、良渚文化、红山文化和龙山文化遗址中,均有精美的玉器出土,主要有装饰品和礼器。商周时期逐渐认识了玉的价值,玉石制品的数量和品种都有增加,雕琢工艺也有提高。商周玉器大致可以分成三大类,即礼器和仪仗类、实用器皿类、装饰艺术品类。汉代除了继承战国以来的传统外,开始有了变化。汉代玉器可分为四大类,即礼仪上使用的玉器、葬玉、装饰品、浮雕和圆雕的美术品。唐宋玉器色如羊脂,光泽晶莹,质地精良,技术精湛,禽兽花卉的题材和玲珑剔透之器增多,写实能力大为提高。元明清时期南北两地玉器普遍发展,朱翊钧陵出土的玉圭、玉带钩、玉盂、玉碗、玉壶、玉爵、玉佩等可以代表这时期玉器的特点。清代乾隆时期因玉材丰富、皇家提倡和社会需要,技艺成熟,达到空前的高峰。

中国古代玉的产地很普遍,玉主要有产于新疆于田和叶尔羌的于田玉、河南南阳的独山玉、辽宁的岫岩玉等。早期玉器多属软玉,到东周时期,玉制品中开始出现部分硬玉。

中国从原始社会开始生产玉器,随着社会的发展逐步形成了独立的专业,历代王室朝廷皆设有玉器作坊。因为玉的硬度较高,加工时需要特殊的工具和方法。加工过程有选料、画样、锯料、做坯、打钻、做细、光玉、刻款等若干工序。加工工具有无齿锯、铊、钻和石英砂等。

二、中国古代玉器种类及名称

中国古代玉器,按用途大致分为以下八类:

(一)礼乐器,主要有璧、琮、圭、璋、璜、琥、瑗、环、玲、玉磬等。例如,古代执圭制度规定,天子用尺寸最大的镇圭,公用桓圭,侯用信圭,伯用躬圭,子和男用谷璧和蒲璧,不够某一级别身份的人不准持佩;玉器又是礼制的体现:以苍璧礼天,以黄琮礼地,以青圭礼东方,以赤璋礼南方,以白琥礼西方,以玄璜礼北方;在极为重视的吉、军、嘉、宾、凶五礼中,也普遍使用玉礼器。

(二)仪仗器,主要有戈、刀、牙戚、钺、斧等。

(三)丧葬器,主要有瞑目、玉琀、玉握、玉塞、玉衣等。例如,汉代建立起一套完整的葬玉制度,旨在使死者尸体不腐,灵魂永存,按制,皇帝用金缕玉衣,诸侯列侯、始封贵人、公主使用银缕衣,大贵人、长公主使用铜缕衣。1968年在河北省满城县西汉墓中出土了金缕玉衣。随后在江苏、山东、安徽等地西汉墓中也间有发现,是研究汉代制玉工艺的不可多得的实物资料。

(四)佩饰器,主要有玦、玉镯、珩、牙、冲、觿、扳指、组佩、璜形佩等。

（五）生产工具，主要有斧、锛、箭、簇刀、凿、刀等。

（六）生活用器，主要指一些器皿，最早有商代玉簋，我国秦汉有玉角杯、玉卮、玉奁、玉灯、玉羽觞，唐宋以后有玉碗、碟、杯、文具、酒具等。仿古玉器也在辽以后开始制作，如元代的玉瓮。

（七）陈设类，主要有玉山子、玉屏风、玉兽等。玉山子即以玉雕成一座小山，上雕树木、房舍、人物，以园林和山水画为多，是小型化的立体山水，故称山子，明清时才出现，如清代的大禹治水图玉山子。

（八）杂器，常见的有如意、璇玑、刚卯、玉带、玉剑饰等。例如，唐代规定了官员用玉带的制度："紫为三品之服，金玉带铐十三；绯为四品之服，金带铐十一；浅绯为五品之服，金带铐十。"

三、古玉器的纹饰图案

中国古代玉器上常见的纹饰，有云雷纹、乳丁纹、圈纹、谷纹、蒲纹、重环纹、涡纹、兽面纹等。

中国传统玉雕图案有：吉祥如意类，有龙凤呈祥、二龙戏珠、喜上眉梢，喜上眉梢图案为梅花枝头上有两只喜鹊；长寿多福类，有龟鹤齐龄、五福捧寿等，五福捧寿图案为五只蝙蝠围着一只鲜桃或一个寿字；多子多孙类，有麒麟送子、连生贵子等，连生贵子图案为荷花上有一小孩；安宁和平类，有平安如意、四海升平等，四海升平图案为四个小孩共抬一瓶。总之，以一些寓意深刻、耐人寻味的构图来表达人们内心对幸福生活的向往和追求。

四、现存著名玉器介绍

（一）西汉金缕玉衣

西汉金缕玉衣于1968年在河北省满城县中山靖王刘胜墓中出土，现藏于河北省文物研究所。金缕玉衣长188厘米。玉衣由青色或白色玉片制成，外形与真人形体相似，可分为头罩、上衣、袖筒、手套、裤筒和鞋子。每一部分又各由两个部件组成。腹下有一生殖器套。玉衣用长方形、正方形、梯形、三角形和多边形扁平玉片共计2 498片，它们互相连缀而成衣形，其连缀方式是在每片近角处穿圆孔，用金丝编缀。这种玉衣是汉代供高级贵族死后穿的殓服，目的在于防止尸体腐朽。

（二）元代的玉瓮

元代的玉瓮，又名渎山大玉海，高70厘米，口径135厘米至182厘米，膛深55厘米。玉质青白泛黑色。体呈椭圆形，内空。体外全身浮雕以波涛澎湃的大海和在海中随波跳跃嬉戏的海龙、海马、海犀、海螺等传说中的和现实中的各种海生物，形态虽异却刻画得活灵活现。瓮内光素无纹饰。阴刻乾隆皇帝御制诗三首及序。玉瓮是元世祖忽必烈在至元二年（1265年）制作的。他的制作反映了元代国力的强盛。这件玉瓮制成后原置于北海琼岛顶上广寒殿中,作为忽必烈的盛酒器。经过元明两代的变乱,至清代已遗落于西华门外真武庙中,为道士做菜瓮用。乾隆皇帝用重金将其收回,在团城承光殿前建玉瓮亭,将其存置保护。

(三)清代的大禹治水图玉山子

清代的大禹治水图玉山子,高 224 厘米,宽 96 厘米。玉料呈青色,有较多的绺纹。立雕,重山叠岭,流水潺潺,飞瀑高悬,山上遍布古木青松。悬崖陡壁上到处是幽深的洞穴,又聚集了大批开山采石的民工,民工们或用镐刨砂砾,或用锤钎凿石,或用杠杆搬运石头,一派热闹壮观的场面。在山子正中部位,阴刻有"五福五代堂古稀天子宝"10 个篆字组成的方印,背面下方又是一刻有"八征耄念之宝"的方印。上方阴刻乾隆皇帝御笔题《密勒塔山玉大禹治水图》楷书七言诗及自注。器下为高达 60 厘米的随山底形状铸造的嵌金丝褐色铜座。根据诗文的叙述,该器的材料取自著名玉石产地新疆和田密勒塔山,图景是据清宫藏宋代以前的画轴模仿刻成。该器是全世界玉器中最重最大的一件,重达 5 吨。先是从新疆运到内地,在扬州雕成后运回北京,藏于宫中。现存于故宫博物院。

五、石器

石器是以石头为原料制作的工具。它是人类最初的主要生产工具。在考古学上,把主要使用石器的时期称为石器时代,这一时代大约开始于二三百万年以前,可以划分为旧石器时代和新石器时代两个阶段。

石器时代人类制造石器的石材是经过选择的,不过往往受到附近所产石料种类的限制。石材的来源主要有两种:第一种是采集砾石,即在山谷、河床和海滩上,采集经水冲磨的砾石(河卵石);第二种是开采石料,在山上开采石材,就地打成石器的粗坯。例如,内蒙古呼和浩特大窑旧石器制作场就是采石场遗址,在遗址中出土了许多大型的燧石块,其周围密布人工打制的石块、石渣和石片等。

石器的制作工艺主要有两种,第一种为打制工艺,这是一种原始方法。制作时用石锤(或角、木锤)打击石材,打下具有锋刃的碎片,称为石片,可用来加工成石器。石材被打成若干石片之后,失去其原来的形状,表面遗有许多石片的剥离痕迹,称为石核。打制石器的制作一般为两个步骤,第一步即打片,第二步是加工。第二种是磨制工艺,是指把石器的表面磨光,磨出刃部并把石材磨制成形,这在石器制作上是一项进步,磨制石器是新石器时代的基本特征之一。磨制方法是首先将石材打制或切割成一定形状的粗坯,然后放在大的砥石上加沙蘸水研磨,制出光滑规整的石器。

石器的类别,一为砾石石器,也称石核器,从砾石或石材上打下石片,以剩下的石核作为工具来使用,包括敲砸器、砍斫器、三棱大尖状器、盘状器和石球。二为石片石器,系用石片或石叶加工而成,主要有刮削器、尖状器和雕刻器等几类器形。

三为磨制石器,磨制石器的器形比其他各类石器复杂。从用途上大体包括以下几类:(1)砍伐工具,常见的有斧、锛、凿,主要用于加工木材;(2)农耕工具,有铲、穿孔砾石、刀、镰和磨盘等;(3)兵器,有镞、矛头、钺、戈、剑、锤斧和弹丸;(4)仪仗,穿孔的石球和齿轮状的环形石斧,属于权杖上的头饰;(5)装饰品,多以精致美观的石材制成,有珠、管坠、环、璜、玦等。

第二节 古陶瓷器

一、概述

陶瓷是由黏土或以黏土、长石、石英等为主的混合物,经成型、干燥、烧制而成的制品的总称。

中国陶瓷源远流长,在世界上享有盛誉,早在七八千年前的新石器时代,我国的先民就已经会制造和使用陶器了。瓷器更是中国古代的一项伟大发明,中国素有"瓷国"之称。在漫长的历史岁月中,勤劳智慧的中国人民付出了艰苦辛勤的劳动,不断提高陶瓷的科学和艺术水平,创造了无数精美绝伦的陶瓷器,给我们留下了丰富而宝贵的遗产。陶瓷器是中国文物的主要构成部分之一。

陶器与瓷器的区别主要在于,陶器是用陶土为原料,而瓷器是用瓷土为原料,它们有着不同的化学物质成分和结构,因而影响着它们的性能;陶器一般是在1 000℃以下至多达到1 100℃左右的温度中烧造的,而瓷器则是经过1 200℃以上的高温烧成的,不经此高温则不能烧结成瓷器;在物理性质上看,瓷器胎质洁白、致密,更加坚硬,强度也更好,陶器密度较小,除白陶外,一般陶胎不呈白色,陶器不透光,有一定的吸水性,瓷器则不吸水,有一定透光性(半透明),而且能敲击出清脆如金属般的响声;除了釉陶,陶器一般不上釉,而瓷器一般都有薄而匀的釉,釉陶的釉是低温釉,而瓷器的釉是高温釉,这也是由釉质的化学成分决定的。

但是,瓷器与陶器的基本工艺是一样的,瓷器是在陶器工艺发展的基础之上发明的,所以,陶器和瓷器有着十分密切的关系,可以说,没有陶器,就没有瓷器。

二、古陶器

(一)概述

陶器是用黏土成型,经高温焙烧而成的无釉或上釉的日用品和陈设品。按黏土所含成分的不同,坯体呈白、青、褐、棕等色。

陶器的发明,是人类历史上最早通过火的作用使一种物质改变成另一种物质的创造性活动。陶器的出现,标志着新石器时代的开始,使人类的定居生活更加稳固。现已发现的较早的陶器是新石器时代早期的裴李岗文化、磁山文化和大地湾文化的陶器,其年代约为公元前五六千年。

陶器有手制和轮制两种方法。手制法又可分为三类:一为捏塑法,用手捏塑而成;二为泥条盘筑法,先将坯泥制成泥条圈,一层一层叠筑上去,或是将一根长泥条连续向上盘筑,然后把里外抹平制成器形;三为模制法,某些器形往往采用局部模制的方法。轮制法是将泥料放在陶轮上,借其快速转动的力量,用提拉的方式使之成形,器形规整,厚薄均匀。陶器成形后,还要在陶坯上进行修饰加工,即磨光和施加陶衣。磨光是用砾石或骨器在表面压磨,烧好以后陶器表面发亮。施加陶衣即用陶土调成泥浆,施于陶器的表面,烧好之后陶器表面就附着一层陶衣。还有相当数量的陶器上有附加纹饰。施加纹饰的方法主要有以下几种:一为绘彩,如彩陶,在陶器未烧之前画上去,烧成后花纹附着于器表,图案丰富多彩,包括动物纹、植物纹及几何形纹饰;二为拍印,在木板或陶拍上刻条形、方格形和几何形印纹的阴纹,拍印在陶坯上;三为压印,在细木棒上用绳子缠成中间粗两端细的轴状工具,可在陶坯上压印出成排而整齐的绳纹;四为刻画,用细的骨、木棒作为工具,在陶坯上划出纹饰;五为附加纹饰,在陶器表面附加泥条或泥饼;六为镂孔,一般多在圈足器上镂成圆形、方形、长方形、三角形的孔作为装饰。

陶窑结构基本上可以分为横穴和竖穴两种。横穴窑的结构是在圆形窑室的前面,有较长的穹形筒状火膛,窑室与火膛两者基本位于同一水平上,后来窑室升高,火焰通过倾斜的火道和均匀地分布于窑箅上的火眼进入窑室。竖穴窑的窑室位于火膛之上,有数股垂直的火道与窑室相通,后来火膛逐渐移至窑的下前方,火焰沿倾斜的火道进入窑室,窑室的底部有几股沟状火道,上面设有多火眼的窑箅以均匀火力。

陶器的烧成温度,习惯上也称火候,从目前的测定情况来看,黄河流域一般为900℃~950℃,长江中下游一般为800℃~950℃,晚期陶器则为900℃~1 100℃。

陶器的主要器型有以下几类:一为炊器,有釜、鬲、鼎等;二为盛食器,有钵、盆、豆、盘、簋等;三为水器,有单耳杯、高柄杯、瓶、盉、鬶等;四为储藏器,有罐、瓮等。

(二)古代名陶

从原始社会末期至明清时代,陶器制作有了很大的进步,出现很多名陶,主要有秦汉陶塑、唐三彩、琉璃工艺和紫砂陶器。

秦汉陶塑:在陶塑艺术中,以秦始皇兵马俑最为突出,它曾引起世界性的轰动。此外还有汉代的人俑、家畜俑以及铅釉陶制作的各式各样的楼、阁、仓灶、碉楼模型等。北朝的人俑、骆驼俑、马俑和镇墓兽俑和隋唐的仪仗俑及镇墓兽俑等则是其继续与发展。

唐三彩:唐三彩是唐代的釉陶生活用具和雕塑工艺品。根据河南巩义市大小黄冶的唐三彩窑址出土的器物研究表明,唐三彩的胎料是一种上等白色黏土,需经过挑选、陶洗等加工后方选用。坯胎成型晾干后,入窑经高温素烧后即成白色胎体。冷却后,挂上配好的彩料釉汁,再入窑做第二次焙烧,烧至90℃,使彩釉熔融开化,胎体表面就会呈现出各种鲜艳的光泽。唐三彩釉色的主要元素为硅酸铅,釉色呈绿、蓝、黄、白、赭、褐等多种色彩,以绿、黄、褐等色为常见,故得名唐三彩。

琉璃工艺:以陶为胎,施以琉璃釉(主要成分是氧化铅)再入窑烧制成的一种工艺品。根据历年各地古墓出土实物证明,中国在战国时期即已出现琉璃工艺,但质料不纯,有时与料器混淆不清,到了宋代才出现真正的琉璃工艺。元明以来,山西是琉璃工艺的主要产地,此外,河南、北京、南京、山东等地区,都出产过琉璃器皿。明清时期,烧造琉璃的技术更有发展,釉色及品种都有增加。琉璃瓦是一种屋面建筑材料,在陶质筒瓦、板瓦、脊瓦与檐头装饰物表面烧上一层薄而细密的彩色釉,有耐久、美观、富有民族色彩等优点。

紫砂:紫砂器是一种质地细腻、含铁量高的特殊陶土制成的无釉细陶器,呈赤褐、浅黄或紫黑色。江苏宜兴的紫砂器创始于宋代,至明清时代有了很大发展。紫砂泥最适于用来塑造茶具,用紫砂器泡茶,在较长时间内能保持茶的色香味不变。紫砂器造型美观,色彩古朴淡雅,是精致的手工艺品。

三、古瓷器

(一)概述

瓷器是由瓷土或瓷石为原料,经过成型、干燥、焙烧等工艺流程制成的器物。瓷器具有以下特点:第一,瓷器胎料的瓷土成分主要是高岭土,化学成分是氧化硅和氧化铝,含铁量低,瓷胎烧结后,胎色白,质地致密,胎体吸水率不足1%或不吸水,具有透明或半透明性,叩之能发出清脆悦耳的金石之声。第二,瓷器的烧成温度必须在1 200℃以上,胎釉经高温烧结后,不易脱落。

中国早在商代就烧出了原始瓷器,东汉时期烧制出了真正的瓷器。经魏晋南北朝隋唐时代的发展,至宋元明清时期,中国制瓷业进入兴盛时期。创烧出大量的新品种,从单色釉发展到多种彩色釉,装饰纹样复杂,江西的景德镇成为全国的制瓷业中心。瓷器是我国古代劳动人民的一项伟大发明,自唐宋以来,中国瓷器就逐渐输出到世界各地,中国的瓷器制作技术、工艺也流传到东西方各国。

瓷器的装饰方法有开片、划花、刻花、剔花、印花、贴花、镂雕、彩绘等。开片:瓷器釉面自然开裂的冰裂状细纹。人们利用坯、釉膨胀系数的不同,在焙烧后冷却时的自然开裂,形成富有装饰情趣的冰裂纹。划花:在半干的瓷坯上用竹签、木签、铁签刻画出花纹。刻花:用刀具在瓷坯上刻出装饰纹样。剔花:阳刻花纹,把花纹以外的空地剔除,使花纹凸起。印花:用有装饰纹样的印模在未干的坯胎上打印出花纹或在有纹饰的器模中制坯,使花纹留在坯体上。贴花:用花纹陶范预制成花样,再粘贴到瓷器坯体的需要位置。镂雕:把瓷坯做成透空的雕花装饰。

瓷器的釉色:釉是瓷器表面的涂料,主要由长石、石灰石、黏土、草木灰等调配而成,经一定的温度烧制后,便与坯体结合在一体。色釉是利用铁、铜、钴、锰的氧化物的呈色作用进行着色的,主要有青、黑、黄、红等颜色。青釉以铁为着色剂;黑釉主要以氧化铁为着色剂;黄釉以铁、锑元素为发色剂;红釉以铜的氧化物为着色剂。

我国瓷器除单色釉外,还有斑釉和彩瓷。斑釉是各种颜色的结晶釉,历史上有许多著名产品,如油滴、兔毫斑等。彩瓷包括各种绘制的彩釉,装饰纹样有花鸟人物等,品种繁多,主要有釉下彩、釉上彩和斗彩,还有粉彩、珐琅彩等。釉下彩是用彩料在坯体上绘出所需要的纹样,然后挂上一层无色透明釉,经高温烧制而成,如青花瓷。釉上彩是在已经烧成的瓷器釉面上描绘简单花纹,然后加温烧制,使彩料烧结在釉面上,如五彩。斗彩是先以青花颜料在坯胎上绘出花纹的轮廓,挂上一层无色透明釉,入窑高温焙烧,然后再用各种色料在原先绘成的青花轮廓里填绘,二次入窑焙烧即成五彩缤纷的瓷器,是釉下青花和釉上彩相结合的一种彩瓷工艺。

款识是指在器物的底部或其他部位,刻划印或书写表明年代产地等内容的文字或图案:(1)纪年款,如"大明宣德年制"、"乾隆丙午";(2)堂名款,如"外膳房"、"古月轩";(3)人名款,如"张家造";(4)吉言款,如"福寿康宁";(5)图案款,如八卦;(6)其他款,凡不能归入以上类别的都称为其他款。

(二)古代名窑名瓷

1. 越窑青瓷、邢窑白瓷、长沙窑彩釉瓷

原始瓷器是指商周时代以瓷土作胎,经1 200℃左右的高温,胎质基本烧结,无吸水性或吸水性很弱,器表有釉,但胎呈灰色,薄不透光的陶器,尚不能完全符合一般所承认的瓷的定义。商代原始瓷选料不精,工艺简陋,釉层厚薄不匀,容易剥落。周代的原始瓷器虽然有了较大发展,但因多在弱还原焰中烧成,胎呈灰色,仍薄不透光。原始瓷器大都是生活器皿。釉呈姜黄、绿色或青灰色。

东汉时期,由于对制瓷原料的精选及对制瓷工艺的改进,烧造出了符合瓷器标准的青釉瓷器。此时期也能烧造黑釉瓷。东汉瓷器在造型技术和装饰风格方面,与原始瓷器有相似之处,尚未形成自己特有的风格。

魏晋南北朝时期,制瓷工艺有了很大进步。江南瓷业获得迅速发展。江、浙地区出现了产青瓷的越州窑、江苏宜兴的均山窑、浙江温州的瓯窑和浙江金华的婺州窑以及以产黑瓷为主的浙江余杭县的德清窑。在湘、鄂、蜀、赣及闽越地区,也开始设窑制瓷。南方青瓷传到北方,北方也开始制造青瓷。北朝后期在北方出现了白釉瓷器,是在青瓷的基础上逐步改进而烧成,由于胎、釉中铁的含量不断减少,控制了胎釉中的含铁量,使白瓷终于诞生。在北齐时期,出现了比较成熟的黑瓷。器物造型主要有莲花尊、鸡头壶、狮形烛台、蛙形水盂、虎子及各种人物、动物俑等。由于叠装烧造,器物的器底多较厚重。普遍使用印、画或堆贴等式花纹。

隋唐五代时期,瓷器质量又进一步提高。北方瓷窑大量增加。南方以生产青釉瓷器为主,北方以生产白釉瓷器为主,邢窑白瓷与越窑青瓷分别代表了南北方瓷业的最高成就。在制瓷工艺上普遍使用匣钵装烧,使器物造型变得轻巧精美,色泽纯洁。还出现了花釉瓷和黄釉瓷以及绞胎瓷器,其中,花釉是在黑釉、黄釉、黄褐釉、天蓝釉或茶叶末釉上饰以天蓝或月白色斑点,是唐代瓷器中的又一新创造。绞胎也是唐代出现的新工艺,是用白褐两种色调的瓷土相间糅合在一起,拉坯成型,上釉焙烧即成。长沙窑在胎上画彩,然后上釉的高温釉下彩的新技术,突破了青瓷的单一青色,开创了以绘画技法美化瓷器的釉下彩先例。

2. 宋瓷窑系

宋代是我国瓷业发展史上的一个繁荣时期。宋窑遗址分布在130个县,形成多种瓷窑体系,包括北方地区的定州窑系、耀州窑系、钧窑系、磁州窑系及南方地区的龙泉青瓷系、景德镇的青白瓷系。青白瓷釉色介于青白之间,白中显青,故称青白瓷,一般又习惯称之为"影青"。制瓷工艺也有很多的革新与创造。利用"火照"检查窑炉的温度与气氛,以保证获得高的成品率,采用覆烧工艺,充分利用窑炉空间;同时追求釉色之美及釉的质地之美,为陶瓷美学开辟了一个新的境界。宋代的很多优秀作品成为我国陶瓷史上的杰作与瑰宝:钧瓷的海棠红、玫瑰紫灿如晚霞,窑变釉釉色变化如行云流水;汝窑的梅子青晶莹柔润;哥窑的满布断纹,有意制作出缺陷美、瑕疵美;黑瓷的油滴、兔毫、鹧鸪斑、玳瑁等斑驳多姿的结晶釉和乳浊釉。磁州窑的白釉釉下黑花则又是另一种境界;定瓷的图案工整严谨的印花,耀瓷的犀利潇洒的刻花都体现出唐代瓷器所不及的新的仪态和风范。其装饰手法有刻花、划花、印花、剔花等。

3. 景德镇名瓷

元代制瓷工艺在我国陶瓷史上占有极为重要的地位。由于外销瓷的增加,生产规模普遍扩大,烧造技术也更加成熟。特别是景德镇的制瓷业取得了新成就。在制胎原料方面,采用了瓷石加高岭土的"二元配方法",使氧化铝含量增高,烧成温度相应提高,减少器物变形,能烧造大型器物。元代烧出了乳白釉器、青花瓷器和釉里红瓷器。青花,应用钴料在瓷胎上绘画,然后上透明釉,在高温下一次烧成,是呈现蓝色花纹的釉下彩瓷器;釉里红是指以铜红料在胎上绘画纹饰后,罩以透明釉,在高温还原焰气氛中烧成,使釉下层呈现红色花纹的瓷器。元代瓷器的装饰方法有刻、划、印、贴、堆、镂、绘等多种。

明清彩瓷是对中国4 000年来陶瓷艺术的总结,就整个瓷业来说,代表其水平的是全国制瓷中心——江西景德镇。除正式开设的官窑"御器厂"烧制御用器外,民营瓷业更是蓬勃发展,形成官民竞争的欣欣向荣的局面,明朝的瓷器生产业取得了辉煌成就。江西景德镇是全国的瓷业中心。青花瓷器又有了新的发展并成为景德镇瓷器生产的主流。斗彩、五彩、铜红、素三彩等彩瓷的发明是中国陶瓷史上的重要里程碑,成化斗彩开创了釉下青花和釉上多种彩色相结合的新工艺。斗彩是先以青花颜料在坯胎上绘出花纹的轮廓,挂上一层无色透明釉,入窑高温焙烧,然后再用各种色料在原先绘成的青花轮廓里填绘,二次入窑焙烧即成五彩缤纷的瓷器,它是釉下青花和釉上彩色相结合的一种彩瓷工艺。嘉靖、万历年间的五彩是在烧成的白釉瓷器上,用红、黄、绿、蓝、紫、黑等彩料描绘出花纹,再入窑以800℃左右的温度焙烧而成。在元代基础上,永乐年间,成功地烧造了烧造技术难度大的铜红釉,表明了当时制瓷工匠的高超技术水平,正德素三彩的做法和五彩一样,也是在高温烧成的白瓷上画黄、绿、紫三彩,再烧彩。彩绘成为明代瓷器的最主要的装饰手段。

清朝的瓷器生产于康熙、雍正、乾隆三朝时达到了历史的高峰,进入黄金时代。景德镇仍是整个时代水平的代表。景德镇的工匠成功地烧制了色泽鲜艳的康熙青花及丰富多彩的釉上彩,恢复和发展了红釉。创烧了粉彩、珐琅彩、仿宋瓷和仿其他工艺品瓷。粉彩,以颜料配合"玻璃白"绘成,清康熙年间始创,盛行于雍正年间。用"玻璃白"配合各种颜色,按写照的画法作画,彩色透明,线条有浓淡深浅,色调秀丽柔和;珐琅彩,运用珐琅彩料加工堆叠绘成,使瓷器有铜珐琅的感觉。清代康熙时开始烧造,雍正、乾隆时期进一步提高,其底部有"古月轩"字样,俗称"古月轩瓷器",利用进口的绘瓷彩料,在烧成的素白瓷器上描绘图案纹饰。仿烧宋代汝、官、哥、钧釉,烧成天蓝、粉青、红釉、窑变(豇豆红、鳝鱼黄、茄皮紫、松石绿、茶叶末)等,并且仿制其他各类工艺品,达到与原物色泽、质感十分相像的程度,几乎能乱真。

第三节 古青铜器

一、概述

青铜器是指以青铜为基本原料加工而制成的器皿、用具等。青铜是红铜与锡、铜与铅或是铜与铅、锡的合金。青铜原来的颜色大多是金黄色的,由于经过长期腐蚀表面所生成的铜锈呈青绿色,因而得名。青铜具有下列优越性:首先,硬度大;其次,熔点低,熔液流动性能好,凝固时收缩率小;再次,化学性能稳定耐腐蚀,可长期使用和保存。此外,青铜器坏碎以后可回炉重铸。所以,在人类社会发展史上,器具制造接石器时代之后大多经过青铜时代。

中国青铜器具有下列特点:第一,数量大,延续时间长,分布地区广,造型丰富,品种繁多,质量高,精品多;第二,铸造工艺方面,多用合范法,不大用失蜡法,到春秋中后期才用失蜡法,所以完全相同的器物较少见;第三,铸刻有铭文文字;第四,武器与工具等较少,以容器为主,多为礼器,是宗法礼制的物化表现。

（一）青铜器的产生和发展

中国青铜时代从原始社会末期开始，到战国末年结束，跨越夏、商、西周、春秋、战国时代，经历了大约两千多年时间。青铜器形制、纹饰、铭文及其书体、器物组合、铸造工艺等，无不和当时特定的社会条件息息相关。青铜器各个时代的特点乃至它的每一步演变都蕴含着深刻的历史内容。

考古资料表明，我国青铜器起源可上溯到公元前3000年左右，在新石器时代的马家窑文化、大汶口文化、龙山文化和稍晚的齐家文化，都发现有小件青铜器及其线索。夏代的二里头文化已有形制较复杂的青铜容器和兵器。商代前期青铜容器大量出现，礼器系统初步出现，纹饰增多，铭文仍未发现。商中期，青铜器铸造技术有很大发展，器物种类多，花纹精细，并开始有铭文，但字少简单。商代后期和西周早期，青铜冶铸业达到高峰阶段，青铜器完全摆脱了陶器造型风格的影响，纹饰繁缛复杂，铭文加长。西周晚期铜器制作较为轻薄，纹饰走向简化。春秋晚期到战国中期，青铜工艺开始出现新的生机，形成了青铜器发展史上的第二个高峰。这时的青铜器形制复杂，地方色彩浓厚，普遍采用错金银、鎏金、镶嵌、针刻等工艺，有很高的艺术价值。战国晚期日用铜器增多，多为素面。秦汉及其以后青铜器在社会生活中的地位已为其他器物所取代，青铜铸造业日趋衰落。

（二）青铜铸造工艺

青铜器铸造工艺分冶炼和铸造两步。冶炼包括选矿、初炼和提炼加锡三个工序。随着工艺的进步，对合金认识的日趋完善，已经懂得根据器物的不同用途，采取不同的配方。铸造一件青铜器需要经过塑模、翻范、烘烤、浇注等一整套工序，即将准备铸造的器形先塑出泥模，在泥模上翻出外范，在泥模与外范上雕刻所需的花纹，然后在泥模上削出范芯或另外制作范芯。外范和范芯阴干、晾晒后，组合放入烘范窑中烘烤，使之脱水和定型。经常是出窑后趁热进行浇铸。浇铸方法有以下几种：一为浑铸法，即一次浇铸完成；二为分铸法，比较复杂的器物则先铸附件，后铸器身，或先铸器身，然后将附件铸接上去，商代已经使用分铸法；三为叠铸法，即将若干烘烤过的陶范叠装起来，浇注时铜汁通过中间的直浇道，流向每一层半月形的内浇道而到达范腔之中，一次可浇铸十几个或更多的铸件，东周时出现此技术；四为失蜡法，即将易熔化的黄蜡制成蜡模，用细泥浆多次浇淋并涂上耐火材料使之硬化，做成铸型，烘烤后黄蜡熔化流出，形成型腔，用以浇铸铜汁，此工艺在春秋时期出现。

（三）青铜器的主要类型和形制

1. 青铜器的类型

青铜器一般分成十二大类，即(1)食器：鼎、鬲、甗、簋、簠、盨、敦、豆、匕；(2)酒器：爵、角、斝、觚、觯、兕觥、尊、鸟兽尊、卣、盉、方彝、勺、罍、酒樽、壶；(3)水器：盘、匜、盂、鉴、缶、瓿、盆、斗；(4)乐器：铙、钟、钲、镈、句鑃、錞于、铃、鼓；(5)兵器：戈、矛、钺、戟、镞、殳、剑、刀、弩机、胄;(6)车马器:害、辖、衔、镳、轭、銮铃、当卢、马冠;(7)农具与工具:犁铧、锄头、镰、钁、铲、斧、锛、锥、削、凿、刻镂刀、锯、锉、钻;(8)货币:贝、刀、布、钱等;(9)铜镜;(10)度量衡:尺、量、权;(11)玺印符节:玺印、符、节;(12)杂器:俎、禁、博山炉、灯、镌斗、熨斗、洗、耳杯、炉、带钩等。

2. 青铜器的形制

鼎:古代炊器,圆形,三足两耳,也有长方四足的,鼎也是古代的祭祀用器,用来盛祭品。鬲:古代炊器,圆口,三空心足。甗:古代炊器,下部是鬲,上部是透底的甑,上下层之间隔一层有孔的箅,下部煮水,上部蒸食物。釜:古代炊器,敛口,圜底,上置甑。鍑:古代炊器,大口锅。鉴:古代炊器,圜底,敛口,反唇,两侧各有一环。镌斗:古代温器,一般是附长柄的盆形器,下附三足,也有带流的,为军中之用。簋:本为"殷",古代食器,用来盛食物,圆口,圈足,无耳或有两耳,也有四耳,方座或带盖的,盛行于商周时期。盨:古代食器,椭圆口,有盖,两耳,圈足或四足,西周中期开始出现,沿用至春秋。簠:古代食器,长方形,器身与器盖的形状相同,各有两耳,西周晚期开始出现,沿用至战国。盂:古代食器,圆形,敛口。豆:古代食器,形似高足盘,或有盖,盛行于商周时期。敦:古代食器,盖和器身都作半圆球形,流行于战国时期。钟:圆形壶,可以盛酒或粮食。

爵:用以温酒和盛酒,有流、注、鋬和三足,盛行于殷代和西周初期。斝:圆口,有鋬和三足,用以温酒,盛行于商代和西周初期。觚:喇叭形口、细腰、高圈足,用以盛酒,盛行于商代和西周初期。角:形似爵而无柱,两尾对称,有盖,用以温酒和盛酒。觯:形似尊而小,或有盖,用以作饮器。盉:圆口,浑腹,三足,有长流、鋬和盖,用以和水于酒,然后倾入于爵、觚、觯以饮,或以为兼可温酒。觥:器腹椭圆,有流及鋬,底有圈足,有兽头形器盖,也有整器为兽形的。尊:鼓腹侈口,高圈足,圆形或方形,形制较多,用以盛酒。卣:椭圆口,深腹,圈足,有盖和提梁,也有作圆筒形的,器形变化较多,用以盛酒。壶:深腹,敛口,商周时代青铜壶往往有盖,多为圆形,也有方形或椭圆形的,到汉代方形的叫"钫",圆形的又叫"钟"。

罍:圆形或方形,小口,广肩,深腹,圈足,有盖,肩部有两环耳,腹下又有一鼻,用以盛酒和水。瓿:圆口,深腹,圈足,用于盛酒和水,盛行于商代。方彝:始见于殷商时期,西周中期消失,殷商方彝为方体、直壁,下有方圈足,上有屋顶形盖。盘:形制为直沿,平底,圈足,殷周之际的盘多无耳,西周以后的青铜盘有兽耳或附耳,并且在圈足下附兽形足,也有以人形为装饰的器足。匜:形如瓢,前有流,后有鋬,下承四足或三足,用以注水洗手,下边以盘接水,成为一套盥洗器。鉴:形如大缸,有双耳或四耳,多平底,用以盛水沐浴。

铙:体短而阔,有中空的短柄,插入木柄后可执,以槌击之而鸣,3个或5个一组,大小相次,盛行于商代。钟:悬挂于架上,以槌叩击发音,音频不同的钟排列在一起成为有音阶的编钟,西周中期开始有十几个大小相次成组的编钟。镈:形似钟而口缘平,有钮悬挂,以槌叩之而鸣,从钟发展而来,盛行于东周时代。钲:形似钟而狭长,有长柄可执,击之而鸣,传世有春秋晚期南方徐、吴等国的钲,自铭为"征城",是行军乐器。铎:形如铙、钲,有舌,是大铃的一种,盛行于春秋至汉代。句鑃:其形似钲,有柄可执,口向上,以槌击之而鸣,用于宴享,传世有春秋时吴越的句鑃。錞于:形如圆筒,上大下小,顶有钮而悬挂,以槌击之而鸣,多用于战争中,指挥进退,目前发现的最早的属春秋时期,盛行于汉代。铜鼓:我国古代南方一些少数民族所使用的乐器,由做炊具的釜发展而成,年代约自春秋中期至清末,大小不一,制作精致,鼓面有浮雕图案,鼓身全部有花纹围绕,原为统治权力的象征,明清以来,随着社会的变化,成为一般的娱乐乐器。

戈:横刃,锋刃部如牛舌状,安装长柄,持之可以横击、钩援,盛行于商至战国时期。矛:直刺,安以木质的长柲(柄),两侧有较宽大的翼,商周时用青铜制成,至汉时多用铁矛。戟:将戈、矛合成一体,既能直刺,又能横击,盛行于东周,战国时开始用铁戟。钺:圆刃或平刃,安装木柄,持以砍斫,盛行于商及西周。剑:长刃两面,中间有脊,短柄,1978年止发现的最早的剑属商代,初行于西周的早期,盛行于东周,南方的吴、越地区是当时优质剑的著名产地。

(四)青铜器的图纹装饰

青铜器的主要图纹归纳为以下四类:(1)幻想动物纹:有饕餮纹、夔纹、龙纹、凤纹、蟠螭纹、蟠虺纹等。饕餮是传说中的一种贪食的恶兽,有首无身,是商至西周中期古青铜器物上的主题纹饰。(2)写实动物纹:有鸟纹、蝉纹、蚕纹、象纹、牛纹、鹿纹、兔纹、鱼纹、虎纹、龟纹、贝纹以及人面纹等。(3)几何形花纹:有云雷纹、涡纹、波纹、圆圈纹、方形纹、三角纹、乳钉纹、窃曲纹等。(4)人物活动的图纹:在春秋战国时期青铜器上出现了反映社会生活的纹饰,主要有描绘贵族生活中的礼仪活动,如宴乐、射猎、祭祀和描述水陆攻战的场面。

古代青铜器的装饰手段除雕铸纹饰外,还有线刻工艺(在铸好的铜器上,用锐利的锋刃刻出如发丝的线画,盛行于战国早期、中期)、镶嵌技术(商代晚期出现铜镶玉技术,如妇好墓出土的玉援铜戈即是将玉戈援纳入铜戈的陶范中铸成)、错金银(在青铜器上镶嵌金属的工艺,在青铜器表面镶入红铜、金、银线条纹样,然后用砂石磨光,始于东周时期)和鎏金(我国特有的镀金法,所鎏的金层经久不退,始于东周时期)等。

(五)青铜器铭文

古青铜器上所铸刻的文字一般称为青铜器铭文,又称金文或钟鼎文。我国约有铭文青铜器约1万件。商代到春秋的铭文一般是铸成的,最简单的以一二字标出奴隶主或其民族的名称。商代铜器铭文比较简短,西周以后常有长篇铭文。现存最长的铭文见于西周晚期的毛公鼎,计32行,497字。铭文内容多记奴隶主贵族的祭典、训诰、征伐功勋、赏赐策命、盟誓、契约等。战国时代的铭文大都是刻成的,内容以记载作器工名、器物的所有者以及使用地点为主。青铜器铭文是研究我国商周历史的重要史料,也是研究汉字发展和书法艺术的珍贵资料。

二、青铜礼器

所谓青铜礼器就是古代贵族在进行祭祀、丧葬、朝聘、征伐和宴享、婚冠等活动时举行礼仪所使用的器皿,主要指鼎、簋、觚、豆和钟镈等,构成中国古代青铜器的主体。

鼎本是古代炊器,也是古代的祭祀用器,用来盛祭品。奴隶主贵族将宗庙祭祀中最常用的鼎视为祖宗社稷的化身、政权的象征。相传,禹铸九鼎成为传国重器,从此,"问鼎"遂成企图夺取政权的同义词。商代早期使用礼器已系列化,商代晚期到西周时期,青铜礼器更为考究,器物组合制度化。天子用九鼎,诸侯用七鼎,卿大夫用五鼎,元士用三鼎。九鼎,第一鼎盛牛,称为太牢,以下各鼎依次为羊、猪、鱼、腊(干肉)、肠胃、肤、鲜鱼和鲜腊。七鼎所盛是去掉末尾的鲜鱼和鲜腊。五鼎,其第一鼎所盛羊,称为少牢,以下依次为猪、鱼、腊(肉干)、肠胃(或肤)。三鼎所盛猪、鱼、肉干或羊、猪、鱼。一鼎豚,为士一级所用。它是等级制度的象征。奇数的鼎还要用偶数的簋来配合使用,即九鼎用八簋,七鼎用六簋,五鼎用四簋,三鼎用二簋相配。这就是"名位不同,礼亦异数"。"钟鸣鼎食"成为贵族的宴飨的礼制。钟:悬挂于架上,以槌叩击发音。音频不同的钟排列在一起成为有音阶的编钟。西周中期开始有十几个大小相次成组的编钟。例如,陕西长安普渡村出土的西周中期3件一组的编钟,陕西扶风齐家村出土的西周晚期的8件一组的柞钟,战国曾侯乙墓出土了由八组64件外加1件镈组成的编钟。礼器随着礼仪的产生而出现,发展而变化,逐步形成礼器制度。随着奴隶制等级制度的礼崩乐毁,青铜礼器制度也发生了变化:一是打破了旧的规定,诸侯僭越行为日益普遍,如曾侯乙用九鼎六簋;二是形制上出现了礼器日用化的倾向。

后母戊鼎:亦称司母戊鼎,是我国商代青铜器代表作。1939年3月出土于河南安阳侯家庄武官村吴玉瑶家的农田中,这里距武官村大墓西南隅大约80米。当时俗称此鼎为马槽鼎,意思是鼎大得可以做马槽。司母戊鼎是世界上罕见的青铜器贵重文物,也是迄今为止所有出土的鼎中最大最重的。鼎重875公斤(因缺一耳,故原鼎重当不止此数),通高133厘米,口长110厘米,宽78厘米,足高46厘米,壁厚6厘米。立耳,长方形腹,四柱足中空,所有花纹均以云雷纹为地。耳的外廓饰一对虎纹,虎口相向,中有一人头,好像被虎所吞噬;耳的侧缘饰鱼纹。鼎腹上、下均饰以夔纹带构成的方框,两夔相对,为饕餮形,中间隔以短扉棱。鼎腹四隅皆饰扉棱,以扉棱为中心,有三组兽面纹,上端为牛首纹,下端为饕餮纹。鼎腹四面的中央部分,都是没有花纹的长方形空白地。足部饰兽面纹,下有三道弦纹。腹内壁有铭文"司母戊"三字。就一般情况而言,铸造方形器要比圆形器困难,何况像司母戊鼎这样的重器,工艺复杂程度,在当时的生产力水平下,其困难可想而知,这就要求制作者有相当高的技术水平。关于大鼎的铸造方法,根据研究者的观察分析,认为大鼎是采用组芯的造型方法,即先用黏土塑造泥模,用泥模翻制陶范,再把陶范合到一起灌注铜液。从铸造痕迹来看,司母戊鼎是用20块范铸成的。除双耳是先铸成再嵌入鼎范外,鼎身其余部分都是一次浑铸而成。一次铸造成功如此大的器物,本身就是一个奇迹,它代表了商代青铜器铸造技术的发展水平。它的造型厚重典雅,气势宏大,纹饰美观庄重,工艺精巧,是商文化发展到顶峰的产物。它是商代王权统治的象征,也是建邦立国的重器。鼎出土后,因太重太大,移动困难,人们便想锯断大鼎,然后运出,但仅锯一足,便锯不断,于是悄悄地把鼎埋起来。后被日寇获悉,搜索未成。抗日战争胜利后,1946年6月,大鼎重新掘出,但已失去一耳。大鼎出土后,先存放于安阳县政府。同年10月底,当地驻军将大方鼎用专车运抵南京,交中央博物院筹备处保存。1948年5月29日至6月8日,中央博物院筹备处与故宫博物院在南京联合展览,该鼎首次公开展出。现存于中国国家博物馆。

毛公鼎:毛公鼎于清道光末年出土于陕西岐山周原。鼎通高53.8厘米,口径47.9厘米,腹围145厘米,重34.7公斤。器形作大口,半球状深腹,圜底,下附三兽蹄形足,口沿上有双耳。鼎表面装饰简洁,腹内有铭文32行,共497字,为现存铭文最长的一件青铜器。这篇铭文具有重要的史料价值。铭文气势宏伟,笔法端严,是一篇金文书法的典范。此器现存我国台湾地区的台北故宫博物院。

三、古钱币

货币是人类社会经济发展到商品生产阶段的产物。中国货币体系在世界古代货币史上独树一帜,贝、金、银、铜、玺、帛以及后来的纸币都曾行使过货币的职能,但是,铜质钱币在中国古代流通时间最长,遗留下来的实物也最多,成为文物的一个重要方面。

秦朝以前,中国货币史上曾有过先秦各国的金属贝、布、刀、圜等形制的货币。秦始皇统一六国后统一全国货币,明确了中央政府的货币铸造权和发行权,从而结束了战国币制紊乱的局面。从秦始皇到清末,圆形方孔的铜质钱币铜钱是我国流通时间最长、影响最大的一种货币,长达2 000多年,是世界上所仅有的现象。2 000多年的金属货币,大体可分为半两钱、五铢钱、通宝钱和制钱等几个阶段。

半两钱,因币面有小篆"半两"二字而得名,并规定"重如其文",半两钱有秦半两和汉半两之分。早在秦惠王改革秦国币制时,曾推行方穿(孔)圜钱,成为战国时的"秦半两"。秦始皇统一货币时将战国时秦国货币制度推行到整个秦朝统治范围内,规定除以黄金为上币外,以半两钱为下币,供日常市场买卖流通,称"秦半两"。秦半两造型古朴,开始圆孔圆形,无轮廓,后改为外圆内方无轮廓,实际重量悬殊甚大。汉承秦制，但针对秦半两"太重"，提出了"更令民铸钱"，改铸较轻的半两钱，称"汉半两"，汉半两钱小，穿孔大，钱体薄小，形似榆荚，又叫"荚钱"。汉半两的减重贬值，造成了汉初的通货膨胀，物价上涨，各地豪强趁机大发横财，迫使汉武帝不得不取缔私铸，废除半两钱。所以，半两钱从秦始皇到汉武帝元狩五年，共行使了70余年。

五铢钱，跟半两钱一样，仍是以重量为钱名的钱币。法定重量为五铢，因此得名。五铢钱从汉武帝元狩五年到唐高祖武德四年（公元前118—公元621年）共通行了739年，对中国古钱币的发展具有深远的影响。五铢钱的出现，是在总结秦、汉初经验教训的基础上创造出来的，它具有大小轻重适度、形制铸造先进和铸制全部归朝廷的特点。在形制上，五铢钱既继承了半两钱的外圆内方的基本形态，又吸收了战国时刀、布、圜的在边缘上突起轮廓的铸法，这样既保护了币面文字不被磨损，又可增加钱币的牢度，这种制作方法一直延续到清末。五铢钱的制作由朝廷专门机构负责，采用铜质母范的铸造工艺，使铸出的钱币大小或式样达到一致。所以，汉武帝制出的五铢钱一般铜色深厚匀称，文字端庄俊秀。在以五铢钱为主导的历史时期，也出现了一系列偏离五铢钱制度的倾向，产生了中国铸币史上的一系列"第一"：蜀汉"直百五铢"背文"为"字是方穿圆钱最早记铸地名的；成汉"汉兴"是最早使用年号为钱文并最早采用隶书钱文的；夏"大夏真兴"是最早以朝代名称和年号入币的。五铢钱流通期间个别帝王也曾废除五铢钱，改行其他名称的货币，如西汉末年王莽的"六泉十布"、蜀汉刘备的"太平百钱"、东吴孙权的"大泉"、前凉张轨的"凉造新泉"、刘宋的四铢钱、二铢钱、北周的"布泉"、"五行大布"、"永通万国"等钱，但这些钱币都出现在战乱年代，流通时间较短暂。

通宝钱是以"通宝"、"元宝"、"重宝"等"宝"文为钱名的钱币，所谓通宝就是通行的宝货。这种钱币从唐高祖武德四年（621年）铸"开元通宝"起，到清末（1911年）废除"宣统通宝"为止，共流通了1 290年，对中国封建社会中后期经济有很大的影响。通宝钱以帝王年号为主要标志，改变了过去以重量为钱名的旧制，以一枚为一钱（合2.4铢，约重4克），钱成了货币单位，成为社会公认的媒介物，在流通中取代了五铢钱。通宝钱形状仍为外圆内方，肉（金属部分）好（中间的方孔）皆有周郭。通宝钱具有宝文复杂，年号钱极多，钱文书体书法多样，钱质有大小高低的差别等特点。通宝钱的铭文书法和图形标记具有较高的艺术性，总的说来，唐代多用隶书，五代十国的南唐开始用真书，两宋则真草行隶篆体并用。许多铭文书体很讲究书法艺术，多出自名家手笔。此外，还有不少钱币上铸有各种图案或标记。

制钱就是本朝所铸的钱币。它是通宝钱体系中的明清两朝的特殊类型。按照明朝的规定，本朝所铸造的钱币称为"制钱"，以前朝代所铸的钱币称为"旧钱"，制钱和旧钱可以并行流通，但在兑换比价等方面则有差别。例如，嘉靖时规定，制钱7文（1钱亦称为1文）可兑换白银一分，而前朝旧钱则需30文。清朝沿袭明朝制钱制度,直到清末,制钱制度流通了大约500年。

清朝后期,由于受西方铸币制度的影响,曾铸造过铜质铸币,形圆无孔,称之为铜元。一般以1枚铜元当10枚制钱,制钱1钱称1文,千枚为1吊,铜元则以1枚为10文,100枚为1吊。吊成了制钱的单位。但是它已不属于中国古钱的范围了。

唐开元通宝:吉林省吉林市博物馆藏1982年在桦甸县出土的唐代开元通宝,其直径2.4厘米,穿宽0.6厘米,铜质,铸工精好。方孔圆形,面背均有内外廓。钱面模铸钱文"开元通宝"4字,直读或自上而右再自下而左回环旋读为开通元宝,其义亦通,但今一般不取旋读法。钱穿上皆一仰月纹。据史籍记载,唐高祖李渊武德四年(621年)废五铢钱,铸行开元通宝钱。钱文出自唐初著名书法家欧阳询之手,书体既近隶书,又含楷意,文字结构精严,笔法洁净,凝重方正,为后世称道。终唐之世,以铸开元钱为主。唐开元通宝钱的铸行,是中国古代币制上一个具有划时代意义的转折点,自此以后,铸币不再以重量名钱,而代之以"通宝"或"元宝"之类的名称,使中国古代铸币进入了一个新阶段。

北宋崇宁通宝和大观通宝:吉林省吉林市博物馆和吉林省博物馆分别收藏着崇宁通宝和大观通宝,均系北宋徽宗时代的通宝钱。该钱的钱文均系宋徽宗亲笔御书的铁线银勾瘦金体。古钱学家称宋徽宗为制钱能手,与王莽并称钱法"二圣"。

四、铜镜

铜镜是用青铜制成的照容的生活用具,"以铜为鉴可以正衣冠"。

铜镜主要通过形制、花纹和铭文等方面的不同内容反映了各个时期的铸造技术、工艺美术、工官制度、商业关系、思想意识以及跟国外的交往等方面的情况,表现出各异的时代特征。铜镜研究已经形成了专门学科分支,称为镜鉴学。

中国是世界上最早制造铜镜的古国之一。世界上古代铜镜大体可分为两大体系:一是西亚、埃及、希腊、罗马的铜镜往往为圆形,但附有较长的柄;一是中国的铜镜,多为圆形,镜面平光,用以鉴容,镜背中央多设枘,以穿条带,没有柄。铜镜背面还多铸有纹饰或铭文。但是也有菱花形、葵花形、八菱形、亚字形、盾形、方形的,到了唐宋还出现了有柄的铜镜。

中国制镜的历史悠久,古代文献中尧尹寿铸镜和黄帝制镜的传说虽不可靠,但是,考古工作者却在甘肃、青海两省出土了公元前2000年齐家文化的铜镜两枚,是我国迄今发现最早的铜镜。中国铜镜从青铜时代初出现,历商周、秦汉、隋唐,迄于明清,长期流行,并形成各个时代的特征:汉代铜镜较厚重,钮多为半球形,开始出现铭文并渐趋繁复。唐代铜镜无论是造型还是纹饰都在汉代的基础上有了新的突破,如菱花、八菱、海棠花等式样均出现于此时,特别是海棠兽葡萄镜最为名贵。镜铭常有楷书四言、五言小诗。宋代镜形又新出现了亚字形、钟形、鼎形、鸡心形等,唯其镜多挂于高台,镜背的纹饰渐被忽视。纹饰多为缠枝卷草之类。但也有写实画面纹出现。元朝铜镜制作粗糙。元明清除仿制之外,各朝虽然也制镜,但已经走下坡路,自乾隆以后,由于玻璃镜的大量出现,铜镜遂退出了历史舞台。

西汉内清以照明透光镜:上海博物馆珍藏内清以照明透光镜,是西汉中期遗物。年代之早,保存之完好,在国内外仅存的几面西汉透光镜中首屈一指。该镜镜面微凸,打磨光亮,背面有圆凸的镜钮,钮周围以同心圆分成几个部分,最外一圈较为宽阔平整,自外向内依次是一圈绳纹、一圈铭文、一组连弧纹,可见主题是一圈铭文,内容是"内清以照明,光象夫日之月□不世"。其中央有7个"而"字,共21字。其实,该镜的全称是"西汉内清以照明透光铜镜"。"透光镜"始于西汉。正面微凸,不仅能照人,而且当光束照射在上面时,其反射出来的光束在另一平面上会形成一定的影像,有趣的是这影像和铜镜背面的纹饰相吻合,就好像是从镜背透过来的一样,这也就是"透光镜"名称的由来。

唐朝花鸟螺钿镜:中国历史博物馆珍藏着一枚1955年在河南洛阳市涧西出土的花鸟人物螺钿镜。直径23.4厘米,正面光素平滑,可以照人,背面装饰精美的图案,中心是一个凸起的圆形钮,边缘有一周凸起的边廓,主题纹饰是用螺钿镶嵌的饮乐图,也称"高逸图",两位高士席地而坐于毯上,一人举酒盅,一人弹拨阮咸,面前一鼎一壶,相对弹饮,白鹤应声舞于前,侍女奉盒立于侧,钮上方有一株枝干茁壮、繁花盛开的花树,树梢一轮明月,树下有猫憩息,两侧各有振翅飞腾的鹦鹉,满地落花纷纷,一派鸟语花香、乐声悠扬、祥和温馨的气氛,整个图案乃截片螺钿平复镶嵌,并且在螺钿截片口以点线勾画出人物及花鸟的细部,生动逼真,充满生活气息。螺钿镜是唐代铜镜中的一个新品种,出现于盛唐时期,工艺异常精致,流传下来的实物极少,考古出土迄今仅有两件,十分珍贵。这面花鸟人物螺钿镜是其中之一。

五、铜鼓

铜鼓是我国古代南方少数民族所使用的青铜铸造的打击乐器。它是由做炊具的釜发展而成。其形状"上宽而中狭,下则敞口"。因像倒置的大口罐,故又名罐鼓。鼓面浮雕图案中常附有青蛙的雕像,也称蛙鼓。我国是世界上铜鼓出土数量最多的国家,主要分布在我国的云南、贵州、广西、广东、四川、湖南等省区。年代约自春秋中期至清末。据统计,截至1980年,各省区共收藏铜鼓1 388面。其中,广西壮族自治区出土和收藏有500多面,所藏的雷云纹铜鼓是我国最大的铜鼓。铜鼓原是统治者权力的象征,明清以来随着社会的变化,成为传递信息的工具和一般的娱乐乐器。

第四节 古木竹漆器

古代木雕器物和竹雕器物有类似之处。由于历史和自然环境的因素,古代木器、竹器不易保存,在考古发掘中,发现甚少;而漆器则因采取了防腐措施,得以保存下来,出土不少。

一、古木器

木雕出现于史前。在距今7 000年前的浙江省余姚市河姆渡村古文化遗址中就曾出土了诸多木雕器物。到商周时期,木雕艺术除器皿、摆件外,已广泛应用于家具和建筑装饰。甘肃武威出土的汉代木猴,刀法简练,自然生动。唐宋以后的各种木雕,如佛像、人像、鸟兽、杂器等,不断被发现。明清时期的民间木雕主要分布在浙江、福建、江苏、广东各地,浙江东阳木雕以浮雕见长,产品多为床饰、柜架、挂屏等。黄杨木雕以小件圆雕为主。广东金漆木雕以镂雕精细见称。福建龙眼木雕饰以髹漆,古朴浑厚,具重要艺术价值。明清宫廷、府第,往往把家具作为室内陈设的主要部分,于是成套的明清硬木家具应运而生。明代主要产于苏州,清代产于扬州、宁波、广州等地。硬木家具,首推紫檀,次为黄花梨等红木。这些出产于热带、亚热带的木材质地坚硬、强度高、色泽纹理优美,可用精细的榫卯,进行细致的雕饰,因而出现了许多造型优美和装饰华丽的优秀产品。

明清硬木家具有以下七大类:

(1)桌类:包括八仙桌、供桌、月牙桌、琴桌;(2)几案类:包括书案、翘头案、平头案、条几、香几、茶几、炕几;(3)椅凳类:包括圈椅(太师椅)、条凳、方凳、鼓墩;(4)柜橱类:包括门户橱、书橱、衣柜;(5)床榻类:包括木榻、架子床;(6)台架类:包括衣架、盆架、博古架、镜台、花台、灯台、承足(脚踏);(7)屏座类:包括围屏、插屏、炉座、瓶座。

明代所制家具,艺术风格高雅,造型简洁,落落大方,朴素浑厚,制作工艺精细,构件曲直转折,严谨准确,具有高雅的艺术特点。清代制品体形稳重,比例适度,线条利落,庄严而活泼,达到了框架式结构与重点装饰的统一,雕饰都集中在一些辅助构件上,既不影响坚固和实用的要求,又增加了美观。总之,明代家具以简洁素雅著称,清代则进一步向繁杂方向发展,并采用了雕漆、填漆、描金、嵌犀角、象牙、螺钿等工艺美术成就。这种繁杂的装饰到清代晚期更为突出。

二、古竹器

就竹器而言,目前所见到的较早的竹器是湖南马王堆西汉墓出土的雕有龙纹的彩漆竹勺。《南齐书·明僧绍传》记载齐高帝赐明僧绍竹根如意笋箨冠。北周庾信《奉报赵王惠酒》诗有"野炉燃树叶,山杯捧竹根"的诗句,可知当时雕竹制品的概况。唐代竹刻见于宋郭若虚《图画见闻志》卷五所记,当时竹刻技艺及作品与金银镂錾、石刻线雕同一意趣并已出现"留青"的刻法。

竹刻成为专门艺术,应自明代中期开始。清嘉庆年间,嘉定金元钰在所著《竹人录·凡例》中说:竹艺"雕琢有二派,一派始于金陵濮仲谦,一派始于吾邑朱松邻,濮派浅率不耐寻味,远不如朱"。明末朱松邻创立嘉定派竹刻,声名已著。朱松邻,字子鸣,名鹤,号松邻,嘉定(今上海市)人。先世本籍新安(安徽歙县),宋时迁居华亭(松江),及至朱鹤,始居嘉定,为嘉定派刻竹创始人。其子小松、孙稚松,都是竹刻名匠,并称"嘉定三松"。清初名师吴之璠为三松之后第一高手。吴子番,康熙时人,字鲁珍,别号东海道人。原籍嘉定,后移居天津。继嘉定派三朱之后,有所创新发展,造诣甚高,居各家之首。与之璠同时稍后者,有嘉定封锡禄,字义侯,封氏一门皆精刻竹,康熙四十二年与兄锡爵、弟锡璋同时入京,以艺人值养心殿造办处。与锡禄同里之周颖,字芷岩,精绘事,幼曾问业于王石谷,兼擅刻竹。嘉定派延续到清代中期,后继有数十人之多。乾隆至道光年间,潘西凤等以浅刻见长,成为清代竹刻的殿军。

康熙、乾隆年间,造办处创竹黄雕刻,以黄杨木为胎,用竹之内皮雕成各种纹饰,贴于器外,名曰"贴黄"。创仿青铜竹雕,刀法皆肖古铜器形状和纹饰,装柄、提梁诸器,尤见巧思。稍后,江苏嘉定、浙江黄岩、湖南邵阳、四川江安、福建上杭等地均有制作。

三、古漆器

(一)发展简史

在人类历史上,发现并使用天然漆,大概是中国人的独创了。考古发现证明,早在六七千年前的河姆渡文化时代,我们的祖先就已能制造漆碗。稍后,分处我国南北两地的良渚文化(浙江)和夏家店下层文化(辽宁)的先民们也造出了漆器。殷商时代,漆液里不仅已开始掺和各色颜料,且出现了在漆器上粘贴金箔和镶嵌松石的做法,开汉唐"金银平脱"技艺之滥觞。历西周、春秋,漆器制作技术日精。战国时代,漆器工艺更加蓬勃发展。从湖北江陵和湖南长沙楚墓中出土的大批精美的漆器看,这些漆器的制作技法已达到很高水平。漆胎类型有旋木的,有用薄木加裱麻布的,有用夹苎的,也有用皮胎的。漆器的品类已普及一般的生活用品,其装饰方法,有彩绘、有针刻、有银扣、有施金彩漆等。图案有云龙、鸟兽、云气等。结构组合谨严精审,与器物十分协调,富有装饰性。两汉时期,漆器工艺可以说达到了高峰,西汉漆器上承战国而有所开拓。汉代漆器设计和漆画已达到了很高的艺术水平。魏晋六朝的漆器,夹苎胎技法发展到高峰,甚至出现了用夹苎胎来制作佛像的。唐宋时期的漆器,其装饰技法向更加多样化的方向发展,首先从楚、汉的银扣、金铜扣发展成为"金银平脱",还创造了剔红,宋代嵌螺钿漆器和戗金漆器在继承前代的基础上有很大发展。元代漆器,名匠辈出。例如,嘉兴的张成、杨茂等,将漆雕工艺推向了顶峰,对明初的雕漆工艺影响极大。明清时期,我国漆器工艺更趋于繁盛,品目繁多,而且其制作工艺也有所发展,尤其在描金、螺钿、款彩、镶嵌等方面较为突出,其成功的作品,有很高的工艺美术价值和文物价值。

(二)黄成《髹漆录》

黄成,号大成,新安平沙(安徽省歙县)人,是明代隆庆(1567—1572年)以后的一位名漆工,他总结了前人和他本人的经验,写成《髹漆录》一书,对髹漆的各个方面进行了全面的叙述。

《髹漆录》一书是我国现存唯一的古代漆工专著,它是研究漆工史、明代漆工的技法和原料的最重要的文献。我们通过它可以了解祖国漆器的丰富多彩的内容。该书分乾、坤两集。《乾集》讲制作方法、原料、工具及漆工禁忌等,《坤集》主要讲漆器分类及各个品种的形态。此书一直只有抄本在日本流传,1927年才经朱启钤先生刊刻行世。

(三)种类

漆器的种类繁多,按其使用功能可分为:生活器皿、宗教礼仪用品、其他工艺美术品。

按照制作工艺,古漆器可分为下列几种:一色漆、罩漆(在色漆或描绘竣工后,上面再罩一层透明漆)、描漆(将漆或油彩等描绘在漆器上以作髹饰,包括描漆、描画、描油三种)、描金(在漆地上先用金胶描绘花纹,趁它尚未完全干透时把金箔或金粉黏着上去)、填漆(在漆器上做出凹下去的花纹,把不同色漆填进去,干后磨平,使之像设色画)、雕填(用彩色作花纹,阴文金线勾轮廓及纹理,有的还作锦纹地)、螺钿(用贝壳薄片制成人物、鸟兽、花草等形象嵌在雕镂或剔刻上的装饰)、百宝嵌(是用珊瑚、玛瑙、琥珀、玳瑁、螺钿、象牙、犀角、玉石等各种珍贵材料做嵌件而镶成的绚丽华美的浮雕画面的一种漆器)、雕漆(在漆胎上层层髹漆,多达一二百层,髹到一定厚度,雕刻花纹。据漆色不同有剔红、剔黄、剔黑、剔绿、剔彩、剔犀等)。

第五节 古丝织刺绣品

古丝织刺绣品是以蚕丝为原料的纺织品和刺绣品的总称。它起源于中国,是中国古代的著名特产,并于汉、唐之际,远销中亚、西亚、地中海沿岸各地。中国古代丝织刺绣具有极重要的历史、艺术和科学价值,是中国文物中闪烁着东方艺术光辉的稀世珍宝。

一、概述

织绣工艺，历史悠久。根据考古发现，远在新石器时代陶器底面往往显示麻布纹印痕，1958年在浙江省吴兴钱山漾遗址发现的公元前2700多年的丝织品，是目前所知最早的丝织实物，这说明中国的养蚕、缫丝和织绢技术当时已达到相当水平。商代青铜器上往往带有残存的丝麻织物印痕，从中还可以找出若干种织物的纹饰，商代开始出现绮、纱、缣、绉纱、罗等品种，西周时期产生了用两种以上的彩丝提花的重经织物"经锦"。战国时期丝织品的纹饰从几何纹发展为动植物纹，色彩丰富，丝织技术日益完备。战国以后直至隋、唐时期的织物，在湖北江陵、湖南长沙和新疆民丰、吐鲁番等地都有出土。长沙马王堆西汉墓出土的丝织物有纱、罗、锦、绮、绣等，纹饰图案，精致活泼，反映了战国以来丝织生产进入了稳定的发展时期。丝织工艺技术不断提高和发展，已达到了较高的艺术水平。除织花外，绣花、手绘、织金等技术已应用于丝织生产。唐代的印染技术，有蜡染、夹缬、绞缬等，至今，民间继承未绝。有些纹饰明显受到了波斯文化的影响。宋代的织锦和其他织物，工艺之精巧，令人心折。"缂丝"是以五色经纬丝线织出山水、人物、花鸟等纹饰，宛然最上乘的画幅。元代的"纳石矢"是当时的高级丝织品，它是一种织金锦，可分两大类：一类将金线夹在织丝中合用；再一类为捻金织，或称圆金织，用捻成的金线和丝线交织，图案有开光、丛花、缠枝莲等。明代创多彩丝线织花新品种，俗称妆花，如妆花锦、妆花缎、妆花纱等。清代在江南设织造府，专门督造宫廷应用染织衣料。大幅有长阔均达1丈以上的缂丝，作为屏风、壁饰，极尽艺匠经营之能事。明、清时期的刺绣，精丽多彩。明代顾绣尤其闻名于世，其线痕和画面吻合无间，看不出凸起的痕迹。苏州的苏绣、湖南的湘绣、广东的粤绣，都各有特色，继承古老的优良传统，并有所创新。

中国古代丝织刺绣品，可分为纺织品和刺绣品两大类。其中，纺织品主要有罗、绫、绮、锦、缎、缣、纱、绉纱、缂（克）丝等：罗，是用纠法以地经纱和绞经纱交织，形成椒形绞纱孔隙的丝织物；绫，斜纹（或变形斜纹）地起斜纹花的织物；绮，是平纹地起斜纹花的丝织物；锦，多彩提花熟丝织物；缎，是缎纹组织的丝织物；缣，是双根并丝所织粗厚平纹丝织物；纱，表面有均匀方形孔眼的纱组织丝织物；縠，以强捻丝织造的薄型织物，即后世所称绉纱；缂丝，用通经断纬即所谓缀织法织出花纹的丝织物。刺绣：用针引线在绣料上穿刺出一定图案和色彩花纹的装饰织物。

二、中国古代丝织品

（一）古代织锦

织锦是中国古代传统的彩色提花熟丝织物。古文献记载："织采为文曰锦"，"锦，金也，做之用功，重其价为金，故唯尊者得服之，古制字帛与金也"，"锦必染丝而织也"。

商周时期的织锦已具很高水平。西周时中国已出现用两种以上的彩色丝线提花的重经织物"经锦"。经锦的经丝有显花的纹经和分隔纹经的夹经。纬丝一组为交丝纬,一组为夹纬,花地轮廓分明。春秋战国时期,陈留、襄邑以出美锦著称于全国。汉代在长安设东西织室督管全国的生产,锦纹多菱形、动物和人物图案,东汉还出现了织有吉祥语的锦。三国蜀都兴起蜀锦纺织。唐代出现了以纬线起花的纬锦。此后,中国织锦就变成了以纬线显花为主,可用多把不同色的纬梭轮换织造,从而丰富了织锦图案的色彩。至宋元,蜀锦成为著名品种。至明清时代,蜀锦已见衰落,苏州生产的重锦细色锦和匣锦发展了宋锦艺术的成就,因而有"宋锦"的称号。故宫博物院所藏清代织成的重锦《彩织极乐世界图轴》是中国丝织艺术的瑰宝。

(二)古代织花缎

缎是一种缎纹组织的丝织物。缎的经纬丝中只有一种显现于织物表面,相邻的两根经丝或纬丝上的组织点均匀分布,不相连续。所以它的外观光亮平滑,质地柔软,厚薄可根据用途调节,是极其富丽华美的高级丝织品种。

中国丝织工艺技术发展至宋代出现了织花缎。元代初,市面上出现了民间织的缎子。明代出现"五枚缎"。清初,一种缎面更为光洁匀净的"八枚缎"兴起,迄今仍居缎类织品中的主流。明代织花缎有暗花缎、闪缎、花缎、妆金库缎、妆花缎、织金妆花缎、遍地金妆花缎、孔雀羽织金妆花缎等品种,到了清代缎子的品种更加五花八门,琳琅满目。故宫博物院所藏1964年在明代寺庙大佛腹中发现的一块绿地织金妆花缎云蟒纹衣料,是一件难得的丝织缎艺术精品。

(三)古代缂丝

缂丝,又称"克丝"或"刻丝"。其编织方法不同于织锦和刺绣,缂是织纬的意思,织纬而成图形,叫作"缂丝"。缂丝技法早在汉代就有记载,它是我国将绘画移植于丝织品的特种工艺。织时以生丝为经,色彩丰富的熟丝作纬,各色纬仅于图案花纹需要处与经线交织,故纬线丝不贯穿全幅,即所谓的"通经断纬",是用通经断(回)纬的所谓缀织法织出花纹的丝织物。用缀织法织制的缂丝,首先产生于中国。中国缂丝的实物最早可追溯到唐代,表明唐代缂丝技术已较成熟。北宋缂丝技术有了很大的发展,现辽宁省博物馆藏传世的北宋缂丝一等紫鸾鹊谱,是一件北宋极有代表性的缂丝精品。南宋时期出现了朱克柔、沈子蕃等缂丝艺人,专门摹缂名人书画,创造了许多表现书画笔致和晕色变化的缂丝方法,从而把缂丝手工技艺发展到一个高峰。云间(今上海市松江区)人朱克柔的现在由辽宁省博物馆收藏的《缂丝牡丹》和《缂丝山茶蛱蝶图》、上海博物馆藏的《缂丝荷塘乳鸭图》等,运丝技法传神自然,宛如用笔作画,为之"绝技"人称"朱缂"。吴郡(今江苏苏州市)人沈子蕃的现在由北京故宫博物院收藏的《缂丝青碧山水图轴》、《缂丝梅花寒鹊图轴》、辽宁博物馆收藏的《缂丝山茶》和台北故宫博物院收藏的《缂丝花鸟轴》等,不仅缂技精巧,而且对画稿的审选也极为慎重,体材悉取院体书法、绘画,把原作摹缂得惟妙惟肖,其肌理质感之美,有时比原作更胜。元代缂丝以故宫博物院收藏的《缂丝八仙拱寿图轴》和《缂丝东方朔偷桃图轴》为代表,造型简练豪放,一反南宋细腻柔美的风尚。明代初期缂丝只用于敕制、诰命、船符等小件作品。宣德年间重新摹缂名人书画,明代中期,出现了巨幅作品,如北京故宫博物院收藏的明《缂丝瑶池集庆图轴》和《缂丝赵昌花卉图卷》等,还用来缂织龙袍及巨幅佛像画(唐卡)。清乾隆时,缂丝大量被用来御制诗文、书画、梵经、佛像、服装及室内陈设等,手法细腻,创造了双面透缂和缂丝加绣。也有用丝线缂织地纹、毛绒缂织花纹的作品。清晚期,配色上出现同一种色由深到浅推移的"三蓝缂丝"和"水墨缂丝"、"三色金缂丝"等。由于商品性生产,也出现缂织图像外围轮廓、其余完全手绘的粗劣商品。

三、中国古代绣品

刺绣是用针引线在绣料上穿刺出一定图案和色彩花纹的装饰织物。

原始社会时人们用纹身、纹面、纹缋服装等方式美化生活,以后人们用线将花纹刺在衣服上,就成为刺绣。商周时刺绣得到发展。考古工作者已出土了西周战国西汉时期的绣品。出土文物表明,战国刺绣工艺已经成熟,而且传向边疆地区乃至国外。汉代刺绣已有很高水平,南北朝出现了刺绣佛像,唐代所刺佛像很多。例如,武则天晚年曾命绣工绣刺净土变相图400幅。在敦煌莫高窟石室曾发现有一幅3米多长的唐代辫绣佛像,气派庄严。唐代刺绣针法,已运用戗针、撒和针、扎针、蹙金、平金、盘金、钉金箔等针法,能使绣品绣出晕染的效果,为宋代绣画艺术创造了条件。宋代继承了绣制佛画的技艺传统,转而绣制名人书画,以追求摹绣宋代院体工笔画的笔墨线条、晕色浓淡及画中风采气韵为能事。宋徽宗于崇宁年间(1102~1106年)在皇家画院设绣画专科,一时间著名绣工,如思白、墨林、启美等辈出,融书画于绣画。他们的绣品精致细腻,有"闺阁绣"之称。例如,台北故宫博物院收藏的宋绣素底白鹰轴,反映出宋代已将刺绣技法推进到艺术的高峰。元代刺绣稍衰,明清复振,苏绣、鲁绣、湘绣、粤绣、蜀绣最著名。苏绣始于上海露香园顾绣,色彩文雅浓艳,针法活泼多变;鲁绣为衣线绣,作风雄健,设色浓艳;湘绣浑厚;粤绣明快;蜀绣色彩鲜艳,富有立体感,各具特色。

(一)明顾绣

明顾绣是明代上海进士顾名世家的刺绣,是绣、画结合的闺阁艺术绣。明嘉靖年间(1552—1565年)进士顾名世,在上海城西北隅筑露香园(今九亩地露香园路),故称他家的刺绣为"露香园顾绣",简称"顾绣"。据《顾绣考》记载:"今天下称刺绣为顾绣者,以明代上海顾氏刺绣之名,震溢海内故也。"现藏于苏州博物馆的《杏花村图》,是一幅上海露香园顾绣中的典型佳作。它是根据唐朝诗人杜牧《清明》一诗为题材的绣品。顾名世子顾汇海的内眷缪氏善绣。次孙顾寿潜从董其昌学画,其妻韩希孟亦工绘事并精于刺绣。韩的绣品超出于一般女红,花卉翎毛,山水人物,无不精妙,使刺绣进入了纯艺术的领域,世称"画绣"。她于崇祯七年(1634年),搜访宋元名迹,并摹绣数种,辑为《宋元名迹方册》一册,董其昌曾逐幅题词,称赞其作品为"慧指灵纤"、"针丝生澜"。《宋元名迹方册》曾流传至梧州关伯珩氏手中,1960年12月由其后人关瑞梧先生捐献给北京故宫博物院收藏。其中的《洗马图》仿赵子昂风格,用彩色丝绒绣于白色素绫之上,画幅正中是一老者持刷帚仔细地为一匹高头花白马洗刷着全身,眉宇之间透露出对飞马的喜爱之情;《女后图》摹宋画格调;《米家山水图》仿米芾笔法;《花溪渔隐图》仿元代王蒙笔法。韩希孟的其他绣品,如辽宁博物馆所藏《刺绣花鸟册》及《董题阿弥陀佛图轴》,运用丝理变化表现物象的质感肌理,十分细腻逼真,色彩秀雅清丽,也都是上乘之作。顾绣丝细如发,针脚平齐,配色尤佳,阴阳浓淡,自然浑成,在刺绣工艺中独创一格。清代前期,其技法犹有传承者,清中期以后,顾绣失传,存世出于韩希孟之手的顾绣,遂成珍贵文物。

(二)明代鲁绣

山东地区明代名绣所用绣线大多是加捻双股丝线,是明代北方刺绣的代表性品种。山东邹县李裕庵墓所出土的绣衣文物已具有较典型的鲁绣特点。故宫博物院藏明衣线绣《芙蓉双鸭图轴》和《荷花鸳鸯图轴》是明代鲁绣的珍品。这两件文物都采用浅色暗花绫作绣底,前者绣有芙蓉花枝、芦草、红蓼和双鸭,后者绣有荷花、鸳鸯、竹子、石榴花枝和蝴蝶,均寓有爱情幸福的吉祥含义。由于鲁绣用的是不劈股的粗线,绣品给人以雄健坚实之感,且布局自由,设色浓艳,带有强烈的装饰性。

第六节 古代绘画

绘画与诗词、书法、篆刻相结合,辅以传统的装裱工艺,形成了鲜明的民族特色和艺术风格,是中国古代艺术的传统。所以,琴棋书画兼通,或书画兼擅,或书、画、印"三绝",成了中国古代文人的典型标志。

古书画是国家馆藏文物的重要组成部分,中国大陆文博单位及有关部门现存中国古代书画共55 000件左右。

装裱是中国书画艺术中一门特殊的技艺。为了充分发挥水墨渲染的艺术效果,中国书画家所用的纸张多为宣纸。宣纸比较薄,而且轻柔,较易损坏,故书画作品完成后需加以装裱,以方便观赏和收藏。唐代张彦远的《历代名画记》中专有"论装褙褾轴"一篇。所谓"装褙"就是今天所说的装裱。明代周嘉胄的《装潢志》和清代周二学的《赏延素心录》是论述装裱的专著。一般来说,装裱时要用纸覆托书画作品的背面,然后挂轴加镶绫、绢或纸的天地头和边框;手卷则外有包首,前有引首,中有隔水,后有拖尾,并各安装轴杆等。书画作品要经过精心装裱后才算最后完成。装裱的式样有立轴、屏条、手卷、横披、册页等。

一、古代绘画概述

中国古代绘画历史悠久,在世界美术领域中自成独特体系,是举世瞩目的文化遗产。据近世考古发掘,在长沙陈家大山楚墓发现的《龙凤仕女图》、《人物御龙图》,是现存最早的两件帛画,从人物造型、线描结构等,可见早在2 000多年前的战国时期,我国的绘画艺术已确立了以线造型的民族风格形式并已达到很高的艺术水平。

中国画简称"国画",是我国传统造型艺术之一。用笔墨和国画颜料在宣纸或绢上作画。题材有人物、山水、花鸟等诸多画科;技法有工笔、写意、勾勒、设色、水墨等手法;设色又分为金碧、青绿、没骨、泼彩、淡彩、浅绛等几种。主要运用线条和墨色的变化,以钩皴、点染、浓淡、干湿、阴阳、向背、虚实、疏密和留白等表现手法来描绘物象与经营位置;取景布局,视野宽广,不拘泥于焦点透视,多用散点透视。善于运用富有节奏和韵律的各种线条来勾画物象,主张"意存笔先,画尽意在",强调"外师造化,中得心原",融化物我,创造意境,以达到以形写神、形神兼备、气韵生动的目的,有高度的表现力。

二、人物画

人物画为中国绘画的一科,是以人物为主体的绘画之通称。中国的人物画简称"人物",出现较山水画、花鸟画早。大体分为道释画、仕女画、肖像画、风俗画、历史故事画等。人物画力求人物个性刻画逼真、传神,气韵生动,形神兼备。其传神之法,常把对人物性格的表现,寓于环境、气氛、身段和动态的渲染之中。古代中国画论上又称人物画为"传神"。

历代著名人物画有东晋顾恺之的《洛神赋图》、唐代韩滉的《文苑图》、五代南唐顾闳中的《韩熙载夜宴图》、北宋李公麟的《维摩诘像》、南宋李唐的《采薇图》、梁凯的《李白行吟图》、元代王绎的《杨竹西小像》、明代仇英的《列女图》卷、曾鲸的《侯峒曾像》、清代任伯年的《高邕之像》等。近代以来,更强调"师法造化",还吸取了西洋技法,在造型和布色上有所发展。

(一)东晋顾恺之《洛神赋图》

东晋顾恺之(344—405年),原名长康,小字虎头,江苏无锡人。精诗文,擅书画,并有重要的绘画理论(如"以形写神"等)传世,对中国古代绘画的发展有着深远的影响。宋代摹本《洛神赋图》绢本,是顾恺之根据汉魏文学家曹植的同名诗篇创作的,现藏于北京故宫博物院。它描写曹植在由京城返回封地途中渡洛水时与洛水女神相遇而爱恋,但因人神不能结合而分离的动人故事。曹植借此表述自己失去爱情的痛苦,具有揭露封建礼教的积极意义。现存的传为顾恺之的《洛神赋图》是宋代的摹本,画中山石树木的画法古朴典雅,体现了中国古代山水画尚未成熟期间的风貌。

(二)南唐顾闳中《韩熙载夜宴图》

五代南唐顾闳中,江南人,生卒年不详,南唐画院待诏,善画人物,与周文矩齐名。《韩熙载夜宴图》,传世品,绢本,现藏于北京故宫博物院。全画分为"听乐"、"观舞"、"歇息"、"清吹"、"散宴"共五段,记叙了韩府夜宴的全过程。五段画面情节的间隔和相连,通过室内的屏风来分隔,既连续又独立。韩熙载在每段画中都出现,始终是主角。这里要介绍的是"观舞"一段。韩熙载虽站在红漆羯鼓边,亲自为正在跳六幺舞的女伎王屋山击鼓伴奏,但他双眉紧锁,难掩心事。身着红袍的状元郎粲坐在鼓前,侧身扶鼓,全神贯注地观赏着舞蹈,他那沉醉的表情,更衬托出了主人的若有所思。韩熙载的门生舒雅虽然也在击掌拍节,眼睛却观察着韩氏的眼神,似在探寻他的内心活动。舒雅的身边拱手站着一位沉思的和尚,那便是韩熙载的好友德明和尚,此时他全无心看舞,因为他最了解韩熙载抑郁的心境。《韩熙载夜宴图》无论是构图、造型、还是用笔、设色,各方面都显示了画家的深厚功力和高超技巧,不愧为中国人物画的鸿篇巨制。此图无款印,姓名见跋中,卷首引有篆书"夜宴图"三大字,款署"太常卿兼侍书程南去题",前隔水有清高宗弘历的题记,后有元人班彦功题诗,后隔水有明人王铎题,拖尾有行书韩熙载小传。此画曾经两宋内府收藏,元、明、清前期为私家收藏,乾隆时入内府,后流入民间。新中国成立后人民政府以重金购得。

(三)北宋张择端《清明上河图》

北宋后期张择端,字正道,又字文友,山东东武(今山东诸城)人。生卒年不详。曾任职宣和画院,善界画,工舟车、人物、市街、城郭。《清明上河图》,传世品,绢本,是我国北宋晚期的一幅伟大的现实主义作品。现藏于北京故宫博物院。它描绘北宋都城汴梁(今河南开封)清明节的人情物态。全图规模宏大,结构谨严,从总体来看,可分为郊野、汴河、街市三大段。画面从清静的郊外,来到京畿的交通运输命脉"汴河"边,然后顺汴河穿"虹桥"。过街口,直抵巍峨的城门楼下,进入城内繁华的闹市。将汴梁"城中万屋翬甍起,百货千商集成蛟"的繁荣呈现在了人们眼前。通过由上述三段内容所组成的统一画面,《清明上河图》从商业、交通、漕运、建筑等几个具有代表性的角度,反映了那个时期的政治、经济、文化和社会风俗,以极为丰富的内容为后人研究宋画、考据宋代社会,提供了具有历史价值的形象化材料。从构图上看,作者有驾驭重大题材的卓越才能,既有笼罩全局的大结构,又有分解局部的小结构,开端、铺陈、结尾就如同演奏一曲优美流畅的交响曲。在画法上,此图兼取了界画工致准确和写意画淋漓畅快的长处,以工带写,以写衬工,以典雅堂皇、神韵毕肖的风格创为新样。画后有金代以来张著等13家题跋和收藏印10余方。

（四）明代唐寅《秋风纨扇图》

明代唐寅（1470—1523年），字子畏，一字伯虎，号六如居士，又有江南第一风流才子等别号。在诗文、书画上均有显著成绩。因无辜涉嫌科场舞弊案而弃官，从此不求仕途，靠出卖书画诗文为生。绘画上，人物、山水、花鸟无一不能，与书法家祝允明（枝山）、画家沈周、文徵明合称"吴门四家"。他的《秋风纨扇图》，纸本墨笔，现藏于上海博物馆，乍看似是一般的仕女画，细看画上画家的题诗方知此画之真情。题诗云："秋来纨扇合收藏，何事佳人重感伤，请把世情详细看，大都谁不逐炎凉。"原来，饱尝世态炎凉滋味的唐寅，是借此抒发他对现实的不满。画中仕女，在秋风吹拂的庭院中手执纨扇徘徊观望，触景生情，禁不住黯然神伤。从仕女飘动的衣裙，点出秋风之意。简略的背景与作品所要求的气氛十分协调。诗情画意，寓意殊深。

三、山水画

山水画简称"山水"。山水画为中国画的一科，是以描写山川自然景色为主的绘画。在魏晋南北朝已逐渐发展，但仍附属于人物画，作为背景的居多；隋唐始独立，如展子虔的设色山水、李思训的金碧山水、王维的水墨山水、王洽的泼墨山水等；五代、两宋山水画大兴，作者纷起，如荆浩、关仝、李成、董源、巨然、范宽、许道宁、燕文贵、宋迪、王先、米芾、米友仁的水墨山水，王希孟、赵伯驹、赵伯骕的青绿山水，南北竞辉达到高峰，从此成为中国画中的一大科；元代山水画趋向写意，以虚代实，侧重笔墨神韵，开创新风；明清及近代续有发展，再现新貌。山水画表现上讲究经营位置和表达意境。其传统分法有水墨、青绿、金碧、没骨、浅绛、淡彩等形式。

（一）南唐董源《潇湘图》

五代董源（一作元），字叔达，钟陵（今江西进贤县）人，生卒年不详，南唐画家，中主李璟时，曾任北苑副使，故人又称"董北苑"。善画山水，"水墨类王维，著色如李思训"，与巨然同为五代北宋间南方山水画创始人。《潇湘图》，传世品，绢本，现藏于北京故宫博物院，是一卷典型的江南山水画的早期杰作。画面展现了江南平远连绵、草木葱茏的山峦，宽阔平远的江水，洲渚交横、云雾显晦、空濛幽深。画的左部滩头，有五位乐工正在吹奏，后有三人肃立，其中两人是朱衣人物（或许是被迎接者），前有一跪禀者，另有持伞、横篙、摇橹者各一。画的左部画一群人正在围网打鱼。这幅画以花青运墨，没有奇峰峭壁，全是长山复岭，清幽淡远，虚虚实实，富有湿润感，颇具江南特有的环境特色。画中的点景人物极为工细，又多用粉白青红诸厚重而鲜艳的颜色，在素雅苍茫的水墨淡色的山水中显得十分醒目，山光水色与人物活动互相映衬，可谓安排周致。本画曾一度失题。明万历二十五年（1597年）董其昌获得一卷董源的山水画，前隔水仅记董源名，画题已失，董其昌根据《宣和画谱》之记载，又联系"洞庭快乐地"，定名为《潇湘图》，此后著录记载均以董其昌的鉴定为依据。

(二)南宋米友仁《潇湘奇观图》

南宋米友仁(1086—1165年),字元晖,小名虎儿,晚年自号懒拙老人,祖籍太原,乃米芾长子,世称"小米",能书善画,其山水画脱尽古人窠臼,自居一家之法。《潇湘奇观图》,传世品,纸本,是米友仁山水画的代表作之一,现藏于北京故宫博物院。画家着意描绘江上云山云雾变幻的奇境。他在自识中写道:"余生平熟潇湘奇观,每临佳处,辄复写其真趣。"他对山峰、江水、树木并不作具体细致的描写,"意似便已",山、树用横点画出,偶尔也勾出墨线,然后再加渲染。他所作"拖泥带水皴",是先用水涂抹,再蘸焦墨横笔拖过,造成浑厚自然、迷蒙氤氲的效果,追求的是苍茫寸雾中自然界的特有韵致。米芾曾认为"山水古今相师,少有出尘格者",他提倡"信笔作之",落笔务求自然,到小米便将此写意画法称为"墨戏",在创作时比其父还要洒脱。他们父子这种不求形似,追求特殊笔墨情趣的山水画,人们称为"米家山水"。这种水墨大写意的画法标志着中国山水画法又一大变化,对后世影响极大。现今所传米芾的作品,多是后人仿作,而米友仁的这幅画可以供人们了解"米家山水"的大略风貌。此画作于绍兴乙卯年(1135年),时米友仁50岁,钤有"友仁印"。

(三)清石涛《山水清音图》

清代石涛(1642—1707年),本姓朱,名若极,明清江王后裔。明亡后,家遭难,隐匿潜出,落发为僧,法名原济,号石涛,又号苦瓜和尚、大涤子等,擅长山水、花鸟画,富有革新精神。他并著有《苦瓜和尚画语录》一书,是其绘画实践经验的宝贵总结。书中提出的"笔墨当随时代"、"搜尽奇峰打草稿"等重要的绘画理论,对后世影响很大。《山水清音图》,纸本水墨,现藏于上海博物馆,很能体现石涛绘画的独特风格。错落纵横的山岩和横亘在山岩间的奇松以及一股从山头直泻而下的瀑布,构成了这一作品新颖的布局。在溪上的桥亭中坐有听瀑布流淌声音的人物,点明了此画的主题。全画笔墨泼辣豪放,墨的浓、淡、干、湿浑然一体,形成一种丰富的色阶。满幅的浓墨苔点,与用尖笔剔出的丛草,使整个画面形成一种急风骤雨似的韵律,显得更加豪放。

四、花鸟画

花鸟画是中国画的一科。北宋《宣和画谱·花鸟叙论》云:"诗人六义:多识于鸟兽草木之名,而律律四时,亦记其荣枯语默之候,所以绘事之妙,多寓兴于此,与诗人相表里焉。"历代花鸟画家辈出,如唐代薛稷的鹤、边鸾的孔雀、刁光胤的花竹;五代郭乾晖的鹰、黄荃徐熙的花鸟;北宋赵昌的花、崔白的雀、吴元瑜的花鸟;南宋吴炳的折枝、林椿的花果、李迪的禽;元代李衎的竹、张守中的鸳鸯、王冕的梅,明代林良的禽、陈淳徐渭的墨花;清代朱耷的鱼、恽寿平的荷、华喦的鸟等皆一代名手,绵延不绝。

（一）宋赵佶《芙蓉锦鸡图》

北宋徽宗赵佶（1082—1135年），于政事昏庸无能，然于书画艺术则有所贡献。他在位时广搜历代文物、书画，扩充并亲自掌管翰林图画院，擅长书画，以所画花鸟画为著名，也画人物，创书法"瘦金体"。《芙蓉锦鸡图》，绢本设色，现藏于北京故宫博物院，是宋徽宗赵佶在花鸟画方面的代表作。画的右上方有赵佶的瘦金体题诗，从诗的最后两句"已知全五德，安逸胜凫（野鸭子）鹥（水鸥）"，可知赵佶画锦鸡，一是赞美它具有儒家所倡导的五种伦理品德，二是借用《诗经·凫》的典故说它的安逸生活胜过周代的成、康盛世。这显然是美化他自己的统治。但这并不影响此画所具有的艺术价值。这主要表现在高度的写实技巧和极其精细工整的画风上。一只美丽的锦鸡落在芙蓉花的枝头上，压得芙蓉花不停地摇曳的动态，被描绘得非常生动。锦鸡的美丽的羽毛以及尾翎上的细致的斑纹与光泽，也都被真实地描绘了出来。它突出地体现了北宋画院倡导的画法精细不苟、明丽工整的风格。

（二）元王冕《墨梅图》

元代王冕（1287—1359年），字元章，号老村，又号煮石山农、饭朱翁、梅花屋主，诸暨人。工画梅竹，诗文书法亦佳。水墨画梅竹，在元代较前更盛，处于异族统治下的文人，多以此表现对坚贞清高的品格的追求，抒发自己胸中的抑郁。《墨梅图》，传世品，纸本，现藏于北京故宫博物院。画中一枝梅花横空出世，用浓墨绘出的枝干几乎横贯于整个画面，舒展自然，瘦劲如铁。王冕画梅，虽然继承的是南宋杨无咎一派，但他已不用墨线勾勒花朵，而是以淡墨轻染，仅花蕊和花蒂用重墨点画，淡墨的花瓣与浓墨的枝干形成视觉上的反差，显出梅花如绢似绡的质感。含苞、待放、盛开的花朵著满枝头，渲染点画似在经意与不经意之间，笔意简逸，却清新悦目。画家自题七绝诗云："吾家洗砚池头树，个个花开淡墨痕，不要人夸好颜色，只留清气满乾坤。"寄托了自己不随时俗的襟怀，意蕴丰富。题诗的位置经营得当，正与梅枝成开合之势，再加上书法的隽永秀整，使此图成为了诗书画三绝的杰作。

（三）明徐渭《墨葡萄》

明代徐渭（1521—1593年），字文长，号青藤道人等，浙江绍兴人，是我国明代著名的画家、戏曲家和诗人，在中国美术史、戏曲和文学史上都有重要的地位。正当明代官方画院衰落，复古、模仿之风十分盛行的时候，他在绘画上敢于革新、创造。他的水墨写意花卉画，充分发挥了中国水墨画的笔墨技巧，用笔放纵但不失其真实，水墨淋漓，浓淡干湿恰到好处。它比一般的水墨写意画显得更加豪放、泼辣，故称其为"大写意"，对后来的郑板桥、吴昌硕、齐白石等画家影响极大。《墨葡萄》，纸本水墨，现藏于北京故宫博物院，是他最重要的代表作。此画构图奇特，气势不凡。葡萄的藤条错落低垂，枝叶纷披。由于充分发挥了水墨画的笔墨技巧，水墨的浓淡干湿掌握得恰到好处,所以,葡萄的晶莹欲滴的感觉,得到了真实的表现。画面左上角有画家自己的题诗:"半生落魄已成翁,独立书斋啸晚风。笔底明珠无处卖,闲抛闲掷野藤中。"抒发了画家怀才不遇的愤愤不平之情。有趣的是,这四句诗的字体也是不拘成法,独具一格,很容易使人联想到这位画家、诗人狂傲的叛逆性格和终生坎坷不平的生活道路。

(四)朱耷《荷花水鸟图》

朱耷(1626—1705年),清初著名画家,是明代皇室的后裔,出生在明王朝危亡之际。明亡后,他为了逃避政治上的迫害,同时,也表示对清朝统治者的仇视,出家当了和尚,以后又当过道士。出家后他用过许多别名,其中,最常用的是"八大山人"。朱耷的这种阶级出身和政治态度,使他的绘画作品具有强烈的借物抒情的特点。当然,他所抒发的只能是一种孤独、冷漠、高傲和对现实强烈不满的情绪。纸本水墨《荷花水鸟图》,现藏于北京故宫博物院,便是这方面很有代表性的作品。画面上,孤石倒立,残荷斜挂,一只缩着脖子、瞪着白眼的水鸟,孤零零地蹲在石头顶上,显得极其冷落孤僻,很像是画家的自我写照。全画用笔和用墨都非常简练,充分发挥了他书法修养的优势。画中的大块空白,更增强了全画悲凉的气氛,而且也给人以无穷的遐想。这是中国画善于利用空白,"无画处皆成妙境"的突出体现。

第七节 古代书法篆刻

一、古代书法概述

"书法"是写字的艺术。虽说有文字的民族就有"书法",但不一定写字的书法都成为艺术。中国汉字书法之所以能成为独立的艺术,是因为汉字是一种"图画性"很强的衍形表意文字,具有独特的形体结构,即点、横、竖、钩、撇、捺等笔画,书写者应用独特的书写工具——毛笔,通过对字形、笔画"美"的追求,才使它成为一种表达民族美感、主观意兴心绪和可以移情的艺术。

书法艺术已有3 000多年的历史。商周的金文已富有艺术性,秦篆、汉隶、魏碑、唐楷、宋行、明人小楷等更是丰富多姿。著名书法家,如东晋的王羲之创妍美流变新体,又备精诸体,为历代书学者所崇尚,被尊奉为"书圣";唐代有欧阳询、褚遂良、虞世南、颜真卿、柳公权等大家,而怀素、张旭之狂草亦别具艺术魅力;宋代有苏轼、黄庭坚、米芾、蔡襄(一说蔡京)四大家;元代赵孟頫和明代的董其昌影响都较大;清代分为碑派(崇尚碑刻)与帖派(崇尚字帖)两派,邓石如、伊秉绶是后者成熟的代表。"扬州八怪"之一的郑板桥,融真草隶篆,创"板桥体"。

书法艺术作品以划分书体的方法可分为:篆书、隶书、草书、楷书、行书五大类。

篆书:广义指隶书以前所有古文字书体及延续,如殷商甲骨文、西周金、籀文、六国文字,小篆和各种杂体篆。狭义指大篆和小篆,如春秋战国通行秦国的籀文(石鼓文)、秦统一六国后的小篆。

隶书:又称传书、隶字、史书、隶文等,是从篆书中蜕变而成的一种字体。史传为程邈所创。隶书变篆书圆转为方折,改图形为笔画,去繁复、盘曲为简洁、平直,打破了传统的六书造字理论,提高了汉字书写效率,奠定了楷书的基础,是汉字演进史上的一个转折点。

草书:始于汉初。有章草、今草和狂草之分。章草是在隶书的基础上加以改进,使其更为简便实用的一种书体。今草是由章草演变而来的。两者的区别是章草保留隶书笔画的形迹,每个字独立不连写;今草上下字之间的笔势往往牵连相通,偏旁互借。到了唐代,有的书法家将今草写得更加放纵,笔势连绵回绕,字形变化繁多,称为狂草。

楷书:又称正书、真书,是从汉隶和章草中蜕变出来的一种书体,省减隶书的波磔和章草的草率,增加钩挑而成。至魏晋与隶书分流而自成一体,盛于南北朝、隋唐,通行至今。其特征是笔画平直,结构整齐,字体方正。

行书:亦称"行押书"。行书一般在楷书形体的基础上,作流畅便捷的书写,既不像草书纵放难辨,又较楷书生动简便,是社会上广泛使用的手写书体。书写行书须行笔而不停,著纸而不刻,轻转而重按,如流水行云,无少间断,永存乎生意也。

二、古代著名书法作品

数千年以来,历代书法家创作了大量的优秀作品,为我们留下了十分宝贵的文化遗产,是中国文物的重要组成部分。

(一)王羲之及其《快雪时晴帖》

东晋书法家王羲之,生卒年代说法不一,字逸少,琅琊临沂人,久居会稽山阴(今绍兴),官至右军将军,世称"王右军"。早年从卫铄学书法,后博采众长,草书取法张芝,真书得力于钟繇,增损古法,一变汉魏朴质书风,创造妍美流变的今体,与钟繇并称"钟王"。其草书浓纤折中,真书势巧形密,行书遒媚劲健,千变万化而体势自然,对我国书法艺术的发展具有继往开来的巨大的贡献,对日本书法界也有深刻影响,有"书圣"之誉。所书《兰亭序》尤脍炙人口,被称为天下行书第一。相传唐太宗李世民酷爱王的书法,求得后竟以殉葬。所以,王的书法墨迹已荡然无存。传世有《兰亭序》、《快雪时晴帖》等,但多为摹本。《快雪时晴帖》册,现藏于台北故宫博物院,纸本行书,是王羲之书致山阴张侯的一封书札。此本自元赵孟𫖯以来多称王书真迹,被收入清内府后,合其七子王献之的《中秋帖》和族侄王珣的《伯远帖》,被清高宗弘历(乾隆皇帝)并称为"三希",珍秘于紫禁城内的三希堂中,且以《快雪时晴帖》最为著名。唐宋书录中均记载有该帖。该帖书法精美,久负盛誉,且古已有摹,流传较广。该本虽经许多古书画家、鉴赏家研究,指出其为古代摹本,但由于王书真迹久佚,且其勾摹甚佳,故仍备受研究欣赏者重视。

(二)王珣《伯远帖》

东晋王珣(350—401年),字元琳,小名法沪,琅琊临沂(今山东临沂)人。王珣出身于名门望族,王导之孙,王洽之子,三世均以书法著称。著名书法家王献之则是其族兄弟。《伯远帖》,传世品,纸本,现藏于北京故宫博物院。《伯远帖》行笔峭劲秀丽,自然流畅,结字与王羲之的早期书法《姨母帖》的特色相似,没有丝毫造作、板滞的痕迹。明人董其昌跋谓"珣书潇洒古淡。长安所见墨迹,此为尤物,足见东晋风流"。当代著名书法评论家陈振濂先生认为《伯远帖》代表了"纯真的晋'韵'"。《伯远帖》行笔的序列至今在作品上依然清晰可见。墨迹上凡是后一笔叠压前一笔处,墨色均较黯黑一点,这是由于行笔时该处曾两次着墨的缘故。此帖没有通常勾摹本上笔画不流畅自然、气韵不连贯的痕迹,故可以肯定此帖是晋人书法真迹。《伯远帖》在北宋时曾入内府,后流入民间,曾为董其昌、吴新宇、安歧所收藏。清乾隆时入内府,极得弘历珍爱,重新装池题字,储之养心殿"三希堂"中。本幅钤有"乾隆御览之宝"等鉴藏印。前隔水有王肯堂题"晋王珣伯远帖"六字,引首乾隆题"江左风华"。帖后有董其昌、王肯堂、董邦达、沈德潜等人的题跋。清亡后,被帝室携出宫,辗转为郭葆昌收藏。新中国成立以前与王献之《中秋帖》一起被典当在香港一家外国银行。1951年,国家有关部门用巨款一同购回。

(三)张旭《古诗四帖》

唐代中期张旭,字伯高,吴(今江苏苏州)人。官右率府长史,故称"张长史"。生卒年不详,活动于唐玄宗时期。精通楷法,以草书名世,有"草圣"之誉。张旭是位情感丰富、感受敏锐的书法家,担夫争道、公孙舞剑都可予他以艺术启迪,他的笔下凝聚着自己的心声,而天地万物则无不引起他内心的共鸣。另一方面,张旭草书的成功,还在于借助醉酒的狂态。《书林纪事》说:"张旭嗜酒,每大醉呼叫狂走乃下笔,或以头濡墨而书,既醉自视以为神,不可复得也。"腾云驾雾的昏醉和淋漓尽致的发挥成了不可分割的整体。虽然我们无从考定这幅《古诗四帖》是否酒后之作,但仍可看出它的狂态以及所标志着的草书成就。《古诗四帖》,传世品,纸本,现藏于辽宁博物馆。《古诗四帖》,以其大开大合、大收大放的气势,显现出了一个生命所可释放的巨大魄力,通篇盘龙舞虺的字画线条,其用笔圆转流丽,含蓄而奔放,似欹侧还平正,似平正还欹侧,行笔有矩,谨严无紊,线条周旋于顾盼呼应之间,时而低昂回翔,时而飞花乱坠,动静交错,起伏迅捷,然而都俯仰有度,进退有序,那一份运神耗精所创造的完美艺术确让人叹为观止。

(四)颜真卿《多宝塔碑》

颜真卿(709—785年),字清臣,祖籍琅琊(今山东临沂),迁居京兆万年(今陕西西安)。曾任平原郡太守、吏部尚书、太子太师等,晋封鲁郡公,世称颜平原、颜太师、颜鲁公。颜真卿在平定安史之乱过程中起过突出作用,到朝廷任职后,立朝刚正,大义凛然,英勇不屈,壮烈殉职。其忠烈行为赢得人们的赞誉,其性格在一定程度上影响了他的书法风格。颜真卿是书史上王羲之以后最有影响的书法家。苏东坡曾给予崇高评价,谓"书至颜鲁公……天下之能事毕矣"。颜真卿的字以篆、隶笔法入楷,方严正大、拙朴雄浑、气势磅礴。他新创的风格人称"颜体"。颜真卿的作品甚多,草书有《祭侄文稿》等,楷书有《多宝塔碑》、《颜勤礼碑》和《颜氏家庙碑》等。《多宝塔碑》,即《大唐西京千佛寺多宝塔感应碑》。岑勋撰,徐浩隶书题额,颜真卿书,史华刻,立于天宝十一年(752年)。全碑共2 100余字,为颜鲁公44岁时所作的真书小楷。现藏陕西省博物馆碑林。颜鲁公的书法得力于篆、隶,又融篆、隶之法于行、楷,而创造出了方严正大、面貌一新的颜体,开创了一代新风。有人评述:"自颜而下,终晚唐无晋勋矣",说出了颜书的巨大影响。但是,此碑是颜鲁公早期的作品,仍可窥见其师承晋代王右军的《黄庭经》,及初唐虞世南的《孔庙碑》,除了着重圆笔法外,间有少数方笔法,但丝毫没有北碑气味,是北朝以来具有创造性的杰作。此碑虽属小楷,已有了突出的特点。例如,"水"字及"之"字的捺笔,异于王右军和初唐之笔,在拖笔重捺之捺脚中部,常有凹痕笔姿;"同"字"行"字的一钩,并不直竖到底,即行钩踢,而是在竖笔得而未尽之时,将竖笔朝里稍弯,再徐徐向里踢出,钩笔之中也常有凹痕之势。这种演变,使楷书捺钩之笔,增添了韵味。鲁公写"同"字及相似字形的左边一竖,与右边一竖同样,稍朝里弯,使整个字态,形成"外圆"。在写"日"字及相似字形的内部四角时,因两旁竖笔有向里弯势,其起落笔及上下横笔的协助,很自然地促成了内部方角,致使内部形成"内方","外圆内方"的字态是颜鲁公书体的性格特征,是他刚直不阿、为人忠义秉性在书法上的体现。也就是人们常说的字如其人。此碑是鲁公早年作品,又限于小型楷书及石工刀刻,尚不能完全透达出颜体的全部精髓,但已可从中领略颜书的端庄雄伟,韵味超群了。

(五)柳公权《玄秘塔碑》

唐代后期柳公权(778—865年),字诚悬,京兆华原(今陕西耀县)人。柳公权工于书法,正楷尤知名。初学钟、王,后遍阅欧、颜各体,遂自成面目,世称"柳体",与颜真卿并称"颜柳",对后世影响甚巨。柳生于晚唐,继诸大家后创造了骨力遒健、结构劲紧的个人风格,旧有"颜筋柳骨"之说,所谓"骨"者正指他筋骨明显的个人风格和特有气质。《玄秘塔碑》,现藏于西安碑林,是柳公权存世最著名的碑刻之一,为其64岁时所书。此碑书法最露筋骨,遒媚劲健。特别是其细骨瘦干,间架挺拔,表现出强烈的结构观念和构筑意识,完全是一种崭新的面目。和颜书比较,柳书的险劲迥异于颜书的平和,正所谓"柳公权得其劲,故如辕门列兵,森然环卫"(岑宗旦《书评》),其中,骨鲠气刚、耿介特立的气质,更是一般人所难以企及的。对于柳书,历代的评价除褒扬之声外,也不无微辞,像米芾的态度就很矛盾,他既有"神气清健，无一点尘俗"的赞美，也有"公权丑怪恶礼祖"的讥贬。还有人认为"柳书筋骨太露，不免支离"。相反，苏轼则说柳书是"能自出新意，一字百金，非虚语也"。明代著名书家董其昌则说"自学柳诚悬，方悟用笔古淡处，自今以往，不得舍柳法而趋右军也"。

（六）米芾《苕溪诗卷》

北宋后期米芾（1051—1107年），初名黻，后改为芾，字元章，号鹿门居士、襄阳漫士等。世称米南宫、米颠。祖籍山西太原，后迁至湖北襄阳，晚居江苏镇江，亦称吴人。米芾工楷行草篆隶诸体书，而以行书成就最高。宣和时推为书画学博士，与苏轼、黄庭坚、蔡襄为"宋四家"。《苕溪诗卷》，传世品，纸本，现藏于北京故宫博物院，是其代表作之一。《苕溪诗卷》是米芾游苕溪（今属浙江湖州）时自作的诗，书于宋哲宗元祐三年（1088年），时米氏38岁。此卷用笔潇洒，笔势舒畅，因是悬肘急书，一行之中有参差错落之致，落笔时有轻重险夷之趣，结构上有疏密倾倒之奇。有的论者认为，他是宋代笔法变化最多的书法家。此卷兼用正、侧、藏、露等多种笔法，可为该论点提供例证。另外，浓墨大书和富于变化的笔法助长了米书的气势，是米书的独特面貌之一。此卷所用纸张制作加工精细。原料为楮皮，中间略洒麻料杂滓，取其有古意。表面略有薄粉，砑使光泽，利于托墨，于此亦可见米芾之讲究用纸。此帖从长春伪满宫中流出，一度辗转于民间，1963年被故宫博物院收回时，李东阳篆书大字引首和卷末项元汴题记已佚。

（七）赵孟頫《与山巨源绝交书》

元代赵孟頫（1254—1322年），字子昂，号松雪道人，水精宫道人。湖州（今浙江吴兴）人。赵孟頫为宋宗室，工书法，尤精正行和小楷，所书碑版甚多。赵氏是元代成就最高、影响最大的书法家，也是中国书史上的一代宗师。当时大书法家鲜于枢推崇他为"本朝第一"，后人称"赵体"，与颜、柳、欧（阳询）并称为楷书"四大家"。赵孟頫是元代书坛复古潮流的引导者，他针对南宋末年书道衰微，重新提倡远追晋唐，宗法二王，横扫南宋以后"恶札流布"的积弊，其功不可灭。他厚积薄发，集诸家之长，是他左右元代书风的力量所在。《与山巨源绝交书》，传世品，绢本，现藏于北京故宫博物院，是他晚年精心之作，书于延祐六年（1319年），时赵氏66岁。此卷前半部以行书为主，后段渐放笔挥洒，行草相间，每个字结体严谨，笔锋劲秀，浓纤刚柔，大小疏密，变化多端，然无不合于法度。全篇行距均匀，虽多种书体并用，而流走自然，疾徐合度，气韵贯通，有起伏跌宕之抛，无生硬杂乱之失。字与字之间参差错落，顾盼多姿，映带生辉，和谐自然。在书法风格上，师承晋唐，融合二王法度，出于"兰亭"体系。较之中年之作，更为圆劲苍秀，婉转遒丽。此卷末行款识："延祐六年九月望日，吴兴赵孟頫。"下钤"赵氏子昂"、"松雪斋图书记"、"赵氏书印"；前起首处上下分钤"赵"、"大雅"。

三、古代篆刻

（一）概述

篆刻是镌刻印章的通称，篆指篆书，刻指用刀来刻，篆刻指将篆字写在一种预先造好的、面积不大的物质材料上，用刀照写好的字刻出来。所以，篆刻是一种书法和雕刻相结合的艺术形式，是中国文物重要的组成部分之一。

印章最早叫作玺，又叫"玺印"、"印章""图章"或单称"印"、"章"等。秦始皇统一中国后，规定"玺"的名称为天子专用，武则天改"玺"为"宝"。大臣以下就只能用其他名称。印的作用，最初主要是作为一种凭信，以防假冒。

古代制印的材料有金、银、铜、铁、玉、石、骨、木等，以铜印最多。

由于金属材料较硬，多是铸造；只有少数印章出于急用，是在预先铸好的印坯上随手凿刻，称"急就章"，许多将军印就属这一类。晶玉印章古代用手工琢成，牙、石、角等印章，则直接用刀镌刻。

印钮又称"印鼻"，是印顶端用于穿孔佩带的部分。始于先秦，后用于装饰印章，成为一门艺术。多为狮、虎、龟、龙及生肖。

边款又称"侧款"，是印侧刻写的题记文字。阴文称"款"，阳文称"识"，始于元赵孟頫。多刻写治印者名字、年月，亦有刻诗句、论印文字及印文出处的。明清以后遂成为篆刻艺术的组成部分。

（二）古代篆刻历史沿革

中国最早出现的玺印，是指春秋战国时期的古玺和秦汉时期的玺印。汉印是印章发展非常辉煌的时期。帝王仍称玺，官印则称章或印章，私印则称信印或印信。汉代用一种专用字体缪篆，也有用鸟虫书。汉印制作只有铸、凿两种，对后世的影响很大。隋唐以来，相对来说是走下坡路。自宋代以来，印章也常为中国字画锦上添花，以获得"印为画增色，画由印添神"的妙趣。宋元以后，篆刻之学应运而起并成为一门独立的学科。元朝篆刻名家如吾丘衍、赵孟頫，治印得书法效果；王冕始用石料后，石印篆刻成风，一般则用寿山石、青田石、昌化石为之，以田黄、鸡血为贵。明代文彭是吴门派篆刻的开创者，他的篆刻有秦汉之风韵，被奉为篆刻流派的开山鼻祖。与他有师友之谊的何震，宗法秦汉印章，创立了黄山派（又称为徽派）。明末有新意的篆刻家有汪关、朱简，被称为娄东派。清代中期是篆刻艺术全盛时期。名家辈出，高凤翰、汪士慎、丁敬、邓石如等都是素负盛名的篆刻家。特别是丁敬、邓石如能开宗立派，影响颇大。丁敬、蒋仁、黄易、奚冈、陈豫钟、陈鸿钟、赵之琛、钱松被称为"西泠八家"，发展了浙派的篆刻艺术。邓石如创立的邓派，人称皖派，与"西泠八家"的浙派并称为清代篆刻两大派系，开创了明清篆刻史的新篇章。晚清以翁大年、王石经为复古派。清末，赵之谦、吴昌硕等，各创印派，俱有新意，为发展篆刻艺术作出了自己的贡献。

(三)古代篆刻技法

印章是一种书法、章法、刀法三结合的艺术,三个环节贯穿于一方印,从设计到完成的全过程中,书法是刻印的基本前提。章法是关于印文的布局安排和空间构图的知识。章法上的处理方式有强化虚实对比、对具有伸缩性和可变性的笔画合理变形、对称、穿插避让、以斜求正、以松求紧、并笔、嵌合、笔画增损及粗细变化、回文排列、边框的变化等多种技巧,其目的在于追求一种平衡感和整体感。刀法主要可分冲刀和切刀。冲刀是以腕力驱使刀锋沿字画不停顿地冲出去,将一个线条一次性完成。切刀则以刀刃徐徐切下,长线条可以几次重复。刀法的不同,所产生的艺术效果也是不一样的。皖派篆刻家以善用冲刀著名。冲刀的效果是线条挺劲遒健,流畅自然。浙派治印家则善用切刀。切刀的效果是凝重稳健,老辣痛快。但无论如何,都必须掌握刀法的要领,否则一切都谈不上。要领大致是手腕和手指的力量强弱、速度快慢、动作大小、节奏徐疾以及刻刀倾斜摆动角度的调整等。好的刀法不仅可以理想地表现出书法的艺术效果,还能创造出一种书法所达不到的艺术境界。书法、章法、刀法,是篆刻印章的三个环节,也是三个必备的条件。了解中华篆刻的奥秘并掌握这门艺术,须从这三个要领入手,进而在实践中逐渐形成自己独特的艺术风格。

思考与练习

1. 为何中国自古以来特别珍爱玉石和玉器?中国古代玉器分哪些类型?各有何作用?解释渎山大玉海、大禹治水独山子以及玉器纹饰图案中的喜上眉梢、五福捧寿、连生贵子和四海升平。

2. 简要介绍中国古代瓷器的发展、装饰和款式。介绍中国古代名瓷南青北白、长沙彩釉、宋代窑系和景德镇名瓷。

3. 瓷器的装饰方法有哪些?

4. 什么是釉?它是如何着色的?分别指出釉下彩、釉上彩、斗(逗)彩三者以及传统五彩与粉彩、珐琅彩等洋彩之间在工艺技术上的区别。

5. 何谓青铜器和青铜时代?青铜有何特色?简述中国青铜器的发展状况及其特点。中国青铜器可分哪十二大类?请举出每类一个器物名称并说明它的形制。中国青铜器有哪些图文装饰、内容和方法?中国青铜器铭文状况如何?简述中国青铜礼器、古钱、古镜、铜鼓的常识。

6. 铸造一件青铜器需要经过哪几道工序?青铜器的浇铸方法有哪些?

7. 介绍明清硬木家具的产地、用材、工艺、类型和风格。

8. 简要介绍明清嘉定派竹雕的代表人物。

9. 中国古代漆器按工艺可分哪几类?元代有哪几位著名的漆艺名匠?明代谁著有中国髹漆专著?

10. 何谓缂丝？南宋有哪几位著名的缂丝艺人？各有何代表作品？现藏何处？

11. 何谓露香园顾绣？有哪几位著名代表人物及哪些代表作品？

12. 中国古代有哪些装裱技艺著述？中国古代书画装裱有哪些样式？

13. 中国画在用材、题材、技法、美学思想等方面有何特色？中国画种类中人物、山水、花鸟古代各有哪些代表人物和作品？中国大陆现存古字画有多少件？赏析顾闳中的《韩熙载夜宴图》和唐寅的《秋风纨扇图》、米友仁的《潇湘奇观图》和石涛的《山水清音图》以及赵佶《芙蓉锦鸡图》、王冕《墨梅图》、徐渭的《墨葡萄》和朱耷的《荷花水鸟图》，并评析作者的生平、政治态度和艺术特点及其影响。

14. 何谓书法艺术？比较说明中国书法艺术中的篆书、隶书、草书、楷书和行书五大书体之间的发展变化关系及区别。赏析张旭的《古诗四帖》、柳公权的《玄秘塔碑》、赵孟頫的《与山巨源绝交书》。

15. 何谓篆刻艺术？宋元时代篆刻有何重大变化？明清时期形成了哪些流派？篆刻艺术有哪三大技法？其关系如何？

第七章

中国的烹饪文化

中国烹饪源远流长,是中华民族文化宝库中璀璨的一支。中国烹饪文化是关于中国人饮食的生产与消费的科学、技术、艺术、习俗的文化综合体,已有50余万年的历史,纵横分布在960余万平方公里的土地上,渗透在56个民族的日常生活之中,积累了丰富的经验和知识,它是中华民族的一份宝贵、丰厚的文化遗产。但是,这份丰厚的文化遗产,仍散见于历史文献中,至今尚缺乏全面、系统的研究、整理和总结。中华人民共和国成立之后,尤其是20世纪80年代,烹饪事业有了较快的发展,烹饪研究工作相继展开,烹饪作为一门科学才初具规模。

第一节 中国烹饪概述

一、烹饪的概念

(一)烹饪的含义

烹饪一词始见于《周易·鼎》"以木巽火亨饪也"句。在古代汉语中,亨即烹。烹作加热解,饪作制熟解,合为烹饪,通常理解为运用加热方法制作食品。约在唐代出现料理一词,宋代出现烹调一词,两词之义与烹饪基本一样。以后,料理一词弃置(今时仍用),烹调一词在实际应用中逐步分化出来,成为专指制作各类食品的技术与工艺的专用名词,也称为烹饪工艺,烹饪则被赋予广泛得多的内容,包含烹调及烹调制作的各类食品饮食消费、饮食养生以及由烹调和饮食所衍生的众多文化(狭义)现象在内。

(二)烹饪的本质属性

烹饪包含烹调生产至饮食消费的全过程。烹调生产决定饮食消费。饮食消费又反过来作用于烹调生产,促进烹调生产的发展。因此,烹饪具有生产与消费的双重性质,而生产则是烹饪的主体的本质属性。人类为了生存,必须饮食,然后才能从事各种活动。为了饮食,人类最初是采集、渔猎,然后演进到农业生产(农、林、牧、副、渔)。这些生活资料生产的产品,主要是烹饪原料,需要经过再加工才能制成可供食用的食品。它们是粮食和肉、禽、蛋、奶、水产、蔬菜、果品,以及调味原料等。中国烹饪运用这些烹饪原料,经过烹调生产的加工制作,生产出各类食品。烹调生产是二次生产,属第二产业。它对第一产业(如农业)的生产进行加工,制成食品,以适应与满足人类饮食消费的需要。烹调生产,无论手工方式或机械方式的都是生产。因其产品即食品在社会上交换、分配与消费形式的不同,大致可划分为三种类型:一是商品经济性质的,产品在社会上销售,主要由饮食行业和食品工厂生产;二是集体福利性质的,产品由社会集团内部的食堂生产;三是自然经济性质的,产品由每一家庭自己生产、自己消费。烹调生产包含一切食品制作的内容与方面。烹调生产是中国最大的社会生产部门。随着社会的发展与科学的进步,中国烹饪逐渐地由简单向复杂、由粗糙向精致发展。在此过程中,人们不但通过烹调生产制作出食品,适应与满足了饮食消费的需要,而且在烹调生产与饮食消费的过程中,逐渐认识到它们所产生的养生保健作用,并能动地加以发挥和利用。同时,也逐渐认识到它们所具有的文化蕴涵,赋予它们以艺术内容与形式,使饮食生活升华为人类的一项文明的享受。因此,中国烹饪是兼具物质生活资料生产、人的自身生产和精神生产三种生产性能的文化活动与现象。

二、中国烹饪的发展

中国烹饪的历史十分悠久。在漫长的历史发展过程中,形成了中国烹饪绚丽多彩的文化内涵与雄厚坚实的技术基础。自从我们的祖先懂得用火熟食后,中国烹饪大致经历了萌芽期(从火的使用到陶器的出现)、形成期(旧石器晚期和新石器时期的早期,出现了陶器)、发展期(铜烹产生,厨膳格局的形成,饮食养生认识的总结)与繁荣期(秦汉至今)四个历史时期。这里重点阐述第四个时期。

中国烹饪的繁荣时期可分为四个阶段:

(一)秦汉至南北朝烹饪

秦汉时期在农业中逐步推广使用了铁器,经两汉初期的休养生息,生产发展,使烹饪发展较快,出现了繁荣局面。东汉到东晋烹饪停滞不前。南北朝时期局部地区相对稳定,烹饪也相应得到了发展,主要反映在:烹饪原料品种增多,高温速烹新炊具的创制应用,饮食市场出现了"熟食遍列"的摊食贩,酒食兼营的酒店,都市的胡食店和酒楼。北朝贾思勰撰写的《齐民要术》记载有200多种菜肴,名品有蒸熊、莼羹、炙豚、胡炮肉等。在南方,由于梁武帝(464~549年)的提倡,佛教斋食逐步得到发展。

(二)隋至南宋烹饪

隋至南宋由于生产力迅速发展,使烹饪科技全面发展。隋至中唐时期的长安、洛阳、盛唐到晚唐的扬州、北宋时的开封、宋南渡以后的临安,先后成为烹饪技术中心。烹饪技术中心的转移,形成各地饮食风味的交流,促进了烹饪技术水平的提高。这一时期,黄河流域的北味、长江中上游的川味和下游的淮扬味以及岭南的粤味等风味菜系的分野趋向明朗化。当时市场上已有标明南、北、川味的菜点和素菜,表明中国菜肴的主要风味流派在宋朝时已具雏形。在食经方面,有综合性、专题性和食疗性等著作的问世。

(三)元明清三代烹饪

元明清三代是中国烹饪中外饮食文化和多民族风味大交流、大融合的时期。元朝90多年,烹饪主要有两大特点:一方面,连年的大规模战争,人口大迁徙,生产力遭到严重破坏,平民饮食发展不快,市肆饮食大不如前,而食疗有一定发展;另一方面,中外饮食文化和国内各族烹饪进行了一次大交流,南欧、西亚、中亚的"西天茶饭"、"阿魏"等东传中原,中国面食远传意大利,汉、蒙、回、女真各族肴馔首次在同一食谱上出现,大大丰富了中国饮食风味。

明代永乐年间及其后,烹饪发展加快,永乐皇帝派郑和7次下西洋,中国侨民泛海经商者渐多,扩大了海路烹饪文化交流的范围,带回了一些番食和海味。中国饮食在东南亚进一步传播,到弘治年间,出现了烹饪技术发展的新高潮。但在嘉靖朝以后,朝政腐败,连年天灾人祸,平民多数饥寒交迫,市肆烹饪又转向低潮。由于明成祖迁都北京,从南方迁调了不少包括厨役在内的工匠北上,大规模南味北移;以后随着漕运,江、浙、闽籍京官的增加,南方家厨、山东厨师进京谋生者亦不少,促进了南北风味交流,烹饪技术中心渐向北移。

清代满族入主中原,满、汉饮食大交流。从康熙到嘉庆,这100多年间,是清代盛世,烹饪出现新的高潮。清代康熙、乾隆多次南巡,也推动了南北饮食风味的交流。在乾隆嘉庆朝,北京已出现了"五味神俱在都门"的局面。而漕运一线的枢纽地则保持了原先烹饪技术中心的优势。道光年间特别是鸦片战争以后,国力渐衰,平民烹饪发展较缓。在京城和通商口岸,出现了西餐,晚清时在宫廷饮宴上,也有西餐出现,市场上有了西餐馆。当津浦、沪宁铁路通车后,烹饪技术中心又逐渐向沪宁一线东移。同治年间,在美洲已有华侨经营的中餐馆,如旧金山的远芬楼、杏香楼,波士顿的王阿秀茶铺;在英国伦敦,同治年间可以吃到"满洲羊肉"。

元明清三代,中国菜肴得到较大的发展,菜肴品种数以千计。这一时期还由于信仰伊斯兰教的少数民族迁居各地,清真菜在中国菜肴中占有了一定的位置,中国菜肴的风味流派已基本形成。《清稗类钞》便指出,肴馔之有特色者,为京师、山东、四川、广东、福建、江宁、苏州、镇江、扬州、淮安。

晚清至"中华民国"初期,随着外国人来华,中国菜肴又融合了西菜风格。

(四)现代烹饪

中华人民共和国建立以后,中国菜肴的发展进入崭新阶段,尤其是1979年以来,在菜肴的继承和创新上取得了令人欣喜的成果。目前,中国各地的传统风味菜肴已纷纷恢复上市,除北京的仿膳菜外,西安、杭州、济南等地还挖掘研制了仿唐菜、仿宋菜、仿孔府菜等。随着一批烹饪高等院校和烹饪研究机构的建立,中国菜肴的科学研制活动已逐步展开。

三、中国烹饪的分类及特点

(一)中国烹饪的分类

按照传统,中国烹饪的烹调生产,由菜品烹调和面点制作两大部分构成,前者称为"红案",后者称为"白案"。

(二)中国烹饪的特点

中国烹饪饱蕴着中华民族特有的优选用料、精细加工、讲究火候、讲求风味、合理膳食等五大特色。

中国食品的独特标准,可以概括为6个字:色、形、香、味、滋(食品的质感)、养(食品的营养)。六者必须相辅相成,融会一体,使人们得到视觉、嗅觉、触觉、味觉的综合的饮食享受。其中,又以味的享受为核心,以养的享受为目的,构成中国烹饪的特色。

四、中国的风味菜肴

中国风味菜肴是中国各地区、各民族各种菜肴的总称。它具有历史悠久、技术精湛、品味丰富、流派众多、风格独特的特点,是中国烹饪数千年发展的结晶,在世界上享有盛誉。

(一)菜品类别

中国菜肴品种繁多,按地区和民族差异、消费对象、加工制作等标准,有以下三种分类法。

1. 消费类别

由于消费对象不同,形成了层次不一的菜品,主要有家常菜、市肆菜、寺院菜、官府菜、宫廷菜、药膳菜等。

2. 加工类别

由于中国菜肴加工制作技法多样,菜肴形式及其作用也有一定差别,主要分为冷菜、热菜、大菜、小菜、甜菜、汤菜等。

3. 地区菜系和民族风味

地区菜系主要有八大菜系。少数民族风味有清真风味、蒙古族风味、藏族风味等。

(二)中国菜的风格特征

中国菜的特点很多,从烹饪文化角度与其他国家相比,中国菜有丰富多彩、精细美好、和谐适中的特征。

1. 丰富多彩

中国的菜肴丰富多彩,主要表现在下列四个方面:

(1) 菜肴的原料多样

无论是山珍海味、飞禽走兽,还是植物的根、茎、叶、花、果,甚至包括毒蛇、蝎子等,无不可以成菜。根据统计,中国菜常用的原料达3 000种之多。

(2) 菜肴组配灵活多样

中国菜讲究配料,能按时令、荤素以及原料的性味、色泽、质地、形状等不同情况进行组配,做出丰富多彩的菜肴。

(3) 菜肴形象生动多姿

中国菜肴不只装盘形象多姿,而且在刀功处理上灵活多变,同一种原料可处理成丁、末、条、片、块、丝、段、茸、泥、球、丸及至菊花、蓑衣等多种多样形状。

(4) 菜肴味道多变

同样的调味料,因其数量多少不一,组合不同,投放时间有别,菜品风味也变化无穷,故有"百菜百味,一菜一格"的说法。

2. 精细美好,富含美感

中国菜肴不只注意充饥和具有养生价值,更有让人欣赏的艺术价值,主要表现在：

(1) 色美

中国菜除特意保持食物本来的颜色外,还注意针对不同原料的色泽和性质,通过加色使食物原来的色泽变好,通过配色使不同食物的多种颜色彼此衬托,通过缀色使朴素单调的菜品显得鲜美活泼,通过润色使菜品色泽更加明亮或强烈,引起食者的食欲。

(2) 形美

中国菜讲究形状美观,主要表现在切制成形、摆布匀称、衬托得宜几方面：片是片,丝是丝,块是块,大小适度,加上摆布整齐或摆成一定图案,以给人带来美好的印象。菜肴盛具,亦加选择,目的在于使菜品更加美观。

(3) 香美

中国菜的香指芬芳扑鼻的气味,能引起食欲。它一方面通过烹制加热,将食物固有的香味激发出来；另一方面是外加的,如加茴香、八角等香料,在菜里放点香菜、葱花,或用有香味的气体熏制要吃的食品,或将菜料用有香气的材料(如荷叶之类)包裹起来加热,使香气透入菜料之中。

(4) 滋美

中国菜的滋美是指食品进口咀嚼时的感觉,如韧、烂、酥、脆、嫩等,彼此不大相同,但均能给人的触觉带来美感。

(5) 味美

这是中国菜肴进入艺术境界的核心。食用中国菜肴讲究"吃味",即欣赏一种微妙的味觉美感,从而使人在生理、心理两方面均得到极大的满足。

3. 和谐适中

中国菜肴是主料、辅料与水量、火候、烹调法、烹调步骤诸要素的综合结果,讲究调和鼎鼐,注重鼎中之变。它的原料可能是一种或多种,调料可以是一样或多样,步骤可以是一步或多步,最终都是要烹制出和谐的美味,产生整体效果。也就是说要把多样而丰富的原料恰到好处地加以增减配合,使其适中、平衡、谐调和浑然一体,这也是中国菜的最高境界。中国菜的和谐反映在很多方面。例如,虾米烧白菜,白菜本是没有什么味的原料,配上虾米的浓味渗透其中,就变成鲜美可口的菜品。又如,有的地方蒸肉底下垫点红薯,除陪衬作用外,主要是用红薯将肉的味道和油加以吸收,缓解肉的腻度,红薯与肉同样好吃。再如,两种原料同样重要的菜肴,像烧二冬和爆双脆,一个是刚柔相济(烧二冬中的冬笋质硬,香菇质软),一个是同中有异(爆双脆的鸡肫挺脆,猪肚头柔脆),使二者谐调于同一菜品之中。至于融合,是使各种原料的味道融合成一种新的味道。又如,上海的脆烩鲜,火腿、冬笋、鲜肉合煮,共同形成一种融合三种味道的美味。再以调味为例,中国菜特别善于利用各种调味料的化学性质,巧妙地进行组合,使单一味变成多种多样的复合味。川菜靠调味料的组合,就出现有糖醋、荔枝、红油、陈皮、鱼香、麻辣、酸辣、胡辣、怪味、家常等 20 多种和谐的复合味。总之,中国菜和谐的内容相当复杂,有种种深浅不同的层次,包括器皿、菜名、筵席和风格,都以和谐为标准,浓淡相宜,相得益彰。

五、中国烹饪的世界地位

中国烹饪作为一种文化,由于历史最悠久、特色最鲜明、文化内涵博大精深、使用人口最多等特点而在全世界久负盛名。在漫长的发展历史过程中,逐渐形成了自己特有的风味体系,在国际上享有很高的声誉。它与法国烹饪、土耳其烹饪齐名,并称为世界烹饪的三大风味体系。孙中山先生在《建国方略》中早就说过:"昔日中西未通市以前,西人只知烹饪一道法国为世界之冠,及一尝中国之味,莫不以中国为冠矣。"[①]

在唐代,日本先后 20 多次正式派遣使团来中国学习,其中就有专门学习制作食品的人员。中国也先后多次派遣使团和僧侣到日本去进行文化交流,亦将中国烹饪传给日本。13 世纪意大利的马可·波罗来中国,回去时带着中国的调味料和食品,使中国烹饪进入欧洲大陆。中国烹饪传到美洲大陆大约在 19 世纪中期,较早一批中国餐馆是在 1867 年在加拿大的渥太华和 1870 年在美国旧金山出现的。20 世纪以来,特别是 20 世纪 80 年代改革开放以来,中国与世界各国交往频繁,中国菜更加受到欢迎。

[①] 《孙中山选集》(上卷),人民出版社,1956 年,第 108 页。

第二节 中国的地方风味菜肴

中国的地方风味菜肴,从来就是中国烹饪文化发展的基础,现在更是中国风味菜肴的主体。

中国是一个以汉族为主体的多民族的国家,由于地理、气候、物产、文化、信仰等差异,饮食习俗差别很大。以汉族为主体的地方风味流派旧时习惯上称"帮"并且多冠以地名。例如,广东菜称广帮,四川菜称川帮。到20世纪50年代出现了"菜系"一词,逐渐代替了"帮"的称谓。以省市区为单位,以汉族风味为主体的地方风味,吸取当地其他民族风味,形成了地域性风味流派体系。

中国地方风味菜肴体系的形成,跟地方性风味菜馆、饭店、酒肆出售的市肆菜肴的贡献密不可分。市肆菜指城镇集市菜馆、饭店、酒肆出售的菜肴。这类菜由于要吸引顾客开展竞争,广采博收,不断革新,制作较为精细,各有独特风味,如北京全聚德的北京烤鸭、苏州松鹤楼的松鼠鳜鱼、福州酒家的淡糟香螺片等。这些菜都是经过精心设计,滋味美好,含蓄而又有韵味,达到了艺术境界,给人带来美的享受,是中国地方风味流派菜肴的主流部分。

一、四大菜系

中国风味流派众多,目前,最为著名,辐射面较广,为人们公认的是"四大菜系",即黄河下游的鲁菜(除山东外,北京、天津、河北及东北三省也多以鲁菜为主)、长江上游的川菜(除四川外,还旁及云南、贵州和湖南、湖北部分地区)、长江下游的苏菜(除江苏外,还影响到上海市和浙江、江西、安徽等省)、珠江流域的粤菜(除广东外,还辐射到广西、福建、海南、我国台湾地区及南洋群岛)。由于这些菜系均是自然演变而形成,所以它的特点和内容很难加以确切的限定或说明,其界限也不十分明确,只能从其菜肴的沿革、组成、特征(原料、味型、技法、菜式等风格)等方面大致加以区别。

(一)鲁菜

鲁菜由济南、胶东菜组成,孔府菜也自成体系。它的孕育期可追溯到春秋战国时代,南北朝时发展迅速。经元、明、清三代被公认为一大流派。鲁菜的特点是:注重以当地特产为原料,多选畜禽、海产、蔬菜;善用爆、炒、熘、扒、烤、锅熠、拔丝、蜜汁等烹调方法;偏于用酱、葱、蒜调味,精于制汤,以汤调味,用清汤、奶汤增鲜;口味咸鲜比较明显,鲜咸脆嫩,清香味醇,风味独特,一菜一味,百菜不重;菜品风格大方高雅,适应性强。

鲁菜的著名菜肴有糖醋鲤鱼、扒原壳鲍鱼、葱烧海参、油爆双脆、油爆鸡丁、清蒸加吉鱼、熠大虾、绣球干贝、德州扒鸡、奶汤蒲菜等。

(二)川菜

川菜主要由成都、重庆、自贡3个系统风味组成。川菜始于秦汉,在宋代形成流派,当时的影响已达中原,明清之际已形成稳定的味型特色。

川菜的特点是:取料广泛,原料多选山珍、江鲜、野蔬和畜禽;技法中以小煎、小烧、小煸、干烧、干煸见长,善用小炒、干煸、干烧和渍、烩等烹调方法;以善用"味"闻名全国,味型多样,富于变化,以鱼香、红油、怪味、麻辣较为突出,注重调味,一菜一格,百菜百味;菜品风格朴实而又清新,具有浓厚的乡土气息。

川菜的著名菜肴有干烧岩鲤、宫保鸡丁、樟茶鸭子、鱼香肉丝、官燕孔雀、清蒸江团、麻婆豆腐、毛肚火锅、开水白菜和水煮牛肉等。

(三)苏菜(又称淮扬菜)

苏菜主要由淮扬(扬州、淮安)、京宁(镇江、南京)、苏锡(苏州、无锡)、徐海(徐州、连云港)4大风味流派组成。发轫于先秦,隋唐时已有盛名,唐宋已成为"南食"中重要组成部分,元代已具规模,明清完全形成流派。

苏菜的主要特点是:原料以水产为主,取料不拘一格,物尽其用,且重鲜活;刀工比较精细;特别讲究火工和造型;擅长炖、焖、焐、烤、煻、煨等烹调法;调味重清爽平和,清鲜而略带甜味(徐海以咸鲜为主),咸甜适中,适应性强;菜品细致精美,格调高雅。

苏菜的著名菜肴有清炖蟹粉狮子头、大煮干丝、三套鸭、叫花鸡、水晶肴肉、荷包鲫鱼、松鼠鳜鱼、梁溪脆鳝、沛公狗肉、霸王别姬等。

(四)粤菜

粤菜由广州菜、潮州菜、东江菜组成。汉魏、南北朝已见于文献,南宋以后广东风味始具雏形,明末清初驰名于海内外,清中叶后形成"帮口",清末有"食在广州"之说。

粤菜的主要特点是:原料广采博收,追求生猛;烹调方法多而善于变化,长于炒泡、清蒸、煲,尤其独擅烧、炆、煲、焗、煽、软炸、软炒等烹调法;调味重清脆鲜爽嫩滑,突出原味,口味清淡鲜和;菜品风格清丽洒脱,刻意求新。

粤菜的著名菜肴有烧乳猪、红烧大群翅、白云猪手、清汤鱼肚、清蒸鲈鱼、狗肉煲、油泡虾仁、冬瓜燕窝、牛肉丸子、东江盐焗鸡等。

二、八大菜系

以上四大菜系跟浙江、福建、安徽、湖南地方风味合称为八大菜系,在全国有很大的影响。

(一)安徽菜

安徽菜又称徽菜或皖菜,主要由皖南、沿江、沿淮3大风味菜组成。

安徽菜具有选料严谨、火功独到、原汁原味、菜式多样、注重食补、以咸鲜香为主、适应南北方人口味等主要特征。

安徽菜有筵席大菜、大众便菜、家常风味菜等一系列徽味菜肴。主要名菜有砂锅鲥鱼、符离集烧鸡、无为熏鸭、问政山笋、屯溪醉蟹、徽州毛豆腐、石耳炖鸡、红烧划水、清炖马蹄鳖、李鸿章杂烩等。

(二)浙江菜

浙江菜又称浙菜,主要由杭州菜、宁波菜、绍兴菜等地方风味菜肴组成,以杭州菜为主。

浙江菜取料广泛,多用地方特产,善河鲜海错;烹调精巧,以清鲜味真取胜;口味重鲜嫩清脆,清淡多变,讲究时鲜;菜品具有醇正、鲜嫩、细腻、典雅的特色。

浙江菜的主要名菜有西湖醋鱼、东坡肉、龙井虾仁、叫花童鸡、张一品酱羊肉、新丰鳗鲞、蜜汁火方、荷叶粉蒸肉、油焖春笋、宋嫂鱼羹等。

(三)福建菜

福建菜又名闽菜,主要由福州、闽南(以厦门、泉州为中心)、闽西(客家话区)3个地方风味菜组成。

福建菜以擅制山珍海味著称,巧烹海鲜见长;原料丰富,烹调技法严谨,重在开发原汁原味,以味取胜;刀工巧妙,汤菜考究,调味独特,烹调细腻;菜品淡雅,鲜嫩和醇,隽永,质嫩味鲜,富有南国风味;福州口味偏酸甜,闽南多香辣,闽西喜浓香醇厚。

福建菜的主要名菜有佛跳墙、鸡丝燕窝、沙茶焖鸭块、鸡汤氽海蚌、东壁龙珠、糟汁氽海蚌、荔枝肉、橘汁加吉鱼、桂花蛎肉、八宝芙蓉蚌等。

(四)湖南菜

湖南菜又名湘菜,主要由湘江流域(以长沙、湘潭、衡阳为中心)、洞庭湖地区(以常德、岳阳、益阳为中心)和湘西山区(以吉首、怀化、大庸为中心)3大地方风味组成。

湖南菜在质感和味感上注重鲜香酥软;在制作上以炒、蒸、熘著称;口味特点是融酸、辣、咸、甜、焦、香、鲜、嫩为一体,而以酸、辣、鲜、嫩为主;重视原料入味和成品软烂,颜色美观,香醇多味。

湖南菜主要名菜有麻辣仔鸡、组庵鱼翅、腊味合蒸、洞庭鮰鱼肚、冰糖湘莲、白煨鱼翅、一品海参、东安鸡、红烧全狗、吉首酸肉等。

三、其他地方风味流派

除了八大菜系外,中国菜肴还有许多地方风味流派,像北京、上海、湖北、陕西、河南、云南、天津、辽宁等地方风味在全国都有不同程度的影响,吉林、黑龙江、河北、陕西、内蒙古、江西、广西、贵州、甘肃、宁夏、青海、新疆、台湾、西藏等地的菜肴也各有其浓厚的地方特色。

第三节 中国的少数民族风味菜肴

中国的少数民族风味菜肴,从来就是中国烹饪文化发展的基础,现在更是中国风味菜肴的重要组成部分。少数民族多聚居在边远地区,由于生产活动、生活方式、宗教信仰、风俗习惯的不同,从而形成了各自的饮食文化模式。一般说来,主要从事渔猎、采集的赫哲、鄂伦春、鄂温克等民族,以食用鱼类和野生动物为主;主要从事畜牧生产的内蒙古、藏、哈萨克、柯尔克孜、塔吉克、裕固等民族,以食用牛羊肉和奶类为主,粮食蔬菜为辅;以粮食生产为主的白、傣、哈尼、壮、苗、布依、侗、土家、彝、维吾尔、回、朝鲜、满族、锡伯、羌、土、撒拉、东乡等民族,以麦稻等谷物为主食,以肉类、蔬菜为辅。有些少数民族尚有饮食上的禁忌,信仰伊斯兰教的民族,忌食猪、驴等以及一切凶猛禽兽、无鳞鱼、血液、自死的动物。藏族出于宗教观念禁食鱼类,从事游牧的部分民族忌食狗肉,有的还禁食蛇肉。少数民族在长期的历史发展中,曾出现过不少著名的菜肴风味流派,主要有清真菜、蒙古族菜、满族菜、朝鲜族菜以及其他少数民族菜等。

一、清真菜

清真菜又称回族菜。广义上的清真菜,是指信仰伊斯兰教的中国少数民族的饮食菜肴,包括回、维吾尔、哈萨克、乌兹别克、塔吉克、塔塔尔、柯尔克孜、撒拉、东乡、保安等民族。他们有着共同的饮食习俗和饮食禁忌,但在饮食风味上则存在一定的差别,因此,人们在习惯上又常常把主要居住在新疆的几个少数民族的风味菜肴划出来,称为新疆菜,而特指回族菜肴为清真菜。

(一)沿革

清真菜的历史渊源,可以追溯到唐初。当时,阿拉伯人来到中国,带来了本国的物产,带来了刚刚产生不久的伊斯兰教,同时,也带来了穆斯林独特的饮食习俗和饮食禁忌。到了元朝回回民族逐渐形成,随着中国穆斯林人数的增多,专供穆斯林食用的菜肴食品便迅速发展起来,同时,因为其菜肴风味独特也受到许多非穆斯林的广泛欢迎。最早详细记载回回菜肴的书籍有元朝的《居家必用事类全集》、《饮膳正要》、明朝的《事物绀珠》等。

明末清初,回回学者王岱舆、马注等在译伊斯兰教教义时提出:"盖教本清则净,本真则正,清净则无垢不汁污,真正则不偏不倚"、"真主原有独尊,谓之清真"。随后,"清真"一词为社会所广泛使用,"清真教"成为伊斯兰教在中国的正式译名,清真菜之名也取代了回回菜肴的旧名称。同时,人们把凡是按照伊斯兰教习俗制作的各种食品以及制作这些食品的饭馆,一律冠以清真二字,如清真食品、清真小吃、清真糕点、清真饭庄等。

清真菜不仅流行于回汉杂居的民间,而且进入了清代宫廷。在清代历代皇帝的御膳档案中,记载了不少清真菜肴,如酸辣羊肠羊肚热锅、卤煮锅烧羊肉羊腰子攒盘、炸羊肉紫盖、哈密羊肉等,这些菜肴同现代的清真菜肴已非常接近。

(二)特点

清真菜具有下列4个特点:

1. 饮食禁忌比较严格,其食俗来源于伊斯兰教教规

伊斯兰教认为,人们的日常饮食不仅为了养身,而且还要利于养性,因而主张吃佳美、合法的食物。所谓佳美,就是清洁、可口,富于营养。禁止吃自死动物、血液、猪肉以及非诵真主之名而宰的动物。此外,无鳞鱼和凶猛食肉、性情暴躁的动物也不能吃,如鹰、虎、豹、狼、驴、骡等。伊斯兰教规定,可食的动物主要有反刍的、食草的畜类和吃谷的禽类,如牛、羊、鹿、兔、鸡、鸭、鹅、鸠、鸽以及河海中的有鳞鱼、虾等。所谓合法就是以合法手段取得。按照伊斯兰教的规定,屠宰这些供食用的禽畜,一般都要请清真寺内的阿訇认可的人(教门中专门从事屠宰的师傅)代刀,并且必须事先沐浴净身后再进行屠宰,宰时还要口诵安拉之名,方为合法。穆斯林个人高诵真主的尊名进行屠宰也是可以的。同西亚和北非阿拉伯伊斯兰国家的菜肴相比,中国清真菜的风味迥异,而在饮食禁忌上则是完全相同的。

2. 选料严谨,工艺精细

清真菜食品洁净,菜式多样,其用料主要取自于牛、羊两大类,以烹制羊肉菜肴极为擅长,远在清乾隆年间就已经有清真全羊席。全羊席,即以羊肉、羊头、羊尾、羊蹄、羊舌、羊脑、羊眼、羊耳、羊脊髓和羊内脏为原料,做出品味各异的菜肴120余种,体现了厨师高超的烹饪技艺。全羊席在清同治、光绪年间极为盛行。以后,因烹制全羊席过于靡费,遂逐渐演化为全羊大菜。全羊大菜包括8道菜:焐脊髓(羊脊髓)、炸蹦肚仁(羊肚仁)、单爆腰(羊腰子)、烹千里风(羊耳朵)、炸羊脑(羊脑子)、白扒蹄须(羊蹄)、红扒羊舌(羊舌)、焐羊眼(羊眼)。规模虽小,但基本包含全羊席的精华,都是清真菜中的名菜。

3. 口味偏重咸鲜,汁浓味厚,肥而不腻,嫩而不膻

清真菜受当地物产及饮食习俗的影响,不同地区的清真菜具有不同的流派:西北地区的清真菜,善于利用当地特产的牛羊肉、牛羊奶及哈密瓜、葡萄干等原料制作菜肴,风格古朴典雅,耐人寻味;京津、华北地区的清真菜,取料广博,除牛羊肉外,海味、河鲜、禽蛋、果蔬齐备,受山东菜、北京菜的影响,讲究火候,精于刀工,色香味形并重;杂居南方和沿海地区的清真菜,口味清淡,以海河水鲜、禽类为原料;西南地区的清真菜,善于使用家禽和菌类植物,菜肴清鲜而不寡淡,注重保持原汁原味。清真菜的流派是受当地物产及饮食习俗的影响而形成的。但总体上讲,清真菜味偏重咸鲜,汁浓味厚,肥而不腻,嫩而不膻。

4. 烹调技法早先以炮、烤、涮为主，较多地保留着游牧民族的饭食习俗，亦善于学习和吸取其他民族的烹饪方法

炮是清真菜中独有的一种烹调方法，就是将原料和调料放在炮铛上，用旺火热油，不断翻搅（此动作称为炮），直到汁干肉熟，如清真菜炮羊肉、炮糊。清真菜中的涮羊肉、烤牛肉、烤羊肉串等菜肴，也都久有盛誉。由于在一些大中城市中，回汉满蒙各民族长期杂居，从事烹饪行业的回族人特别善于学习和吸取其他民族中好的烹饪方法，因而清真菜的烹饪技法由简到繁、由少到多，日臻完善，炒、熘、爆、扒、烩、烧、煎、炸无所不精，形成了独具风格的清真菜系。

（三）名菜

中国清真菜有500多种，如葱爆羊肉、焦熘肉片、黄焖牛肉、扒羊肉条、清水爆肚、油爆肚仁等，都是各地清真餐饮中常见的。各地还有一些本地特别拿手的清真风味名菜，如兰州的甘肃炒鸡块、银川的麻辣羊羔肉、西安的羊肉泡馍、青海的手扒肉、云南的鸡枞里脊、吉林的清烧鹿肉、北京的它似蜜、焐鱼腐等，其风味更是独树一帜。清真菜还善于吸收其他民族风味菜肴之长处，将好的烹饪方法嫁接到本民族的菜肴制作中来，如清真菜中的东坡羊肉、宫保羊肉等便是来源于汉族的风味菜肴。

清真菜宴席也极有特色，大体可分为燕菜席、鱼翅席、鸭果席、便果席和便席5类，具有繁简兼收、雅俗共赏、高中低档咸备、色香味形并美的特点。此外，清真小吃名目繁多，用料广泛，应时当令，丰富多彩，如爆肚、白汤杂碎、奶油炸糕等，风味也非常突出。

二、其他少数民族菜

蒙古族菜是以牛羊肉和奶类为主而形成的风味流派，早在元代《饮膳正要》中已有反映，其烹调法多用煮、炖、烤、炸等，菜肴油重、味浓，名菜有烤羊腿、烤全羊、炸羊尾等。

满族菜是以原居吉林、辽宁等地的满族的肴馔为主形成的。元代《居家必用事类全集》中记载的女真食品，当是满族菜的最早记载。清朝建立后，由于满汉菜肴交流，满族菜发展很快，影响日益扩大，精于扒、熻的烹调方法，著名菜肴有白煮猪肉、坛子肉、炙猪肉等。

朝鲜族菜是明末清初由朝鲜半岛逐渐迁入东北的朝鲜族的肴馔形成的。原料多为鱼、狗肉和蔬菜。善用生拌、明烤、腌渍、汤煮的烹调法。名菜有生拌牛肉丝、生拌鲜鱼片、泡菜、烧狗肉、补身汤等。

此外，藏族的蘑菇炖羊肉、烧肝、灌粉肠，壮族的白切乳猪、三七炖鸡，彝族的坨坨肉，景颇族的干鱼、牛羊肉，白族的烹鱼（如砂锅弓鱼），基诺族的蝌蚪拌臭菜、松鼠干汤，纳西族的炸乳扇，瑶族的酸菜蒸鲫鱼，傣族的炸昆虫、酸笋烤鱼、酸蚂蚁卵

酱,苗族的酸鱼、腌蚯蚓、酸味辣汤,土家族的盖面肉,赫哲族的炒鱼毛、生鱼片,鄂伦春族的手把肉,侗族的腌鸭肉、醋鱼肉,傈僳族的烧乳猪,毛南族的腌肉酸、螺蛳酸,纳西族的腊头等,均富有浓郁的民族特色。

第四节　中国的仿古风味菜肴

仿古菜是仿照古代菜肴制作的菜品。中国的仿宫廷菜(仿膳菜)和仿官府菜(仿孔府菜、仿谭家菜、仿随园菜)均属于仿古风味菜肴,是中国烹饪文化数千年发展的结晶及再现,其历史文化内涵较高。

一、宫廷菜(御膳)

宫廷菜原指历代皇宫内由御厨制作的专供皇帝、后妃们食用的菜肴。由于明朝以前的宫廷菜我们只能见到一些零星的文字记载,真正流传至今的可谓凤毛麟角,唯有清代的宫廷菜较为完整地流传下来。中国第一历史档案馆中保存的御膳档案详细记载了自乾隆到宣统近200年间7位皇帝每日进膳所上菜点的名称,进膳地点,所用家具、餐具及做菜厨师的姓名等,记载各种各样风味菜肴名称近万种,既有山珍海味,也有家常菜肴,我们称之为清宫菜。清宫菜以满族食风为主,既有山东、江南、四川等各地方的风味,也包括蒙、回各民族的风味,制作精致,色形美观,擅长熘、炒、蒸、炸,以清、鲜、酥、嫩著称。

(一)清宫菜的特点

1. 选料考究

清宫菜所用米、面、肉、蔬菜、瓜果、禽鱼、山珍海味,多为各地精选的贡品,例如,御膳房所用的米是黄、白、紫三色老米,京西玉泉山、汤泉等地有专人培植这种稻米,一般官民百姓是无权享用的;此外,还有全国各地进贡的上色好米,人们常称之为"贡米"。羊肉取自于宫中庆丰司;清代御膳房不用牛肉,只用牛奶,也由庆丰司供应。各种山珍海味、奇瓜异果和各地方著名干菜等,都是由各地呈贡而来的。就连御膳房煮饭使用的水,也是特别从北京西郊玉泉山专门运来的甘洌的泉水。一般家禽、家畜及时鲜蔬菜,则由宫中"菜户当家的"到市上选购而来,也都是成色最好的。这样精选的原料,是烹饪出上好佳肴的先决条件。

2. 名厨精心烹制

清代御膳房沿袭明制,属内务府管理,设管理事务大臣若干人,都是由皇帝特别选派。管理事务大臣下设尚膳正、尚膳副、尚膳、主事、委署主事、笔帖式等官职,具体负责皇帝吃饭事宜。御膳房下设有荤局、素局、挂炉局、点心局、饭局等五局。各局都有御厨数十人。荤局主管制作肉类、鱼类、禽类、海味等荤菜;素局主管制作植物类菜肴;挂炉局又称包哈局,专管烧烤类菜肴(如烤猪、烤羊、烤鸭等)及咸菜;

点心局主管制作包子、饺子、烧饼等各式面点、小吃及宫中特有的糕点等;饭局主管制作各种粥、饭等。宫中厨师多时达300余人,许多御厨终其一生只负责一种或数种菜点的制作,分工细,制作精。这样强大的技术力量,是烹制出宫廷独特美味的关键所在。

3. 配料严格,不得任意搭配

民间厨师在制作菜肴时,可以根据手头原配料的多寡和有无,临时做些调整,用此料代彼料,只要烹制得好,没有人会追究。例如,制作八宝菜只要凑上八种原料即可,只要味道做得好,有时少一种至二种或多一种至二种也都无所谓。然而在宫中便不能允许,八宝菜只能用八种规定的原料,不得任意更换。因此,宫廷菜其实是很刻板的,厨师如要有所创新,常常要冒着受呵责的风险。当然,如果一道新菜能够受到帝后们的赏识,赏赐也是较为优厚的。

4. 讲究原汁本味

在宫廷菜中,如果一道菜的主料是鸡,则一定要突出鸡的本味,无论使用何种配料和调料都不可影响鸡的本味。烹制鹿肉、水产,也是这样。宫廷菜讲究色、香、味,一道菜的色彩形状和扑鼻香气,都是为了引人食欲,最终还要落在一个品位上,不允许中看不中吃者,冷菜、热菜都是如此。宫廷中的冷菜,一般是一种菜盛一盘,各不混淆、互不串味。也有用攒盘将几种菜肴装在一盘的,但这种盘子一般中间都有格子隔开;像工艺美术品样的冷荤拼盘是没有的。

5. 菜名朴素、直观

菜名多数都是烹调方法加主料名称,或是主料名称加配料名称,使人一看即能明白此菜内容。统观清代200多年来的御膳档,无花里胡哨的菜名,而与民间菜肴相同。

(二) 名菜

清宫名菜有熘鸡脯、凤凰趴窝、燕窝贺字锅、烧鸭子、荷包里脊、鱼藏剑、炸佛手卷、龙须驼掌、炒豆腐脑、烧鹿筋、抓炒鱼片、金银鹿肉、雪花桃泥、荷花鱼丝、罗汉菜心、炒胡萝卜酱等。

(三) 仿宫廷菜(仿膳)

仿宫廷菜(仿膳)是指仿制历代帝王皇宫内御膳房由御厨制作的专供皇帝、后妃等用膳的菜肴,为仿古菜之首。

清代宫廷菜得以流传下来,首先得力于原清宫御膳房中的几位老御厨:赵仁斋、孙绍然、王玉山、赵永寿、牛文质、温宝田、潘文晌、杨清山等。清亡后,他们走出紫禁城,于1925年在北海公园内开设了"仿膳斋"(仿膳饭庄的前身),专门经营仿清宫风味,立刻名扬北京城。如今在北京北海公园内的仿膳饭庄和颐和园内的听鹂馆餐厅,均可以品尝到正宗的仿清朝宫廷菜。

仿膳的仿清宫廷名菜,约有二三百种,特别讲究色、香、味、形和菜肴的名称。

比如,罗汉大虾、怀胎鳜鱼、凤凰趴窝、蛤蟆鲍鱼等,不仅味道佳美,而且取名形象,把色彩和形状有机地结合起来。还有不少风味点心,如肉末烧饼、豌豆黄、芸豆卷、小窝头等。

现在西安、开封、杭州等地在挖掘试制仿唐菜和仿宋菜。

二、孔府菜

孔府菜又称府菜,是山东曲阜县孔府里的菜肴,是经历千百年的发展演变形成的典型的官府家菜。

(一)沿革

山东曲阜县的孔府居住着中国历时最久、最大的孔子后裔世袭家族,至今已传承77代,经历2 500多年。自汉高祖刘邦于公元前195年路过鲁地祭祀孔子、汉武帝刘彻"独尊儒术"承认了儒家的正统地位之后,历代皇帝对孔子及其嫡系累有加封和赏赐。孔府的主人经常接待帝王贵胄,酒食饮宴极其讲究,从而促进了孔府烹饪的发展,逐渐形成了自成体系的一种风味肴馔。从明、清两代的孔府档案资料记载可知,其饮宴馔事甚丰,除能举办燕菜席、鱼翅席、海参席等各类大宴之外,还举办过最高水平的满汉全席、全羊大菜,显示了孔府菜的高超技艺。孔府菜经历了漫长的岁月,孔府内厨师代代相传。

(二)构成与特色

孔府菜可以分为两部分:一是衍圣公及其府内家人日常饮食的菜肴,由"内厨"负责烹制,称为家常菜;二是为来孔府之帝王、贵胄、名族、官宦祭孔、拜访举办的各种宴请活动的菜肴,由"外厨"负责烹制。如遇大型的祭孔、寿诞、婚喜活动,来宾众多时,内、外厨则全部出动,以内厨为主;内厨和外厨均为轮值制度,内厨每月三班轮值;外厨可不集中,在自己家里等待,但必须招之即来。不少厨役在孔府长期工作,有的厨者还是世袭的。他们都是专业厨师,技艺高超。

孔府正席菜具有制作精细、注重营养、豪华奢侈、讲究礼仪等特点。孔府的日常饮食肴馔,选料精而广,技法多而巧,并具有浓厚的乡土气息。孔府烹菜原料,无论蔬菜或肉、禽、鱼、蛋都是鲜品,常用原料均有专门役户提供。日常的食品,富营养、讲时鲜、有风味、搭配调剂恰当。接待外客的筵席菜,则有严格的等级差别,讲究排场,注重礼仪。菜品山珍海味,奇馔佳肴充满席间,如鱼翅四大件席有菜名50多种,海参四大件席有菜品40多种,海参二大件席菜品也近20多种,是分别接待钦差大臣、州府官吏、县衙官员等不同级别的客人的不同待遇,品味也有珍蔬之异,充分体现了名门官府注重门第的观念。

(三)名菜点

孔府的名菜名点繁多,数以千百计。既有以珍稀名贵原料烹制的筵席大菜,又有寓意孔家历史典故的名菜点,更有技法独特、精烹细作的孔府家常名馔,从而构成了丰富的孔府名菜点的阵容,如筵席菜有孔府一品锅、燕菜一品锅、白扒通天翅子、八仙过海闹罗汉、奶汤燕菜、把儿鱼翅、把儿海参、红扒熊掌、糟烧海参、奶汤鹿筋、烤乳猪、烤鸭子、八仙鸭子、神仙鸭子、三套鸭子等。寓意孔府历史典故的名菜有一品豆腐、一卵孵双凤、带子上朝、御笔猴头、御带虾仁、怀抱鲤、烧安南子、烤花篮鳜鱼、诗礼银杏、乌云托月、油泼豆豉、烧秦皇鱼骨、晾干肉、秋季酱肉等。孔府点心也有特色。用各种花卉为料制作馅心的桂花饼、荷花饼、菊花饼、薄荷饼、百合酥、玫瑰粽子以及各式风味点心,如羊角蜜、黑麻糕、元宝酥、开花酥、佛手酥、蜜卷酥、芙蓉果、罗汉饼、龙须糕、如意饼、寿桃、巧果点心等,均花样精巧,味美可口。

(四)仿孔府菜

自1947年第77代衍圣公离开孔府后,厨房停火,厨师离散。20世纪70年代后期,齐鲁烹饪研究者开始挖掘这一烹饪文化遗产,并找到原孔府老厨师葛守田、赵玉淮等,参与挖掘,使孔府菜得以从原来的官府家族中流传到社会上。20世纪80年代中后期,山东济南和北京先后开办了孔膳堂饭庄,对外经营仿孔府菜。

寓意孔府历史典故的仿孔府名菜有一品豆腐、带子上朝、御笔猴头、怀抱鲤、诗礼银杏等。

三、谭家菜

谭家菜是北京著名的官府家庭风味菜。

(一)沿革

谭家菜出自清末官僚谭宗浚家中。谭宗浚,字叔裕,广东南海人,同治十三年考中榜眼,在翰林院供职。谭一生酷爱珍馐美味,热衷于在同僚中相互宴请,宴请时他总要亲自安排,将肴馔整治得精美可口,因此清末时已颇具名声。谭宗浚之子谭瑑青,讲究饮食过于其父。谭宗浚到江南、四川等地充任外官时,谭瑑青随往,对各地方菜多有涉猎,积累食诀甚丰。谭家的女主人都善烹调,不断吸收各派名厨之长,久之则成功地将南方菜(特别是广东菜)同北方菜(特别是北京菜)相互融合,成为独创一派的家庭风味菜肴。

谭家菜形成初期,纯属官府家庭菜肴,后来谭家败落,便变相经营谭家菜以补贴家庭开支,自20世纪30年代起对外营业,取名谭家菜。由此逐渐流传到北京市场上,以其独树一帜的家庭风味流传百余年而不衰。20世纪20—40年代,谭家菜掌灶的厨师是谭瑑青的如夫人赵荔凤。她精于烹调,到谭家便掌握了谭家祖传的烹饪秘诀。定居北京后,她又向许多京师名厨学习烹饪技艺。由于广泛吸收了各派名厨的特长,融会贯通,独辟蹊径,从而使谭家菜逐渐发展到一个新的水平。赵荔凤于1946年病逝后,能继续烹制谭家菜的为三位家厨。彭长海掌灶烹调热菜,崔明和擅长做冷菜,吴金秀擅长做点心。

(二)特点

谭家菜有四大特点:

1. 甜咸适口,南北均宜

中国烹饪界有"南甜北咸"之说,而谭家菜在烹调中多为糖盐各半,以甜提鲜,以咸提香,做出的菜肴口味适中,鲜美可口,无论南方人还是北方人都爱吃。

2. 讲究原汁原味

烹制谭家菜很少用花椒一类的香料炝锅,也很少在菜做成后再撒放胡椒粉一类的调料。讲究的是吃鸡就要品鸡味,吃鱼就要尝鱼味鲜,绝对不能用其他异味、怪味干扰菜肴的本味。在焖菜时,则绝对不能使汤对汁,以保持原汁。

3. 选料精,加工细

对山珍海味类原料的选择精益求精,近于挑剔。例如,熊掌必须选左前掌,鱼翅必选吕宋黄,鲍鱼必选珍贵的紫鲍等。

4. 火候足、下料重,菜肴软烂,易于消化,特别适合老年人食用

谭家菜讲究慢火细做,采用较多的烹饪方法是烧、燔、烩、焖、蒸、扒、煎、烤,以及羹汤等,很少做急火速成的爆炒类菜肴。所谓下料重,是指吊汤时舍得下料。谭家菜的清汤,是用整鸡、整鸭、猪肘子、干贝、金华火腿等原料熬制而成的,其汤清而味浓,极为鲜美。因为吊出的汤好,烹制出的菜便更加鲜美。

(三)名菜

谭家菜共有200余种佳肴,尤以做海味菜最为有名。在烹制海味中又以燕窝和鱼翅的烹制最为出名。在谭家菜中,鱼翅的烹制方法即有10几种之多,如三丝鱼翅、蟹黄鱼翅、砂锅鱼翅、清炖鱼翅、浓汤鱼翅、海烩鱼翅等。这些菜均用家庭制作方法,用料足。烹制讲究,制成后翅肉软烂,味极醇美,而在所有鱼翅类菜中,尤以黄焖鱼翅最为上乘。这个菜选用珍贵的黄肉翅(吕宋黄)来做,讲究吃整翅,一只鱼翅要在火上焖6个小时,这样焖出的鱼翅,汁浓、味厚,柔软糯滑,极为鲜美。

谭家菜的素菜、甜菜、冷菜以及各类点心也都有特色。点心中麻茸包,色白皮软,馅甜而香,入嘴即化,非常适口;酥盒子肉馅鲜美,酥皮松脆,色、香、味、形俱佳,与谭家菜中的佳肴相得益彰。

(四)仿谭家菜

赵荔凤病逝后,烹制谭家菜的三位家厨崔明和、吴金秀和彭长海,于1950年离开谭家,在北京宣武区果子巷经营谭家菜。1954年迁西单恩成居后院,加入了国有企业。1958年,在周恩来总理的建议下,谭家菜全部并入北京饭店,成为北京饭店四大菜(指川、粤、淮扬、谭家)之一。

四、随园菜

随园菜是因《随园食单》而得名的清代官府菜。袁枚,字子才,号简斋、随园老

人,浙江钱塘(今杭州)人。乾隆进士,曾任江宁等县知县。40岁告退后筑园于南京小仓山下,名曰"随园"。

《随园食单》全面总结了历代烹饪技术的经验和教训,收录了苏、浙、皖等地,也涉及京、鲁、粤等地方菜,尤其是官府菜的名馔和风味点心300余种,堪称是官府菜谱代表作。随园菜也属官府菜的典范,用袁枚自己的话说,即"每食于某氏而饱,必使家厨往彼灶觚,执弟子之礼,四十年来,颇集众美","余都问其方略,集而存之"。

(一)随园菜的特色

1. 十分讲究原料的选择

猪肉选用皮薄无腥臊的,鸡选用骟嫩不可老稚,鲫鱼选用身扁白肚的,鳗鱼选用湖溪游泳的,鸭用谷喂之鸭,笋用壅土之笋等。主料是这样,对调料的选用也是如此,酱用伏酱,先尝甘否,油用香油,须审生熟,酒用酒酿应去糟粕,醋有陈新之殊,不可丝毫差错,葱椒姜桂糖盐虽用不多,俱选用上品。在对原料时令的要求上有过时而不用的,如过时萝卜、山笋、刀鲚等,认为精华力竭。此外,还注意原料的部位差异而引起质量的不同。炒肉用后臀,肉圆用前夹,煨肉用短肋,鸡用雌,鸭用雄,莼菜用头,芹韭用根。随园菜遵循这样的选料原则,达到近乎于"苛刻"的要求。

2. 加工、烹调精细而卫生

加工中,随园菜要求:"切葱之刀不可切笋,捣椒之臼不可捣粉","肉有筋瓣,剔之则酥,鸭有肾臊,削之则净,鱼胆破而全盘皆苦,鳗涎存而满碗多腥。若要鱼好吃,洗得白筋出"。烹调中尤其重火候,如蒸鱼要色白如玉,凝而不散;烧肉火候要恰到好处,迟则色黑,屡开锅盖,则多沫而少香,火熄再烧,则走油而味失。在卫生上要求制菜多换抹布,多刮砧板,多洗手,再做菜,菜肴不可有丝毫的不净之味。

3. 讲究色香味形器

随园菜的制作要求色不可用糖色,香不可用香料,菜肴的色要净如秋云,鲜似琥珀,香味不要舌尝就知,味要求浓厚而不可油腻,味清鲜不可淡薄。盛器要求贵物用器宜大,煎炒用盘,汤羹宜碗,宜盘则盘,宜碗则碗,宜大则大,宜小则小,参错其间。

4. 注重筵席的制作艺术

随园菜的筵席,一是不搞耳餐、目餐的食前方丈,多盘叠碗,而是注重美味待客。用擅长制作的风味菜肴待客。二是菜肴讲究鲜味,现杀现烹,现熟现吃,不搞把菜做好一齐搬出。三是注重上菜先后,咸者宜先,淡者宜后,浓者宜先,薄者宜后,无汤宜先,有汤宜后;度客食饱,则脾困矣,用辛辣以振动之;虑客酒多,则畏疲矣,须用酸甘以提醒之。

5. 严格而科学的要求

随园菜在烹调上有这些严格而科学的要求,因此,随园菜的特色是,一物各献一性,一碗各成一味,菜肴呈原汁原味是基本的口味特色,菜肴没有华而不实的弊病,而讲究真正的味道。菜肴根据时节的不同,原料的选择、烹调方法、调味火候也随之变化。制作中戒牵强附会故意造作而失去物性和自然形态,菜肴色香味形器讲究顺其自然和巧妙的搭配,烹调方法以江浙地区的技法为主。

(二)仿随园菜

仿随园菜是在南京金陵饭店原膳食部,根据《随园食单》这部烹饪著作挖掘研制而成的,现已成为金陵饭店的膳食特色之一。

(三)名菜

随园菜的品种繁多,已研制成功的仿随园菜有40多种,如素燕鱼翅、鲅鱼炖鸭、鲅鱼豆腐、白玉虾圆、八宝豆腐、鸡松、鸡粥、瓜姜水鸡、雪梨鸡片、台鲞烧肉、酒煨水鱼、黄芪蒸鸡、叉烧山鸡、竹蛏豆腐、芥末菜心、糟鸡翅、鱼脯、素烧鹅、烧鸭、栗子烧鸡、酒煨鳗鱼、灼八块、醉虾等。

第五节　中国的特殊风味菜肴

中国的素菜和药膳属特殊风味菜肴。

一、素菜

素菜通常是指用植物油、蔬菜、豆制品、面筋、竹笋、菌类和干鲜果品等原料烹制的菜肴。

素菜是相对荤菜而言的,"素"字本义是指白色的生绢,后来引申为"无酒肉之食"。"荤"字原义指葱、韭、姜、蒜等辛辣菜蔬,到唐宋才引申为指鱼肉类菜肴。素菜以植物性原料为主,少油腻、较清淡为其基本特点。但我国各民族宗教信仰不一,因而其所用原料也不尽相同。

(一)沿革

中国的素菜大约起源于周代,距今已有3 000多年的历史。春秋战国时期,通过长期实践,人们对蔬食和肉食开始有了不同的认识和选择。汉代,豆腐问世,为素菜的发展奠定了一定的物质基础。魏晋南北朝时期,素菜有了飞跃的发展,北魏贾思勰在《齐民要术》中对素食列了专章进行论述。南朝梁武帝萧衍,笃信佛教,作《断肉酒文》,竭力提倡素食,在历史上产生较大影响。特别是部分佛教僧徒把戒杀生与绝对素食联系起来,演化出僧寺禅院的"香积厨"、"伊蒲馔",进而使素菜在佛教兴盛的南朝很快得到普及。唐代不仅可用素料做成形似猪腿、羊臀、烤肉等品种,而且还达到以假乱真的程度,开创了素菜荤做的先河。北宋汴梁和南宋临安市肆上已有素食店,能用"乳麸、笋、粉"等原料,精烹细调为花色繁多的素筵,以供素食者宴会享用。当时的士大夫总结了饮食经验,主张蔬馔清供。南宋林洪《仙家清供》中的菜点大部分是素菜,其中的假煎鱼、罂乳鱼、胜肉夹、素蒸鸡等也是素菜荤做的名菜。宋人陈达叟的《本心斋蔬食谱》收集了20多种蔬食原料和制法,至此素食在中国烹饪中,已形成独具一格的流派。历经元明清,素菜不仅发展到讲究色香味形的阶段,而且出现了寺院、宫廷和民间素菜的分野。清末还出现了蒋宝辰撰写的专著《素食说略》,收录近200个素食品种,在历史上有一定影响。

(二)素菜的特征

素菜的特征主要有:第一,以时鲜为主,清爽素净,这是素菜区别于荤菜的显著特点。清朝李渔说:"论素食之美者,曰清、曰洁、曰芳馥、曰松脆而已。不知其美所在,能居肉食之上者,只在一字之鲜。"他认为素菜的根本特点是"鲜"。第二,花色繁多,制作考究。第三,富含营养,健身疗疾。

(三)分类

素菜以其食用对象分为寺观素菜、宫廷素菜、民间素菜。

1. 寺观素菜

寺观菜原指禁用动物性原料及禁用五辛(大蒜、小蒜、阿魏、慈葱、茗葱)的寺院菜和禁用五荤(韭、薤、蒜、芸薹、胡荽)的道观菜。现主要是指用蔬菜(含菌类)、果品和豆制品、面筋等制作的素菜,善用竹笋、豆芽等吊制的素高汤增鲜。寺观素菜起初只限于寺观内部食用,后来香客多了,需就地进餐,有些较大的寺庙香积厨就经营素菜。清代寺庙宫观素馔之著称者,有京师法源寺、镇江定慧寺、上海白云观、杭州烟霞洞。现今江苏什锦豆腐羹就是出于清扬州天宁寺文思和尚创制的素菜文思豆腐。寺观素菜一般烹调简单,品种不繁,且多就地取材。安庆迎江寺的素菜就是以当地所产黄豆为主料,加工制成千张、豆腐,以附近山区所产冬菇、黄花菜、木耳、玉兰片为辅料,配以应时蔬菜,精心烹制而成。湖北五祖寺的"四宝"(煎春卷、烫椿芽、松树菇和白莲汤),也是采用寺后的椿芽、松树菇和寺中白莲池的白莲等特产烹制的。时至今日,驰名的寺观素菜仍不少,如厦门南普陀寺、泉州开元寺、福州鼓山涌泉寺、杭州灵隐寺、扬州大明寺、南京鸡鸣寺、成都宝光寺、上海玉佛寺、龙华寺以及一些宗教名山,如佛教的峨眉山、普陀山和道教的青城山等处的素菜,其用料之广,手艺之精,已远非昔日以大烩菜一类菜肴为主的寺观素菜所可比拟。

2. 宫廷素菜

中国历朝宫廷均设有专司饮食机构,到了清代御膳房下有素局,专门烹制素菜,主要供帝王斋戒时食用。其特点是制作精致,配菜典式有一定规格,一些专做素菜的御厨技艺精湛,他们以面筋、豆腐等为原料,能做出200多种风味独特的素菜。清末以后,御厨流落民间,宫廷素菜的用料和制法也就流传开来,例如,炒豆腐,原为慈禧老年时所食软菜之一,因其鲜香软嫩,入口即化,一经传扬即成名菜。

3. 民间素菜

中国素菜在民间主要以素菜馆为代表。素菜馆源于宋代,到清代有了较大的发展。光绪年间,设在北京前门大街路西的素真馆以及其后的香积厨、道德林、功德林、菜根香、全素斋、宏极轩等均一度誉满京城。为满足不同需要,招揽生意,素餐馆创制出许多风味独特的菜肴。现在仍享有盛誉的素餐馆有天津的真素园、上海的功德林、南京的绿柳居、北京的全素斋、广州的菜根香、杭州的道德林、西安的素味香等,都有自己独特的风味菜肴。

(四)名菜

中国素菜现在已经发展到几千种,著名素菜有桑莲献瑞、鼎湖上素(亦名鼎湖罗汉斋)、文思豆腐、罗汉斋、炒豆腐脑、半月沉江、糟烩鞭笋、醋熘素黄鱼、糖醋素鲤、笋炒鳝丝、脆皮烧鸡、炒腰花、红焖鸭、素火腿等。制作方法也有了新的发展。素菜从制作方法上,大致可分为3类:第一是卷货类,用油皮包馅卷紧,淀粉勾芡,烧制而成,品种有素鸡、素酱肉、素肘子、素火腿等;第二是卤货类,以面筋、香菇等为主烧制而成,品种有素什锦、香菇面筋、酸辣片等;第三是炸货类,通过油炸而成,品种有素虾、香椿鱼、小松肉等。

二、药膳

药膳亦称饮食疗法,是在食品中加中药的膳食,将一些可供食用的药材,按药膳配方跟烹饪原料做成的菜肴。

药膳的特点是:以中医理论为基础;以传统的烹调技术为手段;以治病、保健、强身为目的。药膳与服用药物一样,必须遵循治疗原则。因此,在具体应用时必须注意5点:重五味调和,忌五味偏嗜;重素食,忌厚味;重饮食有节,忌暴饮暴食;重五味应时,忌五味所禁;重食疗与摄生相须为用,以登仁寿之域。

著名的药膳有冬虫夏草全鸭、当归羊肉羹、当归炖乌骨鸡、枸杞叶炖猪腰、枸杞羊肾粥、枸杞肉丝、果仁排骨、草果豆蔻炖乌骨鸡、二母元鱼、杜仲爆羊腰、玫瑰花烤羊心、人参鹿尾、天麻鸳鸯鸽、莲子猪肚、米酒炒田螺、山药茯苓包子、双耳汤、百合鸡蛋黄汤、白术猪肚粥、荷叶粥、马齿苋粥、培养正气鸡、"头脑"(八珍汤)等。

第六节　中国的风味小吃、点心

一、概述

(一)小吃、点心

小吃、点心是中国烹饪的重要组成部分,历史悠久,品类丰富,外观精美,讲究风味,富有中国传统文化特色。小吃、点心两词,古代常互用,沿袭至今。它是指用于早点、夜宵、茶食或席间的点缀以及茶余饭后消闲遣兴的小型方便食品,如油条、豆浆、油茶、粽子、元宵、糕点等,它以量少精制而有别于正餐和主食,也以量少价钱便宜而区别于大菜,常称作经济小吃。北方与长江上游地区,将食肆饭摊边做边卖的早点、夜宵食品都称为小吃,而将糕点厂的制品以及宴会所用的精美糕点,则称为点心;南方地区有的将可充当早点、夜宵的米面制品都称作点心,而将肉类制品称做小吃。有的地方则把小吃、点心视为同义词,不加区分而混用。许多地方还将一些主食的食品作为小吃、点心供应于市。

北京、天津、山东、山西、河南、陕西、上海、江苏、浙江、四川、广东11个省市是中国小吃发达的地区,其他各省(自治区)以及港澳等地的小吃也都各有其风味特色。

根据20世纪80年代出版的《中国小吃》所收12个省市材料,经过精选的品种已有1400多种。如果将全国31个省市的品种全部收集起来,当在数千种以上。

少数民族的独特小吃,也极丰富多彩,如满族的萨琪玛、回族的油香、麻酱烧饼、维吾尔族的馕、烤包子、手抓饭、蒙古族的肉饼、馅饼、白族的米线、朝鲜族的打糕、冷面等。

此外,还有遍及全国的节令食品,如春节的饺子、年糕,元宵节的元宵(汤圆)、立春的春饼、清明节的青团、端阳节的粽子、中秋节的月饼、腊月初八的腊八粥等也是市场供应的名食,反映出节令食品的风味各异。

(二)分类

中国小吃,用料广博,技法多变,品种多样,以粮食为主料的,按花色品种可分包卷类、饼饵类、面茶类、饺角类、糕团类、糜粥类、杂食类等。此外,还有许多用肉、鱼、豆制品等制作的小吃。按成熟方法分为下列几类:

(1)蒸类,利用蒸汽传热而成熟的食品,面制品有包子、馒头、花卷、蒸饼、烧卖等,米制品有年糕、小窝头等。著名品种有天津狗不理包子、扬州翡翠烧卖、上海南翔小笼馒头、山东高庄馒头等。

(2)煮类,以水传热成熟的食品,面制品有面条、饺子、馄饨、泡馍等,米制品有元宵、米线、粽子等,其他如茶叶蛋等。著名品种有山东的福山拉面、临沂糁、四川抄手(馄饨)、兰州牛肉面、西安牛羊肉泡馍、山西刀削面、北京豆汁、杭州片儿川、宁波汤团、盐城藕粉团、云南过桥米线、广州艇仔粥等。

(3)炸类,以油为传热介质,用大量油加热成熟的食品,面制品有油条、薄脆、麻花、馓子等,米制品有炸糕、麻团等。著名品种有天津大麻花和耳朵眼炸糕、淮安茶馓、北京蜜麻花和焦圈等。

(4)烙类,通过金属镟子或饼铛传热而制熟的食品,如家常饼、荷叶饼、烧饼、煎饼等。著名品种有福建广饼、安徽大救驾、天津煎饼、上海蟹壳黄、吉林(四平)李连贵熏肉大饼、北京褡裢火烧等。

(5)烤类,包括烘、烤类,通过热辐射制熟的食品,如面包、蛋糕、酥点和饼类等。著名品种有重庆蛋松糕、江苏黄桥烧饼、济南油馓、北京烤白薯、新疆烤羊肉串等。

(6)煎类,面制品有锅贴、煎包等,鱼鲜制品有蚝煎等。著名品种有厦门蚝煎、山东煎包、上海生煎馒头、武汉三鲜豆皮、北京灌肠等。

（7）爆炒类，用油或水传热使小型原料快速变熟的食品，面制品有炒疙瘩、炒面等，米制品有炒牛肉沙河粉、扬州炒饭等，肉类制品有北京爆肚等。

二、中国面点小吃的风味特色流派

中国风味小吃、点心，由于地理、气候、物产、生活习俗的不同，在选料上、口味上、制法上形成了不同的风格流派特色，常粗分为南味和北味两大风味或北方风味、岭南风味和长江下游风味。但更具体可分为"京式"、"苏式"、"广式"、"川式"、"晋式"和"秦式"等流派。

（一）北方风味的京式流派

北方风味的京式流派点心小吃，最早起源于华北、东北、山东、河南地区的农村和满、蒙、回等少数民族地区，后来在我国首都北京形成了一个制作体系与一大批主要风味代表，北京也成了全国食品制作的中心，代表了那个历史时代全国饮食的最高水平，在全国享有盛誉。北京地处独特的地理位置，从很早时候起，便成为汉、匈奴、鲜卑、契丹、渤海、女真、维吾尔和回回等古代中华民族杂居的地方。这些民族把自己的一套饮食习惯和面点制作方法带到北京，加之中原、华北、东北盛产小麦，各民族和汉族一起，根据北方的物产及生活习惯，尤擅长制作面粉类点心，并具有鲜明的民族风格，特别是中国古代北方各民族的饮食文化特征，点心、小吃具有汉族风味、清真风味和宫廷风味的特色。天津小吃吸收了南北各地的技艺，形成了自己的特色。河南地处黄河中下游，这里的九朝故都洛阳和宋代京城汴梁（今开封），是南北小吃荟萃之地，小吃市场亦十分繁荣。山东小吃以面食为主，是北方面食发源地之一。

其基本特点：第一，原料广泛，品种繁多；第二，技法多样，工艺精巧；第三，口味爽滑，柔软松嫩。

著名的点心、小吃有北京都一处"烧麦"、艾窝窝、小窝头、豌豆黄、豆面糕（驴打滚）、焦圈、蜜麻花、爆肚、豆汁、肉末烧饼、褡裢火烧、天津煎饼果子、狗不理包子、嘎巴菜、虾子豆腐脑、什锦烧饼、耳朵眼炸糕、桂发祥什锦麻花、王记剪子股麻花、芝兰斋糕干、陆记烫面炸糕、锤鸡汤面、白记水饺、河南大枣锅盔、凤球包子、鸡丝卷、八宝馒头、瓤包、白糖焦饼、黏面墩、绿豆糊涂、武陟油茶、豌豆馅、开封第一楼小笼包子、小焦杠油条、荆芥面托、鸡蛋布袋、山东蛋酥炒面、金丝面、油馓、蓬莱小面、福山拉面、周村酥烧饼、糖酥煎饼、高汤小饺、煎包、佘子面、开花馒头、武成暄饼、潍县杠子头火烧、吉林（四平）李连贵熏肉大饼等。

（二）长江下游风味的苏式流派

在我国富裕的长江下游江苏、浙江一带地区，产生了以苏式面点小吃为主要代表的流派，它起源于扬州、苏州，发展于江苏、浙江、上海等地，以江苏为代表。

江苏自古以来就是饮食文化的发达地区,加之江苏温和的气候条件和优越的地理位置,使得苏式面点起源、制作较早。苏式面点小吃各有其味,而尤以点心最佳,点心中又以米粉制品为佳。江苏小吃富有江南特色,以品种多、技艺精、造型巧和口味全著称,并形成南京夫子庙、苏州玄妙观、无锡崇安寺、南通南大街等小吃群。浙江小吃属江南地方小吃,以米面为主料,形成咸、甜、鲜、香、软、糯、松、滑等特色俱有的糕团点心、面食豆品小吃。上海小吃是在传统品种的基础上,汇集各地小吃的精华,不断改进、提高而逐渐形成的,具有精细、小巧、风味多样等特点。上海小吃,如饼馒酥饺、团粽饭糕、汤糊浆羹、馄饨面条等,花色达600多种。

其基本特点:第一,制作精巧,讲究造型;第二,馅心多样,重视调味;第三,糕团松软,香甜油润。

著名的点心、小吃有江苏太湖船点、猪油年糕、松子百果蜜糕、椒盐桃麻酥糕、桂花糖年糕、五色松糕、淮安茶食徽、文楼汤包、淮饺、三丁包子、千层油糕、翡翠烧麦、浙江虾爆鳝面、片儿川、幸福双、马蹄酥、葱包桧儿、湖州大馄饨、宁波汤团、丁莲芳千张包子、金华干菜酥饼、白糖肥肉松糕、龙凤金团、侯口馒首、嘉兴五芳斋鲜肉粽子、诸老大粽子、吴山酥油饼、清明艾饺、豆腐圆子、上海南翔小笼馒头、鸽蛋圆子、枣泥酥饼、擂沙圆、蒸拌冷面、面筋百页、小绍兴鸡粥、排骨年糕、糟田螺等。

(三)岭南风味的广式流派

广式面点小吃是珠江流域及南部沿海地区面食制作的总称。广州长期以来是我国南方政治、经济、文化的中心,客观上致使广州面点为其主要代表。所以,广式面点是在民间食品的基础上,吸收北方和西式的点心制作的特点,结合本地区人民的生活习惯,在工艺上不断加以改进,而逐渐自成一种面点制作体系,具有独特的南国风味。

广东小吃和点心分为两大类,小吃是指小吃店和街边摊档经营的米面食品,多来自民间,品种多,造型简朴,经济实惠。

其基本特点:第一,用料广泛,品种丰富;第二,造型精巧,味道清淡、鲜爽;第三,粥品繁多,富有营养。

著名的点心、小吃有沙河粉、肠粉、及第粥、艇仔粥、大良双皮奶、伦敦糕、云吞面、蚝油叉烧包、酥皮莲茸包、蟹黄灌汤饺、荷叶饭、冰肉千层酥、蜂巢香芋角、薄皮鲜虾饺、干蒸烧卖、粉果、广式月饼等。

(四)长江上游四川和重庆风味的川式流派

位于长江上游的四川和重庆,物产富饶,素有"天府之国"称号,其点心、小吃用料广泛,制法多样,口感特点是咸、甜、麻、辣、酸、香、脆、嫩。其风味数不胜数。

其基本特点:第一,技法多样,品种繁多;第二,注重传统,工艺严格;第三,善调多种多样的复合味。

著名品种有龙抄手、钟水饺、担担面、赖汤圆、山城小汤圆、蒸蒸糕、蛋烘糕、芝麻圆子、鸡蛋熨头糕、小笼蒸牛肉、川北凉粉、大竹醪糟、白果糕、叶儿粑、崇庆冻糕、夫妻肺片、顺庆牛肉粉等。

（五）关中风味的秦式流派

陕西较早地吸收各民族小吃，挖掘、继承古代宫廷小吃之技艺，因而品种繁多，风味各异。

著名品种有黄桂柿子饼、石子馍、岐山臊子面、黑米稀饭、烩麻食、苦荞饸饹、葫芦头、泡泡油糕、牛羊肉泡馍、金线油塔等。

（六）山西风味的晋式流派

山西素有"面食之乡"之称，花色、品种很多，包括晋式面点、面类小吃和山西面饭三大类，其品种不下500余种。

思考与练习

1. 中国烹饪的特点是什么？其发展经过了哪几个时期？
2. 中国烹饪的繁荣时期可分为哪几个阶段？有何特点？
3. 我国的八大菜系各有何特点？各有哪些代表菜？
4. 我国的清真菜有何特点？有哪些代表菜？
5. 清宫菜有何特点？有哪些代表菜？
6. 孔府菜有何特点？有哪些代表菜？
7. 谭家菜、随园菜各有何特点？各有哪些名菜？
8. 中国素菜有何特点？若以其食用对象进行分类可分为哪几大类？
9. 中国面点小吃有哪几大流派？各有哪些著名小吃？

第八章

中国的特产文化

中国特产是我们的祖先长期认识、利用和改造自然物,为丰富自身的物质和精神生活而劳动创造的结晶,是自然的人类化,即人的精神物化的具体结果。所以,它是广泛意义上的传统文化的优秀部分,属于物质文化的范畴。

第一节 中国特产概述

一、特产的概念

特产,主要强调产品的原料和生产工艺上的独特性,是指土产品中具有独特品质和独特风格或独特技术含量的产品,是土产的精华部分。土产也称土货或土物,是指当地出产的物品。一般指各地的农副产品和部分手工业产品。可见,土产的"土"字,主要强调物产的地域性差异。土特产品是土产和特产的并称。土特名优产品是土产、特产、名牌、优质产品的总称。

二、中国特产的范围与分类

中国特产的范围为:20世纪50年代以前(含50年代)已有生产的传统产品,50年代以后开始生产并获国家优质产品金质奖或在国际上获奖的产品;质量优良、享有盛誉而至今不衰的产品;与人民物质生活和文化生活有关的产品;具有商品价值,便于携带和能够保存一定时间的产品;具有独特的生产或生态环境的产品(不包括自然资源)。

由于中国的地域辽阔,地区差异大,受自然条件和社会、历史条件的影响,各省市区特产产品数以万计。

中国特产产品分为8大类、44亚类和若干小类:

(一)农副产品类:作物优良品种、干鲜果品、干鲜蔬菜、蚕丝;

(二)畜禽水产类:畜及畜产品、禽、水产品;

(三)中药类:中药材、中成药、药酒;

(四)食品类:粮油糖料制品、酒、茶及其他饮料、糕点、糖食、蜜饯、果脯、肉、奶、禽蛋制品、水产加工品、罐头、酱腌菜、调味品、淀粉制品；

（五）工艺美术品类：织绣品、雕塑品、陶瓷玻璃制品、地毯、挂毯、漆器、金属工艺品、编织品、戏装、道具、工艺花画、民间工艺品、珠宝玉石；

（六）纺织品及服装鞋帽类：棉麻织品、丝绸织品、毛织品、服装、鞋帽；

（七）日用品类：书画用品、文体用品、木竹制品、金属制品、林副产品、日用杂品、民族用品；

（八）观赏动植物类：花卉、盆景、观赏动物。

三、特产的主要特点

中国是世界上人口最多、面积辽阔的国家，特产资源极为丰富。其主要特点，大致可归纳为：

（一）由于中国的地域辽阔，地区差异大，全国各省、市、自治区的土特名产的特点有同有异。例如，北京不仅是新中国的首都，而且自元代以来，即为我国的政治中心。这一特定的历史条件，极大地影响了该市土特名产的发展，在漫长的历史年代里，北京已形成了一大批特色鲜明、"京"味浓郁的土特名产品。上海是我国人口最多的城市，科学技术力量雄厚，轻工业发达，工艺精湛。其土特名产品不仅数量多，而且特点明显，产品质量优异，花色、式样新颖，装潢美观，名品很多，誉为"上海货"。广东省是我国的南大门，紧邻港澳，商业发达，能人高手云集，曾是我国对外贸易的窗户。土特名产品亦鲜明地反映了这些社会和自然特点，享有"京广杂货"之美名。

（二）品种齐全，数量众多。由于中国的自然条件复杂多样，自然资源丰富多彩，加之历史悠久，传统文化发达，近代经济亦有所发展，造成了中国的土特名产品品类齐全，数量以万计，不论是农副产品还是手工业品，不论是自然产品还是加工品，不论是动物资源还是矿产资源，不论是来自陆地还是水域，不论是平原地区还是山地、丘陵、林区，不论是寒冷地区还是热带地区，不论是吃的穿的还是用的观赏的，等等，均应有尽有。在一个国家里有那么多品类和数量的土特产品，这对世界各国来说都是罕见的。

（三）农副产品及其加工品所占比重很大。中国在漫长的历史时期中，一直以农立国，农业生产比较发达，农业区域面积广大。在这种情况下，经过广大农民多年的精心培育，中国拥有众多的优良作物品种，各类优质的干鲜果品和干鲜蔬菜，多种优良的畜禽品种，多样的林副产品。以农副产品为原料加工制作的食品、酒、茶及其他手工业品等一系列名特产品，更是琳琅满目。特别是中国的饮食文化具有悠久的发展历史，各类名特食品，包括名酒、名茶以及各种名菜、名点等，在世界食品生产中独具特色。

（四）中医、中药是世界医药宝库的重要组成部分。中国是中医药的发源地，不仅药材资源极其丰富,种类齐全,而且成药制作技艺精良,疗效高。各类药材、成药和酒药的生产,在世界同类产品中,一直居于领先地位。中药在我国土特产资源中占据重要的地位。

(五)为世界工艺美术做贡献。中华民族是一个勤劳、智慧的民族,千百年来,不论是汉族还是少数民族,不论是在城市还是在农村,也不论是封建统治上层还是广大民间,在利用当地丰富的自然资源的基础上,经过长期的努力和经验的积累,已创造出大量的、技艺精湛的、适合于各阶层不同需要的各类工艺美术品,为世界工艺美术事业的发展,做出了自己的贡献,尤其是雕刻、刺绣、漆器、戏装道具、陶瓷及民间工艺,更具有中华民族的特色。

(六)土特产品"队伍"在壮大。随着科学技术的不断进步,生产的不断发展以及企业管理水平的不断提高,我国名优产品的品种和数量均在不断增加,不少产品虽然始产年代较短,但其质量优异,在国内外的重大评比竞赛中连连获奖。传统产品亦不断改革生产工艺,不断提高产品质量,使其好上加好。这些名优产品的出现,不仅大大丰富了我国的土特名产资源,改变了我国土特名产的结构,而且加强了我国的土特名产在国际贸易中的竞争能力。

第二节 中国的名茶

一、中国是世界茶叶的祖国

茶叶,自古以来就是我国的重要特产之一,又是世界三大饮料(茶叶、咖啡、可可)之一,是以茶树新梢上的芽叶嫩梢(称鲜叶)为原料加工制成的饮品。

唐代茶圣陆羽的《茶经》是中国也是世界上第一部茶叶科学专著。据该书记载,茶原名荼,唐代始改名茶。

(一)中国茶树的发源地和分布地区

茶树是经自然选择以及人工培育而成的。按照树株来分,有乔木、半乔木和灌木三种,起源于云贵高原的云南,逐步向东南移种,由乔木、半乔木向灌木演化。如果从植物树种分类学来考虑,可分为云南、武夷两个亚种,前者为大叶茶,后者为小叶茶,源于中国,后传向世界各国。

中国茶树的分布,北至黄河流域,南到海南岛,西至云南,东到我国台湾地区、舟山群岛,全国2/3的省区,都有名贵的茶叶珍品出产。

(二)中国饮茶简史

茶叶作为饮料相传开始于神农氏尝百草。在4 000多年前,我们的祖先发现了一种可以解毒治病、健身延年的"神草",它就是茶叶。根据《华阳国志》的记载,西周武王伐纣后,巴蜀等西南小国曾将其所产的茶叶作为"贡品"献给周武王。茶作为饮料始见于西汉(公元前59年)王褒在《僮约》中家奴煮茶、买茶的记载。最初人们将鲜茶叶煮后饮用。秦汉饮茶的方法是将采来的鲜叶做成茶饼,饮用时再捣碎放入壶中,注入沸水,在壶中泡成,并加葱、姜、橘等调味。三国时期,开始将茶的嫩叶碾碎制成饼,烘干,喝时捣成碎末冲饮。魏晋南北朝时期,随着佛教的发展,茶被和尚用来提神,饮茶之风在大小佛教寺庙中流行开来,有"茶佛一味"的说法。唐代的产茶区遍布今江浙、华南、华中地区以及云南、贵州、陕西、河南等10余省,同今天的产茶区大致相等同。茶叶产量以江淮为最高,浮梁、湖州是重要的茶叶集散地。中国第一部茶叶专著陆羽的《茶经》问世于此时,他亲身实践,广作调查,在《茶经》中记述了茶的起源、茶树品种、种植方法、茶叶产地、茶叶采摘和制作技术、烹饮方法以及同采制、烹饮有关的各种器具等。中唐以后,人们将嫩茶叶蒸煮、捣碎,做成饼穿起来烘干以便贮存。饮茶习惯普及到北方,南方大量茶叶运往华北,城镇乡村中的茶馆随处可见。茶叶成为普通百姓的日常饮料,传到我国边疆的回纥、吐蕃等少数民族地区,成了边疆少数民族生活的必需品。宋代人们饮茶之风盛行,嗜好茶的人更普遍,制作茶叶的技术显著提高,重视品味茶叶的香味、茶汁的浓度,斗茶的风气很流行。所以,好茶的品种很多,有龙团茶、龙凤茶、"石乳"、"白乳"、"玉液长春"、"万春银叶"等。宋代后期出现了炒青法,饮茶方法也逐渐由过去的煮饮改为直接用开水冲泡。元朝(1277—1367年)开放西北茶市,饮茶风气在边区少数民族中进一步普及,边销茶大量地生产。明朝,随着制茶技术的进步和提高,茶的质量大有改进,烹饮方法和泡茶器皿等也越来越讲究,茶叶专著也相继问世,如许次纾的《茶疏》、顾元庆的《茶谱》等,对茶的饮用、生产的发展,有过很大的影响,也普及了饮茶知识。清代饮茶之风盛况空前,人们应酬、交际、送礼都离不开茶。茶叶在人们日常生活中占据了重要地位,已成为每家开门7件事之一(油、盐、柴、米、酱、醋、茶)。茶叶是我国人民日常生活中不可或缺的饮料,边疆少数民族还有"宁可三日无粮,不可一日无茶"的说法。各地区各民族形成了种种饮茶习俗,如福建和广东潮汕人考究的"工夫茶"、湖南桃源县人喝的"擂茶"、广东珠江三角洲人民的上茶市、茶楼喝茶吃点心、江浙一带的进茶馆、大理白族待客的"三道茶"等。

二、茶叶的分类

茶叶的分类和命名有多种方法。按商业习惯可分为绿茶、红茶、乌龙茶、白茶、紧压茶和花茶6大类。按茶叶初加工后,毛茶汤色可分为绿茶、红茶、青茶、黑茶、黄茶、白茶6类。再加工茶有花茶和紧压茶。

1. 绿茶

绿茶是最古老的茶叶品种。绿茶是不发酵茶,初制时采用高温杀青,以保持鲜叶原有的绿嫩。绿叶绿汤,色泽光润,汤澄碧绿,清香芬芳,味爽鲜醇。绿茶产量大,品种多,其中,以西湖龙井茶、太湖碧螺春茶、黄山毛峰茶最为著名。

2. 红茶

红茶始出现于清朝,制作的关键工艺是渥红(发酵),用全发酵法制成。红叶红汤,香甜味醇,具有水果香气和醇厚的滋味,还具有耐泡的特点。红茶的产地、品质很多,多以产地命名,以安徽祁红、云南滇红尤为出众。

3. 青茶

青茶也称乌龙茶,介于红茶与绿茶之间,属半发酵茶。始出现于清朝。制作采用独特的"做青"、"炒青"工艺,使鲜叶不充分发酵。特点是绿叶红镶边,既有红茶的甜醇,又有绿茶的鲜浓香味,汤色金黄澄鲜。乌龙茶主要产于福建、广东与我国台湾地区。主要名品有福建的武夷岩茶(含"茶王"大红袍)、铁观音、广东的凤凰单丛、我国台湾地区的冻顶乌龙等。

4. 黑茶

黑茶制作的主要特点是有渥堆变色的过程,以充分进行非酶氧化,从而使较粗老的鲜叶原料经制作后具有该茶类特有的品质特征。叶色油黑或褐绿,汤色褐黄或褐红,香气醇,味不涩。

5. 黄茶

黄茶加工中采用焖蒸工艺,在破坏酶作用的前提下,多酚类可在温热条件下进行非酶性的自动氧化。黄叶黄汤,酯型儿茶素大量减少,香气清悦醇和,味厚爽口。名品有君山银针等。

6. 白茶

白茶多白色茸毛,汤色浅淡或初泡无色,滋味鲜醇,毫香明显。制茶时不炒不揉,只经过自然萎凋、干燥过程。白茶色白如银,汤色浅淡、素雅。主要产于福建的政和、福鼎等地。名品有白毫银针、白牡丹等。

再加工茶有花茶和紧压茶两类:

花茶出现于宋代,明代进一步发展,茶叶经过鲜花窨花后,具有芬芳的花香,尤受我国北方人民的喜爱。现在,窨制花茶主要用茉莉、玉兰、珠兰、柚子等鲜花。

紧压茶以黑毛茶、老青茶及其他适制毛茶为原料,经过渥、堆、蒸、压等典型工艺过程加工而成的砖形或其他形状的块状茶叶。主要产地有湖南、湖北、四川、云南、贵州等省。由于该类茶的大宗品种主要销往边疆少数民族地区,成为边疆地区的生活必需品,故商业上习惯称为边销茶。紧压茶主要以云南普洱茶、四川沱茶、湖南安化黑茶为代表。

三、中国的传统名茶

中国的传统名茶主要有西湖龙井、洞庭碧螺春、太平猴魁、黄山毛峰、六安瓜片、信阳毛尖、君山银针、铁观音、武夷岩茶、祁红、滇红、白毫银针等。

1. 西湖龙井

西湖龙井茶,因产于杭州市西湖龙井村及其附近而得名,属于扁形炒青绿茶。西湖地区产茶历史久远,唐代陆羽的《茶经》已有记载,宋代以后,西湖地区所产的白云茶等已列为贡品。明代龙井茶已成茶中上品。清乾隆以前龙井茶还是一种先炒后烘的茶,后来逐渐发展成目前的全炒扁形龙井茶。龙井茶的产地在过去主要是狮子峰、龙井、五云山、虎跑、梅家坞等地,曾因产地和制茶方法略有差异而分为狮、龙、云、虎、梅5个品类,1965年后分为狮、龙、梅3个品类,统称为西湖龙井。其中,尤其以狮子峰所为最佳,被誉为"龙井之巅"。每年春季分四次按档采摘,清明前采头茶,称"明前茶",也称为"莲心",极为名贵;谷雨前采二春茶,称"雨前茶"或"旗枪";立夏之际采三茶,称"雀舌";四春茶则在三茶后一个月采摘,称为"梗片"。龙井茶具有干茶扁平挺直、大小长短匀齐、色泽绿中透黄、茶香清高鲜爽、宛如茉莉清香、味甘而隽永,泡在玻璃杯中,清汤碧液,可见茶芽直立的特点,世人誉为"色绿、香郁、味甘、形美"四绝。若以当地虎跑泉水冲泡,香清味洌,号称杭州"双绝"。

2. 洞庭碧螺春

碧螺春产于江苏苏州太湖边上的洞庭山,又称太湖碧螺春,俗称"吓煞人香"。属于卷曲形炒青绿茶。其特点是条索纤细,卷曲成螺,幼嫩匀齐,绒毛遍布,茶汤清澈明亮,香气鲜浓,其味鲜清甘甜、清郁鲜爽。洞庭山区早在宋代已是著名的茶叶产地,关于碧螺春的来历,据文献记载,茶名为康熙十四年(1675年)皇帝游太湖时所赐。碧螺春名称的由来,一说明产地,二说明茶色碧绿如翡翠,形如田螺,采于春天。

3. 黄山毛峰

毛峰主要产于安徽黄山景区及其周围地区,条形烘青绿茶,经杀青、揉捻、烘干等工序制成。其形如雀舌且多白毫,每片约半寸长,色质油润光亮,冲泡后雾气结顶。创制于清朝光绪年间。因制作标准不同,分特级毛峰和普通毛峰。特级毛峰又称黄山云雾茶,每年产量极少。

4. 君山银针

银针产于湖南省岳阳市洞庭湖中君山岛。早在唐代便已产茶。唐宋时以其形似鸟羽而被称为黄翎毛,清代以有白茸毛称为"白毛尖",被纳为贡茶,深得乾隆皇帝的喜爱。1957年始定为君山银针。银针属针形黄茶,采制要求很高,多在清明节前三四天开采,采摘的鲜叶为春茶首摘的单一芽尖之苞蕊,经杀青、摊凉、初烘、初包、复烘、复包、干燥等工艺程序制成。尤其是初包等特殊处理,可使君山银针的色、香、味更能达到完美的境地。该茶的特点是,芽头茁壮紧实,挺直不曲,长短大小匀齐,茸毛密盖,芽身金黄,被称为"金镶玉"。冲泡后汤色浅黄,叶底明亮,滋味甘醇,香气清雅。若以玻璃杯冲泡,可见芽尖冲上水面,悬空竖立,下沉时如雪花下坠,沉入杯底,状似鲜笋出土,又如刀剑林立,观之使人赏心悦目,再冲泡再竖起,能够三起三落。

5. 铁观音

铁观音原产于福建省安溪县,也称为安溪铁观音。目前,永春、南安、晋江、长安、同安、龙海等地也有生产。疑是观音所赐,便取名铁观音。属卷曲形乌龙茶。创制于清朝雍正年间。外形条索壮结,呈螺旋形,身骨沉重;色泽沙绿翠润,红点明显;内质香气清高,持久馥郁,滋味醇厚甘鲜,有天然的兰花香,俗称"观音韵"。汤色金黄明亮,叶底肥厚软亮,边缘略向背面卷曲,耐冲耐泡,要冲泡两三次才能品出茶的香气、滋味来。饮时入口微苦,瞬即回甘,带有蜜味。

6. 武夷岩茶

武夷岩茶因为产于福建武夷山市的武夷山岩崖之间而得名,属条形乌龙茶。清朝末期创制,具有外形条索肥壮匀整、紧结卷曲、叶背呈蛙皮状小白点、色泽绿润带宝光、肉质香气馥郁隽永、滋味醇厚回甘、润滑爽口、汤橙黄透亮、冲泡三四次而色不褪、叶底柔软匀亮、绿叶红镶边、饮后齿颊留香、喉底回味甘甜的特点。武夷岩茶以大红袍、铁罗汉、白鸡冠、水金龟4大传统名丛和新品种肉桂等最著名。

7. 祁红

祁红又称祁门红茶,属条形红茶,是祁门工夫红茶的简称。主要产于安徽省祁门县及附近的石台、东至、黟县、贵池等县。1875年黟县人余干臣从福建罢官回原籍经商,因羡红茶利多畅销,便仿效福建"闽红"的制法,在至德县(今东至县)尧渡街设立茶庄试制红茶,成功后扩大红茶经营,别人亦效仿之。于是很快祁红声誉超过闽红,1915年获巴拿马国际博览会金奖。祁红外形条索紧细秀长,金黄芽毫显露,锋苗秀丽,色泽乌润,汤色红艳透明,叶底鲜红明亮,香气芬芳,馥郁持久,似苹果与兰花香,国外誉为"祁门香"。在国际市场上与印度大吉岭、斯里兰卡乌伐齐名,并称为"世界三大高香名茶"。

8. 滇红

滇红为云南工夫红茶的简称,属条形红茶,以云南大叶科茶树的鲜叶制成。主要产于云南澜沧江流域的凤庆、昌宁、临沧、云县、双江、腾冲、勐海等县市。其中,以凤庆县所产最著名,产量最多,约占滇红总产量的50%。1939年制成后远销国外。滇红具有芽叶肥壮、条形重紧、色泽乌润、金毫显露、汤色红浓明亮,滋味浓醇鲜爽、香高持久等特点,最宜加糖饮用。

9. 白毫银针

白毫银针又名银针白毫,也简称银针或白毫。因色白如银,形状似针而得名。属芽形白茶。创制于清朝嘉庆(1796—1820年)初年。白毫银针主要产于福建省福鼎县和政和县。芽壮毫显,洁白如银。白毫银针的加工方法较为简单,只有萎凋和烘焙两道工序,但是采摘要求极为严格,有"十不采"的规定,采下的茶芽要及时加工,不然会变质。其性寒,有解毒、退热、降火之功效,被视为治疗麻疹良药。

第三节 中国的名酒

一、概述

酒是用高粱、大麦、米、葡萄或其他水果等原料经糖化、发酵制成的含有食用酒精等成分的饮料。

中国是世界上最早的酿酒国家之一,早在新石器时代,人们就已开始酿酒,在龙山文化中出土了尊、斝、盉、壶等盛酒和饮酒的陶器。到了殷商时代,饮酒之风极盛,酿酒业也很发达,在殷墟发现有酿酒遗址。在出土的青铜器皿中,有觚、爵等酒器。周朝已设置了专门掌管酿酒的职官。1977年在河北平山县出土了两壶战国时期的酒,启盖时酒香扑鼻。两汉时期,酒曲的种类增多,出现了块状的"饼曲",晋代出现了在酒曲中加入草药的新的制曲法,南北朝人贾思勰写的《齐民要术》记录了9种酒曲的制作法、39种酒的酿造法和2种药酒的配制法。宋代出现了谷物蒸馏酒,即用蒸馏酒醅的方法取得酒液。宋代还出现了一本较全面地谈制曲、酿酒的专著——《北山酒经》,作者朱翼中,既懂医学,又开过酒坊,详细记述了制曲酿酒的方法。

二、分类

根据酿酒的方法分类,有蒸馏酒、酿造酒和配制酒。根据酒中酒精的含量分类,有高度酒(一般在40°以上)、中度酒(20°~40°之间)和低度酒(在20°以下)。根据商业习惯,酒可分为白酒、黄酒、果酒、啤酒和配制酒等。

(一)白酒

白酒,以各种谷物淀粉为原料,经过糖化发酵,用蒸馏法制成。一般酒精度在40°~65°之间。

1. 香型

由于白酒中所含的芳香物质不同,所以,在1979年,由全国评酒会的专家确定,将白酒划分为5种香型:

(1)酱香型

酱香型,又称茅香型。以贵州茅台酒为代表。其具有酱香、细腻、醇厚、回味长久等特点。

(2)清香型

清香型,又称汾香型。以山西汾酒为代表。其具有清香、醇甜、柔和等特点,是中国北方的传统产品。

(3) 浓香型

浓香型,又称泸香型。以四川泸州老窖特曲、五粮液,江苏洋河大曲等为代表。其具有芳香绵甜、香味谐调等特点。浓香型白酒在白酒中所占比例最大。

(4) 米香型

米香型,以广西桂林三花酒和广东的长乐烧为代表。其具有蜜香、清雅、绵柔等特点。

(5) 其他香型

其他香型又称复香型,具有各自独特的生产工艺和口感风味,其主体香型尚未确定,如贵州董酒、陕西西凤酒等。

2. 国家名酒

1952~1988年共举办了5届全国评酒会,在会上,专家们共评出了17种名酒。

表8-1 中国名酒白酒的产地、名称及其香型表

产地	产品名称	香型	产地	产品名称	香型
四川泸州	泸州老窖特曲	浓香	河南鹿邑	宋河粮液	浓香
四川宜宾	五粮液酒	浓香	江苏泗阳洋河	洋河大曲	浓香
四川成都	全兴大曲酒	浓香	江苏泗洪双沟	双沟大曲	浓香
四川绵竹	剑南春酒	浓香	山西汾阳杏花村	汾酒	清香
四川古蔺	郎酒	酱香	陕西凤翔	西凤酒	其他香型
四川射洪	沱牌曲酒	浓香	安徽亳州	古井贡酒	浓香
贵州仁怀茅台	茅台酒	酱香	湖北武汉	特制黄鹤楼酒	清香
贵州遵义	董酒	其他香型	湖南常德	武陵酒	酱香
河南宝丰	宝丰酒	清香			

(1) 贵州茅台酒

贵州茅台酒产于贵州省仁怀市茅台镇。茅台镇产名酒,与其独特的自然条件,赤水河水和优良的高粱做原料密不可分。茅台镇酿酒已经有千年以上的历史了。茅台酒为高度酱香型大曲白酒的典型。其独特之处在于用曲量超过原料量,酒液色泽晶莹透明,口感醇厚柔和,无烈性刺激感,入口酱香馥郁,回味悠长,饮后余香绵绵,持久不散,素有"国酒"之誉。

(2) 五粮液

五粮液产于四川宜宾市,因以高粱、粳米、糯米、玉米、小麦5种粮食为原料制成而得名。为浓香型(窖香型)大曲法白酒,具有酒液清澈明亮、口感喷香浓郁、清冽甘爽、入口甘美、入喉净爽、各味谐调、恰到好处的独特风格。

(3) 泸州老窖特曲

泸州老窖特曲产于四川泸州市。泸州古名江阳,三国时已经酿酒,有"江阳尽道多佳酿"之誉,现存最早的酒窖建于明朝万历年间,已被列为全国重点文物保护单位。泸州老窖特曲,原名泸州大曲酒,为窖香型白酒的典型。酒液晶莹清澈,酒香芬芳飘逸,酒体柔和醇正,酒味谐调适度,具有窖香浓郁、清冽甘爽、饮后尤香、回味悠长等独特风格。

(4) 汾酒

汾酒产于山西汾阳市的杏花村,早在南北朝北齐时就生产"汾清"。汾酒为清香型白酒的典型,酒液晶莹透亮,清香雅郁,入口绵柔甘洌,余味净爽,有色、香、味三绝之称。

(二) 黄酒

黄酒,是中国最古老的饮料酒种,也是中国特有的酿造酒。黄酒多以糯米为原料,也可用粳米、籼米、黍米和玉米为原料,蒸熟后加入专门的酒曲和酒药,糖化、发酵后,压榨去渣、高温杀菌,陈酿一段时间再饮用。黄酒酒精含量一般在16°~20°之间,颜色黄亮,香气浓郁,含糖、氨基酸等多种营养成分,具有相当高的热量,能促进新陈代谢,是营养价值很高的低度饮料。黄酒主要产于中国长江下游一带,以浙江绍兴的产品最著名。1952—1984年在4届全国评酒会上都被评为国家名酒的黄酒有两种:浙江绍兴加饭酒和福建龙岩沉缸酒。

绍兴酒产于浙江省绍兴市,因该地为春秋时代的越国都城,亦名越酒,又因其历史悠久,具有愈陈愈香的特点,故别称绍兴老酒,历史上还称为山阴甜酒。黄酒酒色黄而莹澈,香气浓而沉郁,味道醇而不漓,色、香、味三者俱臻上乘。由于酿酒工艺和所加的辅料不同,品种甚多,风格各异。绍兴黄酒主要品种有加饭酒、元红酒、善酿酒和花雕酒等。

(三) 果酒

果酒是以水果与浆果为原料酿造的饮料酒,以葡萄酒为主。

我国用葡萄酿酒的历史悠久,汉代西域地区就以酿葡萄酒驰名。唐代我国西北地区已用葡萄蒸制葡萄烧酒,饮葡萄酒之风非常兴盛。中国最早的近代葡萄酒酿造厂是1892年华侨张弼士创建的山东烟台张裕葡萄酒厂。该厂生产的红葡萄酒、味美思、雷司令和金奖白兰地,在1915年美国旧金山举行的巴拿马国际博览会上一举拿到4块金质奖章。

葡萄酒有以下三种分类方法:按加工方法,分为酿造葡萄酒(又称原汁葡萄酒或静止葡萄酒)、加香葡萄酒、起泡葡萄酒和蒸馏葡萄酒;按糖分含量分为干葡萄酒、半干葡萄酒、半甜葡萄酒和甜葡萄酒;按色泽分为红葡萄酒、玫瑰红葡萄酒和白葡萄酒。

1952—1984年4届全国评酒会,评出国家名酒的葡萄酒共9种。

表8-2 中国名葡萄酒的产地、名称及其类型表

产地	产品名称	类型
山东烟台	红葡萄酒	甜红
山东烟台	金奖白兰地	蒸馏
山东烟台	味美思	配置
山东青岛	白葡萄酒	甜白
北京	中国红葡萄酒	甜红
北京	特制白兰地	蒸馏
河北沙城	长城干白葡萄酒	干白
河南民权	白葡萄酒	白
天津	王朝半干白葡萄酒	半干白

烟台红葡萄酒，原名玫瑰香红葡萄酒，产于山东烟台市，属于甜型红葡萄酒，以玫瑰香葡萄为主要原料，酒液呈红宝石色，酒香浓郁，具有轻微的玫瑰香和类似陈皮的老酒香。

金奖白兰地，产于山东烟台市，以精选的优质葡萄经发酵、蒸馏后制成原桶白兰地，再置于橡木桶中经长期陈酿，后经配制而成。酒精含量为40°。酒液呈金黄色，晶莹透明，有浓郁的幽雅醇香，口味醇厚，细腻甘洌，余味绵长，风味独特。

(四) 啤酒

啤酒是一种含二氧化碳的低度酒精饮料，也叫麦酒。它是以大麦芽和啤酒花为主要原料，再加水、淀粉、酵母等辅料，经酵母发酵而制成的。啤酒含有丰富的营养，有"液体面包"的美誉。啤酒是近代从欧洲传入我国的，先由外国商人在青岛、哈尔滨、沈阳、上海等地设厂酿造。1904年和1915年，中国人在哈尔滨和北京先后办起东北三省啤酒厂和双合盛五星啤酒汽水厂。

1963~1984年4届全国评酒会上评出成为国家名酒的啤酒有3种：山东青岛啤酒、北京特制啤酒、上海特制啤酒。

青岛啤酒，产于山东青岛市。它是以浙江、江苏等省所生产的二棱大麦为原料，配以自产优质啤酒花，用崂山泉水，采用德国传统工艺精心酿造而成。酒液呈淡黄色，清澈透明，有光泽，二氧化碳充足，泡沫洁白、细腻、厚实、持久、挂杯，有显著的啤酒花和麦芽清香。

(五) 配制酒

配制酒是以白酒、葡萄酒或黄酒为酒基，再配合中药材、芳香原料和糖料等制成。其中，用中药材配制的酒称为药酒，如竹叶青等。1963~1984年共3届全国评酒会评出配制酒的国家名酒有山西竹叶青、湖北园林青。

竹叶青，产于山西汾阳市杏花村，以汾酒为酒基，用高度汾酒浸竹叶、陈皮、香

山柰、公丁香、香排草、当归等 12 种名贵中药材,浸出液和冰糖配制而成。酒液呈金黄色,微绿,口感甜绵、微苦、温和,酒香、药香与甜味和谐一致,具有开胃、助消化等功效。

第四节　中国的中药

中医中药是中国汉族人民 5 000 余年跟疾病作斗争的经验积累和总结,是中国传统医药文化的宝贵遗产之一,是中国历史文化的重要组成部分。

一、概述

中药指中医用以治病防病和保健养生的药物,在中国古籍中通称"本草"。

(一)中药的范围

中药范围广泛,包括植物、动物、矿物和一些化学品。有的是动植物的某部位,有的是动植物的全体,有的是动植物的生理病理产物,还有的是天然矿石及其加工品等。贵者,如人参、鹿茸、麝香、珍珠,一般的,如鸡内金、乌贼骨、癞蛤蟆、蚯蚓,难得的,如高山雪莲,俯拾即是的有野艾、瓜皮……都可以入药。目前,各种中药达 8 000 多种,各地使用的中药已达 5 000 多种,常用中药亦有 600 种左右。

(二)地道的中药材

中药材产地遍及全国各地,但是,具体到某种药材则又有相对集中的主要产区和全国中药材重点集散地。

1. 著名的药材之乡

我国著名的药材之乡有人参之乡吉林省抚松县,党参之乡山西省平顺县,田七之乡广西靖西县,黄芪之乡内蒙古武川县,甘草之乡宁夏盐池县,阿胶之乡山东省东阿县等。当然,这并不是说,只有上述一地出这种药材,而是数处出产,唯此处最著名,所以称之为"乡"。同一种药材,因产地不同,功能、作用亦有差别,所以在名称上也就不同。例如,贝母有川、浙之分;杏仁有南、北之异;菊花有杭菊、滁菊之别;芍药不仅有赤、白之分,而且有杭芍和亳芍等别。

2. 四大药都

在全国范围内,绝大部分地区都出产不同药材,并相对集中,出现了祁药、怀药、浙药、川药、黔药、云药、藏药、南药、北药等名贵中药材和相对集中的药市。河北省安国市、安徽亳州市、江西省樟树市、河南省百泉有四大"药都"之称:河北省安国市古称祁州,是北方药材主要集散地和药材生产、加工地,素有"药州"和"药都"之称;安徽亳州市是著名的中药材白芍产地,州志载"不令多开花,恐妨根也";河南省百泉是黄河中游的四大怀药(地黄、山药、菊花、牛膝)的集散地;江西省樟树市有"药不到樟树不齐,药不过樟树不灵"的说法。

3. 中药材的质量鉴定

中药材的质量要求,取决于有效成分含量的多少和有无非入药部分、杂质及虫蛀和霉变,要根据《药典》规定进行鉴定。鉴定的方法很多,主要有原植(动)物鉴定、性状鉴定、显微鉴定和理化鉴定等。中药材的化学成分复杂,通常有糖、蛋白质、油脂、蜡、酶、色素、维生素、有机酸、鞣质、无机盐、挥发油、生物碱、甙类及水分等。其中,生物碱、甙类、挥发油、鞣质、有机酸、树脂等是中药材中具有药理作用的重要有效成分,也是衡量中药材品质的主要标准。

（三）泡制加工

中药材的加工称之为泡制(或称炮制)。泡制中药材的目的有四个:增强药效、消除或减低对人体的不利成分、便于贮藏和运输、利于制剂和服用。中药材具体泡制的工序复杂,要求严格。具体药材不同,泡制的方法也各异,有些要经过10多道工序,历时数十天。中药材的加工,要求严格,工序复杂,有炮、炒、炙、煨、煅、淬、制、蒸、熬、泡、拌、霜、腌、漂、提等,这说明中药材的加工是积累了长期的实践经验,非常注重科学的。

炮制后的药材,习称饮片,有片、段、丝、块等不同形状,可直接供药房配剂及药厂制剂使用。

中药材的精加工,就是在历代医学家医疗实践的基础上,药物学家和生产部门根据各种验方、秘方确定的方剂配伍,制成各种携带、服用方便的剂型,统称中成药。

（四）中药的命名

1. 中药材的命名

中药材的命名主要有以形状命名,如人参、狗脊等;以气味命名,如丁香、木香都有香味,甘草有甜味,酸枣仁强调酸味,苦楝子苦,细辛辣,酸甜苦辣咸五味俱全,称五味子;以颜色而得名的有红花、黄连、玄参等;以功效命名的,有首乌、益母草、王不留行等。

2. 中成药的命名

中成药的命名虽然五花八门,构思别致,但无非是以主药命名,如山楂丸等;以主要功效命名,如安神补心丸、开胸顺气丸等;以主药和主要功效命名,如牛黄清心丸、附子理中丸等;以服用对象命名,如定坤丹、国公百寿酒、小儿至宝丸等;以药味的数目命名,如十全大补丸、六味地黄丸等;以治疗部位命名,如胃痛片、骨痛酒等;以适应病症命名,如喉炎丸、感冒片等。

（五）中药的分类

中药按加工工艺分中药材、中成药。

中药材种类繁多,因而分类比较困难,目前,常根据药用部分和药疗功效进行分类。

药材收购经营部门常根据药用部分的异同进行分类如下:(1)根茎类,包括植物的根和根茎,其中,有直根(黄芪)、须根(藜芦)、块茎(天麻)等;(2)果实类,包括植物的果实和种子类药材,其中,有完整的果实(如五味子)、果皮(如陈皮)等;(3)全草类,多为草本植物的地上部分,主要是带叶的茎枝,有的带有花或果实,亦有少数带有根及根茎(如蒲公英、细辛),此外,小灌木幼枝梢(如麻黄),习惯也列入全草类;(4)花叶类,花类药材包括植物的花蕾(如金银花)、花朵(如红花)等,叶类药材多采用植物完整的单叶(如艾叶)或复叶的小叶(如番泻叶),少数带有嫩枝共同入药(如侧柏叶);(5)树皮类,包括树皮和根皮药材,如植物的木质茎或根的皮部(如黄柏、牡丹皮);(6)藤木树脂类,藤木类药材多为木本植物的茎枝(如桂枝)、带叶茎枝(桑寄生)、茎的髓部(通草)及木材(如苏木)等,少数为草本植物的茎(如首乌藤),树脂类药材为某些植物体内的分泌物或渗出物(如乳香、安息香);(7)菌藻类,菌类药材大多为真菌的菌核或子实体(如茯苓、灵芝),藻类药材多属于褐藻类和红藻类的植物体(如海藻);(8)动物类,动物类药材包括动物的全身(如蜈蚣),动物体的一部分,有皮(如刺猬皮)、骨、脏器、动物的分泌物(如麝香)、排泄物(如五灵脂)、生理病理产物(蛇蜕、牛黄)及动物体的加工品(如阿胶);(9)矿物类,包括天然矿石(如朱砂)、矿物加工品(如轻粉)和动物化石(如龙骨);(10)其他类,包括由植物体的某些部分或用植物的某些制成品为原料,经加工制得的产品(如儿茶、冰片);蕨类植物的成熟孢子(如海金沙);某些昆虫寄生于某些植物体上所形成的虫瘿(如五信子)等。

中医药学又往往以药疗功效为标准,将中药材分为:解表药、清热药、止咳化痰平喘药、芳香化湿药、消食药、理气药、泻下药、开窍药、温里药、平肝息风药、安神药、利水渗湿药、祛风湿药、止血药、活血化淤药、补益药、收涩药、驱虫药、外用药、抗肿瘤药、麻醉止痛药、其他药等。

中成药分为:丸、散、膏、丹、片、口服液、药酒、外用药等。

(六)老字号中药店和中药博物馆

1. 北京"京都同仁堂乐家老铺"

坐落在北京闹市大栅栏的同仁堂,是一家有300多年历史的药材老店。"京都同仁堂乐家老铺"这块金字招牌中外闻名,是北京最古老的药店。

同仁堂之所以叫"乐家老铺",是因为它的创办人姓乐,名尊育,原籍浙江宁波慈水镇。乐家世代行医卖药,乐尊育是第四代。他来到北京,正赶上明朝建都北京,于是他投到太医院当一名吏目,掌管文书出纳。太医院收藏有许多方书,这样他便收集了许多古方和从民间得来的秘方,为他日后创办同仁堂药店以提高中成药质量,准备了极为有利的条件。同仁堂创办以来,代代相传,一直秉承乐尊育创立时的宗旨:制药一丝不苟,卖药货真价实。这也就是同仁堂店史所记载的"炮制虽繁,必不敢省人工;药味虽贵,必不敢减物力"。当时,同仁堂总是出高价买下全年所需的各种地道药材,久而久之,安国的药市就形成了"同仁堂的人未到,不敢开市"的局面。除安国药市外,同仁堂还派人亲赴产地采办,如去东北买人参、鹿茸,去四川买麝香、银耳;去泰国边境购买上好官燕(燕窝),等等。同仁堂凭借从太医院得来的秘方和宫廷中所收藏的历代古方以及民间征集来的验方,集中了中药方剂的精华。清朝光绪《同仁堂药目》所列495种,有一半是宫廷秘方和太医院修订的验方。这几百种方剂是同仁堂的无价之宝,再加上采购药材不怕货真价高,药材加工炮制一丝不苟,真正做到了货真价实,自然就赢得了顾客的信任。新中国成立后,保持和发扬了传统的工艺特点,药品质量不断提高,所以同仁堂的盛名始终不衰。

2. 浙江省杭州市胡庆余堂中药博物馆

胡庆余堂在浙江省杭州市吴山脚大井巷,系清同治十三年(1873年)胡雪岩创办,是与北京同仁堂并称的著名的南方国药老店。店堂共有两进,头进营业,二进为制药工场,以封护墙隔开,中为长生弄,建筑按营业需要,吸收江南住宅园林之长,厅堂宽敞,选材精良,梁枋雕凤刻龙,牛腿精镂细刻,格扇裙板雕吉祥博古;二层檐内,饰垂莲柱,富丽华贵,布置得当,为杭州市百年老店中仅有之古建筑。胡庆余堂药店,以宋代皇家药典为本,选用历代验方,研制成药负有盛名,至今仍为国内外人民所喜爱。胡庆余堂现已辟为中药博物馆。博物馆于1989年在原建筑的基础上经过少量改建和修缮之后而建成。尽管这所博物馆的规模并不很大,但它是目前国内仅有的,是能够较全面反映中医中药发展历史的一个专业性博物馆;同时,该馆的建成也为中外游客了解中医中药,提供了理想的场所。主要参观内容有:胡庆余堂古建筑、中草药炮制及旧式手工作坊、展示中医中药发展史的陈列橱窗及实物。

二、名贵中药材

我国中药材之多,数以千计。这里仅择其中跟旅游购物有关的,特别是华裔、华侨和港澳台胞经常在著名产地购买的几种地道的名贵中药材,加以介绍。

(一)人参

人参又称棒锤、神草、地精等,为五加科植物人参的干燥根,因似人形而得名。人参始见于《神农本草经》,其药用历史已有2 000多年,栽培历史也有400多年,在我国已能大量栽培。野生者称为野参,栽培者称为园参,主要产于东北三省,尤以吉林抚松县、集安市产量多,质量好,具有大补元气、固脱生津、安神之功效。

(二)三七

三七又名田七、田三七、参三七,俗称"金不换",有"三七补药第一"之誉,为五加科植物人参三七的干燥根,因每株长叶七朵、顶端开黄花三朵而得名。三七始见于《本草纲目》,主要产于云南文山州和广西田东、田阳、靖西、德保等县,分别称为云南三七和广西田七,具有散淤止血、消肿定痛之功效。

(三) 冬虫夏草

冬虫夏草又名虫草,始见于《本草从新》。它为麦角菌科冬虫夏草菌的子座及其寄主蝙蝠蛾科昆虫虫草幼虫体复合体的干燥品。虫草蝙蝠蛾的幼体在冬季蛰居于土中,冬虫夏草菌侵入虫体,使虫体充满菌丝而死亡,虫体变为菌核,夏季长出有柄的子座,单生呈细长如棒球棍状,主要产于青海、四川、西藏、云南等省区,青海省为全国主要产区。该药具有补虚损、益精气、止咳化痰之功效。

(四) 鹿茸

鹿茸始见于《神农本草经》,为鹿科动物中梅花鹿或马鹿等雄鹿尚未骨化而密生茸毛幼角的干燥品。梅花鹿主要产于吉林、辽东,全国大部分省区亦产;马鹿主要产于黑龙江、吉林、青海、新疆、四川等地。该药具有壮元阳、益精血、强筋骨之功效。

(五) 阿胶

阿胶又名驴皮胶、盆覆胶等,始见于《神农本草经》,它为马科动物驴的皮去毛后熬制而成的胶块。因产于山东省平阴东阿镇而得名。阿胶主要产于我国的山东,山西榆社县、河南禹州市、安徽芜湖市、辽宁营口市等也有生产。该药具有滋阴养血、补肺润燥、止血安胎之功效。

三、名贵中成药

我国现已研制的各种中成药,包括医疗、保健两方面,按制成形式,分为丹、丸、膏、散、片、液等剂,共 1 000 多个品种。

(一) 山西定坤丹

定坤丹为山西中药厂生产,因其可使妇女坤宫得以安定而得名,已有 240 余年生产历史,为宫廷御药,后处方落入太谷县广盛药店(今山西中药厂前身),后来由此药店生产出售。该药具调经活血、平肝益肾、理气健脾、补血止血、镇痛强壮之功效。

(二) 大活络丹

大活络丹,原名神效活络丹,因使用大量祛风活络、舒气活血止痛的药材而得名。处方源于明代,载于 1764 年清代徐大椿著《兰台轨范》一书,清太医院修治后定为宫廷秘方,由御药房同仁堂代制本品为蜜丸剂型。该药具有舒筋活络、祛风除湿之功效,主治外受风寒湿邪、经络受阻引起的肢体肩背疼痛、手足麻木、筋脉拘挛、中风瘫痪、半身不遂、腰酸腿软、步行艰难、颈项强痛、顽痰壅塞、口眼歪斜、言语不清等症。

(三) 漳州片仔癀

漳州片仔癀,原名八宝丹片仔癀,因其解毒消炎的疗效特异,往往一片即能退癀(消炎、消肿止痛之意),故而得名。该药在福建漳州制药厂生产。该药处方原为明末京都一位太医的秘方,珍藏于漳州寺院,后由漳州馨苑茶叶店兼营,定名为僧帽牌八宝丹片仔癀。该药具有清热解毒、消炎消肿、止痛等功效。

(四)安宫牛黄丸

因以牛黄为主药,具有开窍镇惊安宫(心包)作用,故名安宫牛黄丸。该药处方源于明代万氏牛黄清心丸加味而来,载于清嘉庆三年(1798年)名医吴鞠通著《温病条辨》一书。该药具有解热、解毒、镇惊、避秽除痰开窍之功效。

(五)山西龟龄集

因服用该药可延年益寿,故名龟龄集,山西中药厂生产。明代方士邵元节与其他名医合作,对老君益寿散处方做增减,采取炉鼎升炼技术制作成药并定名。该药原为御用圣药,后传入太谷广盛药店,由该店生产销售。该药具强身健脑、固肾补气、增进食欲之功效。

(六)云南白药

该药为云南白药厂生产,原名曲焕章白药或万应百宝丹,由云南民间医生曲焕章配制。曲焕章在实践中吸收了民间治伤疗病的传统配方,经多年钻研,于20世纪初按秘方制成。该药以三七等为原料,用途广,具有活血、止血、止痛之功效,素有"伤科圣药"之誉和"神药"、"仙丹"、"灵芝草"的美称。

第五节　中国的工艺品

一、概述

(一)概念

工艺品,也称为工艺美术制品。它是人们采用不同原材料,经造型和装饰加工技艺处理所制成的具有欣赏价值的美观、适用的陈设品和日用品的总称。由于地理环境、历史进程、经济技术水平、民族习俗和审美意识等要求的不同而表现出多样的风格特色。所以工艺品的艺术水平是一个国家历史文化发展、经济技术水平高低的最重要标志之一,它标志着人们对物质财富的拥有程度,标志着人们鉴赏力和创造力的水平,能够全面地反映各个时代、各个民族人们的审美和科技特性。

(二)特征

在所有艺术门类中,工艺美术制品有着与其他艺术门类不同的个性特征。它不同于纯粹的造型艺术,它以实用与美观相统一为本质特征。所以,它产生于生产实践,又始终没有脱离社会生活,与物质生产浑然一体,产生于物质生产,直接体现着人们的物质生产,为人们物质生活和精神生活服务。所以,它关联着千家万户的生活起居、衣食住行、岁时民俗及生老病死,随着社会生产力的发展,工艺美术向社会提供越来越多的日用工艺品和陈列工艺品,使人们生活更方便,更舒适,更美好。

工艺美术品的生产,早于绘画、雕塑等纯艺术种类,当人类开始对自己所生产的原始工具进行第二步加工的时候,就萌生了工艺美术。音乐、舞蹈、绘画、雕塑则在其后,并且后来又脱离了生产基础,成为上层建筑中的重要组成部分。

工艺美术生产部门本着"适用、经济、美观"设计6字原则,考虑其适用性,人们的购买力水平及其社会作用,积极设计和创造出大量日用工艺美术制品,满足人们的需求。

工艺美术品美化人们的生活,提高人们的审美情趣,对人们进行潜移默化的艺术熏陶,进行真善美的教育,启示人们热爱祖国,热爱生活,向往美好的未来,鼓舞人们不断进取的勇气。当然,随着中国对外开放政策的执行和旅游业的发展,国外旅游者对中国传统文化之一的工艺美术品,也倍加青睐,成为购物的重要目标之一。

(三)分类

工艺美术品种类繁多。按照使用功能可以分为日用工艺品、陈设工艺品;按照原材料、制作手段和商品价格等因素可以分为民间工艺品、特种工艺品和现代工艺品。

特种工艺品,是利用珍贵或特殊的材料,经过精心设计和细致复杂的特殊技艺加工而成的工艺品。常制成礼品、陈列欣赏品,如玉石制品、金银首饰等。

1. 中国传统的特种工艺品分为9类

(1)织绣,含刺绣、织锦、缂丝、抽纱、花边、绒绣、机绣、绣衣、绣鞋、手工编织、珠绣、地毯等;

(2)雕塑,含玉器、骨刻、石刻、石雕、木雕、竹雕、刻砚及其他;

(3)编织,含竹编、草编、棕麻编、藤葵编、柳编等;

(4)人造花和工艺画,含绢花、通草花、塑料花、涤纶花、贝雕画、羽毛画、麦秸画、软木画、树皮画、竹帘画、棉花画等;

(5)美术陶瓷;

(6)工艺漆器,含推光、雕填、彩绘、镶嵌宝石和螺钿等;

(7)传统家具装饰,含硬木、镶嵌、树根、竹、藤等;

(8)金属工艺制品,含景泰蓝、烧瓷、花丝、铁画、斑铜、锡器、金银摆件等;

(9)玩具。

2. 民间传统工艺品可分为3类

(1)生活实用工艺品,含服装、蜡染、印锦、绣锦、花边、首饰、佩戴、包装、建筑装饰等;

(2)节日喜庆工艺品,含年画、剪纸、乡土玩具、泥面塑、食品艺术与模具、风筝、皮影、木偶、龙舟、舞具、乐器、祭器等;

(3)叙事抒情色彩的工艺品,含绣球、筒帕、藤腰围、绣饰品、香包等。

(四)中国当代工艺美术品的产区分布

1. 中国工艺美术品十大集中产区

我国工艺品生产队伍较大、产值较高、品种较多、声誉较盛的集中产区,主要有北京、上海、天津、重庆四个直辖市,江苏、浙江、山东、福建、广东、湖南、四川等省。

(1)北京、上海、天津、重庆四大直辖市

首都北京原是以"宫廷工艺"著名的工艺美术品集中产区,所产的玉器、景泰蓝,精致玲珑,巧夺天工,技艺之精湛,形状之瑰丽,为全国之冠。北京的地毯、挑补绣、雕漆、金漆镶嵌、宫灯、料器、绒绢纸花等,也都是著名的传统工艺品。

作为我国重要工业基地的上海市,工艺美术品生产的门类很多。在国内外著称的有顾绣、绒绣、绣衣、玉器、漆器家具、金银首饰和嘉定黄草编等。上海的玩具久负盛名,品种繁多,是我国玩具的主要生产基地和出口基地。

天津市的风筝、杨柳青年画以及"泥人张"的彩色泥塑等,在国内外享有盛誉。

"山城"重庆市,是西南地区工艺美术品的集中产地之一,有重庆漆器、万州竹藤编等传统产品。

(2)华东地区的江苏、浙江、山东、福建四省

在华东地区,鱼米之乡的江苏、浙江,有丰富多彩的工艺美术品。素有"人间天堂"之称的江苏苏州,是中外驰名的工艺美术品生产城市。吴县一带历来就有"家家养蚕,户户刺绣"的传统。举世闻名的苏绣,是我国四大名绣之一。苏州的缂丝、宋锦、红木家具、仿古铜器、文房四宝、吴门字画和装裱、檀香扇、桃花坞木刻年画等,都是声名卓著的工艺品。同江南秀丽的湖光山色、古典园林,可谓是珠联璧合,相得益彰。江苏的其他著名传统工艺品,如扬州的玉器和漆器、常熟的花边、南京的云锦、宜兴的紫砂陶器、常州梳篦、无锡惠山泥人、南通彩锦绣等,均以其独特的艺术风格而闻名于世。浙江省以石雕、木雕、竹雕驰名中外,传统名牌产品有青田石刻、东阳木雕、黄杨木雕、嵊县竹编、萧山花边、杭州织锦、西湖绸伞和王星记纸扇、龙泉青瓷和宝剑、温州瓯塑和十字花绣以及台州、宁波的草编、麻帽等。山东省烟台地区生产的抽纱、草编等实用工艺品,历来是享誉海外的大宗出口商品,行销世界一百多个国家和地区。青州府的花边大套、招远网扣、即墨镶边、蓬莱梭子花边、栖霞棒槌花边等,都各具特色。山东潍坊的红木小件和仿古铜器、淄博的料器和美术陶瓷、莱州绿冻石雕刻等,都是工艺美术的传统佳品。福建的脱胎漆器、寿山石雕、龙眼木雕、软木画、德化的白瓷、漳州泥塑戏剧脸谱、泉州木偶和厦门珠绣品等,均颇有名望。

(3)中南地区的广东、海南、湖南三省

在中南地区,地处我国南大门的广东省,是中国工艺美术品发达的省份,品种很多,著名的有粤绣、抽纱、彩瓷、石湾美术陶瓷、端砚、金木雕、藤编制品,新会葵编、草编以及有浓郁地方特色的民间工艺品。湖南省的工艺美术品也在全国占有

重要地位,传统行业有与苏绣相媲美的湘绣、举世闻名的菊花石雕、醴陵瓷器、邵阳竹刻、桃源石刻、益阳水竹凉席和小郁竹器等。海南省的椰雕和藤编闻名全国,其中椰雕曾有"南天贡品"的美誉。

(4)西南地区的四川省

被称为"天府之国"的四川省,是西南地区工艺美术品的集中产地。品种也十分丰富,有蜀绣、漆器、花丝首饰、瓷胎竹编、竹帘画、棕编制品、邛崃彩釉陶瓷、自贡竹丝扇等传统产品。

2. 其他产区

除上述工艺美术品传统集中产区外,其他省、区还有一些单个行业的集中产区和不少著名传统工艺美术品,如江西省的景德镇瓷器、古都西安的皮影、陶俑、剪纸、唐三彩、纳纱绣、安徽省的歙砚和芜湖铁画、山西省的稷山点螺漆器和平遥推光漆器、河南省禹县的钧瓷、临汝汝瓷和开封汴绣、河北省的唐山瓷器和曲阳汉白玉石雕、湖北省的汉绣和广济竹器、黑龙江省的哈尔滨松江编结绣、桦木雕刻、吉林省的梨树天然色兽毛地毯、长春树根雕、辽宁省的煤精雕、广西的坭兴陶器、桂林梳篦和钦州烟花爆竹、贵州省的大方漆器和玉屏箫笛、云南省的斑铜和大理石雕、甘肃省的酒泉夜光杯和洮砚、内蒙古的地毯和内蒙古镶嵌制品、青海省的酥油花和热贡佛画彩绘、宁夏的贺兰石刻和砚台等。

二、著名工艺品

(一)南京云锦

江苏省南京市的著名工艺品云锦,是南京传统提花丝织品的总称,以其花纹色彩华丽悦目、美若彩云而得名。南京云锦织物品种甚多,有锦、缎、绸、罗、纱、绢、绫、葛、绒等,根据其工艺特点分为库锦、库缎和妆花三大类。其中,妆花为明代南京丝织艺人创制的织金装彩提花丝织物,属南京云锦中最华丽、最有代表性的产品,系在缎、纱、罗等织物结构底子上,用通经断纬的挖花工艺配织不同色彩,少则十余色,多则二三十色,全部花纹轮廓用金线包边,华贵绚丽,有妆花缎、妆花纱、妆花罗、金银妆等。其中,尤以"金宝地"为代表性产品,至今仍由人力手工织作,电动织机难以替代,故相当名贵。云锦的图案,取材广泛,内容丰富,布局严谨、庄重,纹样变化,概括性强,设色浓艳而大胆。在长期实践中将设计方法、制作方法和艺术效果总结为8条:"量题定格,依材取势,行枝趋叶,生动得体,宾主呼应,层次分明,花清底白,锦空匀齐。"南京云锦在历史上,自元以迄明清专供宫廷享用或做帝王赏赐之需。明清时南京民间锦缎作坊也蓬勃兴起,其质量能与官局织品相媲美。乾隆嘉庆年间,南京全城有丝织织机3万台,至道光年间发展至5万台,依此为生的有数十万人之多。建国以后继承了云锦生产传统并加以发展,现在产品远销国内外。南京云锦跟江苏苏州宋锦、四川成都蜀锦并称为中国三大名锦。

(二) 北京景泰蓝

北京著名的艺术品景泰蓝,因初盛于明景泰年间、多用蓝色釉料而得名,严格说应称为"铜胎掐丝珐琅"。它是铜与珐琅相结合的工艺品,制作工艺复杂,主要有制胎、掐丝、填釉、烧结、磨光和镀金等,其中,最重要的工艺是掐丝。珐琅釉在明代只有蓝、黄、红、绿、白、紫等色,现在,在充分发挥掐丝工艺特长的基础上,又吸收了国画勾线、烘染的手法,使图案更加生动,釉色由30多种增加到60多种,创造了珊瑚红、大红、豆绿、乳白、湖蓝、金星、孔雀绿等釉色,使景泰蓝工艺更加光彩夺目。其品种繁多,有瓶、罐、碗、盘、洗、烟具、酒具、茶具、文具、套件、奖杯等,计1 000多个规格品种。景泰蓝在我国已流传500多年,明清两代仅为宫廷服务,由造办处承应制作。明末清初作为商品出口,在国际市场上逐渐闻名。1904年在美国芝加哥博览会上获一等奖。景泰蓝是中国传统的铜镶嵌技艺与西亚珐琅生产工艺相结合所形成的独特工艺品,它与江西景德镇瓷器和福建福州脱胎漆器被誉为中国传统工艺"三绝"。

(三) 福州脱胎漆器

福建福州生产的工艺品脱胎漆器,因其制作采用脱胎技术而得名。所谓脱胎就是以泥、石膏、木模等为坯胎,漆为黏剂,用夏布(苎麻布)、绸布等逐层裱褙阴干后,将原坯胎再脱去的工艺。脱胎后再经过上灰地、打磨、髹漆、研磨并施以各种装饰纹样,便成为脱胎漆器工艺品。据《闽侯志》记载,清乾隆年间,福建著名漆工沈绍安精研漆术,巧配颜色,创制脱胎漆器。此后父子相传,代代相承,其后代沈正镐、沈正恂兄弟又在漆料中加入泥金、泥银等,使漆器灿烂耀眼,逐步形成独具风格的传统工艺品。从1898年至1936年,福州脱胎漆器曾多次在国际上获奖。现在,福州脱胎漆器制作,工艺过程复杂,每件产品都要经过40道到50道工序,有的甚至多达100多道工序。其成品规格品种很多,约有300多个规格3 000多个品种,大致可分为实用品和艺术品两大类,前者如茶具、餐具、文具、家具、烟酒具等,后者有屏风、花瓶、盘架、挂框、磨漆画等。脱胎漆器质地轻巧,坚固耐用,造型古朴大方,色泽鲜艳明亮,装饰丰富多彩,具有独特的民族风格和浓厚的地方特色,并具耐酸耐碱、耐热绝缘等优点,所以在国内外享有较高的声誉。郭沫若吟诗赞称"天下谅无双,人间疑独绝"。福州脱胎漆器远销海外许多国家和地区,被赞为"真正的中国的民族艺术"。

第六节 中国的花木盆景

人类在利用、改造自然,创造文化的过程中,为改善生活环境和居住条件,采取了绿化措施,栽种绿色植物,包括树木、花卉和草皮。在长期绿化过程中,人工培育出了各种观赏性的花木盆景。市花市树的评选则是从大量绿化和观赏花木中产生出来的地域标志。

一、花卉树木

（一）古代名花

中国是世界花卉栽培发源地之一，在新石器时代的遗址中，已发现了花卉。春秋战国时期，我国已经出现了关于花卉的文字记载。《诗经》、《离骚》中皆提到很多花卉的名称。唐代是我国花卉栽培、观赏的兴盛时期，栽花赏花成为人们生活中的一种乐趣，并出现了花市。宋代出现了《梅谱》、《兰谱》、《菊谱》、《牡丹谱》、《芍药谱》等关于花卉的专门著作，同时还产生了不少传诵不衰的咏花诗词。花市的规模比唐代要大得多。明清时代，花卉与人们的生活联系更加密切，出现许多有关花卉栽培的著作，如明代的文震亨的《长物志》、屠隆的《考槃余事》等。我国第一部比较完备的花卉园艺专著，是清代陈娱子的《花镜》，该书记录了人们生活中供玩赏的花卉和园林中常见花卉的栽培情况，纠正了前人书中的某些错误，发展了花卉栽培的理论。

中华大地奇花异草，争奇斗艳。名花梅、菊、兰、荷、牡丹、芍药、山茶、杜鹃、腊梅、桂花、月季、报春等，都是从我国传向世界各地的。其中，牡丹被誉为"花中之王"，梅、兰、竹、菊被称为"四君子"，梅、兰、竹谓之"岁寒三友"，一直是古代文人吟诗言志的吟颂对象。杜鹃、迎春和龙胆被誉为中国的高山三大名花。

梅花，是我国的传统名花。梅原产中国，分布在长江以南各地。春秋战国时期就盛行爱梅之风。梅花傲雪怒放，历来被用来象征人们的刚强意志和崇高品格。梅花繁衍至今，已有200多个品种。赏梅胜地也很多，有杭州孤山、广东的罗浮山、武昌的梅岭、苏州的邓尉、无锡的梅园等。

我国是兰花的故乡。兰花性喜温湿，原生长在山涧林边，芳香淡雅，风姿飘逸，既无矫揉造作之态，更无趋势求媚之势，故被我国历代文人列为四君子之一。我国野生兰花丰富，栽培历史悠久，品种很多，约有一二千种。浙江、福建、我国台湾地区、广东、四川、云南都盛产兰花。一年四季都有不同品种的兰花开放。

菊花，是我国传统的名花，原产于我国，后传入日本。1789年被德国商人带往欧洲，成为世界名花。现已有3 000多个品种。菊花是中华民族崇高节操的象征。菊花颜色繁多，有白、黄、红、紫等。菊花不仅是一种观赏花卉，还可以供食用和药用。

芍药，为我国最古老的花卉之一，远在周代，男女交往中，就以芍药相赠，作为结情之约。花色浓艳，颇似牡丹，两者同属毛茛科植物，但芍药是草本。花色有红、白、浅红、黄等，以黄色为贵。扬州芍药最有名。现在芍药品种有近200个。芍药分观赏与药用两大类。药用芍药可切片加工成"白芍"和"赤芍"。

牡丹,花朵硕大,香气宜人,历来被人们视为富贵吉祥、繁荣幸福的象征。牡丹属毛茛科木本植物,根皮可以入药,原来野生时为单瓣花,后来在人工栽培下,才发展成雍容华贵的"千叶牡丹"。洛阳、菏泽牡丹,天下闻名。

(二) 古树

中国古树树种繁多,有黄陵古柏,泰山五大夫松,潭柘寺辽代银杏,云南昆明黑龙潭的"唐梅、宋柏、明茶"的"黑龙祠中三异木",山西洪洞县的老槐树等。黄山的迎客松,已成了中国人民热情好客的象征。松柏常青成了中国传统的赞美和祝福,象征着中华民族坚贞不屈的高尚性格和情操。

(三) 市花市树

中华民族是一个爱美爱花的民族,很多城市在历史上就与某种美丽的乡土花朵和树木结下了不解之缘。在社会主义物质文明和精神文明建设中已经有上百个城市选定了自己的市花(108 种)、市树(21 种)。北京市人民代表大会审议通过北京市的市花是菊花和月季,市树是国槐和侧柏。菊花的傲霜凌寒不凋代表了北京人的性格,月季易于繁殖推广,绿化效果好,是友谊和繁荣的象征。目前,选月季为市花的有 19 个城市,以山茶为市花的有 9 个城市,以杜鹃为市花的有 8 个城市,以玫瑰花、桂花、石榴花为市花的各有 6 个城市,以紫薇为市花的有 5 个城市,以菊花为市花的有 4 个城市。

二、盆景

(一) 缩龙成寸的室内艺术

盆景是用木本植物、草本植物或水、石等,经过艺术加工,种植或布置在盆中,使自然景物成为缩影的一种陈设品。盆景从取材方面,可分为植物盆景和山水盆景两大类。植物盆景的材料主要取自可栽于盆缸中的植物,其中,以树桩为多。山水盆景则以石料为主,兼以竹、草、木等综合构成。

(二) 盆景的发展历史

盆景是在盆栽的基础上发展起来的。我国盆栽的出现可追溯到新石器时代。从出土文物来看,唐朝出现了经过艺术加工的盆景,唐代文人也喜爱盆景。例如,王维、白居易皆以赏玩盆景为快事。唐代还出现了"盆山",即将具有山形的山石的底磨平,放入水盆,从中领略山水之美。宋代盆景艺术得到发展,盆景所用的植物品种有了增多,树的形态也趋向多样化,盆景布局方法亦不拘一格。骚人墨客也很喜欢盆景,留下了不少咏叹盆景的诗作。例如,杜绾的《云林石谱》,记载了近 120 种石品;赵希鹄的《洞天清录》,介绍了水石盆景的制作方法。元代,盆景制作已有较高水平,艺术风格与今天大致相同。明清时代,盆景与绘画艺术的结合更加紧密,盆景制作常以名画为范本。这一时期形成了各具地方色彩和独特风格的流派。

新中国成立后,盆景艺术得到了继承和发展。盆景制作技术不断提高,盆景艺术也更加完美。

我国的盆景技术在历史上曾对一些国家的园艺界产生过影响。盆景制造早在宋元时期就已传入日本,新中国成立后,曾先后在德国、加拿大、荷兰、丹麦、意大利等国家展出,颇受当地人民的欢迎和好评,被誉为"无声的诗、立体的画、有生命的艺雕"。

(三)盆景的类型和流派

1. 类型

树木盆景:其又称树桩盆景,以树木为主体材料,经造型取景而成。树姿力求古朴、秀雅、苍劲、奇特,色彩要丰富,风韵要清秀,是树木盆景造型艺术的基本要求和技巧,不同于一般的"盆栽"。

山水盆景:以各种山石为主要材料,经精细选择和加工造型,模仿真山真水的天然景色,装饰于咫尺盆中,展现悬崖绝壁、险峰幽岫、翠峦碧洞等山水风光,犹如立体的山水画。

水旱盆景:介于树桩盆景与山水盆景二者之间另一类盆景形式,即以树木、山石、人物、水土为材料,采取山石隔开水土的方法,配置成的一种风致盆景。在盆中既有旱地树木,又有山石、水面的景观。

2. 流派

因地理气候条件、植物资源、山石种类、风物人情和文化熏陶的差异,又经各地历代盆景艺术家的精心培育和不断创新,逐步形成了很多风格各异的流派。盆景流派的起源和发展是先南后北,由南到北,南多于北。

(1)江南盆景是盆景的三大流派之一,以松、柏、榆、杨为主要材料,分上海、苏南、苏北、浙江、皖南等支派,苏南盆景以苏州为代表,苏北盆景以扬州为代表。

苏派:以苏州地区为中心,以树桩盆景为主,制作精细,在布局构思和气韵意境上,体现出"大胆落墨,小心收拾"的中国画理,并具有苍老、古雅特色,尤以雀梅、榉、榆、石榴、黄杨、梅花、米叶冬青为最。此外,苏派盆景受苏州古典园林的影响较深,有"浓缩了的苏州园林"之称。

扬派:集中在苏北扬州、泰州、如皋、南通一带。受清初画家石涛和"扬州八怪"的绘画影响较大,是我国树桩盆景的主要流派。其取材多为观叶类的松、柏、榆、瓜子黄杨等,自幼栽培,其制作以人工剪扎为主,造型层次分明,颇似中国画的工笔细描。

浙江派:继承宋明以来的地区特性,并吸收浙江画派的传统写意法进行造型,着重表现内涵的意志和个性。树桩盆景以扎剪结合,崇尚自然。山水盆景在表现手法上追求深邃、静远之感,或呈现九曲回环、烟云飘逸之态,或展示清泉垂泻之景。

徽派：集中于皖南歙县卖花渔村（今歙县雄村与洪岭村）。此地盆景制作始于1 000 年前，主要树种有梅、桃、松柏、翠柏、罗汉松、黄山松、桂花、紫薇、天竹等。其特点是苍劲、奇特。

（2）岭南盆景是盆景三大流派之一，是广东、广西、福建等地盆景的总称。岭南盆景为全国盆景之新秀，多用福建茶树、岭梅等为材料，其特点或苍古遒劲、豪迈雄奇，或轻盈潇洒、文静飘逸，显示出岭南山雄水秀、佳木葱茏之特色。

岭南派以广州为中心。根据岭南画派的"起伏收尾"、"一波三折"的画理采取"蓄枝截干"的方法，造型飘逸，豪放，挺拔自然。其最大特点是落叶后任意剪取任何一个枝条，皆能独立成景。其常用树种有雀梅、九里香、福建茶、榆、六月雪和竹类。

福建派：福建早在宋元已开始制作盆景。具有地方特色的是榕树盆景和小叶黄杨盆景。福建榕树有小榕、白榕、红榕、竹叶榕等，以叶小、干古、块根悬露、树态奇特为上品。小叶黄杨则主干古朴，树皮龟裂，挺拔如古木参天，树叶扶疏，叶小如珍珠，千姿百态，野趣天然。

广西派：其技法受岭南派的影响，但颇具民族特性和地方风格。其树桩盆景以老桩头为主景，风格上讲究古、老、劲、秀，选用树种有九里香、雀尾、榕树、满天星、大杜鹃、黄杨、榆树、朴树、福建茶、山橘等。还有一种钟乳石制作的盆景，色彩明艳，独具一格。

（3）四川盆景为盆景三大流派之一。川派以成都为中心，有树桩盆景和山水盆景。

树桩盆景以自然形态取胜，以地方树种为材料，以丰富多彩的传统蟠扎技艺见长，具有鲜明的地方色彩。树桩盆景盘根错节，悬根露爪，古雅奇美，常用树种有罗汉松、松柏、地柏、银杏、黄桷树、六月雪、梅、蜡梅、杜鹃、金弹子等。其中，金弹子是川派盆景的特有树种。

山水盆景幽秀险雄，山石布置、树木安排，常以高远、深远为主，其中，竹石盆景别具一格。山水盆景多以瘦、漏、奇、皱之石为之，不用人物、桥亭等点缀物，仅以竹树水配合，咫尺之内能瞻巴山千奇、蜀水万里。

思考与练习

1. 试述中国特产的分类、特点、文化价值和旅游意义。
2. 试述中国茶树发源地、分布地区及发展情况。
3. 中国茶叶若按茶汤颜色进行分类可分为哪几类？中国有哪些传统名茶？
4. 酒可以分为哪几类？
5. 写出中国四大药都的名称。
6. 中药若按加工工艺可分为哪几类？

7. 写出与旅游购物有关的名贵中药材和中成药的名称。
8. 试述中国工艺品的分类及产区分布情况。
9. 中国传统特种工艺品有哪几种?
10. 中国传统的名花古木主要有哪些?
11. 试述中国盆景的发展历史、类型及流派。

参考文献

[1]张岱年,等.中国文化概论[M].北京:北京师范大学出版社,1994.

[2]冯天瑜,等.中华文化史[M].上海:上海人民出版社,1990.

[3]阙道隆,等.中国文化精要[M].北京:中国青年出版社,1994.

[4]张立文.传统学引论——中国传统文化的多维反思[M].北京:中国人民大学出版社,1989.

[5]张岱年,等.中国文化与文化论争[M].北京:中国人民大学出版社,1990.

[6]司马云杰.文化社会学[M].济南:山东人民出版社,1987.

[7]许苏民.文化哲学[M].上海:上海人民出版社,1990.

[8]夏日云,等.文化地理学[M].北京:北京出版社,1991.

[9]金其铭,等.中国文化地理学概论[M].西安:陕西人民出版社,1990.

[10]陈卫平,等.反思:传统与价值——中国文化十二讲[M].上海:上海文艺出版社,1991.

[11]瞿林东,等.中华文明史:共10册[M].石家庄:河北教育出版社,1989~1994.

[12]任继愈.中国文化史丛书:共110册[M].北京:商务印书馆,北京:中共中央党校出版社,天津:天津教育出版社,济南:山东教育出版社,1991.

[13]王积业,等.中华传统文化大观[M].北京:中国大百科全书出版社,1993.

[14]尹靖,等.中华文化大观[M].天津:天津人民出版社,1992.

[15]阴法鲁,等.中国古代文化史[M].北京:北京大学出版社,1989~1992.

[16]王德有,等.中国文化百科[M].长春:吉林人民出版社,1991.

[17]姜椿芳,梅益.中国大百科全书[M].北京:中国大百科全书出版社,1986.

[18]汝信,等.简明中国百科全书[M].北京:中国社会科学出版社,1989.

[19]费孝通,等.中华民族多元一体格局[M].北京:中央民族学院出版社,1989.

[20]张磊,等.中华民族凝聚力学[M].北京:中国社会科学出版社,1999.

[21]田晓岫,等.中华民族[M].北京:华夏出版社,1991.

[22] 李德洙,等. 中国少数民族文化史[M]. 沈阳:辽宁人民出版社,1994.
[23] 马寅,等. 中国少数民族常识[M]. 北京:中国青年出版社,1984.
[24] 梁钊韬,等. 中国民族学概论[M]. 昆明:云南人民出版社,1985.
[25] 沈福伟. 中西文化交流史[M]. 上海:上海人民出版社,1987.
[26] 熊锡元. 民族理论基础[M]. 北京:民族出版社,1989.
[27] 杜石然,等. 中国科学技术史稿[M]. 北京:中国科学出版社,1984.
[28] 刘国钧. 中国书史简编[M]. 北京:书目文献出版社,1982.
[29] 杨燕起,等. 中国历史文献学[M]. 北京:书目文献出版社,1989.
[30] 陈高华,等. 中国古代史史料学[M]. 北京:北京出版社,1983.
[31] 李桂林. 中国教育史[M]. 上海:上海教育出版社,1989.
[32] 陶立璠. 民俗学概论[M]. 北京:中央民族学院出版社,1987.
[33] 乌丙安. 中国民俗学[M]. 沈阳:辽宁大学出版社,1985.
[34] 张紫晨. 中国民俗与民俗学[M]. 杭州:浙江人民出版社,1990.
[35] 严汝娴,等. 中国少数民族婚姻家庭[M]. 北京:中国妇女出版社,1986.
[36] 杨宗,等. 中国实用禁忌大全[M]. 上海:上海文化出版社,1988.
[37] 任骋. 中国民间禁忌[M]. 北京:作家出版社,1990.
[38] 吕大吉,等. 宗教学通论[M]. 北京:中国社会科学出版社,1989.
[39] 陈麟书,等. 宗教学原理[M]. 成都:四川大学出版社,1988.
[40] 赵朴初,等. 中国宗教六讲[M]. 北京:中国友谊出版公司,1993.
[41] 罗竹风,等. 宗教通史简编[M]. 上海:华东师范大学出版社,1990.
[42] 任继愈,等. 中国道教史[M]. 上海:上海人民出版社,1990.
[43] 高振农. 中国佛教[M]. 上海:上海社会科学院出版社,1986.
[44] 郭树森,等. 天师道[M]. 上海:上海社会科学院出版社,1990.
[45] 白化文. 佛寺漫游[M]. 郑州:河南人民出版社,1986.
[46] 希拉论丁,陈广元. 伊斯兰教基本知识[M]. 北京:北京市伊斯兰教协会,1984.
[47] 马通. 中国伊斯兰教派与门宦制度史略[M]. 银川:宁夏人民出版社,1983.
[48] 北京市文物局. 文物工作手册[M]. 北京:北京燕山出版社,1985.
[49] 刘敦桢,等. 中国古代建筑史[M]. 2版. 北京:中国建筑工业出版社,1980.
[50] 中国建筑史编写组. 中国建筑史[M]. 3版. 北京:中国建筑工业出版社,1997.
[51] 彭卿云,等. 全国重点文物保护单位大全[M]. 北京:中国旅游出版社,1989.
[52] 城乡建设部. 国家重点风景名胜区[M]. 北京:北京旅游出版社,1988.

[53]叶骁军.中国都城发展史[M].西安:陕西人民出版社,1988.
[54]同济大学城市规划教研室.中国城市建筑史[M].北京:中国建筑工业出版社,1982.
[55]贺业炬.考工记营国制度研究[M].北京:中国建筑工业出版社,1987.
[56]彭一刚.中国古典园林分析[M].北京:中国建筑工业出版社,1986.
[57]茅以升,等.中国古桥技术史[M].北京:北京出版社,1986.
[58]国家文物局.文物教材:共8册[M].上海:上海古籍出版社,1990~1995.
[59]罗宗真,等.中华文物鉴赏[M].南京:江苏教育出版社,1992.
[60]李学勤,等.中国文物鉴赏丛书:共10册[M].桂林:漓江出版社,1993~1995.
[61]高大伦,等.中华文物鉴赏辞典[M].桂林:漓江出版社,1993.
[62]梁白泉,等.国宝大观[M].上海:上海人民出版社,1993.
[63]钟明善.中国书法简史[M].石家庄:河北美术出版社,1983.
[64]姜习,等.中国烹饪百科全书[M].北京:中国大百科全书出版社,1995.
[65]高启东,等.中国烹调大全[M].哈尔滨:黑龙江科技出版社,1990.
[66]施继章,等.中国烹饪纵横谈[M].北京:中国商业出版社,1989.
[67]赵维臣,等.中国土特名产辞典[M].北京:商务印书馆,1991.
[68]马成广,等.中国土特产大全[M].北京:新华出版社,1987.
[69]季龙,等.当代中国工艺美术:当代中国丛书[M].北京:中国社会科学出版社,1994.
[70]安旭.旅游文物艺术[M].天津:南开大学出版社,1990.
[71]黄能馥,等.中国服装史[M].北京:中国旅游出版社,1995.
[72]察仓·尕藏才旦.中国藏传佛教[M].北京:宗教出版社,2003.
[73]刘立千.印藏佛教史[M].北京:民族出版社,2000.
[74]刘立千.藏传佛教各派教义及密宗漫谈[M].北京:民族出版社,2000.
[75]王作安.中国的宗教问题和宗教政策[M].北京:宗教文化出版社,2002.
[76]秦惠彬.中国伊斯兰教基础知识[M].北京:宗教文化出版社,2003.
[77]杨曾文.中国佛教基础知识[M].北京:宗教文化出版社,2004.
[78]王卡.中国道教基础知识[M].北京:宗教文化出版社,2004.
[79]卓新平.中国基督教基础知识[M].北京:宗教文化出版社,2002.
[80]任延黎.中国天主教基础知识[M].北京:宗教文化出版社,2003.
[81]民政部.中华人民共和国行政区划简图[M].北京:中国地图出版社,2012.

第6版后记

在1989年国家旅游局全国旅游教学协作会议上确定了"中国历史文化"为旅游专业课以后,我们接受了北京第二外国语学院开设这门新课的教材编写和课程讲授任务。从1991年正式开课到1998年《中国历史文化》在旅游教育出版社正式出版,历时九年终算交了卷。由于遇到了国家改革开放、中国旅游事业大发展、全国旅游人才需求急剧增加的大好形势,《中国历史文化》教材才能在十多年里不断修订、一印再印,现在第6版又跟大家见面了。

此次修订仍然保持原教材的编写指导思想与全书的框架体系。也就是初版《后记》中所写的:中国是世界上多民族的文明古国,历史悠久连续,文物古迹丰富,文字典籍浩繁,民族民俗传统文化积淀丰厚。在选材上,我们既注意到同学们已掌握的历史文化知识以避免重复,又注意以培养符合中国旅游事业发展需要的合格人才为中心,更注意突出中国旅游业优长特色的重点,侧重介绍中国旅游业所涉及的广泛意义上的文化事象。具体来讲,教材的第一章为总论,系统介绍了文化的概念、中国历史文化的创造者——中华民族、中国历史文化产生和发展的环境以及古代中国对外文化交流情况;第二章介绍了中国历史文化传播的媒介,包括语言、文字、书写工具、书籍、教育等;第三章系统介绍了中国56个民族的民俗,包括衣食住行、婚姻禁忌及节日娱乐等;第四章介绍了中国的宗教信仰状况以及佛教、道教、伊斯兰教、基督教等基本知识;第五章及第六章系统介绍了中国的文物,包括历史古迹与馆藏文物;第七章和第八章分别介绍了中国的烹饪文化及特产文化。在章节的安排上,既保持了内容上的独立专题性,又注意到内在联系,从而努力构成一个适合旅游专业教学需要的体系。

本教材编写工作由李文芬、蔡宗德两人承担:李文芬分担撰写第一章的第六节,第二章的第三节,第三章的第一至五节,第五章的第一至十节,第六章的第一至三节,第八章的第六节以及第三节的一部分;蔡宗德分担撰写第一章的第一至五节,第二章的第一、二、四、五、六节,第四章的第一至五节,第六章的第四至七节,第七章的第一至六节,第八章的第一、二、四、五节以及第三节的部分。每次再版之前都按以上分工进行修订。

在过去十多年的教学实践中,我们发现本教材尚存在着一些不足之处,业内领导、专家、学者与读者也提出许多宝贵意见,使得我们的修改工作的目的性更强。尤其是旅游教育出版社的诸位领导、编辑对本教材的出版提出了很多指导与修改意见并做了大量工作。为了使本教材日臻完善,更符合目前我国旅游形势发展的要求,这次再版之前,我们做了比较大的修订:纠正了一些新发现的错别字,更换了一些新数据,改写并补充了一些章节的内容,删除了部分文字、表格以及全部插图,使得全书压缩约5万字的篇幅。

作为教材,必须吸收他人研究的最新成果,使行文言之有据。在编写过程中,我们阅读了相关的书籍,从中得到了很大的启示和教益。为了行文的方便,在引用其他书籍资料时,未在正文中一一注明出处,仅在书后列出主要参考书目。

在此,我们向关心这本教材编修工作并提出许多宝贵意见的领导、同行、出版社以及已列出或未列出书目的作者一并表示由衷的感谢。由于我们水平有限,书中难免还有疏漏之处,恳请继续赐教。

编　者
2013年10月·北京第二外国语学院

责任编辑:刘彦会

图书在版编目(CIP)数据

中国历史文化/李文芬,蔡宗德编著.—北京:旅游教育出版社,1998.10(2019.12)
ISBN 978-7-5637-0748-5

Ⅰ.中… Ⅱ.①李…②蔡… Ⅲ.文化史-中国 Ⅳ.K203

中国版本图书馆 CIP 数据核字(98)第 05557 号

全国高等院校旅游专业规划教材

中国历史文化
(第6版)

李文芬 蔡宗德 编著

出版单位	旅游教育出版社
地　　址	北京市朝阳区定福庄南里1号
邮　　编	100024
发行电话	(010)65778403 65728372 65767462(传真)
本社网址	www.tepcb.com
E-mail	tepfx@163.com
印刷单位	河北省三河市灵山芝兰印刷有限公司
经销单位	新华书店
开　　本	787毫米×960毫米　1/16
印　　张	17.25
字　　数	280千字
版　　次	2014年3月第6版
印　　次	2019年12月第6次印刷
定　　价	29.00元

(图书如有装订差错请与发行部联系)